平远年鉴

PINGYUAN YEARBOOK

2023

（总第32卷）

平远年鉴编纂委员会 编

方志出版社
Publishing House of Local Records

图书在版编目（CIP）数据

平远年鉴. 2023 / 平远年鉴编纂委员会编. — 北京：方志出版社，2023.11
ISBN 978-7-5144-5780-3

Ⅰ. ①平… Ⅱ. ①平… Ⅲ. ①平远县—2023—年鉴 Ⅳ. ①Z526.54

中国国家版本馆CIP数据核字(2023)第195061号

责任编辑：李丝雨
责任校对：张玉霞
责任印制：梅中英
出 版 者：方志出版社
地　　址：北京市朝阳区潘家园东里 9 号（国家方志馆4层）
邮　　编：100021
网　　址：http://www.zgfzcb.cn
发　　行：方志出版社图书营销中心（010-67110500）
印　　刷：平远集伟美术印刷有限公司
开　　本：787毫米×1092毫米　1/16
印　　张：19
字　　数：462千字
版　　次：2023年11月第1版
印　　次：2023年11月第1次印刷
定　　价：200.00元

致读者

《平远年鉴》是综合记载平远县自然、经济、政治、社会各方面资料的年度资料性文献，具有很强的实用性。一方面，它为各方人士了解和研究平远县历史，为平远县招商引资、对外文化交流等提供丰富的信息资料；另一方面，它为各级领导进行科学决策、发展经济提供翔实的资料依据。由于年鉴纸质本印数较少，传播渠道相对狭窄，信息利用率偏低，有悖于年鉴编写出版的初衷，故平远县人民政府地方志办公室从2007年起，与中国学术期刊（光盘版）电子杂志社有限公司合作，将《平远年鉴》各年版本均编入电子期刊《中国知识资源总库》的《中国年鉴网络出版总库》（China Yearbooks Full-text Database，简称CYFD）中，以电子版的形式在互联网上传播，并与《中国知识资源总库》中其他数据内容关联整合，向公众提供全文浏览、搜索及下载服务。这将为《平远年鉴》信息传播打开广阔的空间，充分发挥其“存史、资治、教化”的功能。

CYFD网站：http://www.cnki.net

编辑说明

一、《平远年鉴(2023)》（以下简称“本年鉴”）为《平远年鉴》总第32卷。本年鉴以马克思列宁主义、毛泽东思想、邓小平理论、“三个代表”重要思想、科学发展观、习近平新时代中国特色社会主义思想为指导，坚持辩证唯物主义和历史唯物主义的立场、观点和方法，主要记载2022年平远县经济社会发展和精神文明建设等方面的情况，供有关单位、各界人士了解和研究平远时参考使用，既为平远经济建设和社会各项事业发展服务，亦为编修县志积累资料。

二、本年鉴采用述、记、录、图、表等体裁，以文为主，图文结合。正文采用分类编辑法，以类目、分目、条目为层级，条目为基本形式，其标题以黑体字加“【 】”表示。不同层次的标题，以不同的字体、字号和版式加以区别。正文设年度关注、大事记、县情概览、中共平远县委员会、平远县人民代表大会、平远县人民政府、政协平远县委员会、平远县纪委监委、群众团体、法治、军事、农业·水利·气象、工业与信息化建设、邮政通信、交通运输、商业·贸易、旅游业、财税·金融、城乡建设·环保、综合经济管理、教育·科技、社会科学、文化·传媒、卫生健康·体育、社会民生、各镇概况、名录、光荣榜、附录，全书近500千字，彩页18页。

三、本年鉴资料来自各镇、县直各单位(部门)及省、市属驻平远单位提供的年度工作总结、有关资料及年鉴专稿(凡提供专稿的单位，均在稿末注明撰稿人姓名)。统计数据来自平远县统计局和有关单位确定上报的数字。照片除署名者外，均为年鉴编辑部或各有关单位提供。

四、本年鉴数字、标点符号运用等，一律按国家标准执行。计量单位除个别表述使用非法定计量单位(如“亩”)外，其余均使用法定计量单位。

五、为促进各部门工作及保存人事资料的需要，本年鉴继续收录局级以上单位正、副职及副局级单位正职负责人名录和各镇党委、人大、政府领导名录。具体名单由县直各单位及各镇上报。

六、本年鉴特设有“大事要闻”“坚持工业兴县 突出项目为王”“县城提质扩容”“美丽乡村及美丽圩镇建设”“全域旅游”等系列彩页。为反映全县重大活动和各行各业新貌，部分彩页照片年限延至2023年。

平远县地图

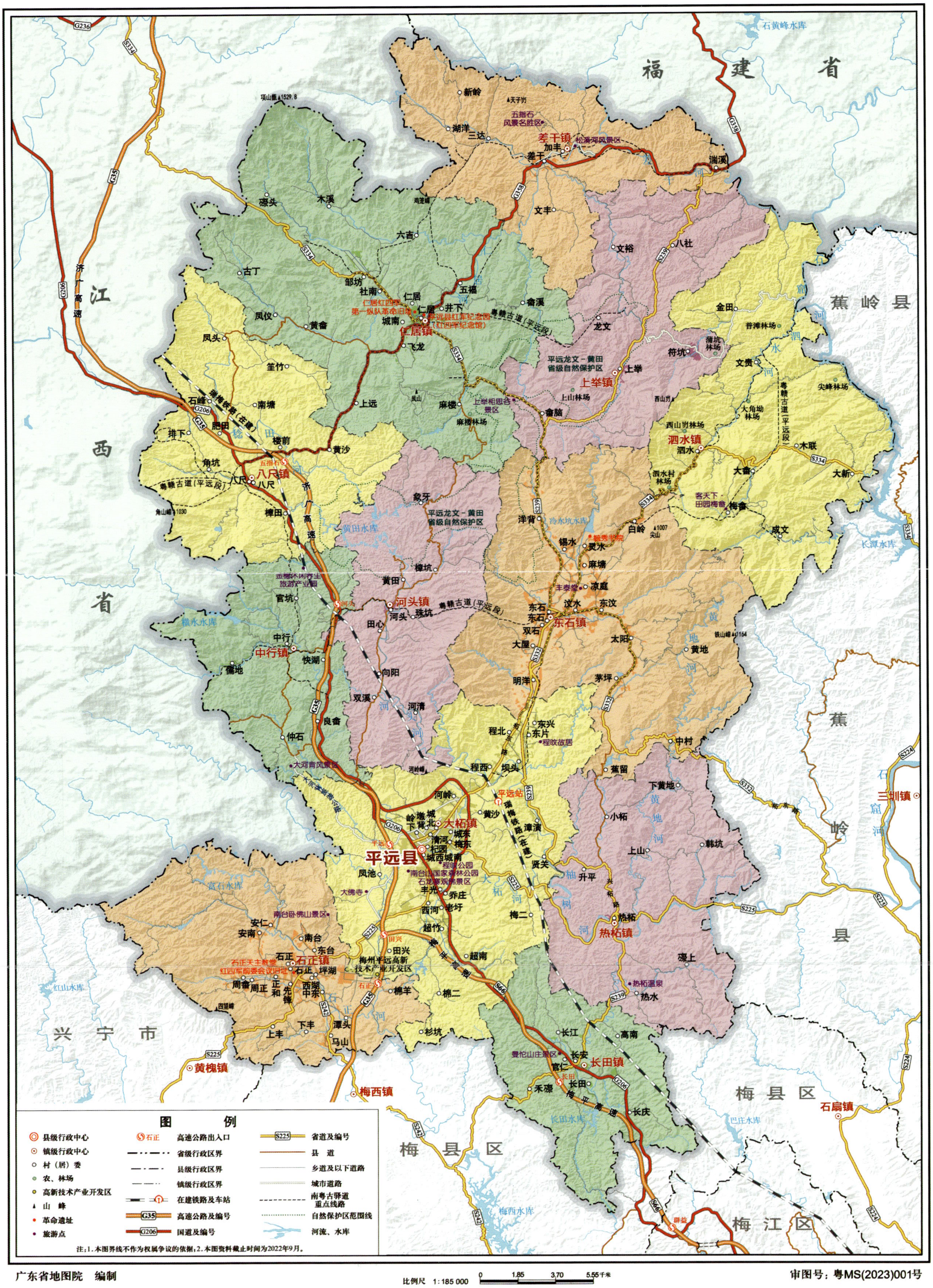

广东省地图院 编制

比例尺 1:185 000 0 1.85 3.70 5.55千米

审图号：粤MS(2023)001号

平远年鉴（2023）编纂委员会

《平远年鉴（2023）》编辑部

数字平远·2022

◆土地面积1381（实际1373.98）平方千米

◆年末常住人口18.66万人

◆年末户籍总人口25.71万人

◆地区生产总值86.57亿元

◆第一产业增加值15.24亿元

◆第二产业增加值23.79亿元

◆第三产业增加值47.54亿元

◆人均地区生产总值4.6万元

◆农业总产值（新口径）25.65亿元

◆工业总产值（新口径）68.16亿元

◆固定资产投资43.28亿元

◆社会消费品零售总额33.25亿元

◆贸易进出口总额（不含保税区）0.74亿美元

◆地方一般公共预算收入5.35亿元

◆地方一般公共预算支出31.6亿元

◆金融机构本外币各项存款余额118.70亿元

◆金融机构本外币各项贷款余额73.85亿元

◆城镇居民人均可支配收入3.1万元

◆农村居民人均可支配收入2.25万元

◆医疗卫生机构病床位937张

大事要闻

2022年1月20日，平远县举行梅州平远高新区管委会、高新区创业创新孵化基地揭牌仪式（朱维佳 摄）

2022年2月23日，平远县精神文明建设委员会会议暨创建全国县级文明城市工作推进会在县迎宾馆召开（袁志鹏 摄）

2022年3月14日，市委书记马正勇（前排左）到梅州市飞龙果业有限公司调研并听取平远脐橙种植、精深加工等产业发展情况介绍 （来源：掌上梅州）

2022年5月17日，平远县召开全县干部大会，传达学习省委书记李希、省长王伟中到梅州调研讲话精神 （朱双玲 摄）

2022年5月19日，省工信厅副厅长吴红（右二）率调研组到平远县调研省产业园区开发建设工作
（朱维佳 摄）

2022年7月14日，省人大常委会副主任黄宁生（右三）到平远县开展立法调研
（袁志鹏 摄）

2022年7月27日，全国政协常委、民建中央副主席吴晓青（前排左三）到平远县开展“加强城市生活垃圾的综合处理和资源化利用管理”专题调研（袁志鹏 摄）

2022年8月1日，省供销社党组书记、理事会主任叶梅芬（前排左二）到平远县调研深化供销合作社综合改革和重点项目建设等情况（朱双玲 摄）

2022年9月22日，全国政协委员、省卫生健康委一级巡视员刘冠贤（左四）一行到平远县调研乡村振兴工作（县政府办提供）

2022年10月21日，应急管理部火灾防治管理司副司长崔洪浩（右排右二）率国家督查组到平远县督导检查森林防灭火工作。省应急管理厅党委委员、副厅长刘永生（右排右三）等陪同检查（县应急管理局提供）

2022年11月17—18日，国家林业和草原局森林草原火灾预防监测中心副主任冯晓东（左五）率指导组到平远县开展防火包片蹲点工作。图为11月18日在石正镇召开座谈会场景（县林业局提供）

2022年11月18日，平远县第十八届脐橙文化旅游节开幕（袁志鹏 摄）

坚持工业兴县 突出项目为王

编者按：2022年，平远县以工业为主导发展实体经济，全年工业投资17.98亿元，实现规模以上工业增加值9.19亿元。坚持以项目促产业、以产业壮实体，成功举办总投资超百亿元的重点工业项目集中开工投产活动。先进材料主导产业培育成效凸显，盈华覆铜板一期1200万张生产项目投产、二期动工；富远稀土5000吨分离和金雁磁电项目顺利投产，省离子型稀土开发创新中心加快建设；绿色钙基产业园项目前期工作加速推进。总投资10亿元的工业园基础设施项目加快建设。广东能源光伏复合（一区）首期并网发电，粤电泗水风电场全容量并网发电。坚持招大引强，全年新引进项目7个，其中超亿元项目6个、超10亿元项目1个。实施技改项目13个，新增规模以上工业企业9家。

（图片由梅州平远高新区管委会提供）

2022年，梅州平远高新区

2022年1月，富远公司年处理5000吨中钇富铕稀土矿分离生产线投产仪式在平远高新技术产业开发区举行

2022年1月11日，广东灿阳智能电力设备有限公司举行投产剪彩仪式

2022年12月6日，广东盈华电子材料有限公司年产3600万张高性能覆铜板一期正式投产。图为公司办公大楼及厂房

2022年4月29日，广东金雁磁电科技有限公司举行投产启动仪式

梅州恒盛宇科技电子有限公司厂房
（摄于2022年12月）

泗水风电场一角
（广东粤电平远风电公司摄于2022年4月19日）

梅州平远高新区创业创新孵化基地
（摄于2022年12月）

县城提质扩容

编者按：2022年，平远县扎实推进8项总投资6.75亿元的县城提质改造项目建设，111个老旧小区、6个农贸市场、8个停车场、11处城中小公园、25条背街小巷完成改造，城市精细化管理水平有效提升。平远大道、平城中路、平城南路、关柘路、新建路等市政道路服务功能实现提升。建设路西段、子青路和杞风路升级改造稳步推进。城南中学门口等多个交通信号枢纽得到优化。天然气“县县通”工程平远段和燃气管道老旧更新改造工程开工建设。县城污水处理厂配套管网和城乡供水扩网工程建设持续推进，完成原制水厂升级改造，新建制水厂1座，改扩建供水管网67千米、污水管网12.7千米。县城生活垃圾无害化处理率达100%。县城建成区面积扩容至14.36平方千米，城镇化率提高到50%以上。

（图片由县住建局和县城综局提供）

改造提升后的平远大道城南中学段　（摄于2023年1月30日）

改造后的平远大道
（摄于2023年1月14日）

改造后的平远大道新村商住城段
（摄于2023年1月14日）

改造后的平远大道北路边人行道
（摄于2023年1月14日）

改造后的城南交警宿舍楼前路面
（摄于2022年5月3日）

平远实验中学侧面停车场所 （摄于2022年4月27日）

改造后的教师村小区

（摄于2022年12月）

改造后的老旧小区休闲场所

（摄于2022年2月11日）

平远县水质净化厂

（摄于2022年9月28日）

改造后的中心市场

（摄于2021年11月）

位于平远县水质净化厂内的污水处理池

（摄于2022年9月28日）

美丽乡村及美丽圩镇建设

文：潘梦志　　图：除署名外均由相关镇提供

泗水镇梅畲村　（摄于2022年12月）

2022年，平远县按照中央和省、市关于乡村振兴工作的部署要求，统筹专项债、涉农资金等4.1亿元，推进美丽乡村建设和美丽圩镇攻坚行动，其中八尺—仁居—差干红色记忆美丽乡村示范带获评“省十大美丽乡村风貌提升示范带”。

一、推进乡村振兴示范带建设。按照“点上出彩、面上美丽”要求，重点打造“三带两镇”，即八尺—仁居—差干红色记忆美丽乡村示范带、大柘—石正—长田—热柘生态康养美丽乡村示范带、东石—泗水—上举农耕文化美丽乡村示范带（“三带”总长65千米）和河头镇、中行镇“五美”示范镇，以及热柘镇下黄地村、八尺镇凤头村等一批美丽乡村示范点，加快建设国道358线省际廊道美丽乡村示范带和最美出省通道，着力打造粤北片区乡村风貌全域提升试点示范县。初步完成平远县乡村振兴示范带建设规划编制工作，八尺—仁居的“三省廊道·苏区故里”示范带建设初具规模。

二、巩固农村人居环境整治成果。深入实施农村人居环境整治提升五年行动，全县基本完成“三清三拆三整治”任务，农房管控、乡村风貌提升完成率90%，生活垃圾收运处置体系覆盖率、保洁覆盖面均达100%。推进农村生活污水治理，完成1263个自然村生活污水治理，完成率93.64%，全面完成镇级污水处理设施建设、自然村内干路全面硬底化任务，农村集中供水实现全覆盖，实现新村新貌新气象。

三、全面推进美丽圩镇建设。推进美丽乡村建设和美丽圩镇攻坚行动，圩镇风貌明显提升，功能配套更加完善，打造河头镇、东石镇“美丽圩镇”示范镇2个，其余9个圩镇全部达到“宜居圩镇”标准。全县打造“四小园”4954个。其中，小菜园2764个，小果园912个，小花园629个，小公园649个。

八尺镇排下村　　（林庄　摄于2022年6月）

河头镇向阳村概貌　（摄于2022年3月）

河头圩镇入口　（摄于2022年12月）

改造后的东石圩镇
（摄于2023年2月24日）

改造后的东石圩镇一角
（摄于2023年2月24日）

仁居镇文体中心 （摄于2023年1月13日）

改造后的仁居圩镇

（摄于2023年1月13日）

梅畲田园综合体 （摄于2022年12月）

差干镇加丰村沿河休闲步道

（摄于2022年12月）

差干圩镇一角 （摄于2022年12月）

全域旅游

文：平远县文广旅体局　　图：除署名外均由平远县文广旅体局提供

南台卧佛山之卧佛含丹　　（林庄 摄于2022年12月）

2022年，平远县深入践行“绿水青山就是金山银山”理念，围绕县委“一城一区一带”工作部署，以创建国家全域旅游示范区为抓手，大力推进全域旅游品牌化、全域旅游产品多元化、全域旅游服务品质化，持续做好平远全域旅游文章。

一、提质产品供给，丰富产品业态。大河背景区成功申报国家AAA级旅游景区。平远县休闲康养乡村游线路被评为第三批广东省乡村旅游精品线路。平远县北京国际山地徒步大会梅州·平远站成功入选2022中国体育旅游精品赛事。平远大佛船灯自然游线路被评为第一批梅州市非遗主题旅游线路。

二、坚持协作联动，推动抱团发展。五指石、南台卧佛山、相思谷实现景区一体化经营。推动县内主要景区门票联动优惠，推出“南台遇相思”等多日游旅游线路。通过联动营销，2022年3—12月，相思谷景区接待人数同比增长78.15%。

三、完善旅游设施，提升服务水平。启动平远县全域旅游基础设施建设项目（一期），包括平远县全域旅游综合服务中心和旅游公路建设。

五指石之一帆风顺　　（摄于2022年6月）

南台卧佛山景区之天空之境　　（摄于2022年12月）

五指石景区之高空栈道（谢春祥 摄于2022年7月）

程旼故居（摄于2022年10月）

东石丰泰堂围龙屋（摄于2022年4月）

中行镇大河背景区一角（摄于2022年12月）

中行镇大河背景区门楼（摄于2022年12月）

河头鱼鳞坝　（林绪远 摄于2023年2月）

黄田水库　（严俊 摄于2022年12月）

上举仓子下　（吴远松 摄于2008年1月）

石正水打坝　（摄于2022年10月）

上举相思谷相思瀑布　（摄于2012年10月）

位于仁居镇的平远县红军纪念园一角
（摄于2022年8月）

仁居镇仁居村红军街
（摄于2022年8月）

大柘镇黄沙村一角
（新梅互联　摄于2022年2月）

热柘镇热水村温泉浴池
（钟安源　摄于2022年12月）

长田曼佗山庄花海　（摄于2022年2月）

目 录

年度关注

大 事 记

县 情 概 览

中共平远县委员会

平远县人民代表大会

平远县人民政府

政协平远县委员会

平远县纪委监委

群众团体

法　治

军　事

农业·水利·气象

工业与信息化建设

邮政通信

交通运输

商业·贸易

旅 游 业

财税·金融

城乡建设·环保

综合经济管理

教育·科技

社会科学

文化·传媒

卫生健康·体育

社会民生

各镇概况

名　录

光　荣　榜

附　录

年度关注

责任编辑：林绪远

平远县脐橙产业园（扩容提质）入选省级现代农业产业园

2022年1月，省农业农村厅公布2021年省级现代农业产业园建设名单，梅州有7个产业园入选。其中，平远县脐橙产业园（扩容提质）入选特色产业现代农业产业园建设名单。

记者在县脐橙产业园看到，园区正在进行新一轮的扩容提质，车间内，技术人员正在有条不紊地安装调试果汁设备。据了解，新的生产线上线后，产值将扩大至原来的5倍左右，新增就业岗位约100个。

（资料选自：客家平远　记者：谢晓燕　赖洪扬）

位于平远县大柘镇凤池村的脐橙产业园核心区
（摄于2022年5月）

“红动古道　绿动乡村”南粤古驿道活化利用系列展示活动走进平远

2022年，活动者到红四军纪念馆参观

2022年1月10日，“红动古道　绿动乡村”南粤古驿道活化利用系列展示活动在平远县仁居镇仁居村举行。县委副书记、政法委书记陈琼宏，副县长蓝常基等参加活动。

活动由广东省自然资源厅、广东省文化和旅游厅、广东省地质局指导，广东省“三师”专业志愿者委员会、广东省古迹保护协会、南粤古驿道网支持，媒体采访团、文旅研学专家、粤港澳青年等50多人参加活动。

（资料选自：平远发布　记者：刘佳钰　谢迎辉）

平远县青年干部培训班开班

2022年5月18日上午，平远县青年干部培训班在县委党校开班，县委书记廖茂忠

2022 年 5 月 18 日，2022 年平远县青年干部培训班在县委党校开班

出席开班式并讲话，县委常委、组织部部长、党校校长蔡晓红主持开班式。

廖茂忠指出，青年是国家的希望、民族的未来，青年干部是国家建设的生力军、是党领导建设社会主义事业的中坚力量。廖茂忠强调，全县青年干部要坚定信心决心；要提升政治能力；要严守政治纪律和政治规矩；要提高学习能力；要坚持理论和实践相结合；要善于紧扣县委中心工作；要提高担当作为能力；要增进“为人民服务”情怀涵养；要进一步解放思想、实事求是；要提升拒腐防变能力，扣好廉洁从政的“第一粒扣子”；要严守权力关；要严守交往关；要严守亲情关，真正把廉洁齐家落到实处。

（资料选自：南方+　全媒体记者：梁时禹　通讯员：朱维佳　朱双玲　袁志鹏）

平远县举行 2022 年度“广东扶贫济困日”活动动员大会巩固脱贫成果助力乡村振兴

2022 年 6 月 30 日，平远县举行 2022 年广东扶贫济困日暨全社会助力乡村振兴活动仪式，动员社会各界继续赓续传承伟大脱贫攻坚精神，弘扬中华民族和衷共济、团结互助的优良传统，为平远巩固脱贫攻坚成果，全面实施乡村振兴战略、加快实现共同富裕，做出更大的贡献。

活动现场，县委书记廖茂忠、县人大常委会主任姚永波、县政协主席凌声宏等县委、县人大常委会、县政府、县政协、县纪委监委领导班子成员及县人武部、县法院、县检察院等副县级以上领导带头捐款。县委、县政府大院内各单位干部职工纷纷伸出友爱之手奉献爱心，纷纷把善款投入捐款箱。截至 7 月 4 日，收到各单位干部职工捐款 59.82 万元。活动号召全县党员干部职工和广大人民群众积极响应县委、县政府的号召，迅速行动，倾情出力，慷慨解囊，奉献爱心、共襄义举，以实际行动践行服务国家、服务社会、服务群众的社会责任。

广东宇时代电子有限公司是梅州扶贫济困铜奖获得单位之一。“近三年来，我们公司每年都会抽出 5%～10%的利润回馈家乡建设。这些款项主要用于平远县教育基金投入、贫困学子资助、长田镇美丽乡村建设等多个项目。”公司总经理杜生元告诉记者，多年来，企业发展离不开平远县这片创新创业的土壤，应该懂得感恩和回报，尽己所能为平远社会经济建设献上绵薄之力。

据了解，自 2010 年以来，平远县广泛动员、精心组织，在全县范围内广泛开展形式多样的“广东扶贫济困日”活动。社会各界积极响应、踊跃参与，12 年来全县累计到账资金 9448 万元，善款在助学、助困、助残、助孤老、助病以及公益项目等方面发挥重要作用，为全县取得脱贫攻坚全面胜利注入强大力量。

（资料选自：《梅州日报》　记者：朱双玲　傅思林　钟媛媛）

平远县举行庆祝 2022 年教师节暨县发展教育基金、刘宪奖教奖学金颁奖大会

2022 年 9 月 6 日，平远县举行庆祝 2022 年教师节暨县发展教育基金、刘宪奖教奖学金颁奖大会，表彰全县教育战线上涌现出来的先进集体和先进个人，大力弘扬尊师重教、崇文尚德的社会风尚，营造人人关心教育、支持教育的浓厚氛围，激励全县广大教师和教育工作者为平远教育事业高质量发展不懈奋斗。县委书记廖茂忠出席会议并讲话，县委副书记、县长周小勇主持会议。

大会宣读《平远县人民政府关于 2021—2022 学年度优秀教师、优秀班主任、优秀教育工作者及尊师重教先进单位的通报》。会议号召全县广大教师和教育工作者要以先进为榜样，不忘初心、牢记使命、振奋精神，以更加高昂的热情、更加扎实的作风干出新业绩、展现新作为，努力办好人民满意的教育，为平远苏区加快振兴、共同富裕提供强有力的人才保障和智力支撑。

廖茂忠代表县委、县政府向全县广大教师和教育工作者致以节日的问候，向受表彰的先进集体和先进个人表示热烈的祝贺，向长期以来关心支持平远县教育事业的社会各界人士表示衷心的感谢。他说，平远县以办人民满意的教育为目标，坚持教育优先发展战略地位不动摇，全力推进教育事业高质量发展，教育投入稳步增长，教育设施不断完善，高考成绩稳中有进，“双减”工作取得实效，尊师重教氛围日益浓厚，全县教育事业发展取得了长足进步。这些成绩的取得，饱含着各级党委政府的关心重视，倾注着社会各界的鼎力支持，更凝聚着广大教师和教育工作者的智慧与汗水。

2022 年 9 月 6 日，平远县在县迎宾馆举行庆祝 2022 年教师节暨县发展教育基金、刘宪奖教奖学金颁奖大会

廖茂忠强调，教育承载着平远苏区加快振兴、共同富裕的希望，肩负着全县人民群众的期盼。全县各级各部门特别是教育部门和广大教师要牢牢把握教育的政治方向，持续加强理论学习，坚持教育优先发展战略，认真贯彻党的教育方针，为党育人、为国育才，办好人民满意的教育。要坚持深化教育改革创新，从平远教育的实际出发，坚持目标导向、问题导向、结果导向，系统思考、深入研究，拿出更多硬招实招，着力破解教育改革发展瓶颈，积极探索打造教育高质量发展的“平远样板”。要全面激发广大教师干事创业活力，认真落实习近平总书记提出的“四有”要求，打造高素质教师队伍，不断健全激励保障长效机制，着力提高教师待遇、专业素质和社会地位，激励广大教师热心从教、积极从教、终身从教，全面提升教育教学质量。要凝聚推动教育高质量发展的强大合力，各级各部门和社会各界要各司其职、各负其责，凝心聚力、真抓实干，奋力开创平远教育振兴发展的新篇章。

会议还颁发了 2021—2022 学年度高考奖，表彰了尊师重教先进单位、优秀教师、优秀班主任、优秀教育工作者。

（资料选自：南方+　全媒体记者：梁时禹　通讯员：袁志鹏 朱双玲 吴辉燕）

远思南药研发及智造基地、南药博物馆在梅州平远高新区奠基

2022年10月20日，由广州远想生物科技股份有限公司投资2.8亿元建设的“远思南药研发及智造基地、南药博物馆”项目在梅州平远高新区奠基。省药品监督管理局副局长严振，省农业农村厅二级巡视员何国威，中共平远县委书记廖茂忠，广州远想生物科技股份有限公司董事长凌远强等参加活动。

平远县是中国仙草之乡，拥有梅片、石斛、广藿香、仙草等20多种南药资源。2019年，平远南药产业园入选省级现代农业产业园，产业园扩容提质项目也于2022年入选省级建设名单，已累计投入资金2.79亿元，完成31个项目建设，全县现有南药种植面积5200公顷（7.8万亩）、年产量5.1万吨，综合产值11.2亿元，成为全国最大的仙草种植加工基地、全省最大的天然冰片生产基地，辐射带动37个村集体经济组织、7000多户农户增收致富。“远思南药研发及智造基地、南药博物馆”主要开发以梅片（冰片、龙脑香）等作为核心原料的新一代功效性护肤品、生物科技制品，搭建集南药种养、研发、生产、销售于一体的产业集群；后续将扩展到广藿香、林下灵芝、石斛、芸香科植物等特色南药，拓深南药在功效护肤、个人护理、康养产品等方面的应用，致力于在平远县打造特色南药生物科技的龙头企业。项目建成达产后可提供上千个就业岗位，预计年产值超过1亿元，综合年纳税2000万元。

远思南药研发及智造基地、南药博物馆效果图

廖茂忠在致辞中指出，远思南药项目建设是平远贯彻落实省市推动经济高质量发展的具体行动，是县委、县政府实施工业兴县、推动乡村产业振兴的重要成果，同时也是远信集团董事长凌远强情系桑梓、反哺家乡的务实之举。廖茂忠表示，南药产业市场前景广阔、发展空间巨大，远思南药项目将进一步拓展南药在医美、功能护肤等领域的应用，打造一流南药品牌，促进三产融合发展，构筑具有更高附加值的南药产业发展生态链。他要求全县上下要一如既往为项目建设和企业发展提供最优质、最便捷、最高效的服务，强化要素保障，落实惠企政策，全力支持远思南药项目加快建设，争取早竣工、早投产、早见效。

何国威表示，远思南药研发及智造基地、南药博物馆建设项目顺利奠基，是平远深入贯彻落实习近平总书记关于中医药工作的重要论述和重要指示批示精神，献礼中共二十大的实际行动；是保护弘扬中医药传统文化，全面推进乡村振兴，建设中医药强省的重要体现；也是打造更高水平现代农业产业园，建设高标准南药生产基地，推进全省中医药事业高质量发展的具体举措。项目必将推动平远南药产业提档升级，成为广东南药产业高质量发展的示范样板；必将增强广东南药产业链整合力，强力推动广东南药产业提质增效，向更高水平迈进。

严振说，南药不仅在医药界发挥“攻效”，对农村脱贫攻坚也有着天然“疗效”。以南

药振兴助力平远振兴，让绿水青山变成金山银山，不失为践行国家乡村振兴战略的一剂良方。远思南药研发及智造基地、南药博物馆在平远落地，不仅能带动产业增收，在科技创新、产业现代化、质量标准化、产品规模化等方面都会有辐射带动作用。相信依靠远信集团的品牌建设经验，必将会给平远南药产业发展注入强大动力，助力打造南药产业集群，带动平远经济发展。

（资料选自：掌上梅州　《梅州日报》记者：傅思林　特约记者：朱双玲　袁志鹏　吴辉燕　编辑：杨乔颖）

平远县300多名支援丰顺的志愿者平安归来

2022年11月8日上午，随着最后一批109名支援丰顺县汤西镇的抗疫志愿者完成任务回到平远，平远县3批300多名支援丰顺的志愿者全部回到平远。

在平远高速出口前，迎接志愿者回家的干部群众拉起横幅，列队候在道路两旁。看

2022年11月8日，干部群众在平远高速入口迎接支援丰顺汤西镇的抗疫志愿者回到平远

到队员们抵达，大家纷纷挥舞着手中的国旗、高声欢呼，向“最美逆行者”致以崇高敬意。

10月27日凌晨，接到梅州市新型冠状病毒肺炎疫情防控指挥部通知后，中共平远县委、县政府高度重视，紧急抽调12个镇和部分县直单位组成对口支援丰顺县工作队109人，由县委副书记、政法委书记陈琼宏带队出征，紧急奔赴汤西镇支援疫情防控工作。

在汤西镇，工作队分成12个工作队下沉到12个行政村16个采样点、33个采样台和6个高风险区，与当地抗疫队伍一起完成各个村的卡口防控、场所码管理、社会面管控和核酸采样、防疫宣传、物资运送、疫情排查等志愿服务。同时为特殊群体和困难群众送上急需的医疗物资和生活物资，帮助当地村民解决遇到的困难和问题。工作队进驻后，完成区域核酸检测12轮超36万人次，支援工作实现“打胜仗，零感染”工作目标。

另外，平远县委、县政府和县工商联、新阶联等积极组织社会各界人士献爱心，先后捐赠价值74.8万元的医疗物资和生活物资，助力丰顺全面战胜疫情。

在工作队返回平远前，丰顺县举行欢送平远县支援丰顺县汤西镇抗疫队伍大会，省直机关工委副书记李剑先，丰顺县委常委、组织部部长徐晓东，丰顺县政协党组成员傅伟等到场欢送，对平远县支援工作队辛勤付出表示崇高的敬意和衷心的感谢。

据悉，工作队员回到平远县后，在酒店集中隔离3天，实行“三天三检”。

（资料选自：掌上梅州　编辑：张晓珊）

大　事　记

责任编辑：林绪远

1月

10日　“红动古道 绿动乡村”南粤古驿道活化利用系列展示活动在平远县仁居镇仁居村举行。县委副书记、政法委书记陈琼宏，副县长蓝常基等参加活动。

17日　广东富远稀土新材料股份有限公司年处理5000吨中钇富铕稀土分离生产线异地搬迁升级改造项目开工仪式在梅州平远高新技术产业开发区举行。市政府副市长蒋鲲参加活动。

18日　平远县2022年春季征兵启动仪式在石正公园举行。县委副书记、县长周小勇，县委常委、县政府党组副书记、副县长徐万宝，县委常委彭勇栋，副县长蓝常基，县人武部政委等参加活动。

19日　中国共产党平远县第十四届委员会第二次全体会议在县城召开。会议传达省委十二届十五次全会和市委八届二次全会精神。县委书记廖茂忠代表县委常委会向全会作工作报告。县委副书记、县长周小勇就经济工作作专题讲话。县委常委会就政治要件贯彻落实情况、党建工作作专题报告。

20日　平远县举行梅州平远高新区管委会、广州南沙（平远）产业转移工业园管理委员会、创业创新孵化基地挂牌仪式。县委书记廖茂忠，县委副书记、县长周小勇参加活动。

21日　市委常委、宣传部部长张运全到平远县调研中央红色交通线遗址修缮项目建设情况和驻镇帮镇扶村工作。

25日　市委常委、组织部部长罗盛芬，市政府副市长、市公安局局长詹星到平远县督导检查疫情防控和安全生产工作。县领导廖茂忠、周小勇、蔡晓红、余毅宗陪同督导检查。

是日　平远县召开党史学习教育总结会议。县委书记廖茂忠出席会议并讲话，县委副书记陈琼宏主持会议。市委党史学习教育第七巡回指导组到会指导。

29日　县委人才工作领导小组会议召开。县委书记、县委人才工作领导小组组长廖茂忠主持会议并讲话。

是日　县委全面依法治县委员会会议召开。县委书记、县委全面依法治县委员会主任廖茂忠主持会议并讲话。

2月

1日　在全省疫情防控工作电视电话会议后，梅州市在平远县接着召开全市新冠肺炎防控领导小组（指挥部）会议。市委书记马正勇参加会议并讲话，市长王晖主持会议。县委书记廖茂忠，县委副书记、县长周小勇等在现场参加会议。

4日　平远县青年企业家协会抗疫物资捐赠仪式在县志愿者联合会举行。县委副书记、政法委书记陈琼宏参加活动。

11日 市委副书记、市长王晖到平远县调研企业生产经营、项目建设和梅州平远高新区建设等情况，督导检查疫情处置工作。市领导蒋鲲、陈亮陪同调研。

18日 中国共产党平远县第十四届纪律检查委员会第二次全体会议在县迎宾馆召开。县领导廖茂忠、周小勇、姚永波、凌声宏、陈琼宏等出席会议。县委常委、县纪委书记、县监委主任郭育春主持会议。

是日 平远县人武部党委（扩大）会议暨2022年武装工作会议在县人武部召开。县委书记、县人武部党委第一书记廖茂忠出席会议并讲话。

23日 平远县精神文明建设委员会会议暨创建全国县级文明城市工作推进会在县迎宾馆召开。县委书记廖茂忠出席会议并讲话，县委副书记、县长周小勇主持会议，市委宣传部副部长、文明办主任张爱芳到会指导。

是日 平远县召开新能源项目建设工作推进会。

25日 平远县召开交通基础设施及重点项目暨2021年度土地卫片违法图斑整改工作会议。县委副书记、县长周小勇，副县长张锡洪参加会议。

3月

2—3日 平远县召开省级现代农业产业园座谈会、平安平远建设领导小组会议、财政管理专题工作会议和民营企业家代表座谈会。县委书记廖茂忠，县委副书记、县长周小勇参加会议并讲话。

8—10日 政协第十一届平远县委员会第二次会议在县迎宾馆召开。会议审议通过政协第十一届平远县委员会常务委员会工作报告、政协第十一届平远县委员会常务委员会关于第十一届第一次会议以来提案工作情况报告。听取和讨论《政府工作报告》及有关报告。

9—11日 平远县第十六届人民代表大会第二次会议在县迎宾馆召开。大会表决通过县人民政府工作报告、2021年国民经济和社会发展计划执行情况与2022年计划、2021年预算执行情况和2022年预算、县人民代表大会常务委员会工作报告、县人民法院工作报告、县人民检察院工作报告六项决议，票决产生平远县2022年度民生实事项目。

13日 平远县召开城镇建设管理工作会议。县委副书记、县长周小勇出席会议并讲话。

14日 市委书记马正勇到平远县调研实体经济和乡村振兴工作。市委常委、秘书长、办公室主任曾永祥陪同调研。

15日 市委副书记、市长王晖到平远县调研经济运行、招商引资和乡村振兴工作。市政府副市长、秘书长陈亮陪同调研。

是日 全县宣传思想文化工作会议在县迎宾馆召开。

23日 平远县召开落实春季粮食生产、推进撂荒耕地复耕复种工作会议。县委书记廖茂忠主持并讲话。县委副书记、政法委书记陈琼宏等参加会议。

31日 平远县在县新时代文明实践中心讲堂召开2021年“平远好人”表彰暨座谈会。县委常委、统战部部长林忠云出席会议并为获奖者颁奖。

4月

2日 平远县召开民营企业家意见建议交办会。县委常委、统战部部长林忠云，县委常委、副县长韩旭，以及财政、发改、住建、高新区管委会、相关镇负责人等出席会议。

7日 平远县召开全县关心下一代工作

会议。县委副书记、政法委书记陈琼宏，县委常委、组织部部长蔡晓红参加会议。

是日　平远县在县教育局召开未成年人思想道德建设工作推进会。副县长李万年出席会议。

13日　省委书记李希、省长王伟中到平远县调研。省领导张福海、许瑞生，市领导马正勇、王晖陪同调研。

18日　平远县召开撂荒耕地复耕复种现场会。县委副书记、政法委书记陈琼宏，副县长王平梅出席现场会。

26日　平远县召开全县民政工作会议。副县长蓝常基参加会议并讲话。

27日　平远县侨界青年代表座谈会召开。县委常委、统战部部长林忠云参加座谈会并讲话。

28日　平远县工会第十七次代表大会召开。县领导姚永波、凌声宏、蔡晓红、马文生、赖光亮、蓝常基出席开幕式。

是日　市人大常委会组织部分常委会组成人员及市人大代表，对平远县全面推行林长制工作情况进行视察。市人大常委会副主任张达宏参加视察。县领导姚永波、李远林、张锡洪等陪同视察或参加座谈会。

29日　平远县召开2022年全县退役军人工作会议。副县长蓝常基参加会议。

5月

11日　平远县召开2022年深入整治群众身边腐败和作风问题工作部署会。县委常委、县纪委书记、县监委主任郭育春主持会议并讲话。

17日　全县干部大会在县迎宾馆召开。会议深入贯彻落实习近平总书记关于老区苏区工作重要论述，传达学习省委书记李希、省长王伟中到梅州调研讲话精神以及全市干部大会精神，动员部署平远县学习贯彻落实工作。县委书记廖茂忠主持会议并讲话。

18日　2022年平远青年干部培训班在县委党校开班，县委书记廖茂忠出席开班式并讲话。

19日　市政协党组副书记、副主席曾祥海率市政协调研组一行到平远县调研。县政协党组书记、主席凌声宏，县委常委、统战部部长、县政协党组副书记林忠云，副县长蓝常基等陪同调研。

是日　省工业和信息化厅党组成员、副厅长吴红率调研组一行到平远县调研省产业园区开发建设工作。副市长蒋鲲，县委书记廖茂忠，县领导王俊辉、余毅宗等陪同调研。

24日　共青团平远县第十八届委员会第五次全体（扩大）会议在县迎宾馆召开。县委常委、组织部部长蔡晓红出席会议并讲话。

25日　县政协开展“数字政府”建设专题协商活动。县政协党组书记、主席凌声宏，副县长李万年，县政协党组副书记、副主席刘志刚参加活动。

是日　省科技厅党组成员、副厅长李旭东一行到平远县调研指导产业发展和企业科技创新活动开展情况。市科学技术局局长涂礼俊，县委常委、副县长韩旭等领导陪同调研。

是日　广州市金融局局长邱亿通率队到平远县调研乡村振兴驻镇帮镇扶村工作。县委常委、副县长王俊辉陪同调研。

是日　副市长陈伶俐到平远县调研教育、卫健、体育以及疫情防控等工作。副县长蓝常基、王平梅陪同调研。

26日　全县消防工作会议召开。县委常委、县政府党组副书记、副县长徐万宝主持。

是日　由广东省林业局、梅州市委组织部、市林业局、县人民政府联合主办的全省林业科技服务年暨科技活动周送科技下乡活动走进八尺镇。县委常委、组织部部长蔡晓红，副县长张锡洪，广东平远龙文—黄田省级自然保护区管理处主任、县林业局局长林志鹏参加活动。

是日 县委人大工作会议在县迎宾馆召开。县委书记廖茂忠出席会议并讲话。

31日 市委常委、市纪委书记、市监委主任蒋万军到平远县调研党风廉政建设工作。

6月

1日 全县干部大会在县城迎宾馆召开，传达学习贯彻省第十三次党代会精神。县委书记廖茂忠主持会议。县委副书记陈琼宏传达省第十三次党代会和省委第十三届第一次全会以及全市干部大会精神，县委常委、纪委书记、县监委主任郭育春传达省党代会纪委工作报告精神。

9日 省农业农村厅调研组到平远县调研省级现代农业产业园建设工作。副县长王平梅陪同调研。

16日 市委副书记、市长王晖到平远县参加省第三届“乡村振兴大擂台”问政与专访活动。

23日 省公路事务中心副主任汪晓天率队到平远县开展水毁公路修复与普通公路建设养护重点工程综合调研。市公路事务中心主任王忠，县委常委、副县长韩旭等陪同调研。

24日 市委书记马正勇到平远县调研督导重点项目建设工作，检查指导救灾工作并看望慰问受灾群众。市委常委、秘书长、办公室主任曾永祥参加活动。

28日 平远县召开民族宗教工作会议。县委常委、统战部部长林忠云参加会议并讲话。

29日 平远县未成年人思想道德建设工作会议在县迎宾馆召开。县委常委、宣传部部长曾小芬，副县长王平梅出席会议。

30日 平远县2022年“广东扶贫济困日”暨全社会助力乡村振兴活动在县委大院举行。

7月

5日 省政协党组副书记、副主席林雄到平远县调研省政协委员提案办理工作。市领导戚优华、李利平陪同调研。

7日 2022年县委农村工作会议暨全县实施乡村振兴战略工作推进会在县迎宾馆召开。

是日 梅州市人大常委会副主任张达宏率队到平远县调研镇村规划建设情况。县领导姚永波、肖桂华、王平梅等陪同调研。

12日 在平远的省、市人大代表第一小组代表视察县城提质改造工程项目建设情况。县领导廖茂忠、姚永波、赖光亮、张锡洪以及龙文—黄田省级自然保护区管理处主任林志鹏等参加活动。

14日 省人大常委会副主任黄宁生到平远县开展立法调研。省人大法制委副主任委员、常委会法工委主任李柏阳，省人大常委会法工委副主任陈永康，市人大常委会副主任刘锐清陪同调研。县领导廖茂忠、姚永波、廖文香等参加调研。

是日 市委常委、统战部部长崔毅到平远调研非公有制企业发展情况。

15日 省农业农村厅二级巡视员黄孟欣一行到平远县调研农村集体经济工作。县委副书记、政法委书记陈琼宏陪同调研。

19日 市人大常委会党组副书记、副主任余其豹到平远县调研督办市人大代表《关于加快工业园区高质量发展的建议》。市人大常委会副主任黄立强，秘书长邓国功，县委书记廖茂忠等参加活动。

25日 市委副书记、市长王晖到平远县调研重点项目建设工作。市领导蒋鲲、陈亮陪同调研。

26日 市委常委、组织部部长罗盛芬到平远县调研挂钩联系重点项目建设情况和挂点服务企业生产经营发展情况，并到大柘镇西河村开展直接联系村“两委”干部活动。县委书记廖茂忠，县委副书记、县长周小勇陪同调研。

27日 全国政协常委、全国政协农业和农村委员会副主任、民建中央副主席吴晓青到平远县开展“加强城市生活垃圾的综合处理和资源化利用管理”专题调研。市领导崔毅、陈伶俐陪同调研。

28日 县政协组织部分政协委员到石正镇开展镇村生活污水处理设施建设与运营专题协商活动。县政协党组书记、主席凌声宏，副主席韩垂辉，秘书长林敦清参加协商活动，副县长张锡洪应邀出席协商活动。

是日 县委书记廖茂忠，县委副书记、县长周小勇，县委副书记、政法委书记陈琼宏率拥军慰问团，到梅州军分区开展慰问活动。

31日 省老区建设促进会会长陈开枝到平远县调研乡村振兴和红色文化传承工作。

8月

1日 省供销社党组书记、理事会主任叶梅芬到平远县调研深化供销合作社综合改革和重点项目建设等工作。副市长谢钦文，市供销社党组书记、理事会主任丘孝东，县领导廖茂忠、周小勇、余毅宗、王平梅等陪同调研。

2日 省民政厅调研组一行到平远县调研督导困难群众救助补助资金审计发现问题专项治理工作。市民政局局长王健，县委副书记、县长周小勇，副县长蓝常基等领导陪同调研。

3日 梅州市涉农专利信息平台上线发布会暨“南药”产业专利技术转化签约仪式在梅州平远高新区药庄举行。副县长王平梅及省、市市场监督管理局、市农林科学院等相关领导参加活动。

6日 全县旅游工作专题座谈会召开。县领导周小勇、陈瑛以及龙文—黄田省级自然保护区主任林志鹏等参加会议。

8日 平远县举行“全民健身日”启动仪式暨“中国体育彩票杯”社区运动会——健身展演、拔河比赛等活动。李柏华等原市领导，副县长蓝常基及县相关部门负责人参加活动。

9日 平远县召开全县疫情防控和“三防”工作会议。县委书记廖茂忠主持会议并讲话，县委副书记、县长周小勇，县委副书记、政法委书记陈琼宏出席会议。

15日 市人大常委会党组副书记、副主任余其豹率部分市人大代表到平远县视察铜箔产业发展情况。市领导蓝伟东、蒋鲲和县领导廖茂忠、周小勇、姚永波参加活动。

18—19日 平远县2022年政法干警政治轮训暨纪律教育学习培训班在县迎宾馆举行。县委书记廖茂忠为参训干警上专题党课。

26日 国家发改委副主任胡祖才到平远县调研瑞梅铁路规划情况。省政府副省长陈良贤，市领导马正勇、王晖、陈金銮、陈亮陪同调研。

30日 市政府副市长蒋鲲到平远县调研稀土产业发展工作。

31日 平远县召开县政府廉政工作暨全县审计工作会议。县领导周小勇、王俊辉、郭育春等出席会议。

是日 市委常委、副市长赵东带队到平远县调研文化旅游体育工作。县领导廖茂忠、余毅宗、韩旭等陪同调研。

9月

1日 市委副书记王庆利到平远县调研乡村振兴工作。

是日 2022年全省普通国省干线公路服务设施现场工作会在平远县召开。省交通运输厅、省公路事务中心、各地市相关单位负责人参加会议。县委副书记、县长周小勇，县委常委、副县长韩旭出席会议。

6日 平远县在县迎宾馆举行庆祝2022年教师节暨县发展教育基金、刘宪奖教奖学金颁奖大会，表彰全县教育战线上涌现出来的先进集体和先进个人。县委书记廖茂忠出席会议并讲话，县委副书记、县长周小勇主持会议。

是日 2022年食品安全宣传周启动仪式在县城官田广场举行。副县长王平梅出席启动仪式并宣布2022年食品安全宣传周活动启动。

13日 市政府副市长、秘书长陈亮到平远县督导自然资源、住房和城乡建设、交通运输有关重点工作和安全生产工作，并开展巡河活动。县领导廖茂忠、周小勇、余毅宗、张锡洪陪同调研。

15日 深圳金雅福集团董事长、乡贤黄仕坤率领企业考察团到平远县参观考察。县委副书记、县长周小勇，县委常委、副县长韩旭等参加考察活动。

20日 市政协副主席李利平率队到平远县开展“激发驻镇帮镇扶村活力 合力促进乡村振兴”专题调研。县政协主席凌声宏、副县长李万年、县政协副主席刘志刚陪同调研。

22日 全国政协委员、省卫生健康委一级巡视员刘冠贤一行到平远县开展乡村振兴工作调研。副县长王平梅参加调研活动。

26日 “喜迎二十大·清廉润平远”2022年平远县新时代廉洁文化作品展在平远县文联综合展厅开展。县委书记廖茂忠出席开展仪式并讲话。

27日 市委副书记、市长王晖到平远县调研招商引资、土地管理和统计纳统等工作。市政府副市长、秘书长陈亮以及廖茂忠、周小勇、余毅宗、韩旭、张锡洪等平远县领导及市、县相关单位负责人参加调研座谈。

29日 富远公司年处理5000吨中钇富铕稀土矿分离生产线投产仪式在平远高新区举行，标志着富远公司建成“全国最大的中重稀土分离绿色示范工厂”。副市长蒋鲲，广晟集团党委委员、副总经理赵晖，县委副书记、县长周小勇出席仪式。

30日 平远县各界人士在县革命烈士陵园举行公祭仪式。

是日 全县土地工作会议召开。县委书记廖茂忠出席会议并讲话，县委副书记、县长周小勇主持会议。

10月

3日 平远县在县迎宾馆召开疫情防控工作会议，市委常委、副市长陈金銮出席会议并讲话。廖茂忠、周小勇、陈琼宏、余毅宗、王平梅等县领导参加会议。

10日 副市长陈伶俐到平远县开展重点企业服务工作。县委副书记、县长周小勇，县委常委、副县长王俊辉陪同调研。

是日 市委常委、政法委书记梁维到平远县调研基层社会治理工作。

20日 由广州远想生物科技股份有限公司投资2.8亿元建设的“远思南药研发及智造基地、南药博物馆”项目在平远高新区奠基。省药品监督管理局副局长严振，省农业农村厅二级巡视员何国威，县委书记廖茂忠，广州远想生物科技股份有限公司董事长凌远强等参加活动。

21日 中华人民共和国应急管理部火

灾防治管理司副司长崔洪浩率国家督查组到平远县督导检查森林防、灭火工作。省应急管理厅党委委员、副厅长刘永生，市应急管理局党委书记、局长温勇登，县领导周小勇、余毅宗等陪同检查。

31日　平远县传达贯彻中共二十大精神大会在县迎宾馆大会堂召开。县委书记廖茂忠主持会议并讲话，县委副书记、县长周小勇传达中共二十大精神和省、市传达贯彻中共二十大精神大会精神。

11月

2日　平远县组织在平远的省、市人大代表集中视察实体经济发展壮大情况。县领导廖茂忠、周小勇、姚永波、韩旭、张锡洪、赖光亮参加活动。

3日　平远县残疾人联合会第八次代表大会在县迎宾馆召开。

14日　平远县召开全县疫情防控工作会议。县委书记廖茂忠主持会议并讲话，县委副书记、县长周小勇参加会议。

16日　县人民政府与平远农村商业银行股份有限公司签订党建引领，政银合作，共促乡村振兴战略合作协议。县委常委、县政府党组副书记、副县长余毅宗出席会议并签约。

17日　省交通运输厅一级巡视员王富民率队到平远县调研督导农村公路建设。县委副书记、县长周小勇，县委常委、副县长韩旭陪同调研。

17日　国家林业和草原局森林草原火灾预防监测中心副主任冯晓东率指导组到平远县开展防火包片蹲点工作。省林业局党组成员、总工程师郑永光，市林业局局长熊锋松，县委书记廖茂忠，县委副书记、县长周小勇，副县长张锡洪、李菲丹，广东平远龙文—黄田省级自然保护区管理处主任、县林业局局长林志鹏等陪同。

是日　2022年县委议军会议在县委五楼会议室召开。

18日　第十八届脐橙文化旅游节在县人民广场开幕。县委副书记、政法委书记陈琼宏出席活动并宣布平远脐橙正式开摘，副县长王平梅等出席开幕式。

19日　省委党史研究室副主任王涛到平远县调研红色文化保护传承利用情况。

12月

6日　平远县广大党员、干部、群众收听收看江泽民同志追悼大会，沉痛悼念敬爱的江泽民同志。

15日　学习贯彻中共二十大精神市委宣讲团宣讲报告会暨平远县科级领导干部学习贯彻中共二十大精神专题研讨班开班式在县迎宾馆举行。

26日　平远县2022年重点工业项目集中开工投产活动暨梅州市盈华铜箔科技有限公司年产10万吨高端铜箔项目一期开工、广东盈华材料年产3600万张高性能覆铜板项目一期投产、二期开工仪式在梅州平远高新技术产业开发区举行，总投资额超过108亿元的12个战略性、示范性重点项目实现集中开工或投产。市领导马正勇、王晖、杨朝晖、罗盛芬、蓝伟东，县领导周小勇、凌声宏、陈琼宏等参加活动。

28日　市人大常委会组织部分在梅州的全国、省人大代表到平远县视察调研实体经济、乡村振兴、绿美梅州等工作，市人大常委会副主任蓝伟东，县领导周小勇、肖桂华、李菲丹陪同视察。

县情概览

责任编辑：林绪远

基本地情

【地理位置】 平远县地处广东省东北部，梅州市西北部，位于北纬24° 23′ 38″ ~24° 56′ 01″、东经115° 23′ 41″ ~116° 07′ 01″。东邻蕉岭县，南接梅县区、兴宁市，西、北分别与江西省、福建省交界。辖区面积1381（实际1373.98）平方千米。

【地形地貌】 平远县属丘陵山区，山地、丘陵占总面积的80.8%，其余为河谷盆地。地形平面呈四指并拢向上巴掌状。因闽赣边境武夷山脉南伸，西北部高于东南部，形成北高南低地势。海拔在200~800米之间。县境内海拔1000米以上山峰有4座：北部与江西省交界的项山甑，海拔1529.8米，为平远县最高峰；西部八尺镇的角山嶂，海拔1030米；中部东石镇的尖山，海拔1007米；东部与蕉岭县交界的铁山嶂，海拔1164米。差干镇的五指石和石正镇的南台山，属丹霞地貌，形成南北对峙之势，为古今游人向往的风景名山，海拔分别为460米、645米。

平远山脉以项山甑为主，分为两支：一支向东折南，较高的山峰有鸡笼嶂、鹅石、尖笔山（又名小尖山）、西山岃、尖山、铁山嶂；另一支向西南方向延伸，高山有牛牯岽、屏风嶂、角山嶂、甘子嶂、河岭嶂、莲花寨等。

【建置沿革】 平远县治始设于明嘉靖四十一年（1562）。当时以广东程乡县的豪居（今仁居镇）为中心，并析福建的武平、上杭，江西的安远，广东惠州府的兴宁四县边地，以原设在豪居林子营的通判府馆址为基础，扩大筑城，罢馆置县。因其界于福建武平、江西安远之间，故名“平远”。初隶江西赣州府。嘉靖四十三年（1564），调整县域，归还闽赣两省武平、上杭、安远三县原析之地，增析程乡的义化、长田、石窟三都及兴宁原析之大信一里，仍组成平远县，改隶广东潮州府，县治仍设在豪居。崇祯七年（1634），析平远的石窟一图、二图，并析程乡县之龟浆二图、松源二图，增置镇平县（今蕉岭县）。清雍正十一年（1733），程乡县升格为嘉应州，平远改隶嘉应州。嘉应州与平远、兴宁、长乐、镇平四县并称嘉应五属。

中华民国成立后，废除原有建制，省县之间另设道。民国3年（1914），设潮循道，平远为下属之一县。民国9年（1920），裁道，平远直属于省。民国25年（1936）8月，两广还政中央，广东取消绥靖区，改设9个行政督察区，平远属第六区。民国38年（1949）2月，调整改属第九行政督察区。1949年5月22日，平远宣告和平解放。是年10月中华人民共和国成立后，省县之间仍沿袭民国时期的专员公署制，作为省派出机构以领导县，平远隶属于兴梅专员公署。1952年，兴梅专署被撤销，改隶粤东行政公署。1956年，粤东行政公署被撤销，分设惠阳、汕头 2 个专区，平远隶属汕头专区。1965 年，兴梅与潮汕分设专区，平远隶属于梅县地区行政专员公署。1988 年，梅县行署改为市一级政权机构，称梅州市，平远隶属于梅州市。

1951 年 5 月，大信乡划归兴宁县辖。1956 年 1 月，梅县石扇乡黄竹坪村划入平远热柘乡。至此，县属地域均为原程乡县地。县治所在地，明嘉靖四十一年（1562）建县至 1952 年的 390 年，一直在仁居镇（明朝称“豪居”）。1952 年 6 月，平远与蕉岭合署办公，领导土地改革。8 月，广东省人民政府行文“平远并入蕉岭县”“保留平远县名”。县治设在蕉城镇。1954 年 3 月，平远与蕉岭分县而治，平远县治迁往大柘镇。1958 年 11 月，为适应当时人民公社化运动和“大跃进”需要，平远并入兴宁县，县治设在兴城镇。1961 年 1 月，兴宁、平远分县。此后，平远县治一直设在大柘镇。

【行政区划】 明朝平远建县后，设 4 都、2 图，即义田都、义化都、长田都、石窟都，石窟一图、二图。明崇祯年间（1628—1644）割石窟一图、二图与镇平，仍有 4 都，后改划为 15 乡。民国 26 年（1937）调整为 13 乡，全县划为 160 保、1758 甲。民国 30 年（1941），实行新县制，按《县各级组织纲要》规定，全县调整为 142 保、1676 甲。

中华人民共和国成立初期，全县设 7 个区、3 个市、56 个行政村。1950 年调整为 4 个区、2 个镇、13 个乡。1954 年，划为 4 个区、71 个小乡、2 个镇。1956 年撤区并乡，成立 13 个乡、1 个镇、71 个村。1958 年“政社合一”，全县成立 4 个人民公社、1 个镇。1961 年与兴宁分县后，平远县调整为 14 个公社、3 个农场、1 个镇。20 世纪 70 年代中期，划为 16 个公社、1 个镇。1983 年 11 月，恢复区、乡建制，取消“政社合一”的队制。全县设 14 个区（差干、仁居、黄畲、八尺、中行、河头、上举、泗水、东石、坝头、大柘、石正、长田、热柘），1 个区级镇（大柘镇），95 个乡，3 个城镇管理区，4 个县属国营农林场。

1986 年 11 月撤区建乡设镇。全县设立 5 个镇（大柘、仁居、东石、石正、八尺），11 个乡（差干、黄畲、河头、中行、上举、泗水、坝头、茅坪、超竹、长田、热柘），149 个村，7 个城镇居委会。1994 年，11 个乡改镇建制，全县设 16 个镇。2003 年 9 月，撤销超竹镇、黄畲镇和茅坪镇镇级行政区划建制。原超竹镇并入大柘镇，原黄畲镇并入仁居镇，原茅坪镇并入东石镇。2004 年 11 月，撤销坝头镇镇级行政区划，并入大柘镇行政区划。行政区划调整后，全县设 12 个镇（差干、仁居、八尺、河头、中行、上举、泗水、东石、大柘、石正、长田、热柘）。2004 年始，全县辖 12 个镇、136 个村委会、7 个居委会。县城设在大柘镇。

平远县村委会一览表

表 1　　单位：个

镇名	村委会数	村委会名称	村民小组数
差干镇	7	新岭村、湖洋村、三达村、差干村、文丰村、加丰村、湍溪村	42
仁居镇	15	仁居村、井下村、五福村、畲溪村、飞龙村、礤头村、六吉村、邹坊村、社南村、木溪村、麻楼村、上远村、黄畲村、凤仪村、古丁村	192

（续表1）

镇名	村委会数	村委会名称	村民小组数
八尺镇	11	八尺村、角坑村、肥田村、排下村、石峰村、凤头村 笙竹村、南塘村、楼前村、黄沙村、樟田村	118
中行镇	6	良畲村、仲石村、儒地村、中行村、官坑村、快湖村	51
河头镇	9	象牙村、樟坑村、黄田村、河头村、珠坑村、田心村 向阳村、双溪村、河清村	81
上举镇	6	畲脑村、上举村、龙文村、符坑村、文裕村、八社村	53
泗水镇	8	泗水村、文贵村、金田村、梅畲村、成文村、大畲村 木联村、大新村	140
东石镇	17	明洋村、大屋村、双石村、东石村、汶水村、凉庭村 东汶村、麻塘村、锡水村、洋背村、灵水村、白岭村 茅坪村、黄地村、太阳村、蕉留村、中村村	223
大柘镇	25	杞园村、梅东村、梅二村、黄沙村、河岭村、墩背村 清河村、岭下村、凤池村、丰光村、乔庄村、老圩村 超竹村、超南村、田兴村、西河村、棉二村、杉坑村 程北村、程西村、坝头村、东兴村、东片村、漳演村 贤关村	243
石正镇	17	东台村、南台村、石正村、西湖村、坪湖村、棉羊村 潭头村、中东村、马山村、下丰村、上丰村、先锋村 正和村、周正村、周畲村、安仁村、安南村	173
长田镇	7	长安村、长江村、官仁村、禾礤村、长田村、长庆村 高南村	59
热柘镇	8	礤上村、热水村、热柘村、升平村、小柘村、上山村 韩坑村、下黄地村	74
合　计	136		1449

注：全县有居委会7个（仁居、八尺、东石、城东、城北、城西城南、石正），辖居民小组40个。

【常年气候特点】 平远县地处南亚热带与中亚热带过渡的气候区，气候温和，四季分明，夏冬长，秋春短，雨热同季，热量丰富，雨量充足，风力小，霜期短。年平均气温20.7℃，历年变化范围在20.1～21.7℃，变幅1.6℃；年平均日照时数1859.8小时，日照百分率42%；年平均降水量1683.6毫米。

【河流】 平远县有主要河流3条，即北部的差干河、中部的柚树河和南部的石正河，均属韩江水系。全县集雨面积100平方千米以上河流6条、10平方千米的小溪18条。这些河流，除差干河自西向东流外，其他河流均由西北流向东南。此外，八尺镇的排下溪，向西北经江西省寻乌县到广东省龙川县汇入东江，是县境内唯一不属韩江水系支流。

【土地资源】 平远县土地资源丰富，且土地肥沃。地带性的自然土壤为红壤，有利于发展立体生态农业和多种商品生产基地。全县土地面积13.81万公顷。其中，农用地127247.3公顷，建设用地7753.3公顷，未利用地3099.4公顷。人均土地面积0.57公顷。

【水力资源】 平远县水力资源丰富，水力资源理论蕴藏量5.93万千瓦，可开发量4.26万千瓦，发电量1.7亿千瓦时。

【矿物资源】 平远县地质构造复杂，矿物资源丰富。现有资源中，有矿种29个，矿床、矿（化）点159个，其中，中型规模的矿床7个：铁矿、铌钽铷矿、高岭土矿、石灰岩矿、珍珠岩矿各1个，离子吸附型稀土矿2个。按矿种分类，黑色金属矿物有铁和锰；有色金属和贵金属有钨、钼、钴、铜、锡、铅、锌、铋、金；稀有金属矿有钽、铌、铷、稀土；建筑材料和非金属矿物有石灰岩、高岭土、萤石、脉石英、珍珠岩、沸石、钾长石、建筑石等；燃料矿物有无烟煤；其他矿物有铀矿；其他矿物资源有矿泉水、温泉等。石灰石藏量2亿吨以上，花岗岩100万立方米。经国家地质部门勘查，境内稀土矿属品位较高、开采条件较好的中型矿藏。

【森林资源】 平远县森林资源丰富，是全国造林绿化先进县、中国绿色名县、省林业生态县、省用材林基地县。2022年，全县林业用地面积10.71万公顷，森林覆盖率77.55%，活立木蓄积0.08亿立方米，是粤东动植物资源保护得最好的县之一。县内龙文—黄田自然保护区为省级自然保护区。据调查，全县有野生维管植物188科、642属、1300种，由乔木、灌木、藤木、草本组成。有珍稀濒危植物25种。其中，国家一、二级保护植物21种，省级保护植物4种。

【野生动物资源】 平远县野生脊椎动物有78科、206属、287种。主要分布在山高林密的北部山区，有野猪、黄猄、长尾鹊、猫头鹰、画眉、黑斑蛙、蛇类、松鼠、黄鼠狼、果子狸、刺猬、穿山甲、白头翁、白鹇、鸢、鹧鸪、燕隼、翠鸟、雉鸡等。

【旅游资源】 平远县旅游资源十分丰富，是“中国最佳文化休闲旅游县”“全国森林旅游示范县”。五指石景区是国家AAAA级旅游景区，国家AAA级旅游景区有上举相思谷景区、松溪河景区、金穗休闲旅游区、曼佗山庄、南台卧佛山景区和大河背景区6个。五指石景区是广东省地质公园，内有广东第一高空栈道——五指石栈道。南台卧佛山景区在南台山国家森林公园内，南台卧佛山有“世界第一天然大佛”之称。

【民族姓氏】 根据2020年第七次全国人口普查的结果，平远县除汉族外，少数民族有446人，占全县总人口的2.34‰。少数民族有壮族、苗族、瑶族、满族、黎族、土家族、蒙古族、回族、维吾尔族、彝族、壮族、布依族、侗族、傣族、傈僳族、畲族、高山族、拉祜族、水族、仫佬族、毛南族21个。全县姓氏有157个。

【人口】 2022年年底，平远县户籍人口25.71万人，常住人口18.66万人。

【语言】 语言以本土客家话（平远话）为

主，随着外来人员增多，普通话交流亦较为普遍。

【平远精神】 1997年，平远县把“团结、务实、创新、自强”确定为“平远精神”。

【平远县花】 1998年1月，平远县第十届人大常务委员会第三十一次会议确定“宝巾花”（又名为簕杜鹃）为平远县花。

【平远人文】 平远人文资源厚重，客家文化特点鲜明，是粤东客家先民的始兴地、客家先贤程旼的故乡，享有“世界客都文化始祖地”“世界客都第一村”美誉。境内有保存完好的丰泰堂等客家围龙建筑，有客家传统民间艺术船灯舞、落地金钱等，是中国民间文化艺术之乡（船灯舞）。曾涌现世界客属名贤之首程旼，明监察御史韩元勋，辛亥革命时期广东北伐军总司令姚雨平，民国时期爱国侨领姚德胜、文学博士吴康、交通部部长曾养甫和抗日英烈黄梅兴、姚子青、姚中英等著名人物。还有老红军林钦才、傅才秀，为社会主义建设事业做出贡献的外交大使吕志先（原名姚琬卿），北京航空学院一级教授林士谔，知名教授吴三立，国内兰花界泰斗吴应祥等。平远是原中央苏区县，历史上红四军3次到过平远。抗日战争后期，广东省政府曾播迁到平远办公。

【平远名片】 平远县是全国粮食生产先进县、全国休闲农业与乡村旅游示范县、中国油茶之乡、中国仙草之乡、广东橙乡、广东省特色农产品优势区。还获得全国县级文明城市提名城市、国家卫生县城、全国村庄清洁行动先进县、中国最美县域、全国百佳深呼吸小城等荣誉。

【平远土特产】 平远县土特产有平远脐橙、金柚、八尺米酒、平远黄粄、平远红菌豆腐头、梅菜、锅叾茶、石正云雾茶、南台茶、东石花生、平远三华李、香菇、木耳、水柿、蒜头、浸姜、蜂蜜、牛肉干、热柘豆干、高山茶油等。 （县地方志办）

2022年经济社会发展概况

【经济发展情况】 2022年，平远县主要经济指标基本实现由负转正、逆势上扬。地区生产总值86.57亿元，同比增长0.6%；一般公共预算收入5.35亿元，同比增长1.4%（其中县本级财政税收1.88亿元，减收4642万元）；地方一般公共预算支出31.6亿元；固定资产投资43.28亿元，同比增长17.7%；社会消费品零售总额33.25亿元；居民人均可支配收入26793元，同比增长5.4%；金融机构存贷比62.22%。

【工业经济】 2022年，平远县工业投资17.98亿元，同比增长33.2%，实现规模以上工业增加值9.19亿元。坚持以项目促产业、以产业壮大实体，成功举办总投资超百亿元的重点工业项目集中开工投产活动。先进材料主导产业培育成效凸显，盈华覆铜板一期1200万张生产项目投产、二期动工；富远稀土5000吨分离和金雁磁电项目顺利投产，省离子型稀土开发创新中心加快建设，稀土产业产值、税收同比分别增长40%、148%；绿色钙基产业园项目前期工作加速推进。52项重点项目完成投资43.36亿元，超额完成年度投资计划。投资10亿元，加快建设梅州平远高新区基础设施项目。广东能源光伏复合（一区）首期并网发电，粤电泗水风电场全容量并网发电。坚持招大引强，全年新引进项目7个，计划总投资50亿元。其中，超亿元项目6个，超10亿元项目1个。实施技改项目13个，新增规模以上工业企业9家。全年申报发行债券资金15.56亿元，同比增长427%。谋划储备2023年债券项目18个，申报资金22亿元，获政策性开发性金融工具8500万元。获评第一批国家县域商业建设行动示范县。

【县城提质扩容】 2022年，平远县划定“三区三线”（“三区”指城市化地区、农产品主产区、生态功能区，“三线”分别对应在三区划定的城镇开发边界、永久基本农田、生态保护红线），完成县城控制性详细规划局部调整。推进8项总投资6.75亿元的县城提质改造项目建设，完成改造111个老旧小区、6个农贸市场、8个停车场、11处城中小公园、25条背街小巷，城市精细化管理水平有效提升。基本完成改造平远大道、平城中路、平城南路、关柘路、新建路等市政道路，道路服务功能实现提升。推进建设路西段、子青路和杞凤路升级改造，优化城南中学门口等多个交通信号枢纽。开工建设瑞梅铁路平远段、天然气“县县通”工程平远段、燃气管道老旧更新改造工程。完成改建省道225线大柘至石正段，实现全线通车。持续推动县城污水处理厂配套管网和城乡供水扩网工程建设，完成原制水厂升级改造，新建制水厂1座，改扩建供水管网67千米、污水管网12.7千米。县城生活垃圾无害化处理率100%。

【乡村振兴】　2022年，平远县超额完成粮食生产任务，完成撂荒耕地复耕复种1400公顷（2.1万亩）、垦造水田40公顷（600亩），新建成高标准农田933.33公顷（1.4万亩），新增水田指标3.6公顷（54亩）。成功获批国家农村产业融合发展示范园、南药省级现代农业产业园（扩容提质）、省级农业科技园区、省级中药材（林业）特色产业发展基地，平远三华李被列入全国名特优新农产品名录，新增“粤港澳”大湾区“菜篮子”生产基地1个，全县农林牧渔业总产值同比增长4.4%。广东供销（平远）天业冷链物流产业园投入使用，11个农产品产地冷藏设施完成建设。供销社公共型农业社会化服务体系改革初见成效，县供销社获省供销系统综合业绩考核二等奖。推进驻镇帮镇扶村工作，73%行政村集体经济收入超10万元。推进八尺镇、热柘镇产业社区试点建设。统筹4.1亿元推进美丽乡村建设和美丽圩镇攻坚行动，圩镇风貌显著提升，功能配套更加完善，全县所有圩镇达到宜居标准，差干镇、河头镇达到示范标准。红色记忆美丽乡村示范带获评“省十大美丽乡村风貌提升示范带”。所有行政村达到县级以上文明村标准，加丰村、畲脑村成功创建“全省民主法治示范村”。提升改造县乡道路，投入2.5亿元，完成48.8千米通建制村“单改双”工程，获评省级“四好农村路”示范县。

【新型冠状病毒疫情防控】　2022年，平远县面对严峻复杂的新型冠状病毒疫情考验，打赢“1·31”“4·13”等外地输入疫情防控阻击战，数百名医务工作者完成支援深圳市、广州市、丰顺县等地疫情处置任务。防控政策优化后，把防疫重心从防控感染转向医疗救治，应设尽设发热门诊（诊室）17家，ICU（重症加强护理病房）、血透床位分别增至14张、53张。

【政务服务】　2022年，平远县办理人大代表建议66件、政协委员提案55件，办复率100%。推动实施行政审批事项“双百工程”（100%网上受理，100%网上办结），推进“放管服”改革，行政服务事项进驻政务服务中心比例99.5%，基本实现群众业务“一站式”办结。推广“粤系列”应用，“粤智助”政务服务设备实现镇村全覆盖。在全省首创“税村共建”服务乡村振兴新模式，与江西省寻乌县和福建省武平县实现“跨省通办”，100项高频政务服务事项实现“省内通办”。进一步强化“数字财政”系统预算动态监控和闭环管理，资金来源去向更加透明。实施国企改革三年行动，32家县属国企重组改革任务有序推进。持续深化农村综合改革，促进农村土地经营权流转，全县流转承包地5420公顷（8.13万亩），占承包地总面积的50.9%。

【生态环境优化】　2022年，平远县全面完成中央环保督察反馈问题整改。通过国家生态质量考核，获中央生态补偿金1.96亿元。

全年城区环境空气质量优良率连续7年排名全市第一。县域水环境质量持续提升，主要河流省控断面达到Ⅱ类标准，优良率100%。县城集中式饮用水源水质达到Ⅱ类标准，全县农村饮用水源水质优良率100%。完成东石河、八尺稔田河生态清洁流域治理及7宗病险水库除险加固。完成高质量水源林建设233.33公顷（3500亩）、森林抚育3000公顷(4.5万亩)、新造林抚育498.46公顷(7477亩），成为全省唯一入选国务院全面推行林长制工作成效明显拟激励名单的县。重点实施8个山水林田湖草沙生态系统一体化保护和修复工程，完成矿山石场治理复绿4.32公顷、历史遗留矿山治理21.33公顷。

【民生实事】 2022年，平远县坚持八成以上财力用于民生领域，基本完成年度“10+2”（完成省、市10件民生实事的基础上，由县级财政筹集资金完成自选2件票决民生实事项目）民生实事。完成“三项工程”（“广东技工”“粤菜师傅”“南粤家政”）培训任务，全县城镇新增就业1496人，城镇登记失业率2.43%。城乡低保、特困供养、残疾人“两项补贴”（困难残疾人生活补贴和重度残疾人护理补贴）和孤儿养育标准持续提高。镇、村（居）社会工作服务站点和困难群众、特殊群体社会工作服务实现100%全覆盖。县慈善会通过AAA等级认定，获得捐赠税前扣除资格。

【旅游】 2022年，平远县大河背景区获评国家AAA级旅游景区，北京国际山地徒步大会平远站入选中国体育旅游精品赛事，南台卧佛山、上举相思谷、五指石景区实现一体化运营。

【文化·教育】 2022年，平远县文化馆获评国家一级文化馆。建成3个新型阅读空间“粤书吧”，建成8个图书馆文化馆分馆、24个村级服务点。非遗舞蹈节目《金钱声声》获得梅州市群众艺术花会原创作品大赛舞蹈类金奖。丰富提升红四军纪念馆展陈内容，完成林钦才故居、陈学生故居革命遗址保护修缮，毓秀书院获批省级文物保护单位。成功纳入全省基础教育高质量发展实验区。9所民办幼儿园转为公办幼儿园，新增公办幼儿学位570个。县教师发展中心、开放大学改造项目和石正幼儿园投入使用，大柘中心小学运动场完成升级改造并对外开放。

【卫生·体育】 2022年，平远县紧密型县域医共体“六统一”（统一行政、人事、药械、财务、质量、信息）建设基本完成，县人民医院综合大楼投入使用。县中医医院通过二级甲等医院复审。与中山二院、广州市中西医结合医院建立新一轮组团式帮扶关系，在超声诊疗科、骨科等领域取得突破。县实验中学体育场对外开放经验做法获全市推广。

【社会维稳】 2022年，平远县在全市安全生产责任制及消防工作考核、信访工作考核中获得“优秀”等次。以中共二十大会议安保维稳为主线，开展扫黑除恶斗争和打击整治养老诈骗专项行动，破获涉恶案件5宗、打掉恶势力团伙1个，侦破涉养老诈骗案件10宗，社会治安大局平安稳定。

（县政府办、县地方志办）

精神文明建设

【社会主义核心价值观宣传】 2022年，平远县精神文明办加强思想引领和文化培育，依托县融媒矩阵开设《奋斗百年路 启航新征程》等专栏，发布转载学习贯彻习近平新时代中国特色社会主义思想及中国共产党伟大历史成就等稿件1750篇、视频32个。推送“社会主义核心价值观主题微电影(微视频)梅州市优秀作品展播”等宣传视频、图文122篇。在传统节日开展“携中秋明月·赴诗词之约”中秋主题诵读等线上文化活动11场，推送传统文化图文信息161篇、视频36个。加强道德建设和文明创建，在“平远通”APP（手机软件）等平台开设《榜样力量》专栏，推送“道德模范”“新时代好少年”等先进事迹报道102篇，录播“道德模范来代言——文明有约，创文有我”等专题视频16期。开展社会主义核心价值观教育线上答题活动9场，开展先进典型网上评议活动6场，教育引导群众1.1万人。举办“网络安全进校园”系列活动13场。

【群众性精神文明创建】 2022年，平远县精神文明办开展“清廉韵平远”新时代廉洁文化作品征集活动，征集各类文艺作品570件，展出优秀作品162件，并在县纪委监委微信公众号“南台清风”和县文学艺术界联合会微信公众号“平远文艺网”进行线上展览。开展“强国复兴有我”文艺采风和文艺作品“六进”（进校园、进企业、进乡村、进社区、进军营、进机关）系列创作活动。开展“喜迎二十大·奋进新征程——中国文学名家看梅州”走进平远创作采风活动。开展“最美巾帼家政人”故事征文活动。举办迎春书法网络展、“诗联翰墨贺新春”书法作品展、“盛世雄风，虎虎生威”等文艺作品线上展活动，展出各类作品300多件。做好作品推选工作，上送山歌剧《柚树河畔的枪声》、快板《永远跟党走》、曲艺《我是程乡读书郎》、碗乐《步步高》4件作品。

【公民道德建设】 2022年，平远县精神文明办开展道德模范、身边好人、文明家庭、客都好乡贤、新时代好少年、学雷锋志愿服务先进典型等评选表彰活动，选送一批先进典型参加国家、省、市评选。其中，林康华获评2022年度“广东省最美志愿者”，凌育坤、余春梅分别获评2022年第一季度、第二季度“广东好人”，陈建尚、陈琼华分别获评2022年第一季度、第二季度“梅州好人”，5名中小学生获评梅州市新时代好少年。

【学雷锋志愿活动】 2022年，平远县精神文明办召开2021年平远县学雷锋志愿服务先进典型表彰会，表彰最美志愿者8名、最佳志愿服务项目2个、最佳志愿服务组织3个、最美志愿服务社区2个。在全县范围内组织开展学雷锋全民志愿服务行动月活动，结合文明创建、“两美”（美丽平远、美好家园）行动、乡村振兴等工作，常态化开展文明交通、“情暖驿站”、志愿植树、“河小青”和扶贫助学等志愿服务活动。结合新型冠状病毒疫情防控形势和要求，县志愿者服务总站开展助力疫情防控工作。组织开展“文明交通提升月”志愿服务活动，征集150名文明交通志愿者到各大交通路口协助交警规范市民文明出行。至2022年年底，实名注册志愿者人数17552人，发布活动数量1701个，累计志愿服务时长511652.03小时。

【全国县级文明城市创建】 2022年，平远县健全创建全国文明城市机制体制，做到有机构管事、有人员做事、有资金干事。召开2022年平远县精神文明建设委员会会议暨创建全国县级文明城市工作推进会，按照《文明城市测评体系》要求细化分解任务。强化督促指导，总结、推广和交流创建工作先进经验，示范带动全县各单位做好创文工作。

【新时代文明实践阵地建设】 2022年，平远县精神文明办规范设置县文化馆阵地标识、组织架构、管理制度、宣传展示栏等，整合理论宣讲、文化体育服务、科普宣传、文明风尚等功能场所或设施。召开平远县新时代文明实践所、站建设推进会议，推广大柘镇、东石镇示范性实践所、站建设经验，完善提升各镇实践所、站功能。规范文明实践阵地管理，全县1个实践中心、12个实践所、143个实践站落实“限量、预约、报备”要求，引导广大群众有序使用场地、组织活动。

（县精神文明办）

中共平远县委员会

责任编辑：叶俊新

县委主要会议和活动

【中国共产党平远县第十四届委员会第二次全体会议】 2022年1月19日，中国共产党平远县第十四届委员会第二次全体会议在县迎宾馆召开，各镇以视频形式参加会议。县委常委会主持会议。传达省委十二届十五次全会和市委八届二次全会精神。县委书记廖茂忠代表县委常委会向全会作工作报告。县委副书记、县长周小勇就经济工作作专题讲话。县委常委会就政治要件贯彻落实情况、党建工作作专题报告。审议通过《中国共产党平远县第十四届委员会第二次全体会议决议》。

【党史学习教育总结会议】 2022年1月25日，平远县党史学习教育总结会议在县迎宾馆召开，各镇以视频形式参加会议。县委书记、县委党史学习教育领导小组组长廖茂忠出席会议并讲话，市委党史学习教育第七巡回指导组组长李训到会指导，县委副书记、政法委书记陈琼宏主持会议。

【马正勇到平远县调研】 2022年3月14日，梅州市委书记马正勇到梅州市飞龙果业有限公司、平远县红四军纪念馆、仁居镇仁居村调研实体经济和乡村振兴工作，了解企业生产经营、产业园区规划和乡村振兴情况，主持召开座谈会，听取平远县相关工作汇报。

【李希、王伟中到平远县调研】 2022年4月13日，中央政治局委员、广东省委书记李希，省委副书记、省长、深圳市委书记王伟中到平远县红色教育基地、文物保护单位、农业产业园、企业、镇区等，就认真贯彻落实习近平总书记对广东系列重要讲话和重要指示批示精神、统筹做好疫情防控和经济社会发展工作、推动高质量发展等方面进行调研。在广东药庄生物科技有限公司，李希、王伟中考察了解农业龙头企业联农带农、南药省级现代农业产业园运营等情况。在仁居古镇、红四军纪念馆，李希、王伟中详细了解红色遗址、历史文物和名人故居保护利用情况。

【马正勇到平远县调研督导检查】 2022年6月24日，市委书记马正勇到平远县调研督导重点项目建设工作。马正勇先后来到广东盈华电子材料有限公司年产3600万张高性能覆铜板项目建设现场和梅州平远高新区，实地了解产业项目建设和高新区基础设施建设情况，听取瑞梅铁路平远段项目推进情况介绍，现场协调解决项目建设遇到的困难和问题。随后，马正勇来到长田镇长庆村，检查指导洪水灾后重建、复工复产等工作，并看望慰问受灾群众。

【胡祖才到平远县调研】 2022年8月26日，国家发改委副主任胡祖才到瑞梅铁路平远站规划站址，调研瑞梅铁路规划情况。省政府副省长陈良贤，市领导马正勇、王晖、陈金銮、陈亮，县领导廖茂忠、周小勇、余毅宗、韩旭陪同调研。

2022 年 12 月 26 日，梅州平远高新区举办 2022 年重点工业项目集中开工投产活动
（梅州平远高新区管委会提供）

【中共二十大会议精神传达贯彻大会】 2022 年 10 月 31 日，平远县传达贯彻中共二十大会议精神大会在县迎宾馆大会堂召开，各镇以视频形式参加会议。县委书记廖茂忠主持会议并讲话，县委副书记、县长周小勇传达中共二十大会议精神和省、市传达贯彻中共二十大会议精神大会的精神。

【平远县 2022 年重点工业项目集中开工投产活动】 2022 年 12 月 26 日上午，平远县 2022 年重点工业项目集中开工投产活动在梅州平远高新区举办，总投资额超过 108 亿元的 12 个战略性、示范性重点项目实现集中开工或投产。市委书记马正勇，市委副书记、市长王晖，市政协党组书记杨朝晖，市委常委、组织部部长罗盛芬，市人大常委会副主任蓝伟东，广东威华集团有限公司总经理、广东盈华电子材料有限公司董事长李剑明，中国电子材料行业协会覆铜板材料分会副理事长钱世良等领导嘉宾参加活动。活动由县委副书记、县长周小勇主持，王晖、李剑明、钱世良分别致辞或讲话，马正勇、王晖、杨朝晖等领导嘉宾为项目开工投产按下启动键。

县委办公室日常工作

【概况】 2022 年，中共平远县委办公室秉承严谨高效、运转有序、和谐共事工作理念，围绕中心、服务大局，做好信息调研、办文办会、督查督办、后勤接待、机要保密、新闻发布（参见“文化·传媒”类目中的“新闻发布”分目）、档案（参见“社会科学”类目中的“档案工作”分目）等工作，为县委高效运转和各项决策部署贯彻落实提供保障。

【信息调研】 2022 年，中共平远县委办公室做好各类重大会议、重点工作文稿起草工作，确保起草文稿符合上级要求、体现县委意图、紧贴工作实际。完成县委第十四届第二次全体会议报告等起草工作，完成各类省、市领导到平远县调研等重要汇报材料以及县委各类文件、县委常委会等各类会议、重要活动的材料起草工作，全年完成各类文字材料 450 多篇 160 万多字，印发《工作通报》11 期、《平远信息》7 期。推动“大学习、深调研、真落实”常态化，撰写农村综合改革调研、油茶产业发展、农产品加工业、重点项目建设等专题调研文稿 10 篇，撰写铜箔产业、钙基产业、稀土产业、地方政府专项债券等参阅报告 4 份，为县委领导决策提供参考。

【办文办会】 2022 年，中共平远县委办公室做好县委党内规范性文件制定和备案审查，到乡镇和县直单位开展公文处理检查，提升全县各类规范性文件质量，维护党内法规制度体系统一性和权威性。从精简文件简报、会议印发材料、改进机关作风入手，高效准确处理上级和各单位来文来电，并做好县委、县委办公室各类文件的制发。全年办理上级和各单位来文来电 1430 多件，制发文件 347 件（包含县委文件 52 件、县委办文件 28 件、便笺通知 126 件、电文 72 件、各类会议纪要 69 件）。执行年度会议计划，完成省主要领导到平远县考察活动、中共平远县第十四届委员会第二次全体会议、平远县 2022 年重点工业项目集中开工投产活动、平远县第十八届脐橙文化旅游节等会务活动

150 多场次。

【督查督办】 2022 年，中共平远县委办公室围绕县委决策部署、重点工作、重要事项、重大项目及群众关注的热点难点问题，采取书面督查、实地督查、联合督查、电话跟踪等方式开展决策督查和专项督查，建立健全坚决落实“两个维护”制度机制，跟进督查习近平总书记重要讲话和重要指示批示落实情况 151 项。全年统筹管理县级督查检查考核事项 21 项，开展书面督查 275 次，专题实地督查 8 次，配合省、市实地督查 10 次，电话跟踪 220 多人次，发出领导批示通知 3 份，形成督查通报 12 份、督查专报 3 份、督查报告 3 份，上报督查材料 40 多份。

【深化改革】 2022 年，平远县召开县委全面深化改革委员会会议 2 次，系统部署 10 个领域重点改革事项 49 项、重大改革试点任务 2 项，听取有关方面主要负责人抓改革落实专题汇报 10 次，出台改革相关文件 10 多份。

【机要工作】 2022 年，中共平远县委办公室机要室（县委机要局）履行机要密码安全保密责任制和责任追究制，全面实施安可替代工程、完成电子政务内网建设，不断提升机要密码服务保障和应用支撑能力。全年收到明密电报 1150 份，发报 113 份，无延、压、误电报现象，确保机要通信安全畅通。

【保密工作】 2022 年，中共平远县委保密委员会办公室（县国家保密局）推进涉密办公网络国产化和安全保密产品替代等工作，指导机关单位做好“数字政府”政务大数据保密管理。执行各项保密管理制度，做好机关单位定密指导工作，加强保密依法行政和监督检查，抓好机关单位保密自查自评常态化工作，做好重点区域、普通高考试卷安全保密检查、新型冠状病毒感染疫情防控、党政内网等专项保密检查、涉密人员管理等工作，对发现问题及时抓好整改落实。梅州市保密教育示范基地在红四军纪念馆挂牌揭幕，进一步增强干部职工和公民保密意识。指导督促各机关单位将废旧涉密文件资料、办公自动化设备等涉密载体和内部资料履行相关报废手续，统一送市保密部门指定的安全场所销毁。

【值班值守】 2022 年，中共平远县委、县政府值班室严格执行 24 小时值班制度，做好与市级值班室、县直各单位和乡镇的沟通联系和值班衔接工作，确保信息及时收集、准确上报。在处理各类自然灾害、事故灾难、公共卫生、社会安全等紧急突发事件中，迅速收集情况，认真分析整理，及时处理上报。做好省、市领导批示件处理工作，及时跟进了解并做好情况落实上报。全年向市委值班室、市政府总值班室报送突发事件信息专报 21 期，办理省、市领导批示件 90 份。

（县委办公室）

组织工作

【概况】 2022 年，平远县委组织系统以迎接中共二十大会议胜利召开和学习贯彻中共二十大会议精神为主线，抓实抓细基层党建、干部和公务员管理、人才、老干部等工作。

【政治建设】 2022 年，平远县委组织系统坚持把中共政治建设放在首位，引导全县党员干部深刻领悟“两个确立”（确立习近平同志党中央的核心、全党的核心地位，确立习近平新时代中国特色社会主义思想的指导地位）的决定性意义，做到“两个维护”（坚决维护习近平总书记党中央的核心、全党的核心地位，坚决维护党中央权威和集中统一领导）。开展党员干部政治忠诚教育和党性教育，不断提高政治判断力、政治领悟力、政治执行力。严肃党内政治生活，完善和落实民主集中制等各项制度，认真落实“三会一课”（党员大会、支部委员会、党小组会和党课）等组织生活基本制度。严把选人用人政治关，持续深化政治素质测评和正反向评议，落实政治表现和廉洁自律情况“双签字”制度，确保选出政治上过得硬、靠得住的干部。

【基层党建】 2022 年，平远县委组织系统实施新一轮基层党建三年行动计划，围绕“提升党建引领基层治理效能”主题，把政治优势、组织优势转化为振兴发展优势。抓实基层党组织标准化、规范化建设，深化模范机关模范支部“双创建”活动，推行社区“大党委”机制，开展“聚焦发展·活力两新”行动，贯彻党组织领导的校长负责制和党委领导的公立医院院长负责制，推进软弱涣散村党组织整顿工作，统筹 1200 多万元加强乡镇“五小”场所（小食堂、小澡堂、小厕所、小图书室、小文体活动室）和周转房建设。大力实施“头雁工程”，开展村（社区）党组织书记“精准画像”工作。实施“南粤党员先锋工程”，发展党员 153 名，引导一批农村党员带头创业致富，党员队伍素质不断提高。开展“苏区平远党旗红”党建品牌创建、基层党建“互学互看互评”等活动，评选出一批过硬党支部和优秀党建品牌。创新推出“党员文明商户积分管理”制度。深化“双报到、双服务”（党组织、党员到社区报到，参与服务）活动，为群众办成 688 件民生实事。探索“党建+”产业帮扶模式，超过 73%的行政村集体经济收入达 10 万元以上，抓党建促乡村振兴示范县创建工作在全市评比中排名前列。

【党建教育培训】 2022 年，平远县委组织系统推进村（社区）党组织书记、“两委”（党支部委员会、村民委员会）干部、驻村第一书记、“两新”党组织书记全员轮训，组织开展青年干部培训班、党校系统集中备课暨师资培训班，选派优秀干部参加中央、省、市线上线下各类专题研讨班 130 人次，党员干部教育培训覆盖率 100%。在“七一”、中共二十大会议召开后等重要时间节点，自上而下开展党员领导干部带头讲党课活动。开展“党课开讲啦·人人做主讲”活动，“一往无前 逐梦乡村振兴”等 2 部精品党课获评市优秀党课。统筹红色教育资源，创建市级镇党校示范点 4 个、市级党员教育基地 2 个、市级星级分教点 1 个。将党支部开展党员学习教育情况作为党务工作专项检查、基层党建调研的必检项目，形成“三查一看”（查学习记录、查学习制度、查学习成效、看教学设施）督学方式，常态长效推进党员干部学在平时。

【干部和公务员管理】 2022 年，平远县委组织系统注重从基层一线用实绩实干考察干部，大胆使用在重点项目、乡村振兴等急难险重任务中表现突出的干部，乡镇和县直单位领导班子实现素质更高、战斗力更强。抓严抓实公务员年度考核、平时考核、绩效考核。做好公务员“四级联考”（将省、市、县、乡四个级别招录公务员用同样的考试来选拔人才）和选调生考录工作。用好公务员职务职级并行、事业单位管理岗位职员等级晋升等制度，树立择优晋升导向，让敢担当、有作为的干部更有干劲、更有奔头。推进“人民满意的公务员”推荐评选工作。结合巡察工作，对 16 个单位党组织选人用人、干部队伍建设等情况进行专项检查。全覆盖开展干部选拔任用工作“一报告两评议”（报告年度干部选拔任用工作情况，接受对干部选拔任用工作和新选拔任用领导干部的民主评议），开展违规选人用人突出问题专项整治。加强干部人事档案管理，稳妥解决干部档案问题。

【人才工作】 2022 年，平远县委组织系统用好高校引才联络站等平台，指导企业引进优秀青年人才300多人、青年技术工人500多人，招录、引进全日制硕士人才 10 人，同比增长

42.9%。建设运营县镇乡村振兴人才驿站，设立“一站式服务窗口”，常态化开展主题沙龙、技能培训等活动。建立“人才信息库”“人才需求库”，收集高层次人才信息87人，编印《平远县高层次人才风采录》，整理县镇入库人才信息156人，掌握在外平远籍博士、硕士人才148人。全面摸排并发布高层次人才岗位需求，搭建企业与人才的双向沟通桥梁。探索人才引育新模式，促成市职校与卧佛山旅游公司合作，推行“校企双元”培养模式，实现精准育才、定向育才。持续优化人才发展环境，出台《平远县关于新时代人才振兴发展实施意见》《平远县人才公寓管理办法》，发放市、县各类人才奖补80多万元，为急需紧缺人才提供安居保障。

【老干部工作】 2022年，平远县委组织系统抓好老干部“两个待遇”（政治待遇和生活待遇）落实和确保各项保障机制的正常运行，按时足额发放离休干部离休费、生活补贴。加强离退休党支部党建工作，规范落实“三会一课”，引导老干部参加主题党日、“喜迎二十大·奋进新时代”系列活动。升级改造老干部服务中心，打造功能更多、设置更合理的活动场所。加强老干部大学教育阵地建设，采取在职人员兼任的方式，组建新一套校务领导班子和教务管理团队，量体裁衣为老干部确定教学内容、教学方式，全年开设班次7个。 （县委组织部）

宣传工作

【概况】 2022年，中共平远县委宣传部（以下简称“县委宣传部”）做好理论武装、舆论宣传、文化等工作，开展中共二十大会议精神主题宣传活动，推进精神文明建设（参见“县情概览”类目中的“精神文明建设”分目）。

【舆论宣传】 2022年，县委宣传部打造立

2022年11月8日，香港卫视文旅台《寿乡密码》拍摄组到平远县老年大学拍摄学生们上书法课

（县委宣传部提供）

体化宣传矩阵和阵地，完成“南粤全智云”“珠江云”“融梅发布”技术平台对接，顺利通过省级技术验收。完成覆盖县、镇、村三级全域的农村大喇叭多维应急通知服务体系建设，设立农村大喇叭469个。累计向《梅州日报》《南方日报》和“南方+”“掌上梅州”等平台供稿1000多篇，推出4期《平远宣传》。组织做好中共二十大会议、省第十三次党代会、全国两会等重大主题和中心工作宣传，依托融媒体矩阵采编播5300多条新闻资讯。做好疫情防控宣传，落实疫情信息发布、健康宣教等工作，发布信息5600多篇（条）。做好对外宣介工作，配合中央、省、市媒体完成宣传片《新起点 新征程》主题拍摄、“老区新貌”行进式采访和春茶调研报道，协助香港卫视文旅台完成纪录片《寿乡密码》平远篇。

【理论武装】 2022年，县委宣传部巩固拓展党史学习教育成果，召开平远县党史学习教育总结会议，深化“四史”（党史、新中国史、改革开放史、社会主义发展史）宣传教育，常态化开展“我为群众办实事”实践活动；学好用好《中国共产党宣传工作简史》，纳入宣传思想干部教育培训计划。制定印发《2022年平远县党委（党组）理论学习中心组专题学习重点内容安排》，为县委理论学习中心组召开的专题学习会提供服务14次。

建立健全中心组学习旁听制度，全县12个乡镇和12个县直党委（党组）中心组学习旁听工作实现全覆盖。做好“学习强国”学习平台推广使用，强化组织领导、队伍建设的优质内容供给，在广东省各平台发布优秀作品90多篇。

【文化工作】 2022年，县委宣传部提升公共服务设施建设，推进图书馆评估定级工作。丰富群众文化生活，开展“喜迎二十大”、“礼赞新时代　奋进新征程”——《祖国万岁》诗歌朗诵快闪、“强国复兴有我”群众性主题宣传教育等活动120多场次，开展“我们的中国梦”——文化进万家等文艺活动20多场次。做好文化遗产保护利用和传承，推进毓秀书院等12个获得省级红色革命遗址保护利用经费项目建设，全县完成红色革命遗址项目修缮并开放25处。推进爱国主义教育基地、党员教育基地建设，新命名爱国主义教育基地5处（市级3处、县级2处）。推动社科普及基地建设、优化管理，平远红四军纪念馆被评选为广东省社科普及基地。推动文旅融合发展，重制全域旅游地图和展架，再版《南台风物》《五指美景　人间仙境》等书籍，编印《红四军纪念馆》宣传手册。

【意识形态工作】 2022年，平远县委常委会研究部署意识形态工作3次，组织召开意识形态联席暨网络意识形态联席会议4次。县委巡察组完成5个镇党委、7个县直党委（党组）意识形态专项巡察。县委宣传部强化对各类报告会、研讨会、讲座论坛等管理，审批把关2场次讲座活动申请。常态化联动开展“扫黄打非·新风”“正道”等专项行动，对全县出版物经营企业、宗教场所、学校等234家场所开展巡查，收缴盗版图书19册。组建专项工作小组，对全县各镇公益广告刊载宣传情况巡查检查，全面排查整治涉意识形态领域风险。

【中共二十大会议精神主题宣传活动】 2022年，县委宣传部开展中共二十大会议精神主题宣讲，策划推出“云宣讲”微视频展播栏目，开展“理论+文艺+百姓故事”宣讲活动220多场次，推动中共二十大会议精神深入人心、落地生根。（县委宣传部）

统战工作

【概况】 2022年，县委统一战线工作部（以下简称“县委统战部”）整合和发挥统战优势，开展非公有制经济、民族宗教、港澳台和侨务工作，不断凝聚新阶联智慧力量，发动党外代表人士为平远苏区振兴发展做出贡献。

【统战政治建设】 2022年，县委统战部利用县委情况通报会、主题活动、教育培训、专题党课、辅导讲座、研讨交流、现场教学等方式引导领导干部、党外代表人士、非公有制经济代表人士等广大统一战线成员夯实共同思想政治基础，坚定拥护“两个确立”，坚决做到“两个维护”。通过开展“参观红色基地　感悟红色基因”主题教育、集中学习研讨、观看直播等形式，不断加强非公有制经济人士政治思想建设。

【非公有制经济推动】 2022年，县委统战部促进非公有制经济人士健康成长，推动非公有制经济健康发展。3月，召开平远县民营企业家代表座谈会，帮企业家解决急难愁盼问题10件。将相关惠企政策下发至企业并宣传讲解，让企业根据实际调整方向以摆脱现有困境。

【民族宗教】 2022年，县委统战部以“铸牢中华民族共同体意识”主题，在县城、乡镇、学校开展民族基本知识、民族理论常识、民族政策常识和民族团结知识的宣传活动4场。采取“自查与检查”结合的方式，全方位排查宗教场所存在的安全隐患，对存在问题限期整改，开展安全专项巡查50场次。打击境外宗教渗透和非法宗教活动，切实维护宗教领域安全。开展“崇俭戒奢”学习教育活动，保持宗教界清净庄严的优良传统。支持宗教场所做好疫情防控工作，下拨疫情防控物资经费2.72万元，下发各类防疫物资150多件。10月28日，梅州市首个“石榴籽”工作室在县委统战部揭牌，随后举行在平远县的少数民族人士代表学习中共二十大会议精神座谈会。

2022年平远县宗教活动场所一览表

表2

序号	场所名称	教别	负责人	性别	地址	登记证号	登记时间
1	石正天主堂	天主教	黎超平	男	石正镇先锋村	080040001	1995年12月10日
2	石正基督教教堂	基督教	王水生	男	石正镇石正村	080040002	1995年12月10日
3	东石基督教教堂	基督教	吴运莲	女	东石镇东石村	080040003	1995年12月12日
4	石林寺	佛教	释觉空	男	差干镇五指石	080040004	1995年12月12日
5	洋背天主堂	天主教	林胜荣	男	东石镇洋背村	080040005	1995年12月14日
6	双凤庵	佛教	俞万忠	男	仁居镇飞龙村	080040006	1996年5月18日
7	普善堂	佛教	陈干瑄	男	大柘镇超竹西河鸡公塘	080040007	1996年5月19日
8	慈云庵	佛教	陈金旺	男	大柘镇凤二村狮子岩	080040008	1996年6月17日
9	中苧庵	佛教	（暂无）		泗水镇泗水村	080040009	1996年7月3日
10	紫云庵	佛教	张淑珍	女	仁居镇畲溪村	080040010	1997年5月4日
11	正化庵	佛教	张兆吉	男	上举镇文裕村	080040011	1997年9月18日
12	聚然堂	佛教	邱仙凤	女	河头镇樟坑村嶂下	080040012	1998年5月15日

（续表2）

序号	场所名称	教别	负责人	性别	地址	登记证号	登记时间
13	莲花寺	佛教	释传一	男	大柘镇墩背村岗子上	080040013	1998年9月26日
14	真武庙	道教	冯博德	男	仁居镇城南店背岗	080040014	1998年9月27日
15	天后宫	道教	杨森良	男	仁居镇井下村	080040015	1998年9月27日
16	宝珠寨佛庵	佛教	范伟雄	男	仁居镇井下村	080040016	1998年9月27日
17	延福寺	佛教	释法寂	男	石正镇安仁村当峰岭	080040017	1998年9月30日
18	仙人岩庵	佛教	刘隆标	男	仁居镇木溪村大华山	080040018	1998年10月11日
19	慈善堂	佛教	肖明锐	男	八尺镇排下磨石寨	080040019	1998年10月14日
20	于阗寺	佛教	张桂凤	女	大柘镇河岭村	080040020	1998年10月16日
21	宝光寺	佛教	姚龙尹	男	大柘镇墩背村	080040021	1999年3月10日
22	城东基督教聚会点	基督教	韩泗英	女	大柘镇跃进岗	080040022	2002年4月10日
23	紫金庵	佛教	丘德盛	男	仁居镇井下村尖山	080040023	2003年5月27日
24	安素庵	佛教	释量辱	女	仁居镇麻楼村	080040024	2003年5月28日
25	上举符坑天主教聚会点	天主教	陈景星	男	上举镇符坑村	080040025	2006年6月5日
26	大柘基督教聚会点	基督教	姚兰华	女	大柘镇梅东	080040026	2006年6月13日
27	大佛寺	佛教	释弘化	男	大柘镇凤池村君子坳	080040027	2011年1月28日
28	平远县城天主教临时活动点	天主教	黄军兴	男	大柘镇河陂水	（平）T201401	2014年3月4日

【党外代表人士培育】 2022年，县委统战部加强与各单位沟通联系，汇总人大、政府、政协、法院、检察院党外人士情况。2月，对平远县副科级（含四级主任科员）以上职务的党外干部开展调研，形成党外干部名册等。6月，向县委推荐提拔任用一批年轻优秀党外干部。通过走访和线上沟通的方式，了解党外干部思想状态，鼓励党外人士建言献策，做好党外人士的政治思想引导。到各单位座谈交流，个别谈话，了解各单位党外干部履职情况。10月，形成新一批党外后备干部名单。

【港澳台工作】 2022年，县委统战部组织在平远县的港澳代表人士举办庆祝香港回归祖国25周年座谈会，到爱国主义教育基地、乡村振兴示范点考察学习。加强对港澳代表人士的思想政治引领，增进对国情、乡情的了解认识，增强港澳同胞的国家意识，弘扬爱国精神，激发港澳同胞投资热情，开展平远与港澳经贸合作。6月30日至7月1日，慰问香港同胞在平远县的亲属长辈，了解老人身体状况及家庭情况。多部门联动防范打击非法渗透活动。8月，会同县侨联以热柘镇为试点，开展港澳台侨信息完善工作，建设乡情数据库。

【侨务工作】 2022年，县委统战部拓展侨务资源，鼓励海外华侨华人支持参与家乡建设。经市侨务局牵线搭桥，亚泰经济交流总商会李胜交（丰顺籍华侨）为平远县中医医院捐赠救护车1辆。8月，省侨心慈善基金会一行到平远县考察侨心救护车申报项目。8月，联合县侨联以热柘镇为试点，对全县侨胞相关信息进行摸查。5月27日，平远县第四届海外联谊会换届工作会议在县委统战部召开，选举出新一届常务理事、会长、副会长、秘书长，聘请荣誉会长及名誉会长。6月30日至7月1日，慰问困难归侨侨眷，表达对侨眷群众的关心和爱护。

【新的社会阶层人士统一战线工作】 2022年，县委统战部聚焦社会新阶层，凝聚新阶联贡献新力量。平远县新阶联参与赋能乡村振兴"复耕一亩地"主题活动，第一期撂荒地复耕项目认耕4.77公顷撂荒耕地。先后组织开展义务植树、"心系教育•助力高考"、走访慰问义工协会交通劝导志愿者和一线辅警、捐献防疫物资等社会服务活动。10月1日，在平城南路68号举行平远县新阶联新办公室揭牌仪式。7月，平远县和丰顺县新阶联携手开展"凝聚新力量•筑梦新时代"喜迎中共二十大会议主题教育。（范文英）

机构编制管理

【概况】 2022年，中共平远县委机构编制委员会办公室（以下简称"县委编办"）完善机构设置，优化职能配置，提高效率效能，为全县经济社会高质量发展提供机构编制保障。

【编制管理】 2022年，县委编办严格规范编制卡管理工作，办理进出编业务必须根据县委编委会议纪要或提供行政介绍信、调动通知、退休证等相关材料，切实维护机构编制的严肃性和权威性，全年开具编制使用卡673张。加强对新实名制管理系统的衔接和日常维护，及时更新全县各单位实有人员信息，维护更新各类数据3940项。定期与组织、人社等部门对在编人员信息匹配，确保信息数据准确真实。采用单位自查和实地核查的方式，对全县机关事业单位编外用人情况全面摸底调查，形成调查报告，为县领导对编外人员管理提供决策依据。以"三责联审"（用人责任审查、经济责任审计、编制责任审核）为契机，实地检查县文化广电旅游体育局等9家单位的"三定"（定职能、定机构、定编制）规定执行情况，督促各部门"三定"规定落地落实。依托实名制系统，全面分析各单位是否存在超编超职数情况，对存在问题的单位及时督促整改，做到防治并举、规范管理。

【机构改革】 2022年，县委编办持续提高机构运行效能，稳步提升五大统一指挥协调平台运行成效，促进机构职能人员整合，推动基层治理体系更加成熟。在各乡镇综合行政执法办公室（综合行政执法队）增设中队，加强乡镇综合行政执法能力建设。完善文物管理部门机构设置，在县文化广电旅游体育局加挂平远县文物局牌子，优化相关内设机构设置和职能配置。增设县教育局校外教育培训监管股，加强校外培训监管。在平远县卫生健康局加挂平远县疾病预防控制局牌子，有序推进疾病预防控制体系改革。将县委农村工作办公室更名为县委农村工作领导小组办公室，进一步理顺党委农村工作部门设置，完善乡村振兴工作体制机制。通过单位自查自评、评估核查组书面和实地核查的方式，全面评估34个涉改单位机构改革落实情况、改革后机构运行情况、存在问题和改革成效。

【机构职能体系完善】 2022年，县委编办有序出台中国共产主义青年团平远县委员会、平远县文学艺术界联合会、平远县归国华侨联合会、平远县残疾人联合会、平远县科学技术协会、平远县妇女联合会等群团机关“三定”规定，不断完善管理模式。进一步厘清梅州平远高新区管委会职能职责，突出主责主业，优化机构设置，合理配备人员编制，推动高新区高质量发展。有序推进县委编办“三定”规定修订工作，并按程序报市委编办预审。

【事业单位登记管理】 2022年，县委编办办理事业单位法人设立登记业务4宗，变更登记业务34宗，注销登记业务5宗。开展事业单位年度报告报送公示工作，应报送年度报告的事业单位185个，均完成报送。组织开展“双随机、一公开”（随机抽取检查对象，随机选派执法检查人员，抽查情况及查处结果及时向社会公开）事业单位法人公示信息抽查，从全县185个事业单位法人和5名执法人员中按比例随机选出5个事业单位和3名执法检查人员，核查和公示事业单位法人登记事项、年度报告具体内容，并做好后期监督，确保核查工作落到实处。逐一梳理机关群团新设立或赋码应调整的单位，做好机关群团统一社会信用代码证书的初领、变更和撤销办理工作，全年办理初领业务1宗，换领业务1宗，变更业务31宗。做好政务和公益机构域名注册管理，及时删除已撤销单位域名，厘清注册期满需续费单位名单。有序开展中文域名续费工作，需续费单位域名161个，均完成续费。

【县级事业单位设置优化】 2022年，县委编办按整改要求撤销平远县森林防火指挥部办公室等12个行政职能回归机关的事业单位。设立县建设工程质量安全保障站、县山林权属争议调解中心、县铁路建设服务中心、县消防安全指导中心、县防汛防旱防风指挥中心、县民政事务中心、县土地纠纷调解中心。将县城市建设管理监察大队更名为县城市监管综合服务中心、县消费者权益保护委员会更名为县消费者权益保护中心、县行政事业单位财务服务中心更名为县财务服务中心、石正中心幼儿园更名为石正实验幼儿园、县妇幼保健计划生育服务中心更名为县妇幼保健院（加挂平远县妇女儿童医院和平远县妇幼保健计划生育服务中心牌子）、县文体中心（县青少年校外活动中心）加挂平远县全域旅游发展中心牌子、县公路局基层养护中心更名为县公路养护站。核增县疾病预防控制中心事业编制2名、幼儿园事业编制16名，公开招聘中小学和幼儿园教师78名、特殊教育学校教师2名、医疗卫生系统事业单位人员20名。

（黄海鹏）

党校工作

【概况】 2022年，中共平远县委党校以办学质量评估整改为抓手，做好办学治校各项工作，发挥干部培训、思想引领、理论建设、决策咨询职能作用。1名副校长被聘请为市、县家庭教育讲师团成员，1名年轻教师担任平远县新时代文明实践中心百姓宣讲志愿服务队队员。

【党员干部培训】 2022年，中共平远县委党校举办全县党校系统集中备课暨师资培训班、村（社区）“两委”干部培训班、青年干部培训班、新录用公务员初任培训班等主体班，协助举办部门班9期，培训人数1560人次。挖掘整合平远县红四军纪念园、仁居红军街等现场教学点，将八尺镇红色历史旧址、大柘镇黄沙村爱国主义教育基地、仁居镇红色古邑·故事小城、泗水镇梅畲田园综合体申报为市级教学研究基地。加强理论阐释，开展习近平总书记重要讲话重要论述、中共二十大会议精神、中共广东省第十三次代表大会精神和《习近平谈治国理政》第四卷等示范宣讲。选派1名骨干教师参加全市党校系统教师专题研讨班，遴选2名优秀教师参加县委宣讲团。

【教学科研】 2022年，中共平远县委党校进行研究阐释，撰写理论文章，按期编印发行学刊《平远学习与实践》2期（总第18期）在学习、研究、宣传、阐释上贡献党校智慧。

【办学质量评估整改】 2022年，中共平远县委党校对照县级党校（行政学校）办学质量评估指标体系，做好办学质量评估工作。针对评估组查找出的7类28个问题，成立整改工作领导小组，研究制定整改方案，列出整改清单，明确整改责任、分解整改任务、确定整改时限。 （县委党校）

县直机关党建

【概况】 2022年，中共平远县直机关工作委员会（以下简称“平远县直机关工委”）坚持以中国共产党政治建设为统领，推进模范机关创建，提高机关党建工作质量。至年底，县直机关单位有党委14个、党总支12个、党支部192个。有正式党员3658人（在职党员2295人、离退休党员1363人），预备党员38人。全年上缴党费161.76万元。

【县直机关政治建设】 2022年，平远县直机关工委始终把政治建设放在首位，坚持用习近平新时代中国特色社会主义思想武装党员干部，深入学习贯彻中共二十大会议精神、习近平总书记重要讲话精神，常态化推进党史学习教育。以社会主义核心价值观作为教育党员干部的重要抓手，把意识形态工作摆在机关党建工作重要位置，及时了解掌握动态，加强舆情研判，敢于发声亮剑，引导党员干部坚决反对和抵制各种错误思潮和负面言论。持续深化模范机关创建活动，落实“让党中央放心、让人民群众满意”“讲政治、守纪律、负责任、有效率”要求，创建一批县直机关模范机关党建示范点。

【县直机关组织建设】 2022年，平远县直机关工委增强基层党组织政治领导力、思想引领力、群众组织力、社会号召力，推动基层治理提优增效。严格按照发展党员工作细则，把符合党员条件的县直机关先进分子和优秀人才吸收到党内来，全年吸收预备党员38名。举办县直机关党员发展对象培训班2期，集中培训24名党员发展对象，端正党员发展对象入党动机。组织20多名预备党员举行新党员宣誓仪式。举办县直机关党务干部培训班1期，对56个县直单位的110多名党务干部开展多层次业务培训。开展中国共产党成立101周年系列活动，颁发“光荣在党

50年”纪念章36枚，慰问80周岁以上老党员和困难党员446名。县直111个党组织、2085名党员参与“双报到”活动，累计投入资金122.6万元，解决民生实事260件。督促提醒46个支部完成按期换届，对26个支部班子调整优化，转接组织关系847人次。

（姚崴）

中共平远县委非公有制经济组织和社会组织工作委员会工作

【概况】　2022年，中共平远县委非公有制经济组织和社会组织工作委员会（以下简称“平远县委‘两新’工委”）围绕“提升党建引领基层治理效能”主题，做好“两新”组织党建工作。下设党委2个，有非公有制企业党组织56个、社会组织党组织21个、党员530多名，5类大型企业有党员的党组织覆盖率、3名以上党员单建率、中国共产党工作覆盖率均为100%。

【“两新”组织思想教育】　2022年，平远县委“两新”工委组织开展各类教育培训，坚定全体“两新”组织党员的政治理想信念。通过“三会一课”、组织生活会等形式，依托党员教育平台、“学习强国”等，“线上+线下”相结合不断向党员推送学习内容，增强政治自觉性和学习自觉性。开展“党课开讲啦·人人做主讲”活动，通过专题学、互动学等方式，多措并举推动习近平新时代中国特色社会主义思想在“两新”领域落地生根。对全县“两新”党组织书记开展集中培训，增强履职能力，将中共二十大会议精神的学习纳入培训班必修课程。全年组织开展学习240多场次，教育培训党员1100多人次，实现学习全覆盖。通过“四重”（重学习、重教育、重制度、重宣传）贯彻落实意识形态工作部署要求。

【“两新”组织党建制度落实】　2022年，平远县委“两新”工委推进“两新”组织党建工作，完善各项制度。搭建由县委“两新”工委牵头、2个党委指导、18个“两新”工委成员单位支撑、120多家“两新”组织覆盖的组织架构，推动构建结构完善、上下贯通的管理格局。高标准选配党建指导员，按照行业属性划分，每个工委委员和党建指导员直接联系服务3～5个“两新”组织，着力培育一批运转规范、特色鲜明、功能较强的“两新”组织党建示范点，以点带面提升全县“两新”党建工作质量。在继续发放党员活动经费和新组建中国共产党组织启动经费的基础上，按每年5万元的标准保障园区党委工作经费，做好各项补贴保障。全额返还“两新”组织上缴党费，拨付支持开展各类党建活动。

【“两新”组织党建引领】　2022年，平远县委“两新”工委以党建引领推动“两新”组织发展。探索推进新兴领域党建工作，在快递小哥、网约车司机等新业态企业和新就业群体领域开展调研，对全县住宅小区及物业公司党建情况开展摸排，依托行业主管部门，不断在新兴领域插上党旗。通过走访调研、实地考察，指导建设成立明华物业党支部。推进小区支部示范点建设，在新田花园、平城花园、金色华府、鸿禧中心城4个小区设立网格党支部办公室。加大在“两新”组织中组建工青妇组织的力度，常态化开展帮扶济困、慰问环卫工人、健康知识进校园等活动，增强群团组织的生机。全年组织主题党日活动350多场次，2700多人次参与。引导党员发挥先锋模范带头作用，评选出先进党组织6个、优秀党务工作者6人、优秀党员18人，其中保灵公司党支部党员吴志勇获“广东省五一劳动奖章”。在生产一线职工、专业技术骨干人才及经营管理人员中发展党员，把优秀人才纳入发展“前列”，全年发展党员 8 人，确定入党积极分子 41 人。

【实现“两个覆盖”】 2022 年，平远县委“两新”工委坚持“两新”组织发展到哪里、中国共产党组织建设就跟进到哪里，实现党组织和工作全覆盖。组建工作专班，建立全县“两新”党组织台账，并实时更新。全县有 75 家企业建立党支部。重点关注规模以上企业，对 3 名以上党员的规模以上企业单独建立党支部，确保应建尽建。通过前期介入、指导完善党建制度、转接党员党组织关系等方式，顺利组建广东盈华电子材料有限公司党支部，推动支部建在项目上、建在产业链上。根据定期筛查并结合年度考评结果，及时撤并运作不畅的党组织，防止“一建了之”，确保有效覆盖。2022 年，新组建“两新”党支部 1 个，撤销 4 个。（县委“两新”工委）

县非公有制经济组织系统和社会组织系统党委工作

【县非公有制经济组织系统党委工作】 2022 年，中共平远县非公有制经济组织系统委员会挂靠在县工商联，由县工商联、税务局、人社局、科工商务局、高新区管委会 5 个非公有制经济管理部门组成，设书记 1 名，专职副书记 1 名，其他党委委员 5 名（4 名委员由成员单位负责人兼任、1 名委员由党支部书记兼任）。下辖党组织 56 个。其中，二级党委 1 个、非公有制企业党支部 56 个。覆盖全县各镇、高新区等企业 173 家，管理党员 384 名，收缴党费 28230 元。吸收预备党员 6 名，确立发展对象 12 名，培养入党积极分子 16 名。及时指导做好届中调整以及相关支部按期换届选举工作，全年有 22 个支部换届选举，1 个支部班子成员届中调整。按要求撤销 3 个“软弱”和“空壳”党支部，新发展成立 1 个党支部。

各党组织以专题培训、专题宣讲报告和推行“微党课、微培训、微公益、小建议、小竞赛、小关爱”等形式，学习贯彻习近平总书记相关重要讲话精神、省党代会精神，推动党史学习教育常态化长效化。结合“七一”庆祝中国共产党成立活动，党委书记为各党支部书记、预备党员，入党积极分子上党课，组织党员职工、入党积极分子到东石毓秀书院、仁居红军纪念园等红色教育基地开展现场教学。全年有 6 名新党员入党宣誓，300 多名老党员重温入党誓词，16 名入党积极分子和新老党员一道参观红色教育基地。利用“广东党建云”“学习强国”等平台，加强党员学习教育。组织各党支部以宣传标语、宣传报道方式引导广大党员干部把力量凝聚到做好迎接服务中共二十大各项工作中来。结合喜迎二十大相关专题制作微党课视频 2 个，举办志愿活动 62 场，在市级发表报道 2 篇。组织全体党员干部收听收看习近平总书记所作的中共二十大专题报告，并在党员职工中传达贯彻，以新发展理念推动非公有制企业经济高质量发展。

抓好示范点创建工作，县工业园区党委、保灵公司党支部 2 个市级党建工作示范点达标验收，吸引 300 多名“两新”组织党务工作者参观，完成创建达士通党支部、友邦木业党支部 2 个县级党建工作示范点。采取设立共产党员示范岗位牌、摆放党组织标识、悬挂党务公开栏、张贴党建宣传标语等方式，营造“党味”。落实党内关怀机制，走访慰问生活困难党员 32 人，慰问大病党员 6 人，发放慰问金 28700 元。表彰先进基层党组织 4 个、优秀共产党员 12 人、先进党务工作者 4 人。企业党支部与各大银行党支部形成银企党建共建合作，促进党建与业务深度融合，精准服务非公有制经济。组建 82 人的志愿者

2022 年 7 月 21 日，保灵医药公司党支部为环卫工人和园林工人送上消暑物品和防疫物资

（张依婷 摄）

服务队，通过宣讲培训、创文清洁行动、防疫活动、植树活动等方式开展志愿服务。发动企业响应乡村振兴战略，华清园公司党支部以创建党建品牌为引领，建成南药梅片种植示范基地 578.56 公顷，带动农户种植梅片 16174.75 公顷。党委分别向深圳市福田区、丰顺县捐赠疫情防控资金及所需物资约 4 万元、50 万元。从大年初一至疫情可控期，梅州创丰建设有限公司党支部主动与市生态环境局平远分局工作人员一同坚守岗位，每日对和园宾馆、岭东大酒店 2 处隔离场所开展污水检测工作，确保废水消杀到位，达标排放。明华物业管理有限公司党支部全体党员在金色华府小区挨家挨户摸排，摸清每家每户的状况，做好疫情防控知识和政策宣传，安抚住户情绪。保灵医药公司党支部为环卫工人和园林工人送上消暑物品和防疫物资，物品价值 2.8 万元。

（刘梓铤）

【县社会组织系统党委工作】 2022 年，平远县社会组织系统党委实施社会组织党组织“覆盖提升”行动，开展“聚焦发展 · 活力两新”活动，不断提升社会组织党建引领基层治理效能。平远县有社会组织党支部 21 个、党员 145 人，党组织覆盖率 90%，党的工作覆盖率 100%。撤销 1 个无固定党建阵地、“三会一课”制度执行不严的党支部。在社会组织生产经营一线业务骨干中吸收预备党员 2 名，确定入党积极分子 11 名。

组织社会组织 121 名党员以支部为单位集中收看中共二十大开幕会。召开“社会组织党委学习贯彻中共二十大精神”专题宣讲会，为各党支部发放《党的二十大报告学习辅导百问》《二十大党章修正案学习问答》等书籍 69 本，督促各党支部定期学习领会。全年各支部召开党员会议 42 场，集中学习 262 人次。微党课短视频《增强党员意识，发挥党员作用》受到上级党组织表扬。全年开展党员党日活动 198 场次，开展党员教育培训 92 场次，培训党员 465 人次，实现党员学习教育培训全覆盖。

发挥社会组织党组织的政治核心引领作用，利用社会组织的技术优势与所在村开展结对共建活动，主动为种养户送技术解难题。八尺镇特色农业联合党支部常态化组织党员骨干以入户指导、义务举办蜗牛养殖交流培训班、担任志愿者讲师等方式，向养殖户和有需要的群众普及蜗牛养殖知识。仁居镇果业党支部组织合作社党员骨干深入脐橙种植户家中了解脐橙种植情况，为种植户带去技术，为种植户出谋献策。发挥社会组织各协会资源优势，开展党员志愿活动 76 场 289 人次。选送八尺镇酒业协会党支部的“党建引领 ·‘酒乡酒香’”、县公益义工协会党支部的“红色党建引领公益事业”项目参与评比，创建党建品牌。八尺镇酒业协会党支部凝聚大大小小 65 家酿酒企业和个体户，由党建画出一个“同心圆”，实现“酒香小镇”抱团发展。县公益义工协会党支部以公益爱心为主题，结合主题党日活动，把党建工作融入政策宣传、扶贫济困、扶志助飞、慰问老兵、爱心义剪等公益活动中。

（张永平）

机关事务工作

【概况】 2022年，平远县机关事务中心围绕“保障公务、厉行节约、务实高效、公开透明”原则，做好公务接待、食堂管理、会务管理等工作。

【公务接待】 2022年，平远县机关事务中心遵守《党政机关国内公务接待管理规定》和省、市、县相关接待方面规定，接待国家级、省市各级到平远县检查、调研、考察、交流学习、招商引资等300多批次6120人次。

【后勤服务保障】 2022年，平远县机关事务中心多措并举做好后勤服务保障工作。做好干部宿舍楼日常维护和干部职工食宿安排，加强对机关大院食堂日常监管，不定期抽检食堂肉食、蔬菜，督促食堂管理人员严把进货渠道关、物品进库验收关、食品存放储存关。2022年，干部职工到机关大院食堂用餐人数73637人次，满意度99.7%。做好平远县迎宾馆大楼日常修缮及会务人员管理，保障各类会议正常进行，全年完成会议服务保障170场次。强化平远县迎宾馆大院内安全保卫、环境卫生、供水供电、绿化美化等工作，规划停车位57个，摩托车位19个。对全县接待常用的特色美食等摸查调研，编印《平远特色美食简介》手册，宣传推介全县特色农特产品。 （县机关事务中心）

关心下一代工作

【概况】 2022年，平远县关心下一代工作委员会（以下简称平远县关工委）开展“三百”（百老帮百少、百小尊百老、百业助百校）活动，做好青少年思想道德建设、留守儿童及贫困学生关爱、创业青年能力培养等工作。10月，被中国关心下一代工作委员会评为“2022年《中国火炬》杂志宣传报道先进集体”称号。在梅州市“弘扬苏区精神，劳动创造幸福”主题征文活动中，李思琪、谢坤、李而璐、杨燚、张育豪、张芮扬、郭家君、陈妙芊、陈玮琳、姚瑶、林慧娴等同学作品获得梅州市关心下一代工作委员会、广东省雁洋公益基金会、梅州市教育局、梅州日报社表彰。在广东省少年儿童践行社会主义核心价值观“劳动创造幸福”主题征文活动中，平远中学李思琪、田家炳中学张芮杨、林慧娴等同学作品获得广东省关心下一代工作委员会、广东省作家协会、广东省教育系统关工委表彰。

【“三百”活动】 2022年3月，平远县关工委支持东石镇洋背村竹园村民小组建设老人儿童文化活动中心，拨付经费3000元。平远县梅青中学校长、关工委主任杨平带头开展为家庭贫困高二学生李智铭捐款活动，筹集捐款8000多元。3月，平远县关工委为李智铭同学送上关爱慰问金，并鼓励他要克服困难，努力读书，成长成才。6月，为16名考上和在读的普通高中贫困学生发放每人2000元“叶剑英基金助学金”，另筹款资助1名坝头中学困难学生。开展“孝老敬贤月”活动，先后组织县人大、政协、政法等老干部代表召开座谈会，筹资3000元帮助县老年人学校100多人开展文体活动。各镇、各学校开展“情暖重阳”走访慰问活动，据不完全统计，各镇、各单位、各学校慰问老干部2万人次，为老人做好事6000多件。9月，平远县举行庆祝2022年教师节暨县发展教育基金、刘宪奖教奖学金颁奖大会，广东威华集团董事长李建华再以个人名义捐资1000万元用于刘宪奖教奖学金。秋季开学前，李建华向热柘华侨学校捐资100万元用于威华馆改造和建设校史室、行政办公室和多功能会议厅。10月，广东万基拓展集团董事长关朗基一行到平远县开展“情暖校园，爱心助学”活动，为田家炳中学、仁居中学、泗水学校捐资30万元，用于助教助学。全年收到各类捐款1200多万元。

【青少年思想道德建设】 2022年，平远县关工委做好《中华人民共和国家庭教育促进法》（2022年1月1日起实施）学习宣传贯彻，促进未成年人健康成长。组织“五老”（老干部、老战士、老专家、老教师、老模范）党史宣传讲师团，常态化开展红色基因进校园活动。在田家炳中学、城南小学等30所中小学校开展红色文化进校园系列活动30场，受教育学生3000多人次。在全县中小学校组织开展“弘扬苏区精神，劳动创造幸福”主题征文活动，推送优秀征文作品96篇。各镇、各学校关工委结合儿童节、建党节开展“老少同声颂党恩、携手喜迎二十大”主题教育26场次，参与学生1.6万人次。在仁居镇红军街开展“弘扬苏区精神，争做时代新人”——重走红军路红色教育实践活动，60多名仁居中学师生沿着红军走过的足迹，了解红四军三进平远的革命历程。联合教育局，组织学生到革命烈士纪念园、大柘镇黄沙村爱国主义教育基地、梅青中学爱国主义展馆、仁居镇红四军纪念园等红色教育基地参观学习、缅怀先烈，重温入团（队）誓词，铭记革命斗争精神，8968名青年团员和少先队员参加活动。联合团县委、县文广旅体局、县教育局等单位，利用红色资源，在寒暑假期间依托新时代文明实践站、平远县博物馆、平远红四军纪念馆等场所开展“小小讲解员”志愿服务活动，146名学生积极参与。打造“弘扬苏区精神 争做时代新人”工作品牌，在县融媒体中心、“平远发布”微信公众号等平台发布县关工委品牌活动宣传报道5篇，在省、市关工委平台发布宣传报道51篇。3月，联合县司法局在东石镇茅坪小学开展第五届“关爱明天•普法先行”青少年法治宣传教育活动，师生60多人参加活动。9—10月，在田家炳中学、实验中学、梅青中学等学校开展青少年法治宣传教育活动，开展青少年普法教育18场，受教育学生6500多人。

【留守儿童及贫困学生关爱】 2022年，平远县关工委联合梅州大参林药店有限公司、梅州市家教家风实践基地东山书院、西安杨森制药有限公司，在热柘华侨学校举办“书香迎‘六一’、参林伴成长”主题爱心捐赠活动，捐赠价值4万元的物资。长田中心小学继续开展“农村留守儿童感恩教育的实践探索”，4—6月，开展一系列感恩教育活动，使留守儿童感受集体温暖，享受校园生活，学会感恩。

【创业青年能力培养】 2022年，平远县关工委以培养农业生产经营人才及农村二、三产业发展人才为重点，强化农村创业青年培训。6月，组织4名创业青年参加市关工委、市新农人人才驿站联合举办的新媒体营销人才培养工程——梅州市农村创业青年新媒体营销人才培训专题班。7月，联合县农业农村局、县科工商务局、梅州市可其山电子商务有限公司等单位，在平远县电商中心举办“平远县2022年电商业务技能培训班”，80人参加。7月，联合广东省农业科学院作物研究所、汕头市农业科学研究所、仲恺农业工程学院、梅州市金宝树农业有限公司、东石镇政府，在东石镇举办1期花生机械收获示范培训会暨风味品鉴会，50人参加。全年举办各类农村创业青年培训班3期，培训180人。

（县关工委）

平远县人民代表大会

责任编辑：叶俊新

人大主要会议和活动

【县第十六届人民代表大会第二次会议】 2022年3月9—11日，平远县第十六届人民代表大会第二次会议在县迎宾馆举行。会议听取和审议平远县人民政府工作报告、平远县人民代表大会常务委员会工作报告、平远县人民法院工作报告、平远县人民检察院工作报告、2021年国民经济和社会发展计划执行情况与2022年计划、2021年预算执行情况和2022年预算，票决平远县2022年度民生实事项目。

【县第十六届人大常委会会议】 2022年1月25日，平远县第十六届人大常委会举行第一次会议。会议表决通过县人大常委会主任会议关于提请通过县第十六届人民代表大会常委会资格审查委员会人选的议案，表决通过人事任免事项。

2月22日，平远县第十六届人大常委会举行第二次会议。会议审议并表决通过个别代表辞职事项；审议并表决通过县第十六届人民代表大会第二次会议的决定（草案）及会议日程（草案）、平远县人民代表大会常务委员会代表资格审查委员会关于县第十六届人大个别代表的代表资格审查报告以及《平远县人民代表大会常务委员会关于补选个别县十六届人大代表的决定（草案）》。

3月4日，平远县第十六届人大常委会举行第三次会议。会议审议《平远县人大常委会工作报告》，平远县人民政府2022年民生实事候选项目，《平远县第十六届人民代表大会第二次会议民生实事项目票决办法（草案）》，平远县第十六届人大常委会代表资格审查委员会关于县十六届人大个别代表的代表资格审查报告，平远县2021年国民经济和社会发展计划执行情况与2022年计划草案的报告，平远县2021年预算执行情况和2022年预算草案的报告，县第十六届人大第二次会议主席团成员和秘书长名单（草案）、议案审查委员会成员名单（草案）、列席会议人员名单（草案）。

5月19日，平远县第十六届人大常委会举行第四次会议。会议听取和审议县政府关于环境状况和环境保护目标完成情况报告、防范和打击电信网络诈骗工作情况报告、平远县教师队伍建设情况的报告、平远县2020年审计查出问题整改情况的报告，表决通过县政府关于提请审议平远县2022年财政预算调整方案的议案。

7月28日，平远县第十六届人大常委会举行第五次会议。会议听取和审议县政府关于平远县2022年上半年国民经济和社会发展计划执行情况的报告、县政府关于平远县2022年上半年财政预算执行情况的报告；表决通过有关人事任免事项。

8月26日，平远县第十六届人大常委会举行第六次会议。会议审议人事任免事项，为新任命的赖国华、吴文胜、王志平、吴雨华、刘岸青、徐国平、林岳胜、曹巨锋 8 人颁发任命书。新任命人员宪法宣誓。

9 月 29 日，平远县第十六届人大常委会举行第七次会议。会议传达学习中共广东省委办公厅《关于加强人大对政府债务审查监督的若干措施》的通知精神；听取和审议县政府关于基本医疗保障工作情况的报告、2021 年度预算执行和其他财政收支的审计工作报告、2021 年财政决算草案的报告，并通过有关决议；听取和审议县人民法院推进贯彻落实“三个规定”的情况报告、县人大常委会执法检查组关于检查《中华人民共和国水法》实施情况的报告、平远县第十六届人大常委会代表资格审查委员会关于个别代表的代表资格审查报告；书面审议关于平远县医疗系统人才队伍建设情况调研报告。

10 月 13 日，平远县第十六届人大常委会举行第八次会议。会议表决通过人事任免事项，同意接受张锡洪辞去平远县人民政府副县长职务的请求，决定任命余毅宗、李菲丹为平远县人民政府副县长。新任命人员宪法宣誓。

11 月 22 日，平远县第十六届人大常委会举行第九次会议。会议听取和审议县政府关于平远县 2021 年度国有资产管理情况综合报告，县政府关于平远县 2021 年度国有自然资源管理情况专项报告，县公安局、县民政局、县住建局、县农业农村局、县科工商务局局长的履职情况报告。

12 月 13 日，平远县第十六届人大常委会举行第十次会议。会议听取和审议县政府关于提请审议 2022 年财政预算第二次调整方案的议案，县第十六届人民代表大会第一次、第二次会议代表建议办理情况报告，县政府 2022 年度民生实事代表票决项目完成情况报告，县人大常委会监司工委关于规范性文件备案审查工作情况报告，第十六届人大常委会代表资格审查委员会关于个别代表的代表资格审查报告，补选个别县第十六届人大代表的议案、决定；审议通过人事任免事项。

【黄宁生到平远县调研】　2022 年 7 月 14 日，省人大常委会副主任黄宁生率队到平远县，围绕《广东省版权条例（草案修改稿）》《广东省粤菜发展促进条例（草案征求意见稿）》等内容开展立法调研。省人大常委会调研组先后到县人大常委会基层立法联系单位城西城南社区居民委员会等地，实地调研基层立法联系点建设等情况，召开座谈会，听取平远县相关单位的情况汇报。

人大重要工作

【经济监督】　2022 年，平远县人大常委会围绕县经济运行、预算执行、国有资产管理、政府性债务监管等事项开展调研和专题审议，科学分析研判县经济运行中出现的新情况，抓好经济和社会各项事业发展的审查监督工作。做好财政预算、预算调整、决算的监督工作。听取和审议县政府 2021 年度全县国有资产管理情况综合报告，听取和审议县政府 2021 年度全县国有自然资源资产管理情况专项报告。全面了解平远县专项债券资金的使用情况，提高资金使用效率，强化资金使用管理，开展专项调研，向县委报告。

【民生工作监督】　2022 年，平远县人大常委会着力加强国家机关同人大代表、人大代表同人民群众的联系，助推解决人民群众在就业、医疗、教育等方面遇到的操心事、烦心事、揪心事。开展医疗系统人才队伍建设等视察调研 6 场次、民生实事代表票决项目督查 1 场次，听取审议县政府关于环境状况和环境保护目标完成情况报告、防范和打击电信网络诈骗工作情况报告、平远县教师队伍建设情况报告、基本医疗保障工作情况报告等专项工作报告 21 项。

【法治工作监督】　2022 年，平远县人大常委会始终坚持法治思维，确保宪法和法律得到有效实施。听取和审议县人民法院推进贯彻落实“三个规定”（中共中央办公厅、国务院办公厅下发的《领导干部干预司法活动、插手具体案件处理的记录、通报和责任追究规定》，中央政法委下发的《司法机关内部人员过问案件的记录和责任追究规定》，最高人民法院、最高人民检察院、公安部、国家安全部、司法部联合下发《关于进一步规范司法人员与当事人、律师、特殊关系人、中介组织接触交往行为的若干规定》）的情况报告，开展《中华人民共和国水法》实施情况执法检查和《广东省防汛防旱防风条例》实施情况调研，配合上级人大开展立法调研5次、立法征求意见15次。开展“12·4”宪法日宣传教育活动，增强国家机关工作人员和人民群众的宪法观念和法律意识。依法开展规范性文件备案审查，完善备案审查机制，对“一府一委两院”（人民政府、监察委员会、人民法院和人民检察院）和各镇人大报备的7件规范性文件备案审查。发挥规范性文件备案审查工作领导小组作用，发出《关于对平远县促进旅游产业发展资金扶持办法的审查意见函》，促进相关部门加强法律学习和相关文件的法律审查。受理人民群众来信来访8宗2人次，转交县法院处理1宗，引导群众合理表达诉求，寻求解决办法，依法依规合理解决群众诉求。

【重大事项决定】 2022年，平远县人大常委会参与县城提质扩容、实体经济发展、安全生产检查、联系镇村、挂钩企业、乡村振兴、创文等县委中心工作。全年召开主任会议19次、人大常委会会议10次，听取审议专项工作报告21项，开展视察调研6场次，民生实事代表票决项目督查2场次，作出调整财政预算、批准财政决算等决定决议6项，发出审议意见5份，收回审议意见反馈情况落实报告8份。

【人事任免】 2022年，平远县人大常委会严格任免程序，落实拟任命人员任前法律考试制度、任前发言制度、宪法宣誓制度，依法任命国家机关工作人员42人，免职16人，撤职2人。听取和审议5名县政府组成局局长履职情况报告。

【督办代表议案建议】 2022年，平远县人大常委会不断优化人大代表提出议案建议前的沟通协调机制，把好议案建议办理“交办”“督办”“奖补”三关。2022年度人大代表票决民生实事项目2项：“平远县城区鸿禧中心城侧道路建设”“完善县城周边一体化供水工程”基本完工。第十六届人民代表大会第一次、第二次会议及闭会期间代表建议44件，办理完成及正在实施或准备实施的代表建议36件，办复率、代表对办理结果满意率均为100%。

【人大代表履职能力提升】 2022年，平远县人大常委会组织部分县人大代表列席人大常委会会议6场18人次，到深圳人大干部培训中心和县委党校参加履职培训136人次，组织各级人大代表参加各类座谈会18次，评议活动12次，各类视察调研、检查、听证、监督等活动15次，提升代表履职能力。

【人大执法检查和重要调研】 2022年，平远县人大常委会组织班子成员21人次到挂钩单位参与安全生产检查，开展县城提质改造、实体经济发展视察调研4场次。（杨毅）

2022年7月11日，平远县人大常委会组织到上举镇开展“更好发挥人大代表作用”主题活动
（县人大常委会提供）

平远县人民政府

责任编辑：叶俊新

政府主要会议

【县政府常务会议】 2022年，平远县召开县政府常务会议23次。会议传达贯彻上级党政机关及县委指示、决议、决定和有关会议精神，分析形势，总结工作，讨论决定有关事项；研究审议涉及全县经济社会发展的重要文件、重大决策；听取各镇各部门重要工作情况汇报，研究解决存在问题。7月14日，县政府2022年度第14次常务会议强调，要全力以赴壮大实体经济，加快推进铜箔、钙基、稀土等产业和专项债项目建设，力促下半年经济稳中向好；拓宽企业融资渠道，大力开展招商引资，不断优化营商环境；完成撂荒耕地复耕复种任务。

【县政府党组会议】 2022年，平远县召开县政府党组会议23次。会议传达贯彻执行上级政策文件、重要会议、领导重要指示批示精神；研究审议县政府重大工作事项、重要文件、工作制度等；研究讨论人事任命等有关事宜，通报奖惩等相关事宜；组织开展党组理论学习和工作交流等。

4月19日，县政府召开党组（扩大）会议。会议强调要加快谋划建设粤闽赣苏区对接融入粤港澳大湾区振兴发展先行区（平远片区），切实把政策红利转化为平远发展优势；做大做强脐橙、南药等优势产业，发挥省级现代农业产业园联农带农、促进村集体增收的作用，不断让农民获得更多产业增值收益；发挥红四军纪念馆等文化场馆作用，不断优化拓展仁居古镇、名人故居旧居等内涵和功能；健全绩效考核制度，完善正向激励和容错纠错机制，让敢担当有作为的干部有干劲、有奔头；严格落实中央八项规定及其实施细则精神，坚持不懈纠正“四风”（形式主义、官僚主义、享乐主义和奢靡之风），坚持带头过紧日子；以严实过硬的作风狠抓工作落实，大力倡导“马上就办、办就办好”工作作风，推动县委县、政府决策部署落地见效。

11月1日，县委副书记、县长周小勇主持召开县政府党组（扩大）会议。会议强调要立足平远发展实际，做大做强以铜箔和覆铜板、钙基、稀土新材料等为主的先进材料主导产业，着力引进更多“打粮食”项目；领会优化营商环境的重要性，汲取各地损害营商环境问题的教训，严肃查处以权谋私、吃拿卡要等违法行为；转变工作作风，坚决反对形式主义、官僚主义，弘扬“严、真、细、实、快”工作作风，坚持在服务群众和市场主体上主动作为，构建好“亲”“清”政商关系；提升服务效能，推广分阶段并联审批、“容缺—承诺”受理、“拿地即开工”等审批模式，深化“放管服”改革，提升营商环境“软实力”。

县人民政府办公室

【概况】 2022年，平远县人民政府办公室围绕全县发展大局，发挥参谋助手、督促检查和综合协调等职能，政府系统高效运转。2022年政务信息排名位居全市前列。

【文秘工作】 2022年，平远县人民政府办公室收到上级OA（办公自动化系统）来文4000多份、密件470多份、纸质文件1100多份，全年以县政府和县政府办公室名义印发各类文件256件，编发会议纪要120期（含县政府党组会议纪要23期）。严格落实中央八项规定及其实施细则精神，坚持精简、效能、务实原则，从严控制会议次数和规模。做好会前通知、会中服务、会后情况收集上报工作，提前审核需要审议的县政府常务会议议题，并报县政府领导审定同意后提交会议研究，从源头上确保会议的权威性和高效性。办理上级领导考察调研、各类督查、慰问等县重大活动170多场次；承办县政府常务会议及县政府、县相关部门有关会议、签约420多场次；协调、通知省市会议、县委、县人大、县政协会议390多场次；承办县政府会议室召开的一般工作会议440多场次。起草整理《政府工作报告》等综合材料510多篇、各类活动领导讲话材料或主持词320多篇，撰写调研报告20多篇、县人大专项工作报告20多份，整理县政府向市级及以上报告200多篇。向市政府报送各类政务信息100多篇，其中《大力推广“名师”“名校长”工作室教育教学模式》《念好“三字经” 轮作“共生”富农》等12条信息由市政府办公室上报省政府办公厅。

【督办工作】 2022年，平远县人民政府办公室跟踪督促落实县政府年度重点工作98项、县民生实事10类33项、人大代表票决民生实事2项、县政府常务会议决定事项332项。全年督办领导批示件723件，督办省人大、市人大、县人大建议66件，督办省政协、市政协、县政协提案55件，发出督查通知12次，印发督查通报10期，确保各项整改任务和政府工作有效落实落细。

【政务公开工作】 2022年，平远县人民政府办公室全面推进基层政务公开标准化规范化，动态调整26个领域基层政务公开事项标准目录。做好市场规则标准和监管执法信息公开工作，推动政务公开与政务服务深度融合。及时更新《政府信息公开指南和目录》，方便群众办事。全年县政府门户网站发布各类政府信息5904条。其中，“政务要闻”826条，“部门动态”385条，“乡镇动态”249条，“平远视频新闻”274条，“公告公示”238条，“人事任免”5条，“政策解读”6条，“发展规划”3条，“统计数据”22条，“调查征集”13条，“工作报告”1条，其他信息3882条。

【金融工作】 2022年，平远县人民政府办公室发挥金融协调服务职能，金融业保持稳健发展势头。年底各项存款余额118.70亿元，比年初增长14.11%；各项贷款余额73.85亿元，比年初增长15.02%，在全市排名第二；存贷比62.22%，在全市排名第五。加强对小额贷款公司、典当行、大宗商品交易场所等四类金融机构经营情况的日常监督，完成顺风小额贷款有限公司高级管理人员变更，完成华泰农兴农产品交易中心法定代表人、经营场所和董事变更的初审工作。2家小额贷款公司发放贷款66笔2919.77万元，无不良贷款。城镇典当行贷款总额464万元，典当业务笔数13笔（含续当）。其中，动产7笔、不动产（房地产）6笔，实现营业收入10.75万元，实现净利润3.05万元。华泰农兴农产品交易中心有机构客户45户、个人客户705户，实现成交额2757.78万元。引导地方法人银行机构加大对小微、民营企业和“三农”（农村、农业、农民）信贷投放，县域企业均可享受支小支农贷款优惠利率，至年底，人民银行平远县支行发放支农再贷款5320万元、支小再贷款3136万元。落实普惠小微贷款支持工具，引导和支持地方法人银行发放普惠小微贷款，持续支持小微企业发展，降低地方法人银行贷款利率，至年底，提供激励金额 242.32 万元，比年初增长 20.14%，惠及 1046 户市场主体。实施“首贷户”贷款贴息政策，全年全县银行机构累计受理首贷需求申请 171 笔，金额 10712 万元，比年初增加 9997 万元，同比增长 1398.18%。搭建政银企合作平台，定期收集企业融资需求，向金融机构精准推送，全年收集 50 家企业融资需求 68980 万元。

【外事工作】 2022 年，平远县人民政府办公室坚持总体国家安全观，制定《平远县 2022 年对外工作要点》。支持参与中日韩“东亚文化之都”城市的文化旅游国际交流合作。统筹推进新型冠状病毒疫情防控涉外工作，做好在平远县的外籍人士新型冠状病毒疫苗接种工作。促进中外人员往来和对外交流合作工作，推动“一带一路”沿线国家和地区经贸合作。

【信访工作】 2022 年，平远县人民政府办公室开展各类信访专项工作，解决信访突出问题，未发生大规模集体上访、群体性事件和恶性事件。受理群众来信来访 319 批 366 人次，批数、人次分别同比下降 22.2%、25.15%。其中，来信 93 件，同比下降 23.14%；网信 144 件，同比增长 17.71%；来访 82 批 129 人次，批数、人次分别同比下降 28.07%、33.16%。荣获 2022 年全市信访工作考核“优秀”等次。

【后勤服务保障】 2022 年，平远县人民政府办公室发挥牵头协调作用，探索加强和改进后勤服务保障新途径。加强办公室公务用车、耗材管理，降低行政成本。从严控制公务接待，杜绝浪费现象。做好办公设施维护、办公室物资管理等工作，保持办公环境整洁。服务好领导调研、考察、会见、商务谈判等活动。落实领导带班和工作人员 24 小时值班制度，稳妥处置突发事件，按要求上报值班信息。完善安全监控设施，为机关高效运转提供有力保障。 （县政府办公室）

政务服务管理与“数字政府”建设

【概况】 2022 年，平远县政务服务数据管理局坚持以人民为中心的发展思想，优化营商环境，提升政务服务质量，推进“数字政府”建设。

【政务服务体系建设】 2022 年，平远县政务服务数据管理局营造一流政务服务环境，推进实现“行政审批事项 100%网上受理，100%网上办结”。梳理全县 2030 个实施清单互联网端、移动端和自助机端的线上办理渠道、线下办理地点，并在政府网站向社会公开，县级政务服务事项网上可办率 100%，全流程网办事项占比 94.48%。推动各单位事项进驻一门式综合服务窗口，设立平远县政务服务中心交警大队服务分厅、婚姻登记中心服务分厅，政务服务事项进驻比例 99.5%。引导企业和群众通过广东政务服务网、“粤省事”“粤商通”等线上平台申请提交材料，体验线上多渠道办事的便捷，线上申请办件占比 79.37%。推动各镇各单位做好“好差评”工作，“好差评”主动评价率 97%，政务服务质量得分 9.8 分。开展

2022 年 8 月 31 日，平远县政务服务数据管理局召开平远县“行政审批事项 100%网上受理，100%网上办结”工作推进会议（县政务服务数据管理局提供）

行政效能监察平台监管，每日跟踪“红黄牌”情况并建立督办台账，实现动态清零。抓好“12345”热线工单转派，转派工单2585件，按时办结率100%，工单办理满意率99.62%。加强县政务服务中心日常管理，完善进驻单位人员动态信息管理，加强日常巡查巡检工作，将存在问题与绩效考核挂钩。

【“数字政府”建设】 2022年，平远县加快推进数字化建设，提高信息化水平。推进信创工程建设，完成电子公文交换系统国产化适配工作。推动“粤智助”政务服务自助机全覆盖，联合县税务局开展税村共建试点，率先新增上线“粤智助”34项自助办税功能，2022年涵盖44项常规涉税费业务。持续推广“粤系列”应用，强化“粤康码”公共场所码推广使用，协助做好场所码应用场景的培训指导和技术支持，在全县推广“粤视会”在疫情防控、监督管理、应急救援、培训直播等领域的场景应用，全县主要党政机关基本实现“粤政易”电子公文在线审批，“粤省事”实名注册人数19万人。督促指导做好省“数字政府”改革建设常态化监测工作，组织相关单位整改“单点登录”“一件事”（一件事一次办）主题集成服务、“两减一即”（减时间、减跑动、即办程度）“办事指南准确度”等指标问题。组织11个涉税信息单位编制挂接数据资源目录，完成42个数据资源目录的编制挂接，编目挂接率100%。优化升级平远县惠民信息平台，全年累计发布惠民补贴信息18.67万条，监管资金额8084.98万元，受益人群18.67万人次，发送惠民补贴短信23.21万条；接收咨询量39条、投诉量12条；公开事项41个，累计发布党务公开信息18532条、村务公开信息24897条、财务公开信息15260条、“三资”（资金、资产、资源）公开信息18976条。

【“放管服”改革】 2022年，平远县政务服务数据管理局持续深化政务服务改革，提升政务服务质效。推动“一件事”改革落地落实，进一步提升政务服务集成化办理水平，为企业群众提供多元化、个性化、贴心暖心服务，破解办事材料多、环节多、跑次多、时限长等痛点、难点。优化营商发展环境，在县政务服务中心设立“一窗通办一窗通取”窗口和“办不成事”反映窗口，企业开办实现“0+1”（0成本、1个环节）。推进不动产登记领域审批流程优化、材料精简、服务标准化，实现抵押登记即来即办，一般登记3个工作日内办结。与江西省寻乌县和福建省武平县实现“跨省通办”，对事项流转清楚、条件成熟的21项高频事项系统打通和对接，实现“异地代收代办”受理业务、业务办理系统的互通互认。公布政务服务事项“全市通办”清单，通过“异地代收代办”和“线上办理和一体机办理”等方式，对100项高频政务服务事项实现“全市通办”。

【网络安全和网站运维】 2022年，平远县政务服务数据管理局进一步强化网站媒体管理，筑牢信息安全防线。加强网络安全管理，做好网络信息安全预警，及时转发安全漏洞信息，对各单位发出安全预警30次。做好网络信息安全处置，定向定点督促相关单位完成网络安全处置10起。做好重保期间安全防护，保障重大节假日和中共二十大会议期间政务外网领域网络信息安全，先后3次组织全县各级各单位自查排查网络信息安全隐患，敦促各级各单位建立网络信息安全应急响应预案。落实信息公开发布“三审三校”（初审、复审和终审，初校、二校和三校）制度，对政府网站存在的易错字按照要求整改删除。开通《平远乡村地区电气火灾综合治理》《喜迎中共二十大·奋进新征程 建功新时代》等专题专栏，丰富政府网站内容和形式。2022年更新信息5500多条，日访问量最高2万多人次。

（县政务服务数据管理局）

招商引资和企业服务

【概况】　2022 年，平远县招商和企业服务中心实施工业兴县，突出制造业当家，努力构建“1+N”绿色产业集群，重点围绕铜箔、钙（硅）基、稀土新材料产业，实施主导产业培育提升和产值倍增计划，创新发展 N 个新兴和优势产业集群，挖掘和培育更多经济增长点，推进实体经济高质量发展。在 2021 年度梅州市招商引资项目绩效管理考核中，获得优秀等次。

【招商成效】　2022 年，平远县招商和企业服务中心引进盈华铜箔、广东兴珠、广天梵谷、远思南药等招商引资合同项目 13 个，计划投资总额 71.18 亿元，实际投入资金 26.57 亿元（2022 年投入 11.24 亿元）。其中，引进亿元以上合同项目 7 个，超 10 亿元合同项目 2 个。全面完成市、县下达的招商引资任务目标。

【招商措施】　2022 年，平远县招商和企业服务中心重新组建县级驻广州、深圳 2 支专职招商队，深入实施“乡贤回归投资兴业工程”，主动对接市级驻外招商队，探索推进“政府定制、企业回购”招商合作模式，千方百计引进“打粮食”产业项目。夯实招商平台载体，优化完善高新区产业基础设施，加强工业用地储备及标准厂房建设，提升高新区承载力，增强招商吸引力。远岭二期、园区二期、园区三期 15.55 万平方米标准化厂房动工建设，推动九远新材、聚阳科技等租赁项目入驻投产。推进项目落地见效，按照“减审批、并环节、优流程、强服务、重监管”思路，实施“拿地即开工”建设模式，提供“母亲式”服务，做好各环节手续跟踪协办，推动广东兴珠、广天梵谷、广东金森盛等项目加快建设，广东永扩实现当年建设，当年投产。

【企业服务】　2022 年，平远县招商和企业服务中心树立“用户思维”，加强惠企政策宣传指导，注重精准服务，助力企业创新发展。指导服务广东唯尔立、广东灿阳、广东盈华等企业 100 多次，帮助企业争取各级专项扶持资金 2918.64 万元。

（县招商和企业服务中心）

应急管理

【概况】　2022 年，平远县应急管理局推进安全生产、防灾减灾和应急救援体系建设等各项任务，推进第一次全国自然灾害综合风险普查。全县安全形势持续稳定，在 2021 年度梅州市安全生产责任制和消防工作考核中获评为“优秀”等次。

【应急防灾减灾】　2022 年，平远县未发生森林火灾，5 月，成功防范应对近 20 年最强暴雨天气，守住不发生较大事故的底线红线，实现安全生产事故起数和森林火灾事故起数双下降。在汛前成立督查组，组织巡查发现风险点 8321 个，确保把各项防汛责任压实到位。县“三防”（防水、防旱、防风）办公室组织会商研判 25 次，启动全县“三防”应急响应 4 次。落实特殊群体临灾转移“四个一”（每户一对接、每村一台账、每镇一张网、每灾一行动）工作机制。密切监视天气和汛情发展变化，发送决策服务短信 9 万人次，县相关部门各类抢险救援力量 240 人提前进入战备状态，紧急转移安置群众 569 人。各镇各相关部门备好足够救灾物资，准备 199 顶帐篷、354 张折叠床、2782 件雨衣等，成功防范应对汛期强降雨影响，累计转移群众 429 人，无人员伤亡。组织各乡镇联合开展全县森林防、灭火培训演练，强化基层干部职工森林火灾风险意识，落实网格化管理责任。全年开展森林防、灭火督查行动 40

组次172人次，接报森林火警3起，全县镇、村出动200多人参与森林火灾救援行动，做到“打早、打小、打了”。

【安全生产综合监管】 2022年，平远县应急管理局发挥县安全生产委员会办公室牵头抓总综合监管作用，常态化开展安全隐患排查治理。全年全县发生各类生产安全事故2起，同比下降33.3%，死亡2人，死亡人数持平。制定党政领导干部安全生产重点职责工作清单，强化领导责任落实，并将履行安全生产和消防安全工作责任情况纳入领导班子及其成员年度考核述职内容。针对道路交通、危化品、消防、城镇燃气、自建房、旅游、校园安全等重点，紧盯反复发生、反复治理、反复出现的重大风险隐患和问题，落实完善治理措施，加大集中攻坚力度，狠抓隐患排查治理，及时组织“回头看”，确保事故隐患整改落实到位。全年全县出动检查执法、指导服务3146次，检查单位3752家次，排查各类安全隐患1752项，整改1698项，整改率96.92%。通过开展专项执法与日常执法，联合执法与“双随机”执法相结合的形式，严厉打击非法违法行为。全年处理行政处罚案件14宗，罚款81.7万元，吊销经营许可证1家。加强执法案件总结学习，累计上报典型案例5宗，报送完成率100%，典型案例率80%。

【应急管理宣传】 2022年，平远县应急管理局开展“防灾减灾日”“安全生产月”主题活动，走进仁居中心小学、县第三小学、热柘学校、城东社区，向广大师生和社区居民宣传防灾减灾救灾知识。组织全县非煤矿山、危化品、烟花爆竹、工贸、建筑施工等45家企业开展安全生产宣传咨询日活动，以观看安全宣教专题片《生命重于泰山》、与企业主要负责人签订安全生产诚信承诺书、发放企业宣传资料和安全指引等方式，营造安全生产氛围。

【应急队伍建设】 2022年，平远县应急管理局做好应急专业队伍建设。4月上旬，参加梅州市“三防”指挥部组织的防汛抢险民兵轻舟五大队骨干民兵集训，综合考核评分排名第一。4月底，在差干河开展为期10天的全县防汛应急救援轻舟集训暨“三防”应急演练。6月，派出20名应急队伍骨干力量驰援英德市抗洪救灾，成功转移群众68人次。参与扑救“10·2”兴宁市水口镇森林火灾、“10·3”兴宁市水口镇森林火灾、“10·11”蕉岭县广福镇森林火灾、“10·15”兴宁市黄陂镇森林火灾行动，通过实战提高应急水平。 （刘莉娴）

2022年4月8—15日，平远县应急救援队伍参加2022年度广东省防汛抢险民兵轻舟机动五大队骨干队员封闭式强化集训，并在考核中获得团体第一名

（县应急管理局提供）

政协平远县委员会

责任编辑：叶俊新

政协主要会议和活动

【政协第十一届平远县委员会第二次会议】

2022年3月8—10日，中国人民政治协商会议第十一届平远县委员会第二次会议在平远县城召开。会议应到会委员185人，实到会145人，邀请出席人员14人，列席人员41人。县委书记廖茂忠在开幕大会上作讲话，县政协主席凌声宏在闭幕大会上作讲话。会议审议通过凌声宏代表政协第十一届平远县委员会常务委员会所作的工作报告、刘志刚代表政协第十一届平远县委员会常务委员会所作的关于十一届一次会议以来提案工作情况报告。会议表彰2021年度27名优秀政协委员、3个先进“委员工作室”、9件优秀提案和5个承办提案先进单位。委员们列席平远县第十六届人民代表大会第二次会议，听取并讨论县政府工作报告及其他报告。

【平远县政协主席会议】 2022年，平远县政协召开主席（扩大）会议13次，均由县政协主席凌声宏主持。

1月13日，召开县政协十一届二次主席（扩大）会议，研究驻镇帮镇扶村和机关退休干部春节慰问等工作。

2月22日，召开县政协十一届三次主席（扩大）会议，研究县政协十一届二次会议筹备工作。

4月11日，召开县政协十一届四次主席（扩大）会议，研究《2022年县政协十一届二次会议重点提案督办分工安排》《县政协领导“走访委员、走入群众、走进基层”活动月活动方案》。

5月10日，召开县政协十一届五次主席（扩大）会议，研究《开展推进“数字政府”建设专题协商活动方案》《开展“推动教育整体水平提档升级”专题协商活动方案》。

6月10日，召开县政协十一届六次主席（扩大）会议，研究《县政协开展专项债项目建设专题调研活动方案》《2022年上半年“委员活动日”活动方案》《平远县政协委员履职能力提升培训班方案》。

6月20日，召开县政协十一届七次主席（扩大）会议，研究《县政协十一届三次常委会会议方案》，审议部分政协委员辞去县政协委员资格事宜。

7月18日，召开县政协十一届八次主席（扩大）会议，研究《县政协“镇村污水处理设施建设与运营”专题协商工作方案》《县政协民主评议县文化广电旅游体育局工作活动方案》《县政协十一届四次常委会会议方案》，审议《平远县政协委员工作室主任、副主任、联络员任命名单》，通报上半年开展“委员活动日”活动情况及委员工作室交叉检查情况。

8月8日，召开县政协十一届九次主席（扩大）会议，研究《县政协“镇村医疗机构服务能力提升”专题调研工作方案》《县政协“粤闽赣苏区对接融入粤港澳大湾区振兴发展先行区（平远片区）启动区规划建设”专题调研工作方案》《2022年县政协十一届二次会议重点提案办理协商督办活动方案》，听取驻镇帮镇扶村工作情况汇报。

8月22日，召开县政协十一届十次主席（扩大）会议，通报市纪委监委决定等。

9月19日，召开县政协十一届十一次主席（扩大）会议，研究《县政协“粤闽赣苏区对接融入粤港澳大湾区振兴发展先行区（平远片区）启动区规划建设情况”调研报告》《县政协十一届五次常委会会议方案》，以及部分县政协委员辞去委员资格事宜。

10月17日，召开县政协十一届十二次主席（扩大）会议研究《县政协“乡村公路规划建设情况”专题调研活动方案》，听取重点提案督办情况汇报。

11月4日，召开县政协十一届十三次主席（扩大）会议，研究《2022年县政协提案项目专项资金补助方案（征求意见稿）》《县政协“加快构建公共型农业社会化服务体系”专题调研活动方案》《平远县政协慰问制度》，研究部分政协委员辞去委员资格事宜。

12月12日，召开县政协十一届十四次主席（扩大）会议，研究《县政协民主评议县城市管理和综合执法局工作活动方案》《县政协十一届七次常委会会议方案》，部署县政协十一届三次会议大会发言、提案征集等工作。

【平远县政协常委会会议】 2022年，平远县政协召开常委会（扩大）会议7次，均由县政协主席凌声宏主持。3月1日，会议讨论《政府工作报告（征求意见稿）》，审议县政协常委会工作报告（草案）和提案工作情况报告（草案），协商决定县政协十一届二次会议相关事宜，审议通过《政协第十一届平远县委员会各专门委员会机构设置和组成人员任命名单（草案）》。3月10日，会议听取各组委员讨论情况汇报，审议通过《政协第十一届平远县委员会第二次会议决议（草案）》。6月30日，会议听取县政府2022年重点项目建设情况通报，专题学习《中国共产党政治协商工作条例》，审议并表决通过7名县政协委员辞去委员资格。7月18日，会议审议通过《关于免去卢斌政协第十一届平远县委员会副主席职务的决定》。9月27日，会议围绕“粤闽赣苏区对接融入粤港澳大湾区振兴发展先行区（平远片区）启动区规划建设情况”开展专题议政，审议通过部分县政协委员辞去委员资格。11月16日，会议审议并表决通过部分政协委员辞去委员资格。12月21日，会议听取县政府2022年度民生实事落实情况和提案办理情况通报。

【林雄到平远县调研】 2022年7月5日，省政协党组副书记、副主席林雄率队到平远县调研省政协委员提案办理工作，省政协常委、港澳台委员会主任廖京山，省退役军人事务厅党组副书记、厅长陈小山，省政协常委、港澳台委员会副主任黄耿城，省政协港澳台委员会专职副主任覃大可参加调研。省政协调研组先后到平远县程旼公园、南台山森林公园实地调研，听取粤闽赣苏区对接融入粤港澳大湾区振兴发展先行区平远片区谋划推进情况、程旼公园建设、程旼文化发展以及乡村文旅产业发展情况介绍。

2022年7月5日，省政协副主席林雄（左三）到平远县调研省政协委员提案办理工作 （袁志鹏 摄）

【吴晓青到平远县调研】 2022年7月27日，全国政协常委、全国政协农业和农村委员会副主任、民建中央副主席吴晓青到平远县山布惊生活垃圾卫生填埋场等地开展“加强城市生活垃圾的综合处理和资源化利用管理”专题调研，了解市政基础设施建设和县城生活垃圾无害化处理情况。

政协履职

【专题议政】 2022年，平远县政协围绕“赣闽粤苏区对接融入粤港澳大湾区振兴发展先行区（平远片区）规划建设”，进行专题议政。

【专题协商】 2022年，平远县政协聚焦推进“数字政府”建设、专项债项目推进情况、镇村生活污水处理设施建设与运营、推动教育整体水平提档升级，开展专题协商活动4次。

【专题调研】 2022年，平远县政协聚焦赣闽粤苏区对接融入粤港澳大湾区振兴发展先行区（平远片区）规划建设、镇村医疗机构服务能力提升、加快构建公共型农业社会化服务体系、乡村公路规划建设情况，开展专题调研活动4次。

【提案工作】 2022年，平远县政协收到提案56件、审查立案55件，办复率100%，满意率98%。

【民主评议】 2022年，平远县政协对县文化广电旅游体育局、县城市管理和综合执法局工作开展民主评议活动。

【文史宣传】 2022年，平远县政协讲好政协故事，展示平远形象，在各级报刊、网站发表通信、新闻和调研文章40多篇。

【重点项目建设助推】 2022年，平远县政协领导担任梅州平远高新区基础设施建设、广东一抹禾香酒业项目等重点项目建设指挥部的总指挥或副总指挥。2022年高新区基础设施建设完成项目总投资4亿元，新平整土地106.72公顷、供地34.75公顷。广东一抹禾香酒业项目一期完成投资1.2亿元，建成投产。 （县政协办公室）

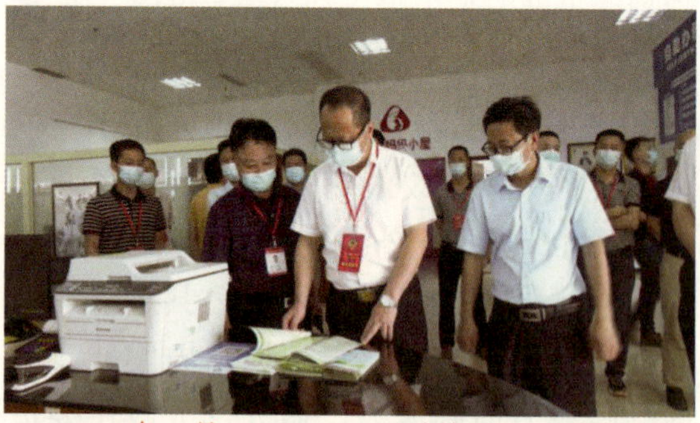

2022年5月25日，平远县政协开展“数字政府”建设专题协商活动，调研组一行到县政务服务大厅了解综合服务窗口设置、数量、类别、群众办事流程和业务工作流程等情况 （来源：平远发布）

平远县纪委监委

责任编辑：叶俊新

纪检监察主要会议和活动

【第十四届县纪委二次全会】 2022 年 2 月 18 日，中国共产党平远县第十四届纪律检查委员会第二次全体会议在平远县城召开。县委书记廖茂忠出席全会并讲话。全会审议通过县委常委、县纪委书记郭育春代表县纪委常委会所作的《发扬自我革命精神 推进全面从严治党 为平远苏区加快振兴发展提供坚强保障》工作报告。

【深入整治群众身边腐败和作风问题工作部署会】 2022 年 5 月 11 日，平远县召开深入整治群众身边腐败和作风问题工作部署会，推动全面从严治党向基层延伸，加强对党中央惠民利民、安民富民各项政策落实情况的监督，明确部署 6 项整治工作的主要任务、方法步骤。

【蒋万军到平远县调研】 2022 年 5 月 31 日，市委常委、市纪委书记、市监委主任蒋万军到平远县调研党风廉政建设和反腐败工作，在大柘镇黄沙村召开座谈会，听取县纪检监察工作情况汇报，与县纪委监委部分班子成员、党风政风监督室负责人和 3 个镇纪委书记座谈交流并讲话。对平远县纪检监察工作提出工作理念要正、工作方法要对、安全底线要牢、干部队伍素质要高等意见和建议。

纪检监察工作

【政治监督】 2022 年，平远县纪委监委紧盯常态化疫情防控、乡村振兴、农村乱占耕地建房、撂荒耕地复耕复种等工作精准监督，推动党中央和省委、市委、县委决策部署不折不扣落实。抓好平远县“1·31”疫情处置监督，抽调 33 名纪检监察干部，组成 1 个专项督查组、1 个问责调查组和 14 个督查专班，派出 162 人次现场督查 209 个点位，发现问题 51 个，立行立改 43 个。在干部选拔、职级晋升、表彰奖励等工作中严把党风廉政意见审核关，全年回复党风廉政意见 44 批 760 人次，提出暂缓或否定性意见 18 人次。

【“一把手”监督】 2022 年，平远县纪委监委加强对关键少数特别是“一把手”的监督，与新一届政府组成局局长和部分新提拔、交流的单位主要领导 36 人开展集体廉政谈话，与 18 名新任“一把手”开展个别廉政谈话。严格执行领导干部个人重大事项报告制度，收到科级以上领导干部操办婚丧喜庆事宜及购房购车等报告 134 份，退回纠正不规范报告 26 份。聚焦村级“三重一大”（重大事项决策、重要干部任免、重大项目投资决策、大额资金使用）事项决策、农村“三资”管理、惠农政策落实等加强监督管理，处置“一肩挑”村干部问题线索 22 条，立案 7 人，党纪政务处分 8 人（上年立案转结案 1 人）。

【派驻监督】　2022年，平远县纪委监委发挥派驻监督“常驻不走的巡察组”作用，以巡察和审计反馈问题、执法案件等为抓手，拓宽监督视野和渠道，发现问题64个，提出意见建议44条，纠正问题43个，开展谈话提醒49人次。紧盯“三重一大”事项，敢于对不合理事项说“不”，对存疑事项叫“停”，对被监督单位5项决策事项提出监督纠正意见。

【营商环境监督】　2022年，平远县纪委监委受理妨害政务环境、增加企业负担、影响公平竞争等涉营商环境问题的检举控告9件，深入企业走访了解惠企政策落实问题，收集企业意见建议4条。针对平远县行政审批事项“双百”工作存在按时办结率和线上申办件占比在全市排名最后的情况，责成2个单位、2名相关工作人员做出书面检查，约谈提醒相关单位的主要负责人、分管领导25人次。

【审查调查】　2022年，平远县纪委监委接收信访举报97件，受理问题线索324件，同比增长36.71%，其中县管干部71件，同比增长102.86%。初核235件，同比增长29.83%。立案104件104人（科级干部9件9人），采取留置措施2人，结案105件105人，给予党纪政务处分98人，免予党纪处分作诫勉处理6人，党内除名1人，移送司法机关2人，挽回经济损失266.29万元。重点查处县卫健系统系列案，立案审查13人。

【“四种形态”应用】　2022年，平远县纪委监委贯彻《关于大力支持改革创新宽容失误错误激励广大干部新时代新担当新作为的实施意见》，综合运用“四种形态”批评教育帮助和处理215人次。其中，运用“第一种形态”（经常开展批评和自我批评、约谈函询，让“红红脸、出出汗”成为常态）批评教育帮助116人次，占比53.95%；运用“第二种形态”（党纪轻处分、组织调整成为违纪处理的大多数）处理91人次，占比42.33%；运用“第三种形态”（党纪重处分、重大职务调整的成为少数）处理3人次，占比1.39%；运用“第四种形态”（严重违纪涉嫌违法立案审查的成为极少数）处理5人次，占比2.33%，形成以教育提醒为大多数，以立案处分处理为少数的“金字塔”结构。

【以案促改促治】　2022年，平远县纪委监委要求案发单位收到处分决定书2个月内开展警示教育、建章立制等以案促改促治工作。督促县卫生健康局、县人民医院、县中医医院等发案单位召开警示教育专题民主生活会。向2个镇党委、2个县直单位发出纪检监察建议书，提出整改意见12条。出台《平远县村（社区）干部、专职工作人员受处分（处理）后薪酬扣减办法（试行）》。

【群众身边腐败和作风问题专项整治】　2022年，平远县纪委监委做好整治群众身边腐败和作风问题工作，开展惠民补贴发放和领取等6个方面专项整治，追缴违规发放的惠民补贴1.26万元，对违纪工作人员进行提醒谈话、批评教育。对1名副科职干部在落实农机补贴政策工作中优亲厚友行为给予党内警告处分。

【“惩腐打伞”常态化开展】　2022年，平远县纪委监委常态化开展“惩腐打伞”，与公安机关建立开展涉黑涉恶案件线索移送和协同办案机制，坚决惩处党员干部、公职人员与“沙霸”“矿霸”等存在利益勾结的行为；坚决惩处为暴力犯罪、攫取资源等站台撑腰、提供庇护的“保护伞”；坚决惩处不担当不作为、监管不力的党员干部和公职人员。密切配合市纪委监委查办涉及公职人员系列案件，督促推动五大行业领域整治。

【“四风”问题纠治】　2022年，平远县纪委监委以监督落实中央八项规定精神、纠正“四风”为主线，聚焦节日期间“四风”问题易发多发领域，向全县党员干部发送廉洁提醒短信。开展监督检查34次，以不打招呼、现场督查等形式开展明察暗访15次，通报违反中央八项规定精神典型问题3起。运用平远县公务用车管理平台，抽查7个镇和9个县直单位用车情况，借助科技手段，监督方式从被动受理变主动筛查，管住公车轮子。

【县镇村巡察】 2022年，平远县落实八届市委第一轮县级交叉巡察和乡村振兴资金管理暨农村集体“三资”管理专项巡察任务，组织开展十四届县委第一、第二轮常规巡察，对16个县直单位、9个乡镇和18个村开展巡察，发现问题469个，移交问题线索34条，立案8件8人，提交3份专题报告，向有关职能部门提出意见和建议6条。县级交叉巡察第一轮和县委第一轮常规巡察反馈的233个问题，整改落实215个，推动各单位新建或修订制度93项，清退各类资金40多万元。针对被巡察党组织问题的易发点和多发点，印发《巡察发现问题清单》2期，列举41个普遍性、典型性问题，督促各级党组织开展自查自纠。联合县委组织部和县人社局印发《关于推荐十四届县委巡察人才库人选的通知》，组建由134名熟悉财务、审计、法律、工程建设等业务的人才组成的人才库。

【监督执纪执法“室组地”协作制度】 2022年，平远县纪委监委制订《监督执纪执法“室组地”协作制度》，建立7个由纪检监察室牵头，派驻机构和镇纪委参与的协作区，解决监督执纪力量薄弱问题。开展“定制式”专项监督，各镇纪委、派驻机构结合监督对象情况确定22个监督主题。驻县教育局纪检监察组通过开展教育领域财务管理专项监督检查，发现涉嫌套取学校资金、违规发放津贴补贴、公款吃喝等5条问题线索，核实3条，立案8件8人，监督由宽泛到精准。

【基层小型工程建设项目监督】 2022年，平远县纪委监委联合县政务服务数据管理局在惠民信息平台网站升级完善《基层小型工程建设项目》栏目，规范公开内容、时限要求等。全县12个镇公开小型工程建设项目398个，投资总额10243.48万元，其中涉及财政资金8123.4万元。实地抽查2个镇4个村工程项目，发现虚假、虚大工程问题线索1条。

纪检监察宣教工作

【廉洁文化建设】 2022年，平远县纪委监委举办“2022年平远县新时代廉洁文化作品展”，征集美术、书法、摄影、文学作品570多件，展出162件，组织145个单位3360人次参观。发挥正德园、南台清风园、家训家风教育基地、韩元勋故居、红四军纪念馆、中行镇味真草庐6个廉洁文化教育基地作用，不断提升廉洁文化的感召力。

【警示教育】 2022年，平远县纪委监委通报违反中央八项规定精神典型问题3起，督促全县84家机关事业单位征订《中国共产党的自我革命》603本、《让家庭远离腐败》682本，协助发放省、市纪委监委拍摄的警示教育片320部，督促各单位组织学习警示教育片188场次、8278人次。

【廉政宣传教育】 2022年，平远县纪委监委通过“南台清风”微信公众号推送廉情信息74期，发布新闻稿件132篇，其中原创63篇，省、市媒体及上级纪委刊发（转发）平远县宣传稿件35次。平远县纪检监察信息网发布新闻稿件206篇，其中原创45篇。撰写并发布网评文章12篇。

（县纪委监委办公室）

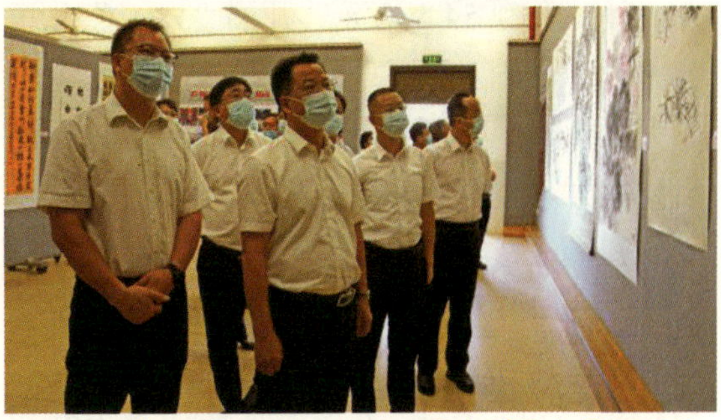

2022年9月26日，在平远县文联综合展厅开展“喜迎二十大·清廉润平远”2022年平远县新时代廉洁文化作品展 （县纪委提供）

群众团体

责任编辑：刘莹子

平远县总工会

【概况】 2022年，平远县有各级工会组织223个，会员人数12236人。新成立基层工会10家。其中，机关事业单位4家、企业5家（含百人以上企业1家，新业态行业3家）、新业态行业工会联合会1家。

【职工关爱和帮扶】 2022年，平远县总工会以职工服务中心为平台，开展好送温暖、金秋助学、阳光就业、职工医疗互助保障等品牌帮扶工作。元旦和春节期间，为在档困难职工104户发放生活救助金52万元，慰问教师15人1.5万元，慰问环卫工人、垃圾填埋场工人和困难职工82人5.5万元，慰问困难企业3家11万元。开展困难职工常态化帮扶，全年为17户困难职工发放帮扶款12.6万元。全县在职职工参加在职职工互助保障8754人次，共签署258个保单，理赔人数337人，理赔金额54.5万元。开展“六一”儿童节关爱慰问困难职工子女活动，为7名困难家庭儿童送上节日祝福，发放慰问金。开展金秋助学活动，为36户发放助学金28.8万元。开展夏季“送清凉”活动，对重点项目工地、户外作业、高温车间和新就业形态劳动者进行走访慰问，送上价值1.8万元的慰问物资。到全县10个便民核酸检测点开展“抗疫有你·关爱有我”走访慰问活动。慰问支援县外重点地区抗疫一线医务人员和志愿者477人，送上价值13万元的慰问物资。鼓励引导企业职工留在平远安心过年，开展“情暖农民工·留粤过大年”新春行动，为春节留在平远的异地务工人员发放慰问礼包1批。全年选派2批次共4名一线职工代表参加梅州市技术工人和先进职工疗休养活动。

2022年5月20日，平远县总工会开展“抗疫有你·关爱有我”慰问抗疫一线人员活动

（县总工会提供）

【劳模宣传和关爱活动】 2022年，平远县总工会组织开展“中国梦·劳动美”劳模风采“五一”专题片录播工作，对2家劳模创新工作室示范效应和2名劳模先进事迹进行宣传。在梅州平远高新区组织举办“中国梦劳动美——永远跟党走，奋进新征程”劳模宣讲活动，增强广大职工投身苏区振兴发展的责任感和使命感。“五一”前，走访慰问省部级75周岁以上劳动模范9名，发放慰问金9000元；组织劳模免费体检24人；开展县级劳模（先进工作者）、先进集体评选工作。推荐并获评广东省五一劳动奖章1人。

【职工文体活动】 2022年，平远县总工会开展全国文明县城创建和禁毒宣传进企业进校园进社区等一系列新时代文明实践志愿服务活动，联合共青团平远县委员会、县妇女联合会等单位开展“我文明·我行动”绿满平远志愿植树活动、“青春同行·共建文明”——2022年平远七夕青年联谊会活动，动员职工群众弘扬文明新风气、倡导时代新风尚。

【职工合法权益维护】 2022年，平远县总工会加强与基层工会联系，挂钩联系重点单位和企业19家。对重点企业开展核查，排查企业25家，摸查职工人数2386人。坚持和完善以职工代表大会为基本形式的企事业单位民主管理制度，巩固和推进厂务公开制度，开展非公有制企业集体合同签订工作，扩大非公有制企业集体协商覆盖面。集体合同到期的企业全部完成续签，新签订1家，总计企业单独签订30家，覆盖职工3628人。签订行业性集体合同2份，覆盖企业189家，覆盖职工996人；签订区域性合同12份，覆盖企业49家，覆盖职工1124人；签订劳动安全卫生专项集体合同2份。聘请3名律师与重点企业工会签订企业法律顾问合同，为企业工会和职工无偿提供法律咨询服务。开展“尊法守法·携手筑梦”法治宣传教育暨公益法律服务进企业活动。主动介入，参与根治欠薪冬季专项行动。在“119”消防安全宣传月启动仪式暨多种形式消防救援队伍技能大赛上，梅州平远高新区各微型消防站队员代表参加消防实战演练和多种形式消防救援队伍技能大赛。以“落实消防责任，防范安全风险”为主题，持续开展系列宣传活动，提升全县人民群众的消防安全意识。组织开展劳动安全卫生专项集体合同签订工作，深化“安康杯”竞赛活动，建立健全工会健康服务体系，督促企业完善职工的安全生产设备设施，依法参与2宗安全生产事故调查处理。引导职工依法理性有序表达诉求，依法维护职工合法权益，推动源头治理。

【工会经费审查】 2022年，平远县总工会围绕做好新旧《工会会计制度》衔接工作开展培训，指导各基层工会做好2021年度决算和2022年度预算工作并汇总，协助基层工会在经费收缴管理系统注册、登记，完成税务代收系统分配、手续费划拨、数据汇总管理等工作。加强基层工会经费收支检查指导和审查工作，联合第三方审计组对全县40个基层工会进行审计，进一步规范基层工会经费管理。

【工会组织和阵地建设】 2022年，平远县总工会加强对产业工人的思想政治引领，继续做好工会法人资格证两证合一工作，加大力度吸纳农民工入会。做好新建工会和民主换届工作，加快“三新”（新产业、新业态、新商业模式）领域工会组建和会员发展工作，开展新就业形态劳动者建会入会集中行动。加强“司机之家”“工会爱心驿站”等工会服务阵地建设，为职工群众提供多样化、专业化服务。新建工会户外劳动者爱心驿站1家。

【工会换届】 2022年4月28日，平远县工会第十七次代表大会召开，全面总结第十六次代表大会以来取得的工作成绩和经验，分析形势，明确此后五年工会工作的指导思想和目标任务。会议选举产生新一届县总工会领导班子和经费审查委员会，赖光亮当选为新一届委员会主席，李梅为分管日常工作副主席，张伟英、王元增为副主席，王元增为经费审查委员会主任，杨文桢为副主任。

【平远县新业态行业工会联合会成立】 2022年9月26日，平远县总工会组建新业态行业工会联合会，是平远县新业态行业中第一个工会联合会，作为实现货车司机、网约车司机、快递员、网约配送员等新就业形态劳动者网上申请入会的保障性途径。10月14日，平远县新业态行业工会联合会第一届第一次会员代表大会召开，来自新业态行业

的25名代表出席会议，选举产生张伟英为联合会主席，林娴为副主席，杨学标为经费审查委员会主任。（县总工会）

共青团平远县委员会

【概况】 2022年，共青团平远县委员会在服务大局、服务青年、服务社会中展现新作为。实施新一轮“命脉工程2.0”行动，全面深化从严治团，“命脉工程2.0”综合指标连续15周全市排名第一，年度综合排名全市第一。年度新建团组织408个，新发展团员350名，完成834个团组织、787个团支部、8342名团员系统在线报到。合理有序分配年度发展团员编号，团员编号使用率和志愿书上传完成率100%，毕业生团员总数988人，转接完成率96%，按时缴纳团费率91.21%，“两新”团组织建设完成率超100%，“青年之家”建设完成率100%，团的建设质量和覆盖面不断提升。

【青少年思想道德教育】 2022年，共青团平远县委员会专注做好青少年思想政治引领。通过青年座谈会、专题组织生活会、主题党（团）日活动、亲子诵读活动和文艺作品征集等形式，统筹开展“喜迎二十大、永远跟党走、奋进新征程”主题教育，组织开展专题培训3场、宣讲会6场。紧扣青少年入队、入团、入党等重要节点，开展集中入队、入团示范仪式、十八岁成人礼等主题团日活动，引导青少年培育和践行社会主义核心价值观。持续开展“青年大学习”，实现团员团干学习全覆盖，并广泛发动“两新”组织和社会青年参与学习。开展“灯塔工程——广东青少年学习践行习近平新时代中国特色社会主义思想行动”，落实“团干讲党团课”“青年讲师团”机制安排，组织辖区团干完成党团课授课3次。组织开展教育实践，全县379个团支部全部完成专题学习，覆盖19536名团员。抓好网络宣传阵地建设和青少年意识形态工作，利用“平远青年”微信公众号推送各类文章、视频等1189篇，全网浏览量16.8万人次。持续开展“两红两优”（红旗团委、红旗团支部、优秀共青团员、优秀共青团干部）“最美南粤少年”“新时代好青年”和学雷锋志愿服务先进典型等评选表彰活动，选树先进典型引领青少年学先进、共奋进。全年有34人、8个团队获得省、市优秀称号。选取10名各领域先进代表，制作宣传片在县电视台和各大平台推送。向市推选“优秀战疫志愿服务典型”，2名志愿者、1个志愿服务组织和1个项目获表彰。

【共青团志愿服务品牌建设】 2022年，共青团平远县委员会紧扣学雷锋志愿服务月、国际志愿者日等时间节点，开展“河小青”、文明交通、垃圾分类等“全民志愿行•共创文明城”主题志愿服务活动，开展普法、禁毒、反诈等宣传活动，助力文明城市和平安平远、法治平远建设。持续打造“扶志助飞”志愿服务品牌，每年发展资助贫困学生50名以上，项目开展7年来，资助贫困学生360人次，资助资金80多万元。至年底，平远县在“i志愿”微信公众号注册志愿者1.75万人，有时长志愿者1.28万人，发布志愿活动1705个，总时长51.2万小时。

【共青团助力乡村振兴】 2022年，共青团平远县委员会实施乡村振兴青春建功行动，争取“薪火公益”等助学资金15.6万元，帮助26名山区贫困学子圆梦大学。实施“希望乡村教师计划”，争取知名高校本科生22名，分赴10所乡村学校开展支教、“一校一社工”服务，惠及600多名山区学子。实施“广东大学生志愿服务山区计划”，选优配强39名乡村振兴志愿者到各驻镇帮镇扶村工作队，充实乡村振兴服务力量。开展“美在乡村”志愿植树、“两美”等活动，组建镇级“河小青”志愿服务队12支，注册护河志愿者1068人，开展培训和活动70场。

【共青团服务青少年工作】 2022年，共青团平远县委员会做好服务青少年工作，收集2023年度“我为青年做件事”3件。优化提升团代表联络站，落实专项经费12万元，打造县、镇、村三级“青年之家”25家。拓宽交流渠道，为青年企业家搭建赋能创新和沟通交流平台。持续开展单身青年嘉年华活动，为单身青年搭建健康的交友交流平台。落实《梅州市实施“青梅计划”集聚优秀青年人才的若干措施》，聘请20名高校联络员，推荐5名联络员作为梅州市大学生成长促进会会员候选人，加强政策宣传宣讲，吸引集聚更多优秀青年留在平远就业创业。实施“展翅计划”和“圆梦计划”，为学生实践提供岗位351个，帮助31名新生代产业工人圆大学梦。聚焦困境青少年“微心愿”和农村留守儿童，常态化开展“七彩假期”“南粤会亲”“两帮两促”（对乡村困难青少年实施学业帮助、就业帮助、体质健康促进、心理健康促进）等关爱留守儿童活动，加强对山区学生人文关怀、心理疏导。依托“12355”青少年服务热线电话平台，开展预防未成年人犯罪宣传教育，为青少年提供心理咨询、法律援助等服务。联合相关单位开展预防性侵害教育、防校园欺凌、防溺水等主题活动，服务青少年儿童3万多人次。

【共青团组织建设】 2022年，共青团平远县委员会推进改革工作，委员会干部配备率、在岗率实现100%，配备挂职副书记1名、兼职副书记2名，在组织建设、队伍建设、物资经费、阵地建设和制度机制等方面完成改革目标任务。谋划县、镇、村三级团组织集中换届，高质量完成全县136个村团支部、7个社区团支部及12个乡镇团委的换届选举工作，县第十九次团代会筹备工作全面完成，团组织班子在年龄和文化结构上总体实现优化和提升。争取组织部门支持，将“推优入党”工作作为基层团组织建设重要载体，推动更多优秀团员加入党组织。制定《关于规范成立学校少先队工作委员会的通知》，推进学校少先队改革，加强党团队一体化建设，全县31所中小学全面规范成立学校少工委。召开少先队平远县第三次代表大会，选举产生新一届少先队工作委员会。开展红领巾争章活动，增强少先队员荣誉感，评选出个人二星章635名，集体二星章48个（大队11个、中队37个）。

【共青团助力疫情防控】 2022年，共青团各级团组织广泛动员青年志愿者在省际卡口、高速公路出口、镇村路口和管控场所等常态化开展信息排查、测温验码、封控区秩序维护和疫情防控宣传等，发动3000多人次助力疫苗接种。春节期间组建疫情防控青年突击队2支652人，开展大规模核酸检测模拟培训和实战演练4场次。招募核酸采样志愿者569名，分组开展模拟培训、实操考核，认证合格后分派到各采样点轮换上岗。主动认领“急难险重”任务，发动志愿者1800多人次，为重点行业从业人员常规核酸检测提供服务。发动志愿者6000多人次，开展6场大规模核酸检测、36场疫情防控宣传和信息排查等志愿服务。发动县青年企业家协会和社会力量筹集捐款和抗疫物资计43.8万元，无偿献血9200毫升。制作青年防疫专题片1期，在《梅州日报》“南方+”和“学习强国”学习平台等平台宣传报道。（韩莹）

2022年1月，共青团平远县委员会组建平远县疫情防控青年突击队 （共青团平远县委员会提供）

平远县妇女联合会

【概况】 2022年，平远县有县级妇联1个，镇级妇联12个，村（社区）妇联143个。2022年，平远县妇女联合会（以下简称“平远县妇联”）以学思想、建新功、办实事为重点，团结动员广大妇女坚定不移听党话、跟党走。举办“少年儿童心向党”中国共产党人精神谱系图文展、“强国复兴有我”女企业家座谈会。全县开展百年党史“巾帼大宣讲”活动12场次，开展不同主题的“新思想在我身边”学习活动56场，获省“巾帼文明岗”和市“三八红旗集体（手）”9个。

【家庭文明建设】 2022年，平远县妇联聘任第二批平远县家庭教育讲师团成员16名，开展传承弘扬好家教好家风行动专场宣讲18场。举办文明家庭故事分享会、“润泽心灵 书香满园——21天亲子阅读打卡活动”“喜迎二十大、永远跟党走、奋进新征程”亲子诵读等活动，引领更多家庭崇德向善、见贤思齐。开展清廉家风主题宣传教育活动，通过宣传清廉家风典型、举办红色家风故事分享会、参观清廉家风书画作品，筑牢反腐倡廉家庭防线。开展巾帼兴粮、爱粮、节粮宣传活动，石正镇、热柘镇妇联将粮食安全、勤俭节约、爱粮节粮价值观念等理念融入家风、家教、家训中。全县获评市级“最美家庭”“优秀书香家庭”2户，评选县级“最美家庭”12户，推选孝老敬亲好媳妇4名、自强不息好少年4名报市参评。

【妇女合法权益维护】 2022年，平远县妇联开展公开辩论赛、主题画展等教育实践活动，推进性别平等教育，完成性别平等教育专项课题结题工作，获评梅州市性别平等教育优秀论文5篇、优秀教案4个、优秀组织奖1个。常态化做好婚姻家庭纠纷排查化解，参与平安建设。做好来信来访工作，全年接访22宗27人次，调处率100%。依托“12338”妇女热线等平台，为妇女儿童提供法律咨询。开展普法工作，广泛宣传《中华人民共和国妇女权益保障法》《中华人民共和国反家庭暴力法》《中华人民共和国家庭教育促进法》等法律法规，引导妇女群众学法、守法、用法。

2022年5月27日，平远县妇联组织中行镇妇联巾帼志愿者在中行圩开展HPV疫苗免费接种政策宣传（县妇联提供）

【困难妇女儿童帮扶】 2022年，平远县妇联聚焦妇女儿童和家庭关切，联合县卫生健康局等部门持续开展城乡妇女“两癌”（宫颈癌和乳腺癌）免费检查和救助项目工作，检查城乡妇女2620人。加强对HPV（人乳头瘤病毒）疫苗接种的政策宣传，引导适龄女生及家长正确认识HPV疫苗，有效预防宫颈癌，全县完成适龄女生HPV疫苗免费接种1251人。为1575名村（社区）妇联执行委员赠送“意外+”防疫保险，为6131名农村妇女赠送“她健康”“两癌”保险。组织镇、村妇联开展走访慰问，深入东石镇、大柘镇等学校慰问159名品学兼优的学生和留守儿童，帮助单亲特困母亲、患重大疾病妇女等生活有较大困难的重点家庭66户13.3万元。

【巾帼建功行动】 2022年，平远县妇联链接社会资源，大力扶持妇女创业就业，推进家政服务、农业种养类培训等，全县各级组织培训妇女群众3500多人。配合实施“南粤家政”工程，开展“最美巾帼家政人”故事征集活动，15篇“家政人”故事获奖。服务做好飞龙、可其山、金宝树、非凡家政等“妇字号”新型主体公司发展工作，金宝树有限公司成功申报省级巾帼创业示范基地。持续开展巾帼文明岗创建工作，平远县检察院未检办、保灵公司连锁部争当“最美巾帼文明岗”。

【妇联组织建设】 2022年，平远县妇联注重“妇女之家”提质增效，抓好省第四期示范点建设项目结项工作。健全普遍联系服务妇女长效工作机制，以更大力度完善发挥基层妇联执委作用的长效机制。完善健全基层“妇女儿童之家”建设，夯实基层妇联组织“破难”基础，增强基层活力。

【“三八”妇女维权周暨“她健康”女性关爱活动】 2022年3月7日，在第112个“三八”国际劳动妇女节来临之际，平远县妇联联合县司法局、县妇幼保健计划生育服务中心在泗水镇举办“三八”妇女维权周暨“她健康”女性关爱活动，为山区妇女送医送法送健康。活动中，宣传《中华人民共和国妇女权益保障法》《中华人民共和国反家庭暴力法》《中华人民共和国民法典》和《中华人民共和国家庭教育促进法》，发放各类宣传资料300多份，为前来咨询问诊的妇女讲解女性常见妇科疾病症状、治疗和自我防护知识，在镇卫生院开展“两癌”免费筛查及妇科普查。（陈志珍）

平远县科学技术协会

【概况】 2022年，平远县科学技术协会（以下简称“平远县科协”）做好青少年社区农村科普、服务科技工作者、乡村振兴、学会协会和创文工作，提高全民科学素质，获评全省基层科协组织建设及提升基层科协组织力“3+1”（“3”即积极吸纳“三长”：基层医院院长、学校校长、农技站站长进入基层科协任职、兼职、挂职，“1”指加强上级科协指导）工作先进单位。由平远县科协选送的广东平远龙文—黄田自然保护区管理处被广东省科协、广东省科技厅认定为全省科普教育基地。

【科普活动】 2022年，平远县科协以“全国科技活动周”“防灾减灾日”“全省科技进步活动月”“全国科普日”等科普节日为抓手，通过青少年、社区、农村科普以及科技培训等多形式抓好新型冠状病毒感染的科学防疫、健康文明生活、应急救援等科普知识的宣传。3月18日，联合县气象局、县教育局在县实验小学举办“我为创文做贡献”新时代文明实践系列活动之气象科普宣传。3月24日世界防治结核病日，联合县卫生健康局、县慢病站的科普志愿者到县城官田广场、县实验中学开展结核病防治科普宣传活动。3月27日，依托图书馆科普教育基地，在星河文体俱乐部开展“社会主义核心价值观教育实践活动——珍爱身边的小动物”少儿绘画活动；联合县第三小学开展为期1个月的科学家精神进校园活动。5月11日，联合中行镇卫生院在中行良畲村开展全国科技活动周医疗卫生惠民科普志愿活动。5月19日，联合平远中学举办“5·22”生物多样性日科普讲座。5月24日，联合县第三小学举办“喜迎二十大 科技与你我同行”科普教育新时代文明实践活动。6月21日，联合县教育局邀请广东省科普教育基地——爱尔眼科医院专家在县第二小学开展“守护‘睛’彩世界，点亮‘光’明未来”近视防控科普讲座活动及义诊活动。7月12日，联合县委政法委、县卫生健康局、市第三人民医院、县慢病站、县社会心理服务站、县利民社会工作服务中心在官田广场举办“心理健康 你我共创”惠民科普义诊活动。9月14日，在全国科普日前夕，赴泗水学校开展“喜迎二十大 科普向未来”主题活动。10月24日，联合县热柘华侨学校邀请海洋科考专家、“中山大学”号科考船船长蓝明华为中学师生宣讲“守护海洋科考，点亮蓝色梦想”主题海洋科普知识。11月16日，联合县第一小学、县图书馆举办“科教融合·创新成长”青少年科普巡展。11月17日，联合县气象局科普志愿队和县实验小学少先队，在平远县气象局科普教育示范基地开展学雷锋志愿服务暨新时代文明实践科普志愿服务活动。11月21日，联合平远中学举办以“庆祝二十大 科普向未来”为主题的第七届科技节。

【科技工作者团结引领】 2022年，平远县科协按照“凝聚科技工作者”工作理念，通过加强院士专家工作站建设、建家交友等方式，联系服务好广大科技工作者。在春节、护士节、医师节先后到县农业农村局、县公路事务中心、县疾控中心、县人民医院、县中医医院、县慢病站与一线科技工作者开展座谈交流，听取关于科研、生产、生活方面情况介绍，征询对科协工作的相关意见建议，鼓励他们发挥自身专业优势服务平远经济社会发展。到老党员、退休科技工作者王财豪和饶惠珍家中进行节日问候，让他们感受到党和政府的关怀与温暖。在全国科技工作者

2022年10月24日，平远县科协在热柘华侨学校举办“守护海洋科考，点亮蓝色梦想”主题科普知识讲座 （县科协提供）

日期间，评定优秀科技（科普）工作者11位、优秀科技辅导员21位。加大对企业走访频次和日常对接，精准把握企业需求，2022年上半年指导梅州市飞龙果业有限公司申报、建立科技专家工作站。

【学会协会管理】 2022年，平远县科协继续加强对学会协会的管理、指导与服务，鼓励和引导各学（协）会开展学术交流、科学普及、科技服务等活动，着重引导县茶叶协会、县林学会等树立服务社会的发展理念，为农户提供技术培训和指导，并推广、销售会员农户产品。

【科技助力乡村振兴】 2022年，平远县科协分类引导“三长”在各自领域发挥作用。县级医学会和各镇卫生院组织医技人员深入社区、农村和学校，举办健康讲堂、专业咨询、健康义诊、防癌体检等科普宣传活动，面向居民、村民免费提供自助体检、健康知识宣传等服务。各中小学校开展“科普月”“科普周”“科普日”等系列活动，组织师生参加青少年科技创新大赛、机器人竞赛活动，支持引导中小学科技教师走出校园，作为骨干力量广泛参与群众性、基础性、社会性科技科普活动。组织农技人员有针对性地开展实用性和实践性强的农民科技培训和专项培训，推广农业新技术、新品种、新模式。探索建立“农技协+示范基地+合作社+互联网”新模式，不断提高农村科技致富能力，助力乡村振兴。 （县科协）

平远县归国华侨联合会

【概况】 2022年，平远县归国华侨联合会（以下简称“平远县侨联”）发挥职能优势，汇集侨力服务经济社会建设，全力服务侨界，拓展联谊渠道，为助力平远苏区振兴发展发挥侨界力量。1月，协助深圳市叶澄海慈善

基金会捐赠价值约3.2万元的药品给平远县基层医疗卫生部门。5月，配备中共党组书记。指导热柘镇筹备镇级侨联换届，选优配强镇级侨联班子。

【侨联服务经济社会发展】 2022年，平远县侨联组织召开平远县侨界青年代表座谈会，进一步凝聚团结侨界青年力量，为平远苏区振兴发展收集意见、建言献策。制定中国侨商投资（广东）大会筹备工作方案，与相关单位加强沟通，统计上报重点招商项目6项、总金额399.1亿元。其中，平远县上报的梅州市盈华铜箔科技有限公司总投资70亿元的“年产10万吨高端铜箔建设项目”，被梅州市推荐为中国侨商投资（广东）大会签约项目。走访梅州市宇时代电子科技有限公司等4家侨联委员企业，了解企业经营情况和遇到的问题，宣传党的路线方针政策，教育引导侨界企业做强做大，服务经济社会发展。

【归侨侨眷帮扶维权】 2022年，平远县侨联走访慰问侨界代表人士、华人华侨在平远县的亲属代表、归侨侨眷、90岁以上归侨等130多人，发放慰问金、慰问品7万多元。帮扶困难归侨侨眷51人，发放各级帮扶金超15万元。联合平远县人民法院成立涉侨纠纷多元化解工作领导小组，开展涉侨纠纷排查。抓好《中华人民共和同归侨侨眷权益保护法》宣传，印发宣传纸品和资料等宣传涉侨法律法规。

【侨联联情联谊】 2022年，平远县侨联坚持国内海外工作并重，老侨新侨工作并重，拓展海外工作和新侨工作，做好联情联谊。8月，以热柘镇为试点，开展全县侨胞信息完善工作。实行县镇村三级联动，走访归侨侨眷、海外侨贤在平远县的亲属等，不断完善归侨、侨眷信息，充实侨情信息库。8月，到佛山市、中山市等地走访在粤平远籍华人华侨和县外商会会员。利用微信工作群，加强与海外重点华人华侨社团及侨胞的沟通联络。逢年过节主动联系海外重要侨贤，反馈平远经济社会发展情况。2022年接待到平远县的海外侨胞4批23人。

【侨界参政议政】 2022年，平远县侨联做好参政议政工作，引导侨界人大代表、政协委员参政议政，向人大、政协提出提（议）案和建议23宗。

【侨联文化宣传】 2022年，平远县侨联开展弘扬宣传中华优秀文化工作。9—12月底，联合平远县委统战部在平远县侨联文化艺术交流基地联合举办“凝侨心喜迎二十大•书华章共绘新征程”平远县侨界文化作品展，展出诗书画摄文作品90件，其中侨界作品40多件。发动平远县高中学生参加第二十二届世界华人作文大赛，5名师生分别获得二等奖、三等奖。利用微信工作群，向海外侨胞推送党的政策、方针，梅州、平远经济社会发展、乡村振兴、侨界动态等方面的新闻报道，讲好中国共产党故事、中国故事、平远故事。向省、市侨联刊物和网站投稿，宣传推介平远，其中省侨联网站发布3篇，市侨联网站发布7篇，《梅州侨联通讯》刊登7篇。

【侨联阵地建设】 2022年，平远县侨联以抓好阵地建设为主线，开展各类惠民活动。5月，支持石正镇居委会“侨胞之家”开展“喜迎二十大•阔步新征程”乒乓球、桌球比赛，丰富侨界群众业余文化生活。12月，指导和支持热柘华侨学校开展“连侨心•颂党恩，弘扬华侨精神”演讲比赛，弘扬爱国爱乡、艰苦奋斗、自强不息的华侨精神。推荐平远中学申报市级侨联文化交流基地。

【“侨心向党•文艺为民”惠民挥春活动】 2022年，平远县侨联组织部分侨联委员、县书法家协会会员先后在石正镇“侨胞之家”、仁居镇、平远县侨联文化艺术交流基地等地开展“侨心向党•文艺为民”惠民挥春活动，

按照村民自选或自拟的春联内容，书写近百副对联，提前为当地归侨侨眷和村民送去新春祝福。（吴运兰）

平远县工商联

【概况】 2022 年，平远县工商业联合会（以下简称平远县工商联）找准工作切入点，提升服务效能，团结带领非公有制经济人士开拓进取，履行社会责任。

【服务职能强化】 2022 年，平远县工商联进一步提高服务效能，为企业解决问题。3 月 3 日，召开平远县民营企业家代表座谈会，参会民营企业家提出意见和建议 19 条，县政府发出督办件，各相关职能部门听取意见和建议，做到件件有落实、事事有回应。解决平远县登峰制衣厂和梅州峻烽公司 2 家企业来信来访诉求，解决 1 家涉案合规木制品厂法律诉讼问题。实施“激发企业活力 赋能实体经济”暖企行动，帮助民营企业纾困解难。12 月 15 日，平远县工商业联合会（商会）召开十四届二次执委会议，对非公有制经济人士进行教育培训，把教育成果转化为推动工商联和商协会发展的强大动力。

【社会责任履行】 2022 年，平远县工商联和非公有制系统党委引领非公有制企业履行社会责任。广东保灵医药有限公司向县志愿者协会捐赠价值 1.34 万元的抗疫物资；梅州创丰建设工程有限公司捐赠价值约 7000 元抗疫物资；平远县工商联与县新阶联为深圳市福田区中山大学附属第八医院抗疫一线医务人员捐款捐物，捐赠总价值约 4 万元的速干服 830 套；丰顺县“10 • 23”疫情突发后，平远县工商联向全县企业家和非公有制经济人士发出捐款倡议，为丰顺县捐赠疫情防控资金及所需物资，总价值约 50 万元。8 月 18 日，举行“2022 年县工商联（商会）、县发展教育基金会资助贫困大学生”助学金发放仪式，资助 30 人共 9 万元。8 月 19 日，平远县工商联福建商会举行“2022 年平远县工商联福建商会资助退役军人子女”助学金发放仪式，为 13 位资助对象发放助学金计 2.6 万元。8 月 24 日，广东保灵医药公司到大柘镇清河村开展“喜迎二十大，我为群众办实事”金秋助学创文活动，为 13 名考上大学的贫困学子送上助学金。平远县石正商会成立教育发展基金会，发动企业家捐款 260 万元，年内为 64 名大学生、贫困学生发放奖学金、助学金 27 万多元。引导企业家开展公益慈善活动，在“6 • 30”扶贫济困活动中捐款 49 万元。引导会员企业响应乡村振兴战略，梅州南台果业有限公司种植灵芝超过 666.67 公顷（1 万亩），带动农民实现“林下增收”。华清园生物科技有限公司帮扶引领带动农户种植梅片 1616.67 公顷（24250 亩），带动农户 3000 多户，户均增收 2 万元，带动在册贫困人口 673 人脱贫，为社会提供就业岗位 4300 多个。华清园公司董事长凌凤清被广东省农业农村厅认定为 2022 年“广东十大最美农村乡土专家”。助力平远县创建文明城市，平远县工商联在平远恒盛宇科技电子有限公司开展“倡导文明健康生活方式”文明单位创建活动，发放宣传资料 300 多份。平远县旅游协会在平远县客家上品食府开展“提倡勤俭节约、文明餐桌在行动”文明单位创建活动，发放宣传资料 300 多份。

【平远县涉案企业合规第三方监督评估机制管理委员会办公室揭牌成立】 2022 年 11 月 22 日，由平远县工商联、县人民检察院会同多个相关单位联合组成的平远县涉案企业合规第三方监督评估机制管理委员会办公室揭牌成立，标志着平远县涉案企业合规改革工作迈入新的阶段。该管理委员会选任专业人员成立第三方组织，负责调查、评估、监督和考察符合条件的涉案企业合规承诺及其完成情况，为检察机关办理涉企犯罪案件提供重要参考。管理委员会办公室为企业合规改革试点搭建工作平台，有效预防惩治企业违法犯罪，有助于促进企业合规守法经营，实现以法治稳就业、保就业、保民生，促进平远经济社会高质量发展。（刘梓镟）

平远县文学艺术界联合会

【概况】 2022年，平远县文学艺术界联合会（以下简称“平远县文联”）组织文艺家开展文艺采风创作、展示展演系列活动，推精品力作，出优秀人才，促文艺事业繁荣发展。奖励2020年10月至2021年12月全县文艺人才和作品40人次（国家级奖12项，省级奖28项），发放奖励金1.96万元。新晋国家级和省级协会会员各2人。

【文艺宣传】 2022年，平远县文联以喜迎中共二十大会议胜利召开为主题，组织开展各种形式文艺系列活动。8—9月，承办“喜迎二十大·清廉韵平远”2022平远县新时代廉洁文化作品展活动，展出优秀作品162件（幅）。开展“强国复兴有我”文艺系列活动，活动作品题材包括书法、美术、文学、音乐、舞蹈、戏剧、曲艺、民间文艺等，展出诗书画摄文作品220件。与市文联联合举行“梅开盛世”梅州市文艺界喜迎中共二十大主题文艺创作启动仪式暨“喜迎二十大·奋进新征程——中国文学名家看梅州”走进平远创作采风、“传承红色基因，续写红色篇章”主题党日等活动。联合县妇联、县人力资源和社会保障局开展“最美巾帼家政人”故事征文活动，评出一等奖1名、二等奖3名、三等奖6名。组织各文艺家协会在线上进行各类主题作品展示，在“平远文艺网”开设网上展厅，举行迎春书法网络展、书法作品网络联展及美术作品线上展，书法作品网络联展及美术作品线上展，全年在线展出各类作品500多件。做好第五届广东省曲艺大赛作品推选工作，上送作品4件。

2022年5月31日，平远县文联在平远县冬青实验学校开展戏曲进校园活动 （县文联提供）

【文艺惠民】 2022年，平远县文联抓好文艺惠民活动，增强文艺服务能力。开展“我文明·我行动”绿满平远志愿植树、冬青实验学校教学成果汇报暨2022国际“六一”儿童节书画作品展览活动，开展“传承中华文化 弘扬国粹艺术”——平远县戏曲进校园活动。举办“精彩·只因你我同行”2022年迎春舞蹈晚会、“强国复兴有我”群众性主题宣传教育活动、“喜迎二十大·永远跟党走”平远县2022年庆“七一”文艺演出（社区专场）、“喜迎二十大·奋进新征程”平远县文艺志愿服务活动——广东汉剧惠民演出。全年组织开展文艺“六进”活动80多场次。

【文艺交流】 2022年，平远县文联与市、县书法家协会组织骨干书法家开展书法交流和惠民活动，在岭南书院（梅州市东山书院）举办“三月三春茗诗会”，举办廖炳训书法讲座等。加强与广东第二师范学院美术学院等高校合作，分别在泗水镇梅畲村和上匠艺术馆设立实践教学基地。（县文联）

平远县残疾人联合会

【概况】 2022年，平远县残疾人联合会（以下简称“平远县残联”）履行“代表、服务、管理”职能，统筹推进疫情防控和残疾人事业发展，开展康复、就业、教育、社会保障和基层组织建设等工作，全面推动残疾人事业高质量发展。

【残疾人社会保障】　2022 年，平远县残联落实好惠残政策，足额发放残疾人各项补贴，不断完善残疾人社会保障和服务体系。为 2096 名低保户残疾人发放生活津贴每人每月 188 元，为 4481 名重度残疾人和智力、精神残疾人发放护理补贴每人每月 252 元。为 4492 名残疾人缴纳城乡居民医疗保险，为 2252 名残疾人缴纳养老保险。为 25 名残疾人发放三轮机动轮椅车燃油补贴每人每年 260 元。为 80 名困难智力、精神和重度残疾人发放残疾评定补贴每人 150 元。实施“南粤扶残助学工程”，激励残疾人大学生顺利完成高等教育，协助大专学历、本科学历残疾人大学生各 1 名，分别获得 1 万元、1.5 万元助学金。全年救助、慰问各类困难残疾人 209 人次 12.16 万元。

【康复工作】　2022 年，平远县残联持续推进残疾人精准康复工作，精准服务残疾人 251 人，发放辅具 478 件，康复服务率、辅具适配率均达到 100%。以平远县残疾人康复中心为载体，开展 0～6 岁残疾儿童抢救性康复训练，为 8 名孤独症儿童和 6 名脑瘫儿童提供全日制抢救性康复训练，为 3 名孤独症儿童提供异地康复服务，帮助残疾儿童接受教育。辅具中心做好辅助器具展示，为符合条件的残疾人适配轮椅、助行器、拐杖、助听器等辅助器具。会同省残联文化体育与康复辅具中心党支部开展以座谈会的方式联系县残疾人代表、残协助残组织、康园中心代表的“三联系”活动，了解基层残联组织、残疾人服务机构和助残社会组织的实际情况，听取残疾人基本康复需求和辅具适配意见建议，走访慰问八尺镇角坑村持证残疾人 45 人。做好精神障碍患者救助、救治工作，为符合条件的精神残疾人发放评定补贴，做到应助尽助、应治尽治。

【社区康园中心建设】　2022 年，平远县残联推进社区康园中心建设运行，为全县 13 家康园中心 260 名残疾人会员提供生活照料和护理、生活自理能力训练、社会适应能力训练、职业康复与劳动技能训练、文体娱乐及运动功能训练等服务。联动当地爱心企业开展辅助性就业服务，为残疾人会员提供手工花加工产品，增加经济收入，帮助残疾人会员实现自我价值，减轻残疾家庭负担。

【残疾人就业培训和年审工作】　2022 年，平远县残联做好残疾人就业保障金年审核定工作，审核机关、事业单位、社会团体、企业、民办非企业单位等用人单位，对未安排残疾人就业或安排残疾人就业达不到本单位在职职工总数 1.5%的，征收残疾人就业保障金，全年全县有 55 家单位按比例安排残疾人就业 83 人，全年收取残疾人就业保障金 500 万元。做好残疾人自主创业就业培训工作，在石正镇、河头镇举办残疾人实用技术培训班，培训 110 人。鼓励残疾人自主创业和参加省“众创杯”创新创业大赛残疾人公益赛活动，为 33 名残疾人发放扶持奖励资金 11.57 万元。

【残障帮扶】　2022 年，平远县残联持续开展“我为残疾人办实事”活动。在东石镇广场开展第三十二次全国助残日发放辅具、宣传惠残政策、印发宣传折页等系列活动。开展肢体残疾人义诊筛查活动，邀请省残联专家团队在县残疾人康复中心为 10 名肢体残疾人免费安装假肢。推进困难重度残疾人家庭无障碍设施建设项目，为符合条件的 60 户困难重度残疾人安装防护网、实施厨房和卫生间改造等无障碍设施建设。

【残联基本公共服务】　2022 年，平远县残联加强基本公共服务建设。做好全县持证残疾人基本状况调查工作，入户调查 6679 人，入户调查率 100%，并完成信息录入上报工作，全面掌握残疾人在住房、教育、医疗康复、无障碍建设、文化体育等方面基本服务状况和需求信息。根据中国残联下达平远县“全国残疾人家庭收入状况调查”任务，完成对 48 户残疾人家庭收入支出状况和残疾人各项政策落实情况的详细调查，为中国残联制定政策提供真实依据。开展残疾证“跨省通办”，持续推进第三代残疾人证（智能化）换发工作，办理第三代残疾人证 1204 张。其中，新办证 461 张、到期换证 743 张。

【残联信访接访】 2022 年，平远县残联做好信访接访工作。答复网上信访件 3 宗，调处 3 宗，调处率 100%。接受残疾人（或家属）来电来访 14 人次，妥善解决残疾人反映的“急难愁盼”问题。加强残疾人法律援助服务，保障残疾人合法权益，贯彻落实《中华人民共和国残疾人保障法》《残疾人就业条例》等法律法规。

【残联基层改革】 2022 年，平远县残联加强和改进镇残联、村（社区）残协工作，采取试点带动、全面铺开的方式，以选优配强领导班子、建章立制为主抓手，与残联换届统筹结合起来。8 月，率先在全市完成加强和改进镇残联、村（社区）残协工作。

【残联换届选举】 2022 年 11 月 3 日，平远县残疾人联合会第八次代表大会在县城召开。出席代表大会代表 135 人（正式代表 108 人、特邀代表 27 人），听取和审议第七届主席团工作报告，选举产生新一届主席团委员、主席、副主席，推举产生新一届平远县残联执行理事会理事长、副理事长、理事，推举产生出席市残联第八次代表大会代表，推荐市残联第八届主席团委员候选人人选。（谢然）

平远县红十字会

【概况】 2022 年，平远县红十字会秉承人道主义宗旨，弘扬“人道、博爱、奉献”的红十字精神，发挥红十字会作为政府在人道救助领域的助手作用。

【红十字救治救助】 2022 年，平远县红十字会完成贫困家庭先心病儿童、贫困“风心病”患者调查摸底工作。做好腾讯“5·8”人道公益日、“9·9”公益日募捐活动，募捐总额 4116.03 元。联合县卫生健康局到上举镇、石正镇、大柘镇开展为低保对象、困难群众“送温暖”入户走访慰问活动，慰问低保对象、困难群众 27 户，人道慰问人体遗体、器官捐献及造血干细胞捐献志愿者家庭 2 户，慰问红十字会会员 5 户。

【红十字公益活动宣传】 2022 年，平远县红十字会做好公益活动宣传。4 月 26 日，联合县卫生健康局在东石镇开展无偿献血宣传活动。4 月 29 日，在县城官田广场开展“红十字博爱周”宣传活动。5 月 20 日，联合县卫生健康局在仁居镇开展卫生应急知识进机关活动，并发放卫生应急知识、《健康生活每一天》等宣传资料。做好疫情防控知识、无偿献血知识普及宣传，全年普及 1721 人次。

【博爱校医室援建】 2022 年，平远县红十字会在东石镇中心小学、铁民中学、茅坪中心小学分别援建 1 个博爱校医室，每所校医室援建标准 10 万元，进一步改善中小学校园医疗卫生条件，提升校园应急救护能力。

（钟丽莲）

法　治

责任编辑：林绪远

政法委及综治

【概况】　2022年，平远县政法机关贯彻习近平法治思想，贯彻中共中央政治局委员、中央政法委书记郭声琨，广东省委常委、政法委书记袁古洁到梅州考察调研指示要求，完成中共二十大维稳安保任务，群众安全感和政法工作满意度位居全省前列，着力打造全市最安全稳定、最公平公正、法治环境最好的地区之一。2022年，全县政法系统获得省级表彰5个、市级表彰42个。

【国家政治安全】　2022年，平远县委政法委坚持把维护国家政治安全放在首位，严防境外敌对势力渗透破坏、非法宗教渗透和邪教活动，推进防邪反邪宣传活动。

【维护社会稳定】　2022年，平远县委政法委以"喜迎二十大•忠诚保平安"为主题，紧盯重点矛盾纠纷、信访问题、风险隐患，开展社会矛盾问题八个专项治理和"大排查、大化解、大整治、大防范、大服务"五大行动，成立中共二十大维稳安保工作专班，有效妥处涉众金融、涉房地产等领域突出风险隐患，实行"一事一方案"，确保风险不外溢、不炒作，完成全国两会、省两会、中共二十大等系列重大活动维稳安保任务。累计召开社会稳定形势分析研判会396场，排查化解稳控矛盾纠纷和风险隐患588宗。深入推进维护网上意识形态安全专项行动，严密防范化解各类网络意识形态风险，强化网上网下联动处置，累计处置本地舆情127条。

【打击违法犯罪】　2022年，平远县委政法委开展扫黑除恶斗争和打击整治养老诈骗专项行动，结合"梅安2022""夏季治安打击整治百日行动"等专项行动，打击各类违法犯罪活动，专项整治重点行业领域，不断优化社会治安环境。累计破获涉恶案件6宗，摧毁恶势力犯罪集团1个，打掉恶势力团伙1个；侦破涉养老诈骗案件11宗。

【基层平安建设】　2022年，平远县委政法委推进平安平远建设取得新成效。推进镇级综治中心规范化建设，强化"综治中心+网格化+信息化"作用，累计办结网格事件15213件，将矛盾纠纷和风险隐患化解在萌芽、防范在基层。健全完善县、镇、村"粤心安"心理服务体系建设，以县级心理服务中心为龙头，采用政府购买服务形式，有效提升"六类重点人员"心理服务质效。开展校园周边安全、道路交通安全整治行动，加强特殊行业监管，维护公共安全。全面统筹"全科网格""雪亮工程""一中心四网络""粤平安"等平台建设运用，加速形成网上网下融合、人防物防技防"三位一体"的立体化治安防控体系，以科技赋能提升基层社会治理质效。

【市域社会治理】 2022年，平远县委政法委全面实施推进市域社会治理三年工作方案，积极提升市域社会治理水平。巩固拓展村民理事会“一带一法四参与”、县城社区“支部建在网格上”等社会治理创新模式，评选出三星级至五星级村民理事会10个，县城社区通过划网格、建支部、强保障“三步走”理顺运行程序，有效提升运行质效。推进“庭所共建”、仁居镇“街长”、河头镇“文明积分”等创新模式，致力打造平远特色治理品牌。

【法治平远建设】 2022年，平远县委政法委坚持服务和保障并举，健全完善政法公共服务体系。充分发挥护航发展先锋作用，强化县域实体经济发展法律保障，纵深推进依法治县工作，加大企业法律服务力度，完成广东南沙（平远）产业转移工业园法律服务中心创设工作，不断优化法治营商环境。持续开展“八五”普法宣传活动，深入开展“百名法学家百场报告会”暨南粤报告会，围绕民法典宣讲乡村行、宪法宣传周、“青年普法志愿者法治文化基层行”“以法兴企”文化沙龙等主题常态化开展普法活动，累计开展80多场次。推行首席法律咨询专家制度，做好法律专家库的培育工作。开展“法学会参与化解重大疑难案件”征集工作，助力法治平远建设。 （黄忆慧）

法治政府建设

【概况】 2022年，平远县及时召开县委全面依法治县委员会会议，听取2021年法治政府建设情况报告，审议通过2022年全面依法治县、依法行政工作要点，对全县贯彻落实习近平法治思想作出全面部署。开展党政主要负责人履行推进法治建设第一责任人职责述职试点工作，推动述法工作常态化制度化。

【行政决策】 2022年，平远县落实行政决策程序，不断提升行政决策公信力。印发《平远县人民政府2022年度重大行政决策事项目录》，并在县政府网站公布。组织“平远县2022年部分乡镇级集中式饮用水源保护区划定及取消方案”“闲置土地处置”等多个项目听证会。聘请广东世纪华人（梅州）律师事务所律师担任政府法律顾问。发挥县司法局公职律师法律顾问作用，参与政府重大决策、重大项目合同洽谈，处理涉法涉讼案件。完成东石钙基、仁居稀土产业，水电站转制、清理，五指石等景区重新开发新旧承接等县重点工程、重大项目的合法性审查工作，防范重大行政决策法律风险和社会风险。全年审查县政府常务会议行政决策议题及其他涉法事项184件、重大合同29件。

【行政执法管理】 2022年，平远县严格规范公正文明执法，有效提升行政执法效能。组织开展行政执法职权下放实施评估工作，综合评估第一批下放的519项行政执法事项实施及承接能力情况，经评估提出拟回收事项130项。做好行政执法证编号和全国统一行政执法证件换发工作，换发新证709张。推广使用行政执法“两平台”，各级行政执法单位在广东省行政执法信息公示平台公示各类行政执法结果信息2814条，在梅州“粤执法”平台线上全流程办结各类案件898宗。组织开展2022年度行政执法案卷评查，收到全县39个单位行政执法案卷1213卷，实地评查案卷232件，提出整改建议63条。牵头抓好“无证明城市”创建工作，收集汇总县级和镇级政务服务事项449项，清理涉证明材料853项。组织开展违法执法和乱罚款问题专项整治行动，不断优化法治化营商环境。

【行政权力监督制约】 2022年，平远县自觉接受人大监督、政协民主监督和司法监督。落实司法建议和检察建议，指导协调各镇和县直行政机关负责人积极参加行政应诉，主动接受司法监督。贯彻落实政府信息公开制度，按规定编制、公布政府信息公开指南和目录，及时公布信息公开工作年度报告。全年未接到群众政务服务效能投诉。

【依法行政能力提升】 2022年，平远县落实普法工作，提升领导干部依法行政能力。落实党组理论学习中心组学法、国家工作人员学法考试等制度，组织领导干部参加旁听庭审案件活动，推动领导干部学法常态化。组织全县4882名国家工作人员参加年度学法考试，平均分99.45分，参考率、及格率和优秀率均超过99%。组织开展2022年度全县国家机关“谁执法谁普法”履职报告评议活动，选取县公安局等5个单位现场述职并评议，全部评为“优秀”等次。将党政主要负责人履行推进法治建设第一责任人职责情况列入绩效考核内容，组织大柘镇党委、县民政局主要负责人在县委全面依法治县委员会第五次会议上述职，其他单位相关人员书面述职。

【社会矛盾化解】 2022年，平远县依法有效化解矛盾纠纷，维护社会和谐稳定。发挥各镇行政复议受理窗口作用，进一步畅通行政复议渠道，行政复议案件依法受理、按时办结，注重用调解方式处理行政复议案件。全年收到行政复议申请24宗。其中，受理并作出复议决定5宗，作出终结审查决定10宗，以调解方式结案9宗。发挥诉讼服务站作用，推进行政机关负责人出庭应诉常态化。建立败诉行政案件和行政机关负责人出庭应诉年度报告制度。全年承办县政府为被告的行政应诉案件11宗，指导、协调各镇和县直各单位办理行政案件29宗，行政应诉案件胜诉率93.3%（胜诉28宗、败诉2宗）。

【规范性文件审查和清理】 2022年，平远县加强依法行政体系建设，完善规范性文件审查机制，审查规范性文件8件。常态化开展规范性文件清理工作，坚持日常清理和集中清理相结合，建立清理结果法制审查机制。组织开展涉建筑垃圾管理规范性文件清理工作。清理2022年10月31日前由县政府（含县政府办公室）及其依法设立的派出机关、工作部门、直属机构和法律、法规授权管理公共事务的组织制定的现行有效规范性文件。

（马育芳　凌文通）

公　安

【概况】 2022年，平远县公安局摘掉省公安厅挂牌整治重点地区（涉平远交通安全问题）和市公安局挂牌整治治安乱点（涉平远县东石镇涉黑恶问题）“两顶帽子”，实现刑事案件立案同比下降32.25%、电诈类立案同比下降34.2%、电诈类损失金额同比下降33.5%的“三个大幅下降”，实现抓获网逃人员同比上升8%、查处各类交通违法行为同比上升9.8%、群众安全感和对公安工作的满意度稳步提升的“三个稳步提升”。

【政治安全和社会稳定维护】 2022年，平远县公安局始终以维护政治安全和社会稳定为重点，坚决打赢维护政治安全攻坚战，打击严重危害政治安全的邪教活动，围绕疫情防控和各重要节点，加强重大活动安保，完成春节、“五一”、国庆等重大节日和冬奥会、两会、省党代会、中共二十大等重大活动安保维稳，维护全县政治安全和社会稳定。

【犯罪打击】 2022年，平远县公安局围绕影响群众安全的突出问题，严打各类违法犯罪活动，刑事案件立案287宗破91宗，破案率31.7%，刑事拘留46人，提请逮捕29人，移送起诉107人，抓获网逃24人。发挥公安机关打击黑恶犯罪主力军作用，侦办九类涉恶案件6起，打掉以姚某为首的恶势力犯罪集团1个，涉网黑恶犯罪团伙1个，刑事拘留7人，提请逮捕2人。持续深化“全警反诈”“全民反诈”，总体形势实现“三个下降”（电信网络诈骗警情数243宗、同比下降25.23%，电信网络诈骗案件立案数156宗、同比下降34.2%，电诈损失金额887.4万元、同比下降33.5%），其中养老诈骗案件立案11宗，均完成破案，追回涉案资金20多万元，并带破外省市案件30多起。保持对涉毒违法犯罪严打整治高压态势，持续保持多年制毒、聚众吸毒、学生吸毒、吸毒人员肇事肇祸“零发案”。严厉打击各类涉金融领域违法活动，破案9宗，其中涉烟案件8宗。引导稳控“荷包金融”“万门教育”等案件投资受损人员1400多人，维护全县经济秩序。

【社会管控】 2022年，平远县公安局强化社会治安秩序管理，查处治安案件370起，行政拘留54人，其中抓获赌博违法犯罪人员21人，刑事拘留5人，行政拘留12人，有效遏制赌博违法犯罪活动的滋生蔓延。开展“五大要素”风险隐患摸排管控行动，排查风险隐患点372条，涉危爆物品从业单位152家次，涉易制毒化学品从业单位48家次，发现、整改问题10处。加强疫情防控管理工作，累计投入警力2600多人次，检查车辆89754辆，协作检测司乘人员156467人次，核酸采样65902人次，平远县公安局疫情防控工作专班被省公安厅授予“集体二等功”。

【道路交通安全管理】 2022年，平远县公安局持续开展整治交通安全秩序“减量控大”专项行动，常态化开展异地用警、联合执法等，加强“两客一危一货”（公路客运、旅游客运、危化品运输车辆及重型货车）管理，常态化组织交通运输、公路、住建等成员单位开展安全隐患排查，督促企业落实主体责任，全面防控风险隐患。落实县道路交通安全工作联席会议制度，吸取“5·28”较大交通事故教训，严厉打击酒驾醉驾、超限超载等严重交通违法行为，重点开展涉摩电整治工作，查处各类重点交通违法行为2.2万多起，同比增长10.2%。全县发生各类交通事故1992宗，同比增长2.79%；累计造成12人死亡，59人受伤；整改道路隐患127处。

【公安“放管服”改革】 2022年，平远县公安局围绕“放管服”改革，不断加大便民服务创新力度，进一步简化材料，提高服务质量，实现行政审批事项100%网上受理。加强“粤居码”推广工作，动态掌握实有人口流动规律，不断提高实有人口服务管理效能，打造共建共治共享社会治理新格局。

【警务改革创新】 2022年，平远县公安局以开展“一队两品”活动为契机，打造“1+N”校园立体法治宣传模式，筑牢青少年安全屏障；打造“一库一云四平台”线上线下战训新机制，全力提升基层民警综合实战能力；树牢“大宣传格局”理念，统筹全局宣传工作，开设“平远公安”视频号、抖音号，精心策划推出“反诈”“百日行动”、交通安全等宣传短视频158个，总播放量3560.3万次。构建立体化巡防体系，完善城区巡控工作方案，整合“机关+派出所+交警”警力，采取“定点+巡线”“步巡+车巡”“着装+便衣”相结合的方式，最大限度提高社会面见警率、管事率。深入推进治安巡防管控“四个一”体系建设，配备防控力量476人，建

2022年7月20日，县公安局警务实战蓝军教官团组织实战大练兵　（县公安局提供）

设最小应急单元 139 个。其中，85 个学校、3 个医院、23 个治安重点单位完成建设全覆盖。成功化解突发事件苗头 8 起，为群众办实事 80 多件。创新警务协作模式，加强与福建武平县、江西寻乌县两地公安机关警务协作，组建“边界联防治安队”，共同守护边界平安。　（廖宏超　钟颖）

检　察

【概况】　2022 年，平远县人民检察院落实新时代检察机关法律监督工作的意见、方案和措施，履行检察职能，被省人民检察院评为“全省新时代‘五好’基层院表扬单位”。

【刑事检察】　2022 年，平远县人民检察院推进检察环节平安平远建设，批准逮捕 33 人，提起公诉 111 人。贯彻《中华人民共和国反有组织犯罪法》(2022 年 5 月 1 日实施)，常态化推进扫黑除恶工作，决定起诉涉黑恶犯罪 29 人。会同县公安局设立侦查监督与协作配合办公室，促进刑事办案质量提升。提前介入引导侦查重大疑难复杂案件 12 件，监督立案、撤案 11 件。加强刑事执行检察监督，探索社区矫正巡回检察，针对监管活动、刑罚执行等环节履行职责不当情形，提出书面监督意见 16 件。

【民事行政检察】　2022 年，平远县人民检察院办理民事审判程序违法行为监督案件 6 件，督促健全完善诉讼费用收退流程；办理民事执行监督案件 1 件，督促冻结被执行人股权 80 万元；办理民事支持起诉案件 2 件，助力维护弱势群体诉讼权益。开展“全面深化行政检察监督依法护航民生民利”专项活动，办理卫生健康领域行政违法行为监督案件 1 件。针对部分行政处罚执行不到位的问题，依法向相关行政机关发出检察建议，促成 90 多万元罚款缴交到位。

2022 年 8 月 11 日，平远县、武平县开展“河长+检察长”联合巡河活动　（县检察院提供）

【公益诉讼检察】　2022 年，平远县人民检察院做好公共利益代表者，立案办理各类公益诉讼案件 60 件。探索公益诉讼新领域，落实公益诉讼线索举报奖励机制，鼓励、引导人民群众参与公益保护。推进“河长+检察长”“林长+检察长”等工作，进一步深化粤闽赣边“三省五县”生态保护区域协作机制，与武平县人民检察院、河长办及生态环境部门开展联合巡河活动，推动“上下游一盘棋”治水。督促相关部门依法整治医疗污水违规排放、河道堆积、县内部分停车位充电桩被占用等问题，助力文明城市建设。

【未成年人检察】　2022 年，平远县人民检察院会同县公安局、教育局等部门建立“三色预警”未成年人临界预防协同工作机制，靠前对未达刑事责任年龄的罪错未成年人“拉一把”，进一步做实未成年人司法保护。推行“检察官+社工”未成年人帮教模式，开展不诉帮教 14 人次。推进“检爱同行 共护未来”未成年人保护法律监督专项行动，摄制《中华人民共和国未成年人保护法》专题普法课程，推至全县各中小学校学习。在泗水镇泗水学校建立未成年人法治文化长廊，组织开展法治主题手绘、法治副校长课堂等活动，依托法治教育实践基地等平台开展各类普法宣传活动 19 场次，覆盖 3000

多人。

【企业发展保护】　2022年，平远县人民检察院落实服务实体经济高质量发展“10条措施”，在高新区设立检察服务点，推动法治元素成为实体经济发展要素。对破坏市场经济秩序类案件提起公诉5件6人，加大追赃挽损力度，依法追缴赃款234万元，同比增长12倍，及时维护市场主体合法权益。扎实推进涉案企业合规改革试点工作，办理全市首件企业合规案件，会同工商联、司法局等部门成立涉案企业合规第三方监督评估机制管委会，促进企业合规守法经营。对涉案的企业人员，依法作出不捕决定1人、不诉决定8人，提出缓刑量刑建议9人，有温度的司法让涉案企业轻装上阵。

【社会综合治理】　2022年，平远县人民检察院运用法治思维和法治方式，制发社会治理类检察建议，引导民众增强法治意识。践行和发展新时代“枫桥经验”，做到群众信访件件有回复，落实院领导包案办理首次信访专项活动，办理各类群众信访45件。落实检察听证“应听尽听”要求，依托检察听证室及“移动普法+公开听证”方式，开展案件听证8场次。主动加强与相关行业监管部门沟通协作，落实最高检七号、八号检察建议，推进寄递安全问题治理。

【检务公开】　2022年，平远县人民检察院坚持将检察权置于人民监督之下，主动向人大报告工作，执行人大各项决议。开展检察开放日、公开听证等活动，邀请人大代表、政协委员、人民监督员参加观摩视察、公开听证等活动137人次。坚持阳光司法，向社会发布程序性信息111条、重要案件信息2条。建立检律会商机制，不断强化律师执业权利保障。加强检察新媒体阵地建设，讲好新时代平远检察故事，“两微一端”（微博、微信、客户端）等平台推送原创作品219条。

（曾妮）

法　院

【概况】　2022年，平远县人民法院坚持司法为民、公正司法，受理各类案件1882件（含旧存42件），审结1868件，结案率99.25%。平远县人民法院立案庭（诉讼服务中心）被梅州市中级人民法院评为“五项重点工作十大先进集体”。

【刑事审判】　2022年，平远县人民法院推进平安平远建设，受理刑事案件53件，审结52件，判处罪犯101人。常态化开展扫黑除恶工作，审结曾某雄等涉黑案件2件29人，其中判处五年以上有期徒刑16人，判处没收个人全部财产2人，财产刑708万元，最终判决书厚达923页。严惩严重暴力犯罪，审结故意杀人、故意伤害、强奸等犯罪案件8件8人。保障群众公共安全，审结涉枪、危险驾驶、交通肇事等犯罪案件13件14人。守护老百姓“钱袋子”，审结盗窃、诈骗等多发性侵财犯罪案件9件10人。筑牢信息安全防线，审结倒卖他人身份信息、微信号等侵犯公民个人信息犯罪案件2件12人。落实宽严相济刑事政策，适用认罪认罚从宽制度审理案件43件，对87名被告人依法判处缓刑。

【民商事审判】　2022年，平远县人民法院受理民商事案件1131件，审结1136件。坚持调解优先、调判结合原则，努力实现最佳纠纷解决效果，其中调解、撤诉结案528件，占审结案件数的46.48%。保障“住有所居”，审结房屋买卖、租赁、装修、物业等纠纷案件57件。确保“劳有所得”，坚持维护劳动者合法权益与促进企业生存发展并重，审结劳动争议案件50件，为劳动者追回劳动报酬326.28万元。妥善审结教育、医疗、养老、育幼、消费、社会保障等基本民生案件463件。促进家庭和谐，审结婚姻家庭、遗产继承、赡养抚养纠纷等家事案件 189 件。加强对新业态从业人员、农民工、高校毕业生等劳动者合法权益保护，审结劳务合同、追索提供劳务者受害赔偿等劳动争议案件 50 件，结案标的超过 367 万元。

【案件执行工作】 2022 年，平远县人民法院新收执行案件 698 件，执结 680 件，执行到位金额 5906 万元。其中，下大力气清理历史遗留案件，审查恢复执行案件 33 件，一批交通事故、故意伤害等历史遗留案件得到有效解决。强化司法关怀、传递法治温暖，依法审查完毕司法救助案件 11 件，发放司法救助金 37.23 万元。采取网络司法拍卖方式，对查封的房产、车辆、机器设备等财产及时启动评估拍卖程序，至年底，成功处置标的物 13 个，成交金额 1118.59 万元，对成交标的物进行腾退交付。积极构建诚信社会，纳入失信被执行人名单 268 人次，限制高消费 427 人次，罚款 2 人，拘传到庭 62 人。

【监督机制完善】 2022 年，平远县人民法院强化“四类案件”监管，全面推行“三报两查一提醒”督促举措。审结长期未结案件 2 宗，实现长期未结案件“清零”目标。抓好案件评查工作，交叉评查 18 份裁判文书，全部为良好以上。做好司法宣传，在市级以上媒体报刊发表法治宣传稿件 23 篇次，在新媒体平台发布信息稿件 48 篇次，制作普法电视节目 7 期。加快落实司法民主制度，人民陪审员参审案件 174 件。做好人大代表、政协委员联络工作，邀请人大代表、政协委员、领导干部观摩庭审、视察法院工作 50 人次。主动接受检察机关法律监督，邀请检察长列席审委会会议。

【司法服务大局】 2022 年，平远县人民法院深入调研，为县域实体经济发展提供司法保障，提出服务实体经济高质量发展举措 9 项。成立涉资源法律问题研究小组，服务铜箔、钙基、稀土等新材料产业。提升涉企业案件办理质效，审结涉县域产业案件 370 件，解决诉讼标的额 2.34 亿元，对涉及企业的诉讼保全，运用“活查封”等保全措施的案件比例达 39.5%，助力 111 家企业复工复产。维护商业信誉，弘扬契约精神，审结买卖等合同纠纷案件 389 件。注重防范化解金融风险，依法维护市场主体融资秩序，审结涉金融借款、民间借贷等案件 353 件。助力企业纾困解难，开展暖企活动，主动上门走访重点企业 8 家，为企业解决问题 3 个，对涉及重点稀土企业的 2 件物权保护纠纷案件，向上级法院申请提级管辖，更加公平地解决农民土地使用权与企业采矿权的法律冲突。推动平远高新区诉讼服务站建设，全面落实好服务民营企业发展壮大合作的框架协议。依法维护农民合法权益，妥善审理农村土地租赁、承包经营等涉农纠纷案件。筑牢生态文明绿色屏障，持续巩固“绿色生态 · 法治护航”品牌创建成果，推动绿色生态司法保护联动机制落地见效，妥善化解涉风电项目产生的纠纷。推动涉环境资源案件审判“二合一”改革，审理涉生态环境资源案件 4 件，判决 5 名被告人赔偿和承担生态修复费用 1135 万元。

【司法便民服务】 2022 年，平远县人民法院以“一次办好”为目标，“线上+线下”诉讼服务一体推进，网上立案、跨域立案 407 件、网上缴费 1059 笔、网上保全 8 件、电子集约送达 2595 次。统筹疫情防控与诉讼服务，网上开庭、网上调解 185 件。聚焦智慧法院建设，建成互联网法庭 2 个、远程提审法庭 2 个、数字化审判法庭 4 个。落实新时代“枫桥经验”，把非诉讼纠纷解决机制挺在前面，办结诉前调解案件 878 件，调解成功 349 件，司法确认案件 160 件。建立“庭所共建”机制，推动形成网点深、涉面广、效果好的“庭站点”解纷格局，法官到诉讼服务站开展工作 90 次，接受群众法律咨询

2022 年 6 月 17 日，仁居法庭以巡回审判的形式审理了一起民间借贷纠纷案件　（刘佳荣　摄）

204 人次，解决各类纠纷 25 件。落实普法责任制，以《中华人民共和国民法典》、防范养老诈骗、禁毒等为主题，深入镇村、校园、社区等开展普法宣传 21 场次。促进社会治理精准化，发出司法建议 19 份。高起点推动东石镇、仁居镇人民法庭建设，全面恢复原庭址办公，审结各类案件 206 件，其中成功调解撤诉案件 103 件。进一步完善院史室、图书室，建成法警训练馆、刑事诉讼证据保管室，新改建调解工作室 2 个。　（丘玉婷）

司法行政

【概况】　2022 年，平远县司法局推进依法治县法治政府建设、公共法律服务、化解矛盾纠纷、法治宣传教育等工作，被中华全国人民调解员协会评为“2022 年度组织宣传人民调解工作先进集体”。

【依法行政】　2022 年，平远县司法局健全规范性文件审查机制，落实制定主体清单制度，审查规范性文件 8 件。不断优化行政决策，印发《平远县人民政府 2022 年度重大行政决策事项目录》，并在县政府网站公布。组织开展“平远县 2022 年部分乡镇级集中式饮用水源保护区划定及取消方案”“闲置土地处置”等多个项目听证会。严把重大决策合法性审查关，聘请广东世纪华人（梅州）律师事务所律师担任政府法律顾问。发挥县司法局公职律师法律顾问作用，审查县政府常务会议行政决策议题及其他涉法事项 184 件、重大合同 29 件。全县各级行政执法单位在广东省行政执法信息公示平台公示各类行政执法结果信息 2814 条（含行政许可 1929 条、行政检查 714 条、行政处罚 171 条），在梅州“粤执法”平台线上全流程办结各类案件 898 宗（含行政检查 833 宗、行政处罚 65 宗）。加强行政执法资格管理，做好行政执法证编号及换发全国统一行政执法证件工作，组织换发新证 709 张。组织行政执法人员参加综合法律知识考试，全县 63 人参加，通过率 100%。组织开展 2022 年度行政执法案卷评查，组成 3 个评查组，实地抽查全县 39 个行政执法单位案卷，抽查各类案卷 232 宗，对存在问题提出整改意见和建议 63 条。组织开展行政执法职权下放实施评估工作，综合评估全县第一批下放的 519 项行政执法事项实施情况及承接能力，提出拟回收事项 130 项（行政检查 13 项、行政处罚 109 项、行政强制 8 项），上报市评估确定事项收回目录。

【法律服务】　2022 年，平远县司法局为群众提供公证、法援、咨询、调解、远程会见等多元化、“一站式”服务。推行法律援助告知承诺、市域通办、刑事辩护全覆盖等便民制度机制；推进公证体制改革，推行公证证明事项材料清单制度，开展到村核查公证业务和上门为困难群众办理公证业务；开辟法律援助申请、监狱服刑人员远程会见网上办理通道。签约 28 名律师担任全县 143 个村（社区）法律顾问，通过坐班服务、法治讲座、参与调解、解答咨询等方式，引导群众以合法途径维护自身权益。县公共法律服务中心接待来访来电咨询 1147 人次，代写法律文书 99 份，办理公证 130 件、提供法律援助 158 宗、实现远程会见 167 宗。镇（村）公共法律服务工作站（室）开展法治宣传580场次，参与人民调解13宗，解答法律咨询1436人次，出具专业法律意见25份，提供法律援助2宗，办理其他法律服务事项272件。“广东法律服务网”接单93宗，服务时长2420分钟。

【社会维稳】 2022年，平远县司法局分成4个工作组，下沉到各镇了解掌握矛盾纠纷排查化解、社区矫正和刑满释放等重点人员管控情况，以及涉农、涉企等不稳定因素，与当地党委、政府共同分析研判，提出解决问题的思路和办法。加强社区矫正对象日常监督管理，落实疫情防控、入矫解矫宣告、请销假、信息化核查、违规处罚、走访摸排、教育帮扶等管理措施。执行刑满释放人员必接必送制度，做实做细衔接、归档、安置、走访、帮扶工作，助力刑满释放人员顺利回归社会。全县接收社区矫正对象46人，解除社区矫正对象54人，有在册社区矫正对象69人。接收刑满释放人员124人，有在册安置帮教对象479人。发挥县镇村（社区）三级调委会、边际纠纷调解工作室和专业性、行业性调解组织的作用，创新推进“庭所共建”试点，受理各类矛盾纠纷595宗，成功调处593宗，开展矛盾纠纷排查1520次，化解矛盾纠纷485件。

【法治宣传教育】 2022年，平远县司法局组织开展全县2022年国家机关“谁执法谁普法”履职报告评议活动，县公安局、县财政局、县住建局、大柘镇政府、差干镇政府5家被评议单位均取得优秀等级。组织全县4882名国家工作人员参加年度学法考试，参考率、及格率和优秀率均超过99%。在妇女节、消费者权益日、国家安全日、国家宪法日等时间节点组织律师和普法志愿者进社区、进农村、进企业、进校园、进单位、进机关，广泛宣传国家法律。全县各镇各单位举办各类法治讲座300多场，开展送法进校园活动60多场，发放法治宣传手册30万多份，为群众现场提供法律咨询5000多人次。实施村（社区）“法律明白人”培养工程，打造覆盖143个村（社区）、规模达568人的基层法治人才队伍1支。在巩固1个“全国民主法治示范村”、4个“全省民主法治示范村（社区）”创建成果基础上，指导差干镇加丰村、上举镇畲脑村成功创建“全省民主法治示范村（社区）”。

（马育芳　凌文通）

军 事

责任编辑：林绪远

人民武装

【概况】 2022年，平远县人民武装部（以下简称“平远县人武部”）按照“举旗铸魂固根本、应对强敌抓备战、深化改革促发展、正规秩序提质效、全面过硬建基层、全面从严治党强组织、严格管理保稳定、奋勇拼搏争先进”思路，有序开展年度各项工作。注重挖掘突出典型，做好宣传工作，全年发布新闻稿件240篇（中央级110篇、省级130篇）。

【党管武装】 2022年，平远县人武部强化党管武装，坚持武装工作“五纳入”，落实双重领导、双向兼职、党委议军会议、党管武装工作述职、现场办公等制度，召开基层武装部政治教导员任职命令大会。将党管武装纳入全县目标管理责任制考评体系，在全县工作绩效考评中占比4%。抓住全民国防教育日、“八一”建军节、年度征兵等时机，加强全县党员、在校学生及群众国防教育，进一步增强干部群众的国防观念。全国高考结束后，对全县高考学生展开国防教育和征兵宣传，开展国防教育“八个一”（一部国防教育片、一套红色歌曲专辑、一套红色影片专辑、一本党史军史历程画册、一本英雄故事集、一本励志学习笔记本、一本国防教育手册及配套课件、一套国产武器装备图片展挂图）进校园活动。

【军事训练】 2022年，平远县人武部做好备战打仗主责主业。大抓应对强敌准备，紧盯应急应战职能使命，深化拓展军事斗争和动员准备，细化作战方案，汇报解析国防动员方案，做好研案、制案、修案、落案工作。3月，组织民兵骨干教练员集训，采取理论辅导、集中备课、实操训练、训教结合等方式，提高民兵教练员技术骨干专业技能和组训施教能力。5月，针对持续性强降雨天气，组织民兵应急力量集训，在差干镇开展防汛与搜救演练。8月，组织民兵支援力量集训，提高民兵执行任务能力素质。全年组织完成民兵教练员骨干集训、民兵应急力量和支援力量集训。

【国防动员】 2022年，平远县人武部始终把深化国防动员准备作为一项重大政治任务来抓。抓实民兵整组，编实建强民兵队伍，调整基干民兵组织规模、结构和布局，高标准完善民兵工作软件资料。精培骨干，每月组织专武干部集中办公4天，着力破解征兵和民兵工作中遇到的重点和难点问题，检查督导基层武装部民兵整组情况，解决编兵不实、专业不精、质量不高的问题。

【后装工作】 2022年，平远县人武部着眼“打仗后勤”建设，抓好服务保障。聚焦战备建设，严格预算编制执行，从严控制行政消耗开支，严格党委集体领导下军政主官“双签”审批制度。开展财务法规学习月活动，完成后勤重点行业领域问题整改“回头看”检查验收，推进财务正规化建设。坚持每月到仓库检查1次、每周对枪弹室入库检查1次制度，完成枪支弹药安全管理隐患排查整改，落实武器装备管理制度，做好武器弹药清查统计和新式武器调运工作，确保武器装备在位率、完好率和配套率达标。

【征兵工作】 2022年，平远县人武部保质保量抓征兵，精选兵员，军地高度重视，精准宣传发动，合力推动落实。县征兵办印制宣传手册、海报挂历、悬挂横幅标语，进村入户深入宣传发动，并请县长发表征兵动员讲话，号召广大适龄青年特别是在读或毕业大学生踊跃报名应征。结合给二等功臣送喜报时机，组织2022年征兵启动仪式，邀请现役军人二等功臣、优秀退役军人、军嫂担任征兵宣传形象大使。县政府召开政府常务会议，专题研究征兵工作，建立落实“报告、通报、约谈”三项制度。对年满18周岁的男性青年进行兵役登记，确保登记率100%，并把好“体检关、年龄关、学历关、走访关、政审关”，对应征青年家长进行宣传教育，确保廉洁征兵，做好落选人员的解释安抚工作和入伍新兵跟踪教育工作。完成新兵征集任务，其中大学生兵员占比83%。

【基层武装部建设】 2022年，平远县人武部坚持党委统揽、主官主抓，制定建设方案，加大力度推进基层武装部规范化建设和村级民兵连建设，落实县委议军会经费保障，基本完成第一批镇级武装部和村级民兵连规范化建设。（县人民武装部）

人民防空

【概况】 2022年平远县人民防空办公室（以下简称“平远县人防办”）做好人防基础工程、人防“结建”工程管理工作，检查人防工程17宗。

【人防基础工程和人防专业队伍建设】 2022年，平远县人防办进一步完善防空警报设施建设和通信网络体系建设，维护已建警报发放系统及设施，在县城规划区增加3台警报器安装点，确保城区人防警报覆盖率100%、完好率95%以上。多次派员参加市级人防视频会议系统培训和演练，取得演练实效。抓好人防专业队伍建设以及潜力数据核实报送工作，对原有人防专业队伍整顿编组，组建抢险抢修、医疗救护、治安专业3支人防专业队伍，按要求开展年度训练。

【人防“结建”工程管理】 2022年，平远县人防办抓好人防“结建”政策落实，加快人防工程建设步伐，坚持“以建为主、以收促建”原则，严格规范人防工程报建审批程序，做到规范审批，严格把关。对应建而不宜修建防空地下室的民用建筑报建项目，上报市人防主管部门审核批准后，征缴防空地下室易地建设费。年内，征收防空地下室易地建设费301.7万元，办理人防“结建”工程、改缴易地建设报建审批56宗。

【人防工程安全生产隐患排查】 2022年，平远县人防办全面检查建成的人防地下室，要求各人防工程管理责任单位制定人防工程管理制度，落实主体责任，检查人防工程17宗，发现问题3处，要求人防工程管理单位整改。检查在建人防地下室工程2处，要求建设单位对存在问题及时组织整改，要求监理单位监督检查工程质量及平战设备安装情况。

【人防宣传教育】 2022年，平远县人防办推进人防知识进机关、进企（事）业、进学校、进社区、进家庭，提高人防知识的普及程度。结合“全民国防教育日”组织开展人防知识宣传活动，印制纸巾盒进行宣传。结合“9·18”全县防空警报试鸣活动，发放试鸣通告1800份，发送手机短信8万多条。利用广播电视试鸣人防警报，利用政府网站宣传法律法规。组织县城中学开展人防知识教育及人防知识竞赛。在平城花园商住小区、平远优山美地商住小区等13个物业小区设置人防知识宣传栏。（县住建局）

农业·水利·气象

责任编辑：潘梦志

农业农村工作

【概况】 2022年，平远县农业农村局聚焦乡村发展、乡村建设、乡村治理，推进农业农村各项工作。平远县形成脐橙、南药、优质稻、油茶、有机茶叶五大农业发展格局。全县建设各类规模以上农产品加工企业30家，生产加工系列产品10大类、品种250多个。全县有注册商标100多个、“三品认证”农产品48个、“粤字号”农业品牌15家企业23个产品、“粤字号”农业品牌（柑橘）示范基地2家。全县有全国名特优新农产品6个、省名特优新农产品12个，有广东省区域公共品牌3个，有粤港澳大湾区“菜篮子”基地3个、省级“菜篮子”基地5个。

平远县全国名特优新农产品名录一览表

表3

产品名称	产品类型	获证年份
平远东石花生	油料类——花生	2019
平远脐橙	果品类——甜橙	2020
平远石斛	中药材——石斛	2021
平远客家炒绿	茶叶类——绿茶	2021
平远灵芝	食用菌类——灵芝	2021
平远三华李	果品类——李子	2022

【特色产业】 2022年，平远县农业农村局根据山地资源优势，依托龙头企业，突出发展脐橙、南药、优质稻、茶叶等特色产业，推动产业优化升级。全县脐橙种植面积3533.33公顷（5.3万亩），产值6.54亿元，是广东省最大的脐橙生产和加工基地，“平远脐橙”成功注册地理标志证明商标，先后获得“粤字号”农业品牌、国家名特优新农产品等荣誉。南药种植面积5200公顷（7.8万亩），年产量5.1万吨，主要有梅片树、仙人草、鸡血藤、岗梅、石斛、灵芝、广藿香等品种20多个。优质稻种植面积9666.67公顷（14.5万亩），产量5.51万吨，主要有黄梨占、玉香油占、天优华占、深优9708、黑香米等品种。茶叶种植面积1085.8公顷（16287亩），产量967吨，主要产品有石正南台茶、东石锅叾茶、石正云雾茶。

【农业产业园建设】 2022年，平远县脐橙省级现代农业产业园开工项目18个，种植脐橙面积超过3333.33公顷（5万亩），挂果面积2480公顷（3.72万亩），脐橙鲜果产量4.9万吨，年加工能力10万吨，脐橙产业综合产值10.75亿元。其中，一产（农业）产值4.02亿元，二、三产（工业、服务业）产值6.73亿元。辐射带动9267名农户参与建设，人均增收3000多元。6月，平远县南药省级现代农业产业园（扩容提质）正式启动建设，至2022年12月底，产业园20个子项目开工14个，开工率70%。投入建设资金6049.13万元，占计划投资总额的29.96%。其中，省级财政资金1020.61万元，占第一批省级财政资金的 34.02%；投入地方政府配套资金 1451.26 万元，占计划数的 48.38%；投入自筹资金 3577.26 万元，占自筹资金计划投入总额的 29.35%。

【新型经营主体培育】 2022 年，平远县通过进一步引导、规范、培育、壮大新型农业经营主体，推进农业经营主体健康发展，至年底，有各级新型农业经营主体 98 家。其中，农业龙头企业 48 家，农民专业合作社示范社 41 家，示范家庭农场 9 家。

【农产品质量保障】 2022 年，平远县农业农村局继续保持农资打假高压态势，压实农资打假工作责任。开展农资打假专项治理行动，检查、抽查全县农资经营门市，重点查处种子、肥料、农药、兽药、饲料和饲料添加剂、农机 6 个品类违法行为，严厉打击制售假冒伪劣农资违法行为。结合农资经营现状，在做好常规抽检检测农贸市场蔬菜、水产品的基础上，扩大农业执法范围，重点检查城乡接合部、混合农资经营场所和各农业生产基地、水产养殖基地。全年出动执法人员 973 人次，检查农资经营主体 288 家次，维护全县农资和农产品质量安全。

【农产品品牌新增】 2022 年，平远县新增粤港澳大湾区“菜篮子”基地 1 个：梅州可其山种植专业合作社的蔬菜基地。新增“粤字号”农业品牌 2 个：梅州彧园山仁农业科技开发有限公司的蜜雪梨、平远县纯农土特产专业合作社的丙子畲三华李。新增省“菜篮子”基地 3 个：梅州彧园山仁农业科技开发有限公司的蜜雪梨基地、梅州市南台果业有限公司的脐橙基地、平远县奇士果业有限公司的脐橙基地。

【脐橙“三品一标”项目建设】 2022 年，平远县参与脐橙“三品一标”（品种培优、品质提升、品牌打造和标准化生产）提升行动试点项目 6 个：在平远县脐橙产业园内改建 3.33 公顷（50 亩）脐橙新品种种质资源繁育基地；

2022 年 10 月 20 日，首届中国南药资源与应用暨乡村振兴高质量发展高峰论坛召开（来源：掌上梅州）

在大柘镇凤池村建设 33.33 公顷（500 亩）新品种绿色标准化种植基地；在大柘镇乔庄村建设 33.33 公顷（500 亩）标准化有机种植智慧果园基地；在仁居镇飞龙村建设 66.67 公顷（1000 亩）智慧农业基地；在平远县脐橙产业园内建设平远脐橙“三品一标”大数据展示中心；在平远县脐橙产业园内建设省级高素质新型职业农民培训教育示范基地。

【“2022 首届中国南药资源与应用暨乡村振兴高质量发展高峰论坛”召开】 2022 年 10 月 20 日，“2022 首届中国南药资源与应用暨乡村振兴高质量发展高峰论坛”在平远县南药产业园召开，以药学博士、中山大学药学院教授、国家南药科技创新联盟理事长杨得坡，中山大学附属第三医院皮肤科主任、博士生导师赖维为代表的多名中国科学院院士、行业专家学者、投资界翘楚，分享南药资源的前瞻应用、现状及前景，南药林下生态种植技术，功效性护肤的现状及前景等，并开展“科技及产业投资如何赋能南药振兴”主题研讨。（钟媛媛）

种植业

【概况】 2022 年，平远县种植业发展稳定，粮食种植面积 1.46 万公顷，果树种植面积 5464.53 公顷，南药种植面积 5200 公顷，茶叶种植面积 1085.8 公顷。平远三华李进入 2022 年第二批全国名特优新农产品名录。

【粮食种植】 2022 年，平远县水稻、玉米、大豆等主要粮食作物生产稳定发展。粮食种植面积 1.46 万公顷（21.97 万亩），单产每公顷 5670 千克（每亩 378 千克），总产 8.31 万吨，面积同比增长 578.26 公顷（8674 亩）、产量同比增加 4053 吨，其中水稻种植面积 1.21 万公顷（18.19 万亩），单产每公顷 5895 千克（每亩 393 千克），总产 71458 吨。完成 2022 年粮食种植面积 1.46 万公顷（21.93 万亩）、总产 8.3 万吨的粮食生产计划任务。

【水果种植】 2022 年，平远县果树种植总面积 5464.53 公顷（81968 亩），总产 9.01 万吨，与 2021 年持平。

【茶叶种植】 2022 年，平远县茶叶总面积 1085.8 公顷（16287 亩），同比增长 59.13 公顷（887 亩），总产 967 吨，与 2021 年持平，产值 2.51 亿元。

【良种良法推广】 2022 年，平远县综合推广超级稻高产栽培技术、水稻“三控”（控肥、控苗、控病虫）技术、水稻抛秧技术、水稻测土配方施肥技术、甜玉米无公害栽培技术、甜玉米育苗移栽栽培技术和病虫害综防技术等。推广以超级稻为主的高产优质品种，全县主要粮食作物良种覆盖率 95%以上。

【种粮补贴政策落实】 2022 年，平远县实际种粮农民一次性补贴面积 2.85 万公顷（42.82 万亩）。其中，第一批早造水稻补贴面积 1.39 万公顷（20.93 万亩），补贴标准每公顷 169.8 元（每亩 11.32 元），补贴总金额 236.92 万元，补贴农户 4.84 万户；第二批补贴面积 1.46 万公顷（21.89 万亩），补贴标准每公顷 549.9 元（每亩 36.66 元），补贴总金额 802.46 万元，补贴农户 4.82 万户。耕地地力保护补贴面积 6923.14 公顷（10.38 万亩），补贴标准每公顷 1290 元（每亩 86 元），补贴总金额 893.09 万元，补贴农户 47764 户。从 2018 年起，耕地地力保护补贴面积以确权面积为基础上报。

【高标准农田建设】 2022 年，平远县投资 3500 万元，落实水利措施、农业措施和农业技术推广措施，新修引水工程、灌溉与排水工程、田间道路工程等，在石正镇、长田镇和热柘镇完成高标准农田建设任务 933.33 公顷（1.4 万亩）。其中，石正镇、长田镇高标准农田建设项目实施面积 600 公顷(9000 亩),总投资 2250 万元，建设地点涉及石正镇安仁村、安南村、周畲村、周正村、石正村、先锋村、中东村、下丰村、马山村、潭头村和棉羊村，长田镇长江村、官仁村、长田村和高南村 15 个行政村；热柘镇高标准农田建设项目实施面积 333.33 公顷（5000 亩），总投资 1250 万元，建设地点涉及热柘村、上山村、升平村和下黄地村 4 个行政村。 （吴伟标）

2022 年，位于石正镇棉羊村高标准农田建设项目（县农业农村局提供）

水产养殖

【概况】 2022 年，平远县水产养殖面积保持 895 公顷，水产品总量 9790 吨，产值 1.37 亿元，渔业人口人均年收入 1.63 万元，劳动力人均年收入 5.39 万元。新申办省级水产健康养殖示范场 1 个。

【安全监督管理】 2022 年，平远县农业农村局加强水产品质量安全专项整治工作，出动执法人员 106 人次，检查水产生产经营企业或养殖场 36 家次。对 15 家水产养殖场检测水产品，抽样 45 批次（风险监测 18 批次、监督抽查 27 批次），检测结果全部合格。对 6 家无公害水产品生产基地检查种苗、药物、产品等情况，未发现使用违禁药品行为。对时珍药业等 4 家药店检查水生野生动物海马销售情况，未发现违法行为。

【渔政执法工作】 2022 年，平远县农业农村局制作渔业执法横幅 15 条，发放渔业法律法规宣传资料 2300 多份，渔政下乡执法出动执法人员 50 多人次。按照《“亮剑 2022-1”韩江、梅江干支流禁渔专项执法行动方案》要求，做好禁渔期、禁渔区禁渔工作。

（林建鑫）

畜牧兽医

【概况】 2022 年平远县肉类总产量 1.76 万吨，畜牧业总产值 6.5 亿元，占农业总产值的 29%。生猪出栏 13.1 万头，家禽出栏 208.67 万羽，牛出栏 2800 头，羊出栏 1.54 万头，蜂蜜产量 135 吨。

【生态养殖管理】 2022 年，平远县农业农村局推进畜禽废弃物资源化利用工作，强化畜禽养殖污染治理，畜禽粪污资源化综合利用率 88.64%，规模养殖场粪污处理设施装备配套率 100%。推广实用饲养技术，促进肉牛、肉羊、肉兔等草食动物生产发展，生猪年末存栏 11.79 万头（其中能繁母猪 1.37 万头），家禽年末存栏 77.75 万羽，牛年末存栏 6900 头，羊年末存栏 4680 头。

【动物防疫管理】 2022 年，平远县农业农村局做好生猪调运、检疫监管工作，保障符合条件的生猪（种猪和商品仔猪）、生猪产品正常流通。在八尺公路公安检查站设立省境临时公路动物卫生监督检查站（入粤动物指定道口），抽调人员实行 24 小时上岗值班，查证验货。全年检查生猪 266 车次 30474 头，家禽 1171 车次 3990113 羽，牛 2817 车次 80043 头，羊 190 车次 52844 头，兔 2 车次 1480 只，未发现违法违规调运行为，发现运输死亡牛 2 车次 2 头，均做无害化处理。实行生猪运输车辆网上备案，根据农业农村部第 531 号公告规定，备案车辆完善资料后长期有效，无须年审，至 2022 年年底平远县有效备案生猪运输车辆 53 辆。部署春、秋两季重大动物疫病防控工作和“大清洗、大消毒”专项行动，指导做好免疫注射及消毒灭源工作。订购禽流感灭活苗 55 万毫升、禽新二联苗 80 万羽份、生猪口蹄疫多肽苗 5 万毫升、生猪口蹄疫浓缩苗 8 万毫升、牛羊口蹄疫疫苗 3 万毫升、小反刍兽疫疫苗 4 万头份，全部发放到各镇进行免疫注射。

【动物检疫和肉食品监管】 2022 年，平远县农业农村局执行产地检疫申报制度，做好动物检疫工作，规范动物卫生证章标志管理和使用。全年检疫生猪 26 万头，其中屠宰生猪 4.5 万头。

送检：采集猪淋巴结和猪血清各 30 份，做口蹄疫、猪瘟、高致病性猪蓝耳病病原学检测；采集羊血清 40 份，做布病、口蹄疫和小反刍兽疫抗体效果检测；牛血清 70 份，做口蹄疫抗体效果检测；采集鸡血清 80 份，做禽流感病抗体效果检测；羊粪便 14 份，做华支睾吸虫病检测；采集猪抗凝血 110 份，做非洲猪瘟专项检测。以上采集样品均送至市动物卫生监督所检测。

自检：采集猪血清 100 份，做猪 O 型口蹄疫酶联实验，疫苗抗体检测结果合格率 75%以上；采集鸡血清 200 份，做禽流感血凝抑制试验，检测结果合格率 90%以上，采集羊血清 200 份，做布鲁氏菌病检测，结果全部合格。

“瘦肉精”抽检：做好日常屠宰环节“瘦肉精”4%的抽检，在重大节假日期间加大监管力度，对规模养殖场、屠宰场待宰生猪采集尿样，进行“瘦肉精”送检和抽检工作。抽检生猪尿样 2800 份，检测结果全部合格。

肉类产品和蛋类产品药残抽检：配合省、

市、县食品安全抽检，做好畜禽产品（鸡蛋、鸡肉、猪肉、猪肝、猪尿）药物残留抽检工作，抽样192批次份，未收到不合格产品的回馈。

【屠宰管理】 2022年，平远县农业农村局确定畜禽屠宰加工企业主管单位和企业安全生产责任人，并上墙公示。对平远县鲜活肉联有限公司检查周报表、月报表，检查进出场查验证、检疫检验、屠宰申报、无害化处理、安全生产培训、设施设备检修、新型冠状病毒防疫等情况，全年开展检查20次，出动工作人员68人次。做好2021年7月至2022年6月屠宰环节病害猪无害化处理资金申报工作。

【执法监督】 2022年，平远县农业农村局加强兽药经营、使用环节监管，打击各种违法行为，执行GSP（药品经营质量管理规范）要求，严禁无兽药生产许可证、无产品批准文号的兽药进入兽药市场。督促兽药经营企业建立兽药购销记录、兽药使用记录台账，对检查中发现无兽药购销记录、无兽药使用记录的企业（个人）予以查处，兽药产品二维码追溯系统入网率100%。指导、检查养殖场养殖档案记录，宣传畜牧业规范用药，确保畜产品安全。完成年度10批次兽药抽样任务。组织举办《中华人民共和国农产品质量安全法》（2022年修订）宣传贯彻解读培训班1期。

【畜禽养殖标准化示范场创建】 2022年，平远县农业农村局组织规模畜禽养殖场开展畜禽养殖标准化示范场创建项目申报工作，平远县金正牧生态农业有限公司、平远县玉湖生态家庭农场被评为“广东省畜禽养殖标准化示范场”。 （韩世畅）

农业机械管理

【概况】 2022年，平远县有各种农业机械24989台（套），折合总动力89003千瓦。各类拖拉机928台，联合收割机341台，拖拉机配套农机具759台，微耕机3053台，农用排灌机械3956台，田园管理机53台，机动脱粒机4800台，农产品初加工机械1597台，畜牧养殖机械812台，渔业机械1394台。机耕率90.33%，机收面积11760公顷，机收率54.46%，机插面积1630公顷，机灌面积5980公顷，水稻机械化综合水平72.88%，农机经营服务总收入1864.2万元。

【农机购置补贴】 2022年，中央财政下达平远县农机购置补贴资金71.27万元，全县补贴各类农机具135台（套），落实补贴资金29.96万元，128户农民直接受益，带动农民直接增加对农机化投入129.17万元。

【农机安全生产】 2022年，平远县农业农村局巩固“全国平安农机示范县”成果，落实农机安全生产责任，推进农机安全生产专项整治三年行动，做好拖拉机“不安全、不出门”专项整治行动等农机安全生产各项工作，确保平远县农机安全形势持续稳定。

【农机推广与农机培训】 2022年，平远县农业农村局推进农机化人才队伍建设，围绕《广东省人民政府加快推进农业机械化和农机装备产业转型升级的实施意见》和梅州市农机化培训实施方案，对农机操作员、农机化技术人员等进行培训，推广农机新机具使用。 （丘远平）

乡村振兴

【概况】 2022年，平远县树牢产出思维，激发内生动力，持续促进农业提质增效、乡村宜居宜业、农民增收致富，推动全县乡村振兴。打造河头镇、东石镇“美丽圩镇”示范镇2个，其余9个圩镇全部达到“宜居圩镇”标准。开展美丽乡村风貌带、美丽乡村精品带、乡村振兴示范带“三带”创建活动，总长65千米，其中八尺镇、仁居镇、差干镇三镇红色记忆美丽乡村风貌带获评广东省美丽乡村风貌提升示范带。

【农房管控和风貌提升】 2022年，平远县围绕省际廊道美丽乡村风貌提升，县财政坚持每年拿出5000万元，撬动省市专项、部门涉农、拆旧复垦、乡贤捐助、帮扶单位支持、群众自筹6个方面资金，累计投入2亿多元改造提升农房风貌和整治农村人居环境。全县农房外立面改造完成2.5万户，完成率约90%，基本实现新村新貌新气象。全县基本完成“三清三拆三整治”任务，拆除危房、露天旱厕等63804座，面积约220万平方米，推进农房管控，乡村风貌提升完成率90%。推进农村公共厕所建设，全县建设公厕364座，完成率100%，摸排农村厕所问题，户厕整改完成率60.92%，农村公厕整改完成率88.89%。建立健全“户分类、自收集、村集中、镇转运、县处理”农村生活垃圾收运模式，完成“一县一场”“一镇一站”和“一村一点”建设。全县所有行政村按规定足额配备保洁员386名，生活垃圾收运处置体系覆盖率100%，保洁覆盖面达100%，保障农村垃圾日清日运，实现垃圾桶放置点合理和垃圾集中收运点干净整洁的目标。全县打造“四小园”4954个。其中，小菜园2764个，小果园912个，小花园629个，小公园649个。

【镇村污水处理】 2022年，平远县累计投资7400万元，完成全县11个镇（不含县城大柘镇）镇级污水处理设施建设，总处理规模每天7000吨污水，通过环保验收并投入使用，出水水质达标；配套管网17.64千米，其中新增套管网12.48千米。完善圩镇污水管网，实施圩镇雨污分流，累计建成污水管网5.9千米。完成差干镇、仁居镇、八尺镇、东石镇、石正镇、热柘镇污水处理在线监测设施安装。105个行政村安装污水处理设备，累计投资5600万元，完成1263个自然村生活污水治理，完成率93.64%，有效治理率83%。

【脱贫攻坚成果巩固】 2022年，平远县建立镇党委班子、村“两委”干部定期走访联系群众制度和定点帮扶制度，纳入防返贫监测户57户233人，通过帮扶消除风险15户62人。举办防止返贫监测和帮扶工作集中排查业务培训班，开展防止返贫监测和帮扶工作集中排查工作。全县脱贫人口1423户3797人，实现产业帮扶900户，就业人数1337人，公益性岗位35人，纳入兜底保障政策565户782人。投入29.92万元为脱贫户及边缘易致贫户1496户购买防返贫救助责任保险，帮助缴纳“保尚保”医疗补充保险，至年底，赔付金额21.88万元。围绕“巩固脱贫攻坚 助力乡村振兴”主题，发动和组织社会各界参与扶贫济困日活动，支持平远县乡村振兴、农村人居环境整治、生态宜居美丽乡村建设和教育事业发展，收到群团组织及社会热心人士扶贫济困捐款200.39万元。

【驻镇帮镇扶村】 2022年，平远县建立与省直、广州市、市直帮扶单位主要负责人定期互访和联席会议制度。县委、县政府主要领导参与部署乡村振兴驻镇帮镇扶村工作专题会议、座谈会议12场。出台《平远县乡村振兴驻镇帮镇扶村工作方案》《平远县乡村振兴驻镇帮镇扶村干部队伍管理制度》等指导性、政策性文件11个。编制镇域乡村振兴规划和帮扶五年计划，镇村一体谋划发展。各驻镇工作队结合实际，以服务“三农”为出发点和落脚点，发挥科技特派员才智，常态化开展技术服务。省直、广州市对口帮扶等组团单位开展消费帮扶，推进产业、就业、金融、人才、基础设施等各项政策措施落地见效。

【美丽乡村风貌提升示范带创建】 2022年，平远县争取地方政府专项债券资金5000万元，打造八尺镇、仁居镇、差干镇三镇红色记忆美丽乡村风貌提升示范带33千米，不

2022年，国道358线仁居镇上远村路段示范带风貌
（县农业农村局提供）

断完善圩镇道路、农贸市场、农产品集散中心、物流服务站、文体教卫等基础设施。示范带内有幼儿园3家、养老设施3个、旅游驿站3家和国道驿站1家；配备防灾减灾避难场所；建设完成“雪亮工程”，治安防控形势平稳向好。示范带内33个行政村全部达到干净整洁村标准，农村厕所革命完成率100%，保洁覆盖面达100%，30个行政村生活污水治理完成率90%，农房微改造9100多户，完成率93%；建立长效管护工作机制，实行“县建镇管、部门监督、群众使用”，明确公共基础设施管护职责。（刘基正）

林业

【概况】 2022年，平远县森林资源持续增长，生态系统质量稳步提高，活立木总蓄积868万立方米，同比增长36万立方米；森林覆盖率77.55%，同比增长0.07%。因全面推行林长制工作成效明显，获得国务院林长制督查激励。

【林长制工作】 2022年，平远县林业局进一步建立健全林长制体制机制，在“林长+检察长”基础上，把县公安局作为协作单位，建立“林长+警长”工作机制。建立“林长令”“督办函”制度，全年发布林长令2次，各级林长开展巡林4442次，协调解决国土绿化、古树名木保护、森林防火等问题20个，100%完成2021年度森林督查发现问题整改任务。制定《平远县2022年度林长制考核实施细则》，做好林长制各项考核工作。推进4个林长制基层管护工作站规范化运行，实现林长制工作重心下移。指导广东新大地生物科技股份有限公司申报2022年广东省林长绿美园。

【造林绿化】 2022年，平远县林业局实施高质量水源林建设项目，完成人工造林233.33公顷（3500亩）、新造林抚育498.47公顷（7477亩）、封山育林360公顷（5400亩）。推进广东南岭山区韩江中上游山水林田湖草沙一体化保护和修复工程建设，实施森林抚育3000 公顷（4.5万亩），完成人工纯林林分改造工程66.67公顷（1000亩）备耕任务。开展义务植树活动，全县义务植树总人次9.9万人，义务植树尽责率92.5%。

【森林资源管护】 2022年，平远县林业局执行采伐限额、林地定额及林地用途管理制度，审核发放林木采伐许可证357份，审核审批征占用林地33宗、面积 255.12公顷。开展2018—2021年图斑整改“回头看”，核查图斑627个；森林督查违法案件83宗，查处整改83宗。开展2022年森林督查工作，完成核查疑似变化图斑113个，其中违法图斑8个。开展森林资源“一张图”更新工作，更新变化小班1100个，变化面积870多公顷。加强林业行政执法工作，查处各类林业案件42宗。开展古树名木补充调查工作，制定《平远县古树名木保护管理制度（试行）》。开展野生动物保护宣传活动5次，发放野生动物保护宣传册750份，救助放生野生动物20次。开展省级以上公益林核查和优化，优化整合后全县省级以上公益林55541.57公顷，发放生态公益林补偿资金3356.42万元，惠及3.2万户农户。完成天然林与国土三调数据融合，核定天然林落界面积48250.54公顷。做好山林纠纷调处工作，化解山林纠纷案8宗，调处并

签订山林界址协议书 1 宗，接待群众来信来访 96 人次，办理“12345”政府热线、县信访局及上级部门转来的涉林信访案件 14 宗。

【林业灾害防控】 2022 年，平远县林业局完成松材线虫病疫情监测普查面积 5.07 万公顷（76 万亩），防治作业面积 5333.33 公顷（8 万亩），挂设诱捕器 500 套，媒介昆虫防治面积 1666.67 公顷（2.5 万亩），清理病枯死松木 1.75 万株。2022 年全县松材线虫病疫情成灾面积 5200 公顷（7.8 万亩），成灾率 51.27‰，同比下降 86.6 公顷（1299 亩）、压减疫情发生小班 8 个。持续抓好森林防灭火工作，开展第一次全国森林火灾风险普查，联合相关单位开展“猎火行动”，依法严查野外违规用火行为，压实属地防火责任，加大森林防火宣传力度，强化野外火源管理，开展森林火灾隐患大排查，强化护林员队伍建设管理，加强森林防火督查，落实 24 小时值班和领导带班制度，全年未发生较大以上森林火灾。

【林业产业发展】 2022 年，平远县林业局完成 2021 年和 2022 年油茶低产低效林改造任务 2000 公顷（3 万亩），成功申报“广东省平远县中药材（林业）特色产业发展基地”。组织开展广东省林业龙头企业、林下经济示范基地申报工作，推荐广东天鲜配实业发展有限公司和平远尚品园林有限公司申报广东省林业龙头企业，梅州润源实业有限公司申报广东省林下经济示范基地。推动南台卧佛山、吉美园、曼陀山庄 3 家森林康养基地（试点）单位建设，推荐广东华清园生物科技有限公司申报省级森林康养基地。开展 2022 年度食用林产品质量安全监测抽检工作。

2022 年 1 月 4 日，县林业局局长林志鹏（右二）在大柘镇督查森林防火工作 （县林业局提供）

【林业改革】 2022 年，平远县由于机构改革和职能转变，撤销平远县人民政府山林权属争议调处办公室，设立平远县山林权属争议调解中心，为县林业局管理的公益一类正股级事业单位。推动木材检查站改革创新，将原有木材检查站人员整合组建成 4 个林长制基层管护工作站，既解决木材检查站因取消木材运输管理职能面临的职能转变和人员分流问题，又充实林业基层管护队伍。推进 4 家林业国有企业改革，做好前期调研，制定实施方案，研究企业重组、人员安置问题，加强与财政、人社、国资等单位沟通协调，配合做好清产核资和财产移交工作，确保国有企业改革顺利推进。

【自然保护地建设管理】 2022 年，平远县林业局开展平远县自然保护地科学考察和矢量化制作工作，完成 8 个自然保护地科学考察报告。开展自然保护地总体规划编制和勘界立标工作，完成自然保护地人类活动遥感图斑实地核查和处理工作，核查疑似违法图斑 55 处。持续推进五指石国家级地质公园申报工作，完成多轮实地综合调研任务、考察报告（初稿）、国家地质公园申报书和申报视频。做好河岭嶂森林休闲公园建设项目前期规划修编工作。 （贺雄）

广东平远龙文—黄田省级自然保护区管理

【概况】 2022 年，广东平远龙文—黄田省级自然保护区（以下简称“保护区”）总面积 8128 公顷，有国家重点保护野生植物 16 种、国家重点保护野生动物 34 种。保护区管理处履行自然保护区生态系统和自然资源保护管理职能,加强自然保护区基础设施建设、着力提高资源管护和科研宣教能力。

【保护区日常管理】 2022年，保护区管理处修订完善单位内部控制相关管理制度，编印《广东平远龙文—黄田省级自然保护区管理处内部控制手册》，落实省林业局内部控制检查提出问题整改规范的相关要求，反馈问题全部整改落实到位。组织实施保护区森林火情早期处理能力提升项目，印制森林防火宣传资料一批，购置森林防火巡护摩托12辆，完成森林火灾风险普查，形成森林火灾风险评估与区划报告。加强森林防火工作，落实护林员管护责任区域，强化野外火源管控措施，实现全年无森林火灾。

【保护区资源管护】 2022年，保护区管理处开展广东省自然保护地年度报告（2022年）基础调查，填报相关报表和提供图片资料。组织开展保护区内毒品原植物踏查和外来物种鳄雀鳝监测调查，未发现毒品原植物和鳄雀鳝。开展图斑核查工作，核查2020—2021年人类活动遥感监测图斑3个、梅州市土地卫片执法涉及自然保护地图斑5个，均无须整改。加强对人员活动较为频繁区域安全监管，与上举相思谷景区业主单位签订安全生产责任书，对黄田自然教育径加装800米安全防护设施。制订《广东平远龙文—黄田省级自然保护区2022年度鸟类监测方案》，组织3名专业技术人员开展鸟类监测活动，全年监测4次，每次3天，进一步掌握自然保护区鸟类物种及其栖息地发展动态。推荐有较高专业技术水准、长期从事科研监测的工作人员1名，加入省林业局自然保护地专业技术精英团队。

【保护区科普宣传】 2022年，保护区管理处拓展自然教育平台与载体，分别与梅州市东山教育咨询服务有限公司、广东老区传承发展有限公司签订自然教育合作协议。4月，“平远县科普示范（教育）基地”在保护区授牌。5月，联合县科协开展自然教育进校园活动，为平远中学100多名学子开设科普讲座。保护区在2020年被认定为“广东省自然教育基地”基础上，不断强化软硬件设施建设，向省林业局申报“广东省高品质自然教育基地”，向省科技局和省科协申报“2023—2027年度广东省科普教育基地”。

【保护区合作交流】 2022年，保护区管理处进一步加强对外合作交流。4月，梅州市嘉应学院生命科学院副院长温茹淑一行应邀到保护区调研项目合作事宜。5月，广州大学教授黄金玲和广东省自然保护地协会会长马士龙一行调研自然保护地管理模式等事宜。5月9—17日，保护区专业技术人员陈远忠应广东省科学院动物研究所邀请参加广东省第二次野生动物资源调查补充调查工作。5月，保护区正式加入广东省自然保护地协会，成为广东省自然保护地协会理事单位。（谢远）

五指石省级风景名胜区管理

【概况】 2022年，平远县五指石管理处抓实资源保护、日常监管、协调服务、科普教育等工作，实现五指石风景名胜区稳定有序可持续发展，全年接待考察、调研、检查15批次180多人次。协调各方关系，实现广东印象五指石文旅产业有限公司和原广东五指石旅游产业股份有限公司完成交接，帮助新公司开展灯光节活动、处理商业街纠纷等。

【五指石景区资源保护】 2022年，平远县五指石管理处加大森林防火工作力度，通过发放森林防火宣传手册、悬挂横幅、张贴森林防火禁火令等方式提高防火宣传覆盖率，清理景区内环路、桂清路等重点地段两侧林边路沿杂草灌木，降低森林火灾隐患。监测发现松材线虫病枯死松树，及时上报、清理，防止扩散蔓延，保护物种多样性。对古树名木挂牌保护，对摩崖石刻及地质遗迹加固围栏。常态化开展自然保护地监督检查工作，重点排查非法违建、盗伐滥伐树木、非法挖沙采石、非法养殖、非法倾倒废物、破坏地质地貌等行为，全面保护生态环境。

【五指石景区安全监管】 2022年，平远县五指石管理处督促广东印象五指石文旅产业有限公司压实企业安全生产主体责任，制定应对灾害天气、人员拥堵、设备停运等突发事件安全应急预案，配齐安全生产机构人员，建立健全安全生产责任体系。日常安全巡查景区基础设施、消防设施、特种设备，做好巡查记录，建立健全安全生产台账，发现问题及时函告督促公司整改，全年发出安全整改函、提醒函17份。在春节、“五一”、国庆重大节日以及灯光节大型活动期间，配合差干镇、县应急局、文广旅体局等部门排查景区安全隐患，重点检查索道、玻璃栈道、地质灾害标记点等事故易发场所，防范化解各类安全风险。全年五指石景区经营管理稳定有序。

【五指石景区科普宣传】 2022年，平远县五指石管理处发挥五指石景区省级青少年科技教育基地、省中小学生研学实践教育基地和市级人文社会科学普及基地作用，强化科普宣传教育，完善名胜区资源保护标识标牌，向游客多形式介绍丹霞地貌成因、特点、发展等地质地貌科普知识。接待广州大学、广东省林科院等团队开展纳入国家公园、地质公园评估考察工作。（五指石管理处）

2022年7月6—8日，广州大学国家公园研究所人员到五指石景区开展“平远五指石纳入丹霞山国家公园评估范围可行性”调研　（五指石管理处提供）

广东南台山国家森林公园管理

【概况】 2022年，广东南台山国家森林公园由南台山卧佛景区、磐牙石丹霞地貌景区（俗称大河背景区）、石龙寨观佛景区、程旼纪念园景区（俗称双企岃公园）4个景区组成，规划面积2073.2公顷。广东南台山国家森林公园管理处在优先保护自然资源和生态环境前提下，致力于把南台山森林公园打造成具有观光游览、休闲游憩、科普教育、度假等功能的山岳型综合性森林公园。

【南台山国家森林公园资源管护】 2022年，广东南台山国家森林公园管理处争取上级主管部门支持，做好程旼纪念园景区40公顷（600亩）森林质量提升工作。依托县公安局森林警察大队、执法大队和辖区3个镇做好用地巡查管理、森林防火、病虫害防治等工作。公园保洁、花木班组做好石龙寨观佛景区和程旼纪念园景区卫生保洁、花木管理、设施维护、秩序维稳等管理管护工作，为城乡居民提供优良舒适的休闲健身环境。（谢东强）

水　务

【概况】 2022年，平远县水务局累计投资约1.84亿元，推进全县重点水利工程建设6项，同时深化水利行业监管，推进新时代水生态环境建设。编制并上报《平远县农村供水“三同五化”改造提升工程实施方案》，成为广东省首个上报审批农村供水“三同五化”（城乡供水同标准、同质量、同服务，规模化发展、标准化建设、一体化管理、专业化运作、智慧化服务）改造提升工程方案县。

【水利工程建设】 2022年，平远县水务局实施农村集中供水提质提升工程，总投资约

1.18亿元，新建水源工程110处，改造提质提升净水厂站工程260处，受益人口74952人，供水规模每天11990立方米，完成主体工程施工建设任务。总投资约3300万元，完成小型病险水库除险加固工程7处。实施碧道建设工程，总投资275万元，完成碧道建设6.6千米。其中，石正河碧道3.9千米，柚树河热柘镇段碧道2.7千米，类型均为乡野型。实施八尺镇稔田河楼前段、东石镇生态清洁小流域综合治理。其中，稔田河楼前段生态清洁小流域综合治理工程属于山水林田湖草沙一体化保护和修复工程，总投资2552.34万元，完成崩岗治理3座、拦沙坝1座、护岸2.2千米、河道清淤1.5千米，治理面源污染4处，完成投资1650万元，占年度投资81.2%；东石镇生态清洁型综合治理工程属2022年度国家水土保持重点工程，总投资2944.33万元，新建渠道140米、休闲广场50平方米、河道护岸4.4千米、清淤3千米，完成投资1350万元，完成年度投资计划。实施柚树河樟演至贤关段、程江河石正段中小河流治理工程。其中，柚树河樟演至贤关段治理工程完成治理河段清表，完成贤关段部分清淤；程江河石正段治理工程完成潭头段530米护岸的建设工程。

【河长制工作】 2022年，平远县水务局调整更新县、镇、村三级河（湖）长名录，更换县级河长制公示牌75个，完善县、镇、村三级189名河长组织体系，压实各级河长保护、管理、治理“三位一体”职责。坚持“一河一策”治理，全县各级河长巡河发现问题40个，均得到整改。开展“清四乱”“五清”行动，投入35.78万元，清理河流长度64.82千米、水域面积1.09平方千米、水面漂浮物53.6吨，基本实现全县河流无成片水面漂浮物的目标。结合3月22日“世界水日”、3月22—28日“中国水周”暨法治宣传教育周等系列宣传活动，先后到乡镇、学校、企业和街边商店悬挂横幅20条，派发折页宣传单2000张、宣传手册515册，张贴宣传画160张、宣传标语200多条。

【水资源管理】 2022年，平远县征收水资源费326.74万元、水土保持补偿费4296元，全额上缴财政。通过“双随机”抽查、水土保持审批和专项检查等方式，监督检查生产建设项目水土保持工程。完成行政许可审批29宗（取水许可21宗，水土保持8宗），按规定

2022年，平远县建成石正河碧道3.9千米，起点为石正镇南台村（图为西湖村与坪湖村中间一段），终点为中东村征东桥，防洪标准达2～5年一遇，水质达到Ⅱ类水质标准 （林向东 摄）

完成双公示，至年底，全县保有取水许可证 222 张。完成 8 宗取水许可监督检查和 40 宗取水口阶段性整改任务。17 个镇级饮用水水源保护区规范化建设完成验收。对乡镇饮用水水源水质按季度开展监测，对县城集中式饮用水源黄田水库每月至少开展一次监测。

【水行政执法】 2022 年，平远县水务局出动巡查执法 112 次 301 人次，加强河道采砂管理和涉河湖范围洗砂管理，巡查监管涉水在建项目，保护河湖环境，维护水利工程安全运行。

【农村供水维修养护】 2022 年，平远县水务局投入中央水利发展资金 212 万元，用于农村供水维修养护，建立农村饮水工程良性运行机制，解决各镇供水工程运行维护薄弱环节问题。

【小水电站生态流量监测监控设施安装】 2022 年，平远县有小水电站 160 宗，其中退出类电站 11 宗，整改类电站 149 宗。平远县政府多次组织水务等部门、小水电行业协会、小水电业主召开专题会议，研究解决小水电生态流量监测监控设施安装问题。小水电站全部完成生态流量泄放设施改造，完成监控监测设施安装 144 宗，推进小水电绿色发展走在全市前列。 （凌伟林）

省属水库移民管理

【概况】 2022 年，平远县大中型水库移民后期扶持人口 1860 人 515 户，主要分布在泗水镇、八尺镇、河头镇、石正镇、大柘镇、仁居镇、上举镇、东石镇、热柘镇 9 个镇，27 个行政村，45 个移民自然村。小型水库移民后期扶持人口 1183 人 315 户，主要分布在八尺镇、东石镇、热柘镇、石正镇、仁居镇、中行镇、上举镇 7 个镇，14 个行政村，23 个移民自然村。7 月，平远县省属水库移民管理办公室由于机构改革，撤销单位建制，人员、职责转入平远县水务局。

【水库移民核减】 2022 年，平远县省属水库移民管理办公室于 3 月底完成对 2021 年度死亡人口、不符合政策人员的核减工作，核减 49 人。

【水库移民后期扶持政策落实】 2022 年，平远县下达水库移民后期扶持资金 814 万元，15 宗大中型水库移民后期扶持项目计划全部得到批复，其中第二批资金涉及项目 5 宗于 7 月下达。第一批项目 10 宗均完工，报送财政审核、结算、验收，完成支付 476.73 万元，占全年资金的 58%。 （县水务局）

气　象

【气候情况】 2022 年，平远县天气气候总体特征：开汛偏早、龙舟水强、汛期降水前多后少、极端高温频发、台风影响轻。

气温：2022 年，县城年平均气温 20.7℃，较常年平均偏低 0.2℃；年极端最高温度 39.4℃，出现在 8 月 23 日，破历史极端最高气温纪录；年极端最低温度−0.6℃，出现在 12 月 19 日。全年高温日（日最高温度≥35℃）有 48 天，较常年同期多 16.7 天，历史高温日数排名第三；低温日（日最低温度≤5℃）有 18 天，有霜冻日 4 天，结冰日 1 天，无霜期日数 352 天。

降水：2022 年，平远县降水偏多，县城年降水量 2001.6 毫米，较常年平均偏多 19.2%。全年有雨日（日降水量≥0.1 毫米）150 天，暴雨日（日降水量≥50 毫米）8 天，最大日降水出现在 5 月 27 日，为 170.2 毫米。年内降水时空分布不均，“龙舟水”（5 月 21 日—6 月 20 日）期间，平远国家气象站录得降雨量 676.3 毫米，破历史同期纪录；9—10 月降水持续偏少，其中 10 月降水 0.4 毫米，较常年平均减少近 100%。

热带气旋：2022 年，西北太平洋和南海海域热带风暴或台风生成25个，对平远县影响轻。第1号热带气旋“马勒卡”（强台风级）生成于4月8日，最后一个热带气旋“帕卡”（热带风暴级）生成于10月10日。

【气象服务】 2022年，平远县气象局做好平安春运、平安高考、春耕春播、秋收秋种等气象保障服务，发布决策服务材料70多份，发送服务短信80多万人次，发布微博700多条。发布各类气象灾害预警信号90次。其中，暴雨预警提前量40多分钟、雷雨大风预警提前量近30分钟。抓抢时机开展人工增雨抗旱保民生，开展增雨作业3次，发射增雨火箭弹12枚。

【气象监测能力提升】 2022年，平远县气象局加强对19个自动气象观测站点进行周、月、年维护，定期撤换送检观测设备仪器，观测设备运行稳定率99.95%。改造长田镇、东石镇锅叾、河头镇黄田水库3个自动气象站点，按照标准化要求对站点仪器重新布设，在原风向、风速、雨量及气温四要素观测基础上增加气压、湿度观测要素，进一步提升气象灾害监测能力。改造国家气象站观测场供电、通信设备，实现市电、UPS（不间断电源）供电、蓄电池供电三重供电保障，观测数据传输通信模块规整到同一机箱实现通信互为备份，通信模块为蓄电池供电，提升应急保障能力。

【气象安全监管】 2022年，平远县气象局更新气象灾害防御重点单位名录，开展多部门联合执法检查，全覆盖检查气象灾害防御重点单位13家、防雷安全重点单位31家，全年日常巡查15次，执法检查7次。加强对无人驾驶自由气球和系留气球的安全监管。

【气象科普宣传】 2022年，平远县气象局以“3•23”世界气象日、“5•12”防灾减灾日、安全生产月等主题宣传活动为契机，联合县科协、教育部门推进气象知识科普进校园、进社区活动，开展防雷减灾科普宣传进企业活动，为做好秋冬季森林防、灭火工作联合县应急、林业部门开展森林防、灭火知识培训进农村活动，全年开展科普活动6次。

（赖师美）

2022年12月3日，东石镇锅叾村国家气象观测站站址升级改造后全貌 （赖师美 摄）

工业与信息化建设

责任编辑：潘梦志

工业综述

【工业经济运行情况】 2022 年，平远县有规模以上工业企业 57 家（产值正增长企业 22 家、产值负增长企业 35 家），完成规模以上工业总产值 45.49 亿元，同比下降 11.3%；完成规模以上企业工业增加值 9.19 亿元，同比下降 19.5%；规模以上企业实现税费总额 1.9 亿元，同比增长 16.6%；工业投资总额 17.98 亿元，同比增长 33.2%；技改投资总额 2.37 亿元，同比增长 8.6%。

【工业产业发展情况】 2022 年，平远县科工商务局大力发展“1+N”（“1”是指铜箔和覆铜板、钙基硅基、稀土等先进材料产业，“N”是指家居建材、电子信息、装备制造、酒水饮品、中医药、新能源等多个产业）工业产业体系。铜箔和覆铜板产业无规模以上工业企业，盈华电子年产 3600 万张高性能覆铜板项目（一期）于 2022 年 12 月正式投产，同时启动盈华覆铜板项目（二期）、铜箔项目动工建设；华润水泥钙基产业园建设有序推进，正远实业等硅基企业稳定发展，整体产业产值同比下滑较大；稀土产业产值保持正增长，富远稀土年处理 5000 吨中钇富铕稀土矿分离生产线易地搬迁升级改造项目于 2022 年 9 月投产。装备制造和电子信息产业产值保持正增长，家居建材产业产值同比下滑较大；飞龙果业（2021 年新上规）带动整体酒水饮品产业发展，行业同比增长 64.5%；中医药产业、新能源产业因规模以上企业数量少、规模不大，发展较慢，占比不高。

【工业投资】 2022 年，平远县科工商务局注重促进工业在建项目高质量建设，推动工业项目落户、动工、竣工，实现早投产早见效。2022 年列入市重点工业投资督办项目 13 个，总投资额 73.14 亿元，其中固定资产总投资 57.07 亿元，全年完成投资 15.96 亿元，开工率、纳统率均为 100%。推动金雁磁电、正大康地、永扩科技、东良纺织、广天梵谷、台名电子、兴珠生物、赛达光电 8 个项目动工建设，实现盈华覆铜板一期、金雁磁电、华和精密、保灵健康、富远稀土产能置换、灿阳元件、飞龙果汁加工、天柘冷链 8 个项目投产见效。

【工业技改创新】 2022 年，平远县科工商务局进一步优化技改项目备案及审批手续，引导唯尔立纺织、华企等 13 家企业实施 13 个技改项目，完成技改投资 2.37 亿元，其中唯尔立、华企、智强 3 个项目实现投产或部分投产。对接上级部门，利用争取贴息、补助和优惠政策等手段，组织元宝家居、唯尔立纺织 2 家企业申报 2023 年省先进制造业发展专项资金（企业技术改造），获得 924.71 万元。

2022年平远县规模以上工业企业财务主要指标情况统计表（一）

分组名称	企业数（个）	工业总产值（当年价格）（万元）	资产总计（万元）	负债合计（万元）	流动资产合计（万元）	固定资产原价（万元）	累计折旧（万元）	固定资产净额（万元）	销售费用（万元）	管理费用（万元）	财务费用（万元）	利润总额（万元）	利税总额（万元）	应缴增值税（万元）	平均用工人数（人）
总　计	54	457285.4	646753.7	403938.8	343986.9	271451.6	80227.3	186844.5	8492.1	18142.3	9834.0	35755.3	17555.0	9649.9	4812
一、按登记注册类型分															
1.内资企业	52	446064.8	598990.6	378113.5	326380.3	232048.8	69641.5	158027.5	8175.7	17873.7	8679.6	34348.5	16418.6	8595.5	4621
国有企业															
集体企业															
有限责任公司	6	67440.8	132126.4	80601.3	31042.5	64264.2	3864.3	56479.7	526.3	2366.8	1849.1	13548.1	9946.2	3370.2	235
股份有限公司	2	131356.2	130765.9	69354.4	92715.3	32133.9	13179.5	18954.3	613.4	1830.9	585.6	9484.0	866.3	473.2	421
私营企业	44	247267.8	336098.3	228157.8	202622.5	135650.7	52597.7	82593.5	7036.0	13676.0	6244.9	11316.4	5606.1	4752.1	3965
2.港、澳、台商投资企业	2	11220.6	47763.1	25825.3	17606.6	39402.8	10585.8	28817.0	316.4	268.6	1154.4	1406.8	1136.4	1054.4	191
3.外商投资企业															
二、按轻重工业分															
1.轻工业	15	76083.3	104687.3	62343.7	53065.5	39041.7	12683.4	26241.7	1830.5	4081.0	3014.4	2363.3	1717.2	1464.9	1324
2.重工业	39	381202.1	542066.4	341595.1	290921.4	232409.9	67543.9	160602.8	6661.6	14061.3	6819.6	33392.0	15837.8	8185.0	3488

2022 年平远县规模以上工业企业财务主要指标情况统计表（二）

分组名称	企业数（个）	工业总产值（当年价格）（万元）	资产总计（万元）	负债合计（万元）	流动资产合计（万元）	固定资产原价（万元）	累计折旧（万元）	固定资产净额（万元）	销售费用（万元）	管理费用（万元）	财务费用（万元）	利润总额（万元）	利税总额（万元）	应缴增值税（万元）	平均用工人数（人）
总计	54	457285.4	646753.7	403938.8	343986.9	271451.6	80227.3	186844.5	8492.1	18142.3	9834.0	35755.3	17555.0	9649.9	4812
1.采矿业	1	52917.5	15480.3	1708.5	7628.0	285.3	177.5	107.8	28.5	1000.2	93.0	10880.1	9680.9	3170.5	34
稀土金属矿采选	1	52917.5	15480.3	1708.5	7628.0	285.3	177.5	107.8	28.5	1000.2	93.0	10880.1	9680.9	3170.5	34
2.制造业	49	388387.0	485104.5	302011.9	308016.6	175561.8	68223.1	102959.1	7992.8	16074.3	7254.7	21261.3	7154.2	5821.3	4631
酒、饮料和精制茶制造业	3	22082.8	22911.3	14727.5	7439.2	4691.8	2418.0	2173.8	974.0	1096.8	2060.6	1520.8	500.7	396.4	242
家具制造业	4	13652.6	17480.3	9078.6	12209.3	8861.4	3887.6	4973.7	349.4	405.4	219.7	-322.5	736.8	637.0	299
非金属矿物制品业	15	69813.8	121024.9	76609.2	67540.9	68246.7	28294.2	39842.5	3419.0	5320.5	2536.7	1251.8	2572.1	2274.8	869
有色金属冶炼和压延加工业	3	112728.5	119686.4	60384.5	81741.1	24173.9	6272.6	13981.2	298.9	1260.5	377.9	8325.2	-15.0	-272.1	314
汽车制造业	3	13413.0	15161.4	11406.8	11089.0	6876.0	4043.3	2832.7	375.6	598.7	608.5	1340.7	166.2	112.6	102
计算机、通信和其他电子设备制造	6	69569.5	85605.2	65287.7	68491.7	21081.9	8589.4	12492.3	1332.4	3148.4	372.4	5559.9	1343.7	1087.2	1522
其他制造业	14	84724	101061.7	63340.3	58794.1	39934	14483.9	25200.9	1236	4109.9	1034.2	3585.2	1819.6	1555.4	1238
3.电力、燃气及水生产和供应业	4	15980.9	146168.9	100218.4	28342.3	95604.5	11826.7	83777.6	470.8	1067.8	2486.3	3613.9	719.9	658.1	147

【工业“暖企”行动】 2022年，平远县科工商务局开展政策宣讲会、走访企业、政企沟通座谈会、“一起益企”等“暖企”行动，宣传各级各类专项扶持资金政策，协调企业解决生产经营中遇到的困难和问题。建立“小升规”企业培育库，推动东良纺织、华和精密、广焊科技、广东药庄、长运实业、润达沥青、国春混凝土、广东粤电风电、粤海水务9家企业实现上规纳统。帮助企业争取上级扶持奖励资金，组织瑞冠新材料、飞龙果业等6家公司申报2022年省级促进小微工业企业上规模发展专项资金120万元，组织雅玛西新能源申报2022年和2023年省级促进经济高质量发展（工业园区高质量发展）专项资金183.66万元，累计争取上级工信、科技、商务奖补资金3561.63万元，为37家企业发放县级实体经济扶持奖励资金607.14万元。 （张灼娴 林永新 林丽珊）

梅州平远高新区建设

【概况】 2022年梅州平远高新技术产业开发区（以下简称“梅州平远高新区”）有企业94家。其中，投产70家（规模以上企业34家），在建企业21家，协议企业3家。完成新增固投21.71亿元，同比增长72.71%，其中工业项目固投17.32亿元，同比增长63.86%。基础设施累计投入24.61亿元，其中2022年投入4.19亿元。实现产值39.48亿元，同比下降8.01%；规模以上工业产值37.05亿元，同比下降8.43%；规模以上工业增加值7.97亿元，同比下降17.64%；税收1.53亿元，同比增长13.33%；用工人数4406人。2022年引进广天梵谷、永扩、台名、兴珠生物、远思南药、金森盛、盈华铜箔、赛达光电8个新签约项目；推动金雁磁电、正大康地、永扩、东良纺织、广天梵谷、台名、兴珠生物、赛达光电8个项目动工建设；推进金雁磁电、华和、保灵、富远稀土、天柘冷链、盈华电子6个项目落地投产。培育瑞冠、智强、华和、东良、富远稀土、广焊6家企业上规模。

【高新区基础建设】 2022年，梅州平远高新区累计完成土地平整466.67公顷（7000亩），建有标准厂房11栋、污水处理厂1座，区内水、电、路、信、气、绿化、亮化实现全覆盖；重点打造孵化基地、标准宿舍、医疗诊所等生活配套设施，引进快递服务、餐饮小吃等商户入驻高新区，设置公交专线，满足职工生产生活、餐饮娱乐、医疗看护、交通出行等日常需求。利用地方专项债券和政策性金融工具等资金，持续推进G、F地块及东台生态园土地平整、标准厂房（二期、三期）建设、污水处理厂升级改造、南平大道北与省道225线连接线道路建设等续建项目，谋划启动H地块及J地块基础设施、一期、二期标准宿舍和四期标准厂房等新建项目。

2022年梅州平远高新区主要规模以上企业经济指标统计表

表6

产业类型	项目企业名称	落地时间	投产时间	所属行业	主要产品	计划投资额（万元）	实际投资额（万元）	2022年产值（万元）	2022年税收（万元）	用工人数（人）
电子信息	平远雅玛西新能源科技有限公司	2016年9月	2018年12月	计算机、通信和其他电子设备制造业	储能设备、电子变压器、电感器	28500	14061	27307.1	1012.49	337
	梅州市恒盛宇科技电子有限公司	2014年9月	2014年10月	计算机、通信和其他电子设备制造业	数据线	9000	14612	6497.39	133.16	135

（续表 6）

产业类型	项目企业名称	落地时间	投产时间	所属行业	主要产品	计划投资额（万元）	实际投资额（万元）	2022 年产值（万元）	2022 年税收（万元）	用工人数（人）
电子信息	梅州达士通精密工业有限公司	2007 年 12 月	2010 年 1 月	计算机、通信和其他电子设备制造业	各类型端子连接器、线束组立、DC 插头线、FFC 线	15000	7063	12628.51	1057.46	309
	平远雅玛西科技有限公司	2011 年 9 月	2012 年 12 月	计算机、通信和其他电子设备制造业	电子变压器、逆变器、滤波器	4500	8708	9478.5	155.53	268
	广东宇时代电子有限公司	2015 年 9 月	2016 年 9 月	计算机、通信和其他电子设备制造业	电脑音箱、蓝牙音箱、回音壁、户外音箱、耳机	22000	15532	10391.66	233.79	291
	梅州市瑞冠新材料科技有限公司	2019 年 3 月	2020 年 1 月	有色金属冶炼和压延加工业	磁粉、磁芯	30000	17912	4747.2	42.37	98
非金属矿物制品业	梅州宁江水泥有限公司	2007 年 11 月	2010 年 7 月	非金属矿物制品业	水泥	52000	52022	6660.65	405.06	298
	广东佳之朋科技有限公司	2015 年 9 月	2017 年 6 月	非金属矿物制品业	人造石、石英石板材	25000	15900	8860.36	74.56	143
	广东硕联石材有限公司	2017 年 11 月	2018 年 10 月	非金属矿物制品业	花岗岩	12000	13470	6967.3	95.36	52
家居建材	梅州市方鼎环保新材料有限公司	2013 年 9 月	2014 年 7 月	家具制造业	餐桌椅、电视柜、酒柜、宠物屋	21300	19399	2073.17	8.89	42
	梅州新仕达家居制造有限公司	2018 年 1 月	2018 年 12 月	家具制造业	木桌、木椅、木柜	#	0	2377.8	14.8	15
	平远县兴盛伟业实业有限公司	2016 年 8 月	2016 年 11 月	其他制造业	化妆用具、化妆刷、化妆笔杆	11000	11100	585.78	2.35	19
	梅州市政通家具制造有限公司	2019 年 1 月	2019 年 12 月	家具制造业	餐桌椅、电视柜、酒柜、宠物屋	23000	500	585.15	1.51	8
	梅州富莱利家居制造有限公司	2015 年 9 月	2016 年 6 月	家具制造业	实木门、木门窗、橱柜、衣橱	22000	13025	1314.6	3.64	0
	平远县宏泰家居有限公司	2019 年 1 月	2019 年 12 月	家具制造业	大型中高档家具	31000	34837	307.61	51.66	11
其他	梅州市海通静电科技有限公司	2013 年 3 月	2014 年 1 月	专用设备制造业	防静电台垫	8000	10435	6964.19	143.63	150

（续表6）

产业类型	项目企业名称	落地时间	投产时间	所属行业	主要产品	计划投资额（万元）	实际投资额（万元）	2022年产值（万元）	2022年税收（万元）	用工人数（人）
其他	平远中燃城市燃气发展有限公司	2014年10月	2016年6月	燃气生产和供应业	天然气	15900	9583	2146.1	−225.68	32
其他	广东玖诚新材料科技有限公司	2018年8月	2018年10月	有色金属冶炼和压延加工业	铍铜合金机加工件及板带材	20600	3250	1379.97	18.68	14
其他	广东唯尔立纺织科技有限公司	2021年1月	2021年3月	纺织业	化纤针织品、高档内衣面料、泳衣面料、运动休闲面料	15000	9858	11492.34	100.53	143
其他	广东金小猴科技有限公司	2020年9月	2020年11月	电气机械和器材制造业	微特电机	5200	5200	8095.7	303.63	175
其他	梅州智强包装科技有限公司	2019年3月	2019年4月	橡胶和塑料制品业	覆膜塑编袋、塑料编织袋、纸塑复合袋、集装袋、无纺布袋、环保手提袋	10300	5500	2402.82	1.75	50
其他	广东东良纺织科技有限公司	2021年6月	2021年9月	纺织业	棉纺织品、纺纱生产	5080	1874	4659.16	51.03	76
其他	梅州市广焊科技有限公司	2021年5月	2021年9月	通用设备制造业	节能逆变式电焊机、超声波焊接机及自动化焊接设备、切割机	3000	2050	4132.1	87.95	100
生物医药	广东华清园生物科技有限公司	2014年8月	2015年10月	医药制造业	药字号梅片（天然冰片）、龙脑香、龙脑液；梅片护肤产品	40000	32760	14799.8	28.53	132
稀土新材料	平远县华企稀土实业有限公司	2018年2月	2018年3月	有色金属矿采选业	稀土氧化物	20000	20000	52917.5	9073.45	33
稀土新材料	广东广晟智威稀土新材料有限公司	2013年7月	2014年9月	有色金属冶炼和压延加工业	钕铁硼合金片	39000	28565	0	22.58	0
稀土新材料	广东省富远稀土有限公司	2021年8月	2022年9月	有色金属冶炼和压延加工业	稀土氧化物	19653	17804	111348.6	1479.45	265
新能源	平远利天新能源电力有限公司	2015年10月	2017年6月	电力、热力生产和供应业	太阳能发电	45000	42900	4337.22	−832.64	8

（续表6）

产业类型	项目企业名称	落地时间	投产时间	所属行业	主要产品	计划投资额（万元）	实际投资额（万元）	2022年产值（万元）	2022年税收（万元）	用工人数（人）
装备制造	广东获赛尔机械铸造股份有限公司	2011年8月	2012年8月	金属制品业	柴油机、注塑机	53600	36999	20007.67	754.02	154
	梅州市洪裕汽车配件制造有限公司	2015年11月	2016年12月	汽车制造业	铁型覆砂	31000	31052	10082.11	89.48	52
	梅州市鑫荣达挂车制造有限公司	2015年2月	2015年8月	汽车制造业	挂车、挂车大梁、配件	20000	24301	1383	-0.3	0
	平远县恒明汽车底盘制造有限公司	1995年12月	2010年1月	汽车制造业	汽车底盘制造	7000	7000	0	2.89	0
	广东灿阳智能电力设备有限公司	2021年4月	2021年5月	电气机械和器材制造业	智能型全密封全绝缘充气式环网柜，智能型户外开闭所，空气绝缘柜	15000	20260	9204.67	78.8	41
	梅州华和精密工业有限公司	2018年3月	2022年5月	黑色金属冶炼和压延加工业	铸铁件	30000	8090	4393.06	3.18	13

【高新区产业发展】　2022年，梅州平远高新区发展先进新材料产业，重点打造“铜材—电子电路铜箔—覆铜板—印制电路板—终端产品”全产业链，围绕盈华年产3600万张高性能覆铜板项目和盈华10万吨铜箔项目壮大产业规模，助力梅州市打造“中国铜箔之都”。坚持矿地统筹发展，协调引进华润水泥，着力发展高端钙基先进材料，打造绿色钙基产业园。依托华企稀土、富远稀土、金雁磁电、瑞冠新材料等重点企业，初步形成“开采—分离—精深加工—应用产品”稀土新材料产业链，推进广东省南方离子型稀土开发与应用技术创新中心建设，打造平远稀土特色产业园。提质升级优势产业，引导电子信息、装备制造产业加大技改投入，增资扩产，推动获赛尔年产6万吨智能生产项目做好前期准备工作；引进远思南药、兴珠生物、广天梵谷等项目，加快中医药企业集聚发展；引导木制品企业通过联合、兼并、重组等方式适应新形势要求。

【高新区科技创新】　2022年，梅州平远高新区实施创新驱动发展战略，指导绿盛重新认定高新技术企业，推荐恒盛宇、保灵、雅玛西新能源等企业申报认定省、市工程技术研究中心。至年底，有省级工程技术研发中心10家、市级工程研发中心13家、高新技术企业13家、科技型中小企业19家。鼓励支持获赛尔、华清园等龙头企业与省科学院、华南理工大学开展深度合作，共同搭建科技研发平台。协助华清园依托中新国际联合研究院、华南理工大学、华南农业大学科研力量，构建育苗种植、提取提纯、产品研发、品牌运营的产业体系，与中国科学院广州研究所开展龙脑香应用深度开发合作项目。瑞冠新材料与兰州大学、合肥大学推进深化软磁粉芯材料转化应用，为特斯拉、格力等企业提供应用材料。打造广东省小型微型企业创业创新示范基地，依托众创年华创客空间（国家级）、跨境电商平台，初步形成“众创空间—孵化器—加速器—产业园区”孵化链条，帮助科技成果快速落地转化。拥有国家级众创空间1家，省级众创空间1家，省级孵化器1家。建成省级博士后工作站1家、省级博士工作站1家。

【高新区环保和安全生产监管】 2022年，梅州平远高新区落实“三线一单”（生态保护红线、环境质量底线、资源利用上线和生态环境准入清单）制度，加强项目环评管理，及时更新企业环保基本信息数据，完善日常监管台账。持续推进“三废”（废水、废气、固体废弃物）专项整治行动，废水排放全部接入污水处理厂；废气排放委托第三方专业机构进行监测，全部符合标准排放；固体废弃物实现100%回收利用。紧抓安全生产工作，全年开展安全生产检查296家次，排查一般隐患325个，整改319个，整改率96%。先后与67家企业签订安全生产责任书、安全生产主体责任承诺书及企业消防安全承诺书。

【高新区“管委会+平台公司”模式】 2022年，梅州平远高新区管理委员会推行“管委会+平台公司”运营模式。1月，广东平盛园区开发有限公司移交由梅州平远高新区管理委员会统一管理，广东平盛园区开发有限公司具体负责工程建设、项目管理、物业管理等工作。

【高新区低效用地整治】 2022年，梅州平远高新区有15家企业被梅州市列为低效工业用地整治对象，用地面积58.57公顷（878.51亩）。至年底，盘活用地3宗12.74公顷（凯盛家具0.67公顷、绿鹰机械1.67公顷、广晟智威10.4公顷）。其中，广东广晟智威稀土新材料有限公司由政府收回，进行二次招商；平远县凯盛家具有限公司引进新企业（华诚塑业）落户；梅州市绿鹰机械设备有限公司引进九远新材料科技有限公司。通过引进新项目或厂房租赁提高土地产出效益的方式，由梅州微鸿光电科技有限公司、梅州永固胶粘剂制品有限公司自主招商，至年底，梅州微鸿光电科技有限公司有意向企业2家，梅州永固胶粘剂制品有限公司有意向企业1家。（刘威）

中小企业管理

【助企融资】 2022年，平远县科工商务局常态化推动助企融资工作，帮助企业解决融资瓶颈问题。落实《平远县中小微企业信贷风险补偿资金管理》，利用县信贷风险补偿资金与合作银行联系协调，为卧佛山养生旅游、智强包装科技、华和精密工业3家公司发放担保增信贷款2100万元。累计为27家次企业担保贷款17755万元，在贷资金9555万元。完善政企沟通机制，召开平远县2022年稳工业经济“政银企”对接座谈会，加大金融纾困力度，全年帮助企业解决融资1.75亿元。

【扶持小微企业专项行动】 2022年，平远县科工商务局持续开展扶持小微企业专项行动，增强企业实力，引导梅州达士通精密工业有限公司获省工业和信息化厅批准，被认定为省专精特新企业。协助专精特新企业获得省财政补贴资金90.31万元，做好贷款利息424.81万元入库工作。

【中小企业运行监测】 2022年，平远县科工商务局做好向中央直报县内15家企业数据运行监测工作，及时、准确把握中小企业发展动态，为决策提供科学依据。

【中小企业创新创业大赛】 2022年，平远县科工商务局组织广东原本生态农业有限公

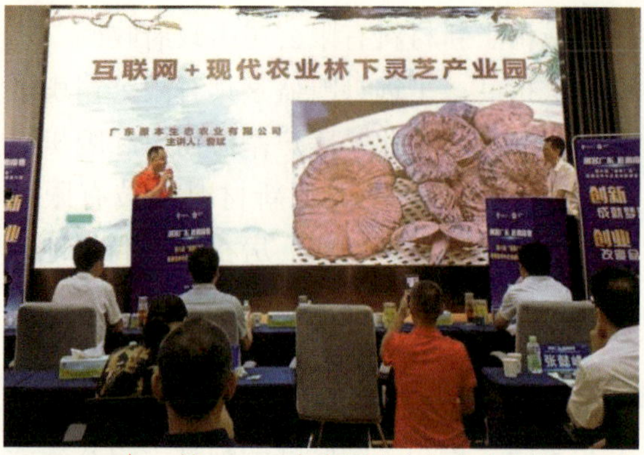

2022年7月12日，广东原本生态农业有限公司经理曹斌在阿里云创新中心举行的“创客广东”梅州市中小企业创新创业大赛决赛中作展示（原本生态提供）

司、梅州印象好源食品有限公司、广东南台酒业股份有限公司、广东华清园生物科技有限公司4家企业参加第六届“创客广东”梅州市中小企业创新创业大赛。其中，广东原本生态农业有限公司取得企业组一等奖的成绩，梅州印象好源食品有限公司取得企业组二等奖的成绩。（张灼娴　谢伟锋）

电力工业

【概况】 2022年，平远供电局完成售电量4.6亿千瓦时，同比降低11.15%。电费回收率99.99%。客户平均停电时间（低压）1.61小时/户，客户平均停电时间（中压）1.85小时/户。统计线损率3.52%，有损线损率3.83%，线损异常率3.78%。第三方客户满意度87分。电网保持安全稳定运行，全年未发生电力生产安全事故。

【电力供应服务】 2022年，平远供电局落实需求侧管理，调动61家市场化企业注册，鼓励企业参与需求响应，守住“决不允许拉闸限电”底线。持续优化电力营商环境，推广“四办”（主动办、线上办、联席办、一次办）服务落地，完成“线上办”，互联网业务比例99.87%，对接县工程建设项目审批制度改革工作，解决“联席办”难点。推进光伏居民业务，解决开票难、业务量大且集中的问题。落实“欠费不停供”政策，基本实现无分歧款项“动态清零”。狠抓停电管理，重复停电用户比例、中压线路故障率、用户平均停电时间等供电可靠性指标均居全市第一，并持续多年排名全市前列。整治低电压台区54个，用户平均停电时间同比下降0.5%。落实电价市场化改革，用好购售电业务智慧监控系统，实现购售电业务全过程管控，为全县1.27万工商业用户开展代理购电业务。电动汽车充电桩利用率大幅度提升，全年充电量同比增长159%，功率利用率同比增长151%。

【电网建设】 2022年，平远供电局完成基建配网投资2903万元，完成配网建设项目71个，工程投产完成率、工程结算完成率均达100%。完成省重点项目盈华电子业扩配套工程，完成广东能源光伏复合发电项目（一区）属地征地青赔工作。完成中行镇自供区接管区域农网改造建设，完成河头镇河清村历史遗留电价接管抄表到户工作。基本完成仁居镇井下村电气化示范村建设任务。服务“双碳”（碳达峰与碳中和）战略，出台平远县整县推进屋顶分布式光伏项目管理办法，推动377个光伏项目快速接入，清洁能源实现100%消纳。

2022年9月28日，平远供电局完成广东盈华电子材料有限公司年产3600万张高性能覆铜板项目业扩配套工程　（邓秀桃　摄）

【电力安全生产】 2022年，平远供电局守住安全生产底线，未发生四级及以上电力安全事件和网络安全事件，连续15年未发生系统内人身伤亡事故。落实防范设备运行风险重点工作任务38项，组织特巡特维600多次，消除紧急、重大缺陷120项。首次开展安全生产隐患挂牌督办，重点治理长期以来未解决的安全隐患。建立长期政企联动机制，防山火、防外破。联合县林业局进行竹木清障、台区硬底化，防止配网类设备事故发生，隐患治理率81.97%，外破引发永久性故障同比下降63%。强化人身风险全链条全过程管控，有序管控作业5016项。开展应急演练和培训工作，全年开展演练88场次。抵御多轮大范围强降雨、冰冻等恶劣天气，完成11项重大活动保供电任务。

【电能替代】 2022年，平远供电局推进电能替代项目，主动挂点联系企业，使仁居镇、八尺镇电酿酒技术成为样板得到推广。全年完成可量化电能替代项目274个，规模以上项目3个［广东金雁磁电科技有限公司电窑炉项目、梅州市飞龙果业有限公司电蓄冷项目、梅州市飞龙果业有限公司（三期）电蓄冷空调项目）］，替代电量627万千瓦时，完成率174%。 （谢婉莹）

信息化建设

【信息基础设施建设】 2022年，平远县科工商务局夯实信息基础设施建设，协调各电信运营商，城市、圩镇、行政村所在地光纤100%覆盖，光纤接入用户数7.43万户，百兆宽带接入用户数6.71万户。辖区内有1217个20户以上自然村，均实现光纤网络覆盖、4G网络覆盖，完成省工业和信息化厅下发任务。稳定发展4G基站988个，累计建设5G基站305个。

【工业互联网建设】 2022年，平远县科工商务局进一步发展工业互联网，申报建设梅州市平远县有色金属（稀土）产业集群数字化转型项目。积极引导培育数字化转型标杆示范企业，广东盈华电子材料有限公司依托工业互联网技术支撑，实现上百台生产设备在线管理、上万平方米车间生产情况一目了然，成功打造“智慧工厂”；平远县华企稀土实业有限公司基于工业互联网平台，全面建设数字化孪生矿山、水冶数字孪生车间等，成功建成“智慧矿山”。争取地方专项债，谋划建设平远县“智慧工业”管理系统建设工程项目，针对高新区内企业提供5G网络和云平台，加快制造业数字化转型步伐，项目于2022年8月通过公开招投标，由中国移动梅州分公司中标实施。 （张灼娴 赖忠炬）

2022年6月1日，平远县科工商务局局长吴远平（左四）陪同中国电信广东分公司工业行业专家窦松涛（左三）一行到梅州平远高新区孵化基地、广东盈华电子材料有限公司开展“智慧工业”项目调研
（县科工商务局提供）

邮政通信

责任编辑：刘莹子

邮　政

【概况】 2022年，中国邮政集团有限公司广东省平远县分公司（以下简称“中国邮政平远分公司”）推进“管理提升年”行动落地见效，邮政普遍服务重点指标全面达标，各项指标均高于全省平均水平，严守“两条红线”（邮政企业未经邮政管理部门批准，不得撤销提供普遍服务的邮政营业场所、不得停止办理或者限制办理邮政普遍服务和特殊服务业务），无重大质量事故和中央级、省级媒体负面曝光事件。普遍服务各项指标总得分全市排名第一，在全市服务质量质效考核中拿到市公司奖励清分普遍服务补贴12万元，是全市拿到补贴最多的县公司。2022年全县邮政机要通信无失泄密事件、保密安全突发事件发生，圆满完成冬奥会、两会、各类涉密考卷等重大活动和特殊秘密载体的机要通信服务工作，实现质量全红。

【邮政业务数据】 2022年，中国邮政平远分公司在邮政业务经营上坚持效益优先，累计业务收入3480.47万元，完成全年计划进度的100.56%，同比增长11.43%，实现经营效益稳中有进。代理金融收入2855万元，完成进度的102.2%，同比增收307万元，增长12.1%，同比增量创近年新高。寄递业务收入308.71万元，同比增收30.53万元，增长10.98%。邮政基础业务累计新口径收入162.29万元。其中，函件专业收入57.31万元，集邮专业收入21.28万元，报刊专业收入83.7万元。

【邮政网路运营】 2022年，中国邮政平远分公司全力推进三级物流体系建设项目落地实施。完成共同配送中心、12个乡镇中心、136个村级综合便民服务站的建设目标。全县规划农村投递道段（不含圩镇道段）8条，补助“私车公助”汽车8辆，超额完成省公司下达的目标。对15条县乡邮路进行优化，完成进度100%。邮快合作方面，易邮自提系统代投社会快件量1.3万件，完成进度的157%；建制村邮快合作覆盖率100%。县揽投全面实施揽投网格化，按照划分的揽投网格实施网格化作业。以“特快+普邮”形式重新规划道段，原普服道段辅助特快邮件投递，实现特快邮件、快包邮件差异化服务，进一步提升特快邮件、普服邮件处理时效和

2022年11月25日，东石邮政支局到凉庭综合便民服务站开展普惠金融活动　（赖国文 摄）

投递时限质量。同时推进区域自提点建设，全县建成直投道段6条，全县直投快包邮件占比14%，高于必达目标7%。持续推进内部处理优化，以路长制为抓手，着力缩短进、出口邮件处理时限，提升作业效率，时限指标、作业效率与按量计酬综合评价系数挂钩。

【农村电商】 2022年，中国邮政平远分公司以“做大规模、做出影响力”总体要求开展农村电商业务。通过金融优惠购形式开展徐闻菠萝、茂名荔枝、阳东渔品等团购活动，通过消费帮扶平台南粤分享汇帮扶农产品上行，通过邮乐平台开展粮油类农产品营销活动。全年全县累计实现分销收入80.82万元，完成市分公司下达目标的144.32%。

（中国邮政平远分公司）

电 信

【概况】 2022年，中国电信平远分公司做好生产经营工作，持续全面推进实施“云改数转”战略和深化企业三维联动改革，全面实施市场化划小承包。全年向税务部门缴纳税金57.72万元。

【电信基建】 2022年，中国电信平远分公司投入资金约980万元，完成建设4G基站46个、5G基站25个。新增住宅小区电梯及地下停车场4G信号，实现县城、镇区和重要景区4G信号全覆盖。实现县城区域、梅州平远高新区室外5G信号连续覆盖，部分乡镇覆盖5G信号。新增光网自主扩容光纤接口818个，全县光纤接口数量累计61450个，完成14个数据接入节点万兆OLT（光线路终端）设备安装、开通和调测，升级割接OLT 10G-PON（万兆无源光纤网络）端口450个，除热柘镇、上举镇外，均具备万兆接入能力。

【数字信息化服务】 2022年，中国电信平远分公司承建“平安平远”项目，为人脸检索、安全预警等应用提供网络基础。助力打造平远县智慧公路，针对重点桥梁、边坡和易抛洒路段建设AI视频监控，并对接梅州市智慧公路平台，有效提升公路智慧治管能力。推广“明厨亮灶”项目，在县市场监督管理局设立中心大屏，接入梅州市“互联网+”明厨亮灶安全监管平台，完成72间学校食堂、7家社会餐饮单位厨房视频监控建设。助力在梅州政务云上建设平远县旅游大数据中心，在县文化广电旅游体育局设立中心大屏，为11个景区提供视频监控服务。助力平远县数字城管建设，为本地数字化城市管理系统提供数据支撑，对接梅州市数字城管系统平台，提供视频监控服务，为50名网格员提供移动终端应用服务。

【电信社会责任践行】 2022年，中国电信平远分公司落实乡村振兴驻镇帮村责任，支持热柘镇“数字乡村”发展，全年投资70万元建设4G基站14个，移动网络覆盖所有的行政村，前期累计建有光纤接口2720个，20户以上自然村覆盖率100%。投资21.5万元完成热柘村半岗人居环境整治管线迁移项目、五级站河道改造通信线路迁移项目、省道225线热柘段管线迁改项目。推进创建全国文明城市进程，开展大扫除、“爱心翼站”建设等志愿及创文宣传活动，自筹资金1.21万元完成大门口侧墙贴瓷砖和城西四横街外围墙粉刷工作，申请创文资金4.97万元对城西四横街道路进行硬底化。配合政府实施美丽圩镇建设和公路升级改造工程，投入25万元，完成上举至差干隐患整治工程和国道206线河头路口至河头机房主干光缆扩容及16芯埋地光缆的修复工程，投入332万元推进省道225线大柘至石正段管道和杆路迁改项目。响应节能减排号召，简化网络结构和层级，推进老旧和低效能设备下电退网。顺利完成高考、中考、中共二十大会议及其他重要时点通信网络保障工作。

（中国电信平远分公司）

移　动

【概况】　2022 年，中国移动平远分公司锚定“信息服务科技创新公司”新定位，配合县委、县政府推动县域信息化基础建设工作，践行“心级服务”，塑造优质体验，公司改革发展党建等各项工作稳步推进。

【移动业务发展】　2022 年，中国移动平远分公司进一步响应“为民办实事”“提速降费”号召，强化 5G 融合争先发展，降低套餐资费提升流量。推进落实“携号转网”工作，尊重用户选择权，让用户“携得了、转得快、用得好”。至年底，平远移动用户市场占有率超过 86%。推进智慧家庭业务和智能安防普及，提升带宽、降低资费，宽带市场占有率超过 63%，其中 100M 以上宽带占比超过 98.2%，4K 高清 IPTV（交互式网络电视）用户占比超过 80%。推进 5G 商用，全县 5G 网络逐步完善，树立“买手机到移动”客户口碑，5G 终端客户数量快速提升，5G 客户份额 79%，5G 流量渗透率超 77%。

【移动信息化建设】　2022 年，中国移动平远分公司继续深入推进“互联网+”发展，进一步提升信息化建设。推进“互联网+社会治安”，配合县委、县政府及职能部门推进县、镇、村三级社会治安视频建设、交通治超及数据采集、“平安乡村”等项目，构建网格化、智能化的社会治安防控体系。推进“互联网+民生”，提供行业监管系统服务，推进全县卫生医疗系统一体化医共体建设、宣传部县镇村智慧大喇叭三级管理平台一体化建设、惠民平台升级等建设项目。推进“互联网+工业”，通过公开招投标，获得平远县“智慧工业”管理系统建设项目。响应国家乡村振兴战略的号召，落实仁居镇、上举镇、八尺镇等圩镇 5G+环境综合整治（四线）项目，助力提升政府管理水平。

【移动网络建设】　2022 年，中国移动平远分公司全年投入资金约 1250 万元，加快 5G 网络规模化部署，实现县城和圩镇区域 5G 连片覆盖，各主要行政村 5G 700M 基本覆盖，重点推动完善偏远乡村和地下停车场盲点信号覆盖，集中解决河头镇、八尺镇群众反映的网络信号差问题，群众满意度得到显著提升。继续响应国家“宽带中国”战略的号召，加快千兆家宽网络深度建设，完成全县所有区域千兆 OLT 部署。拓展偏远乡村家庭宽带网络覆盖广度深度，为 10 户以上偏远乡村家庭安装宽带。

2022 年，中国移动平远分公司在全员核酸检测现场进行通信保障工作　（何棱钎　摄）

【移动网络安全保障和社会服务】 2022年，中国移动平远分公司持续抓好基础网络维护工作，确保网络安全稳定运行，配合县委、县政府，确保重大节假日、重大活动和重要会议期间网络通信畅通。完成全县157个核酸检测点信号检测，累计发送疫情防控公益短信超20万人次；对涉及60个重保基站小区进行全天候通信保障，确保各区域网络顺畅、刷码及时；通过建立每日通报机制，持续监控县委县政府办公楼、人民医院、隔离酒店等重要场所覆盖站点的无线网络指标情况。配合做好省道225线迁改、乡村振兴建设等工作。全年开展“学雷锋、创文、巩卫、抗疫、通信便民”等志愿活动30多场次。

（何棱钎）

联 通

【概况】 2022年，中国联合网络通信有限公司平远县分公司（以下简称“中国联通平远分公司”）致力于加快信息基础设施建设，为平远县信息化建设和数字乡村建设提供更加优质、丰富的服务。

【联通网络建设】 2022年，中国联通平远分公司完成基础网络建设投资638.91万元（其中5G基站室分建设投资530万元），投资完成率100.1%，开通5G基站49个（含900M低频），5G中高频覆盖到镇，5G低频覆盖到村，达成年度5G网络建设开通目标。新开通4G基站5个，新增NB（窄带）基站2个，千兆光纤接入19个大中型小区（楼宇），新增千兆端口约5600户（含百兆升级），新建SD-OTN（软件定义光传送网络）政企精品网下沉节点15处。

【联通“U悦服务”】 2022年，中国联通平远分公司推广“U悦服务”品牌，聚焦老百姓网络生活中“急难愁盼”的硬骨头、老大难问题，作出“手机亮码支付卡必赔、千兆宽带上网慢必赔、移动业务定制错必赔”服务承诺。用户进入“联通U悦”小程序上报问题，审核通过后48小时内可获得赔付及解决方案。不断倒逼服务质量提升，以个性化的“U悦服务”，提升品牌形象。

【防范打击电信诈骗】 2022年，在电信诈骗呈高发态势的情况下，为保障信息安全事件处理及时有效，中国联通平远分公司通过自有本地话务模型系统加强监控，采用筛查模型，自动检测异常号码，经人工二次核查对异常号码及时进行溯源关停。建立涉诈手机卡责任倒查追究机制，明确用户实名登记、用户信息保护、防范阻断诈骗信息、重点业务管理的工作规范。

【平远县首个数字乡村“5G+”智慧治理平台落地河头镇】 2022年，中国联通平远分公司助力平远县首个数字乡村“5G+”智慧治理平台落地河头镇，实现包括村务治理、灾害应急、生活服务等多方面功能，可用智慧大屏提供数据可视化服务。与镇村共同推进数字乡村运营，加快推进乡村治理体系和治理能力现代化，实现信息化与乡村治理深度融合。

（中国联通平远分公司）

交通运输

责任编辑：林绪远

路网规划建设

【概况】 2022年，平远县交通运输部门围绕建设粤闽赣区域性综合交通枢纽的目标，加快推进瑞梅铁路、国道、省道、县道升级改造和“四好农村路”（建好、管好、护好、运营好农村公路）建设，对接潮州至南昌国家高速公路，加快推进平武高速、平（远）蕉（岭）大（埔）高速立项建设。

【瑞梅铁路建设】 2022年，平远县动工建设瑞金至梅州铁路平远段。瑞梅铁路广东段全长75.06千米，总投资64.73亿元，其中平远段48.22千米，投资42.56亿元。平远县境内经过八尺镇、中行镇、河头镇、大柘镇、热柘镇、长田镇6个镇21个村，需征土地面积146.99公顷（2204.9亩），拆迁房屋84座、面积2.79万平方米。平远段隧道22座，总长23.08千米。其中，特长隧道1座、长隧道3座、中隧道7座、短隧道11座。平远段桥梁40座，总长12.14千米。其中，特大桥7座、大桥27座、中桥6座。平远段2个中标单位组建项目部，动工建设牛坪隧道、八尺跨济广高速特大桥、平远特大桥、李屋隧道、巴庄隧道5个先行开工点，其中李屋隧道进口于10月16日动工建设。完成平远段全线征地丈量清点面积137.57公顷（2063.5亩），完成率93.6%，其中完成5个先行开工点征地交地7.72公顷（115.87亩），完成率97.7%。协助施工单位完成3个拌和站和4个钢筋加工厂选址和临时用地租用工作，其中拌和站于10月16日动工建设。

【高速公路规划建设】 2022年，平远县交通运输局加快推进高速公路规划建设。平远至武平高速列入《国家公路网规划》《广东省高速公路网规划（2020—2035年）》和《广东省综合交通运输体系“十四五”发展规划》出省通道项目，是潮州至南昌国家高速公路平远段。平（远）蕉（岭）大（埔）高速列入《广东省高速公路网规划（2020—2035年）》远景规划建设项目，完成线路初步方案，正配合市交通运输局开展工程可行性研究报告编制。

【国、省道规划建设】 2022年，平远县公路事务中心完成国道206线平远县超竹至梅平径段一级公路改建项目工程可行性研究报告编制工作，材料上报省交通运输厅审查。投资400万元，完成市重点项目省道225线大柘至石正段改建工程，12月全线建成通车。完成省道334线泗水大新至东石汶水段改建工程项目可行性研究报告评审，全长23.49千米，总投资6.62亿元。

【“四好农村路”建设】 2022年，平远县交通运输局推进“四好农村路”建设，投入3.38亿元，完成通建制村“单改双”（单行道改成双行道）和路网联结工程75.6千米、美丽公路工程10千米、危桥改造2座，有序推进东石白岭至泗水梅畲、县道038线东石汶水至泗水至普滩、县道966线中行吾良畲

至�竹等工程建设。（刘琳 刘丽芳）

公路养护管理

【概况】 2022年，平远县交通运输部门推动公路管养升级，路况质量持续保持良好状态。累计投入资金410多万元，做好国、省、县、乡道水毁塌方的抢通修复工作。

【国、省道管养】 2022年，平远县公路事务中心抓好路面养护，投入资金818.48万元，完成国道206线、国道358线修复性养护工程和美丽公路提升改造工程。其中，国道206线、国道358线修复性养护工程建安费分别为295.76万元、313.49万元，国道358线美丽公路提升改造工程建安费209.23万元。做好水毁路段清理抢通，先后投入60多万元，完成国道206线、省道332线等路段水毁塌方的清理抢通。增加投资115万元，对国道358线飞龙服务区、省道225线练坑塘服务区建设停车坪、廊亭、标牌标识、车库等配套设施。

【县、乡道管养】 2022年，平远县交通运输局推进县、乡道养护管理，清扫路面26平方千米，清理水沟1045千米，整修边坡22平方千米，清除塌方5.5万立方米，清理涵洞3300延米/275座，处治各类路面病害8800平方米。累计投入资金350万元，做好水毁公路抢通修复工作。（刘琳 刘丽芳）

综合执法与行业监管

【概况】 2022年，平远县交通运输部门坚持路面治超、源头治超、科技治超“三位一体”，维护道路交通安全；强化道路运输管理，优化运输市场环境；推进道路运输行业安全生产专项整治三年行动，行业安全形势持续稳定。

【路政管理】 2022年，平远县交通运输部门加强公路路政巡查，注重路域环境整治，管理人员累计上路巡查922人次，巡查里程15143千米。拆除违章构造物3处14平方米，清理路面障碍物25处400立方米，发出路政违法行为告知书、整改通知书10份，追回损坏公路及附属设施赔偿款5.14万元。平远县公路事务中心路政管理人员上路巡查282天1087人次，巡查公路里程29649千米，纠正、查处各类路政违章16件，签订各项协议书12份，发出停止侵权行为告知书6份，处理路产损坏案件16宗，收取赔偿费6.12万元，损坏路产案件结案率、索赔率100%。

【运政管理】 2022年，平远县交通运输局组织工作人员不定期深入客运企业、出租汽车企业、维修企业、驾培企业督促企业落实安全生产主体责任，在做好常态化新型冠状病毒疫情防控情况下，规范经营行为。做好客货运输车辆年审、从业资格证换证工作，全年年审客货运车辆、教练车及出租车973辆次，新审批普通货运和客车车辆及教练车135辆。做好驾驶员培训工作，全年培训机动车驾驶员3133人。

【交通综合执法】 2022年，平远县交通运输局坚持路面治超，联合公安交警等部门突出重点时段、重点路段，采取错峰执法、市县联合执法等方式加大打击货车非法超限超载行为；坚持源头治超，全县9家重点货运源头企业安装货运源头监控系统并接入省监控平台，防范非法超限超载车辆出场、出站；坚持科技治超，依托国道206线长田路段治超非现场执法监测点，对违法超限运输车辆进行抓拍处罚。全年出动执法人员2870人次，立案106宗，办结案件106宗。其中，道路运政案件12宗，路政案件14宗，非现场执法（治超）案件2宗，源头治超6宗，路面联合治超案件72宗。卸载转运货物2864.94吨，行政处罚金额19.86万元，维护道路水路运输市场秩序和公路路产路权。

【交通行业监管】 2022年，平远县交通运输局突出“两客一危一货”、隐患路段治理、危桥改造、公路安防工程、超限超载治理等行业重点，查处非法营运、客车违规异地经营、擅自脱离动态监控经营等违法违规行为，打击施工单位无证上岗、以包代管、以租代管、层层转包、违法分包等各种非法违法行为。全年出动工作人员269人次，检查单位、场所75家次，发现问题（隐患）117个，限期完成问题（隐患）整改117个。平远县公路事务中心做好系统防范化解道路交通安全风险工作，成立应急抢险救援工作队及国防动员公路保交护路专业队，组织应急保通培训和实操演练。加强施工路段、危险路段和重点时段（如汛期、森林防护期）、重要节庆时段督查、检查，保障群众出行安全。全年投入资金30多万元，完成国道206线、国道358线、省道332线安全隐患整治16处。

【交通运输领域新型冠状病毒疫情防控】 2022年，平远县交通运输部门落实新型冠状病毒疫情防控工作。1月10日至12月8日，累计核酸检测旅客19525人次；1月10日至12月16日，累计核酸检测从业人员33783人次，均未发现有新型冠状病毒感染病例。做好入境人员及涉疫人员闭环接转工作，全年投入转运车辆847辆，转运集中隔离（解除隔离）人员5882人。督促邮政快递企业落实疫情防控主体责任，加强进境国际邮件快件防控措施。联合卫健、公安、公路、属地镇、高速公路公司等单位做好高速公路收费站出口、服务区等便民核酸检测服务点工作。

（刘琳 刘丽芳）

汽车运输

【概况】 平远汽车运输有限公司（以下简称“平远汽运公司”）是广东省二级汽车客运站。至年底，有在用线路牌86块，建制车辆117辆，员工121人，其中驾驶员78人。客运线路覆盖珠三角、全县各镇及行政村。实现营业总收入1117万元，净利润169.1万元。全年发送班次78452个，运送旅客43.98万人次。

【城乡公交和镇通村客运】 2022年，平远汽运公司做好城乡公交线路进一步优化，合理安排班次，保持与镇通村班车的时间连接，满足人民群众出行需求，镇通村客运业务覆盖全县11个镇（不含县城所在镇）。利用公交车早末班，开展县城及乡镇学校学生接送业务。

【定制运输】 2022年，平远汽运公司做好定制及包车业务，梅州城区学生定制43班，发送旅客1300人，营收1.95万元。

【汽车运输安全管理】 2022年，平远汽运公司做好新型冠状病毒疫情防控工作，坚持站场和车辆每天消毒，要求员工和进站旅客佩戴口罩，体温检测，查验粤康码。坚持节日期间领导带班24小时值班值守，抓好春运、“五一”、国庆等节日运输安全。坚持每天驾驶员出车前做好问询告知工作，做到全面了解掌握车辆运行情况、驾驶员身体状况，及时解决和处理当天问题，确保运输生产安全。及时跟踪气象台预警信息，实时监控车辆状态和路况，在不宜行车的天气状况下果断停运班线。针对自营车车况参差不齐的问题，实行不定时检查，重点做好方向、刹车、空调线路及整车性能的综合检查，及时整改发现问题。组织年度安全应急预案演练和消防演练，加强安全宣传，加强驾驶员安全教育培训工作。全年安全行驶里程456.65万千米，安全间隔里程456.65千米。全年未发生较大以上交通安全事故，各项安全考核全部达标，安全生产达到既定目标。

（林佳君）

商业·贸易

责任编辑：林绪远

供　销

【概况】 2022年，平远县供销社系统实现销售总额25亿元，同比增长6.22亿元，同比增长33.1%。其中，农业生产资料销售3亿元，同比增长0.66亿元，同比增长28.4%；农产品销售20亿元，同比增长5.29亿元，同比增长35.9%；日用消费品销售2.4亿元，同比增长0.66亿元，同比增长38.1%。实现利润155.9万元，同比增长73.6万元，同比增长89.43%。3月，平远县供销系统召开社员代表大会，选举产生新一届理事会、监事会。

【联农扩面工程建设】 2022年，平远县供销合作社联合社（以下简称“平远县供销社”）制定完善镇村供销社章程，统一标识，规范样式，将镇村供销社打造成为服务农民生活生产的综合平台。以农资农技推动农业增效，与省供销社下属企业天禾农资公司共同成立平远县供销远禾农业服务有限公司，为农民提供各项农业生产社会化服务。参与脐橙产业园扩容提质建设项目，结合平远现有脐橙、油茶、南药等主导产业，开展农机、电商、农产品展示、信用贷款、农民培训等服务。与省财经职业技术学校开展校社企合作，共同推进“粤菜师傅”工程培训，全年培训100人。

【为农服务网络建设】 2022年，平远县供销社利用专业化的农资农技服务网络，提供土质测土配肥、植保飞防、农业面源污染治理等综合性为农服务，推广先进机械配备应用、水肥一体化等实用性农业技术，打通农业科技推广“最后一公里”。挂牌运营农业生产社会化服务运营中心，在全县3个片区设立服务站，搭建农户与服务组织沟通桥梁，统一托管服务标准，提供“订单化”专业农事服务，提升土地利用效率和种植效益。全年托管土地266.67公顷（4000亩），其中撂荒耕地66.67公顷（1000亩）。推进公共型冷链物流骨干网建设，把广东供销（平远）天业冷链物流产业园建设作为年度重点工作，帮助农民解决农产品滞销等问题，实现农产品错峰错季上市。建立完善放心农产品产销对接网络，广东供销农产品直供配送平远服务中心前期运营场所建成并运营，全年承接12家企事业单位的食材配送业务。

2022年8月1日，广东省供销社党组书记、理事会主任叶梅芬（左三）率队到平远县调研广东供销农产品直供配送平远服务中心等重点项目建设情况

（县供销社提供）

【乡村产业振兴服务】 2022年，平远县供销社通过与村集体联合共建镇村供销社，创办领办一批粮食生产专业合作社，带动小农户开展规模生产，对接大市场。依托基层联农组织，突出抓好产业振兴，发展粮食生产，壮大村级集体经济，带动农民增收。与热柘镇党委、政府共同支持设立热柘镇供销有限公司，发挥县、镇、村三级供销合作社和8个行政村统筹农资农服、土地资源、劳动力资源的优势，围绕133.33公顷（2000亩）广藿香种植基地和100公顷（1500亩）玉米种植基地，建立“龙头企业+村集体+社会化服务组织+农户”利益联结模式和“保底收益+产值分红+劳务优先”利益联结机制。强化与银行业金融机构合作，全面铺开“粤供易贷”业务，解决小农户和农民专业合作社无担保、融资难问题，协调发放贷款2000多万元。开展新型职业农民培训，利用供销系统职教资源，开展农民技术员、“属地飞手”等农技服务人员培训，全年培训“属地飞手”19人。 （张苏妮）

粮食管理

【概况】 2022年，平远县发展和改革局做好粮食收购备案工作，执行粮食流通统计制度，做好粮油市场保供稳价工作，按时按质按量完成县级储备粮轮换任务。编制梅州市首个县级粮食领域“十四五”规划——《平远县粮食安全和应急物资保障“十四五”规划》，修订《平远县县级储备粮管理办法》《平远县粮食应急预案》。推进平远县平粮粮食收储有限公司国有企业改革。

【储备粮油管理】 2022年，平远县发展和改革局做好粮油仓储保管工作，适时开展春、秋两季粮油储存安全普查，推广科学保粮技术，创新储粮技术，抓好仓储安全生产。

【粮食收购】 2022年，平远县发展和改革局执行国家粮食收购政策。夏收时，平远县平粮粮食收储有限公司根据县储轮换计划提早安排仓容、资金，以每50千克133元的价格公开挂牌直接收购农户生产的稻谷，未发生“卖粮难”“打白条”现象，保证农民种粮积极性，为全县粮食安全打下坚实的物质基础。

【依法治粮】 2022年，平远县发展和改革局专项检查平远县平粮粮食收储有限公司库存政策性粮油，经检查，库存粮油数量真实、质量良好、储存安全、管理规范。开展夏粮收购专项监督检查，杜绝“转圈粮”“以陈顶新”“人情粮”等违规违法行为，维护良好的粮食流通市场秩序。督导平远县平粮粮食收储有限公司严把粮食入库质量关，对新入库的粮食做到一车一检，测定水分、脂肪酸值、重金属含量，检测达标后采取一边除杂一边进仓的方式进仓。新入库稻谷经惠州市粮油质量检测中心现场扦样、检测，普通质量指标、储存品质指标和主要食品安全指标均合格。

【粮仓建设】 2022年，平远县发展和改革局推进粮库智能化升级改造、“等级粮库”创建、绿色仓储建设工作，拟在坝头粮库扩征土地1.2公顷（18亩），新建1座1.44万吨高标准绿色储粮粮仓；对现有1座1.2万吨粮食仓储和1座1000吨成品食物油仓，按AAA等级粮库要求实施智能化和绿色储粮设施改造；新建1座综合物资储备用房。拟在城镇粮库建设1座稻谷日处理能力200吨粮食应急加工厂和1座约1000平方米成品粮恒温仓。至年底，完成规划设计、可行性研究报告等前期工作。

【粮食专项巡察问题整改】 2022年，平远县发展和改革局党组对梅州市涉粮问题县级专项巡察第四组反馈的三个方面17个问题研究梳理，建立台账，明确整改措施和责任人。至年底，全部问题完成整改，完善各项规章制度22项。 （蓝林青）

烟草专卖

【概况】 2022年，平远县烟草专卖局（分公司）统筹新型冠状病毒疫情防控和生产经营，实现业绩新进步，全年上缴税收3109.3万元。推进“一网通办”，全年受理行政许可事项301宗。

【烟叶生产经营】 2022年，平远县烟草专卖局（分公司）推广应用关键技术，提升标准化生产水平，推进烟叶品质持续提升，全县种植烟叶面积666.67公顷（1万亩），收购调拨烟叶1390吨（2.78万担），其中上等烟比例72.39%，同比增长8.94%，收购均价每担1626.61元，同比增长7.35%。烟农每亩平均收入5331元。继续加大烟叶生产基础设施建设补贴投入，全年建设烟基项目229件，投入补贴资金272.2万元。召开首届优秀职业烟农表彰大会，继续开展“我为烟农办实事”主题实践，提升服务质量。开展平远仁居标准化烟站创建工作。因地制宜加大育苗大棚、密集烤房、农机具等设施综合利用，引导合作社和烟农在烟后种植有机稻、水稻制种等，多措并举促进烟农增收。

【烟草营销网建】 2022年，平远县烟草专卖局（分公司）开展营销网建，市场状态持续向好。全县有效客户数832户。其中，20支形象店2家，特许加盟店2家，冠名合作店6家，功能店47家，20支网络客户总数50户，星级评定客户数49户。全年累计销售卷烟9260.78箱，单箱销售收入同比增长2.55%。5月，送货模式由原来中转配送改为直接配送，实现企业降本增效。

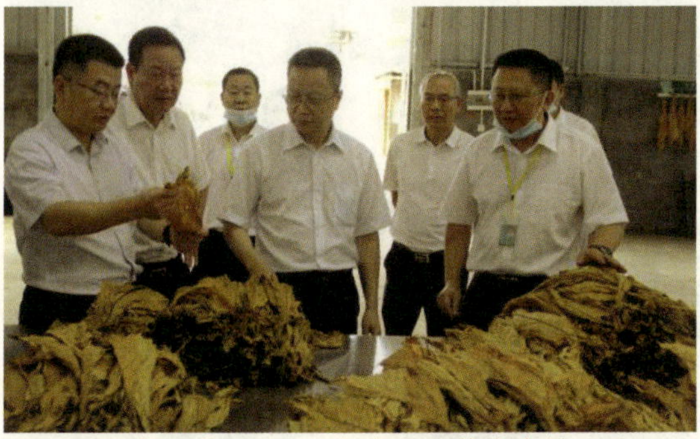

2022年6月16日，广东省烟草专卖局（公司）巡视员刘依平（左四）率调研组一行到平远县烟草专卖局（分公司）调研 （县烟草专卖局提供）

【烟草农网建设】 2022年，平远县烟草专卖局（分公司）做好农网建设工作，利用本地红色文化、特色农产品等优势，制定“一店一策”方案，提升终端形象。现有农网客户444户，改造农网客户155户，在仁居镇打造红色终端1个。全面升级平远县仁居镇20支乡村直营店，推动20支流通品牌进农网。探索通过农网创业带头人，运用“互联网+”等方式销售特色产品，带动农网零售增收致富。全年有12户零售客户上架销售扶贫产品，形成土特产商品专柜，带动相关客户增收约28万元。

【卷烟市场秩序维护】 2022年，平远县烟草专卖局（分公司）持续保持对卷烟制假、非法运输和非法经营烟叶的高压打击，落实“蓝剑”和“金叶2022”专项行动，规范“两烟”（烤烟、卷烟）经营。全年查获涉烟案件65宗，查获电子烟2.4万支，查获涉案卷烟233.32万支、同比增长130%，查获烟丝9840千克，总案值433.15万元、同比增长115%，上缴财政罚没款4.53万元。持续开展电子烟实体店专项检查行动，保护好未成年人身心健康和消费者合法权益。全年联合公安、市场监管局开展卷烟市场联合检查行动48天次。 （县烟草专卖局）

石油经营

【概况】 2022年，中国石化销售股份有限公司广东梅州平远石油分公司（以下简称“中石化平远公司”）有城区、国省道、乡镇、高速服务区加油站11座，主营成品油、润滑油零售和批发。建设情暖驿站2座，爱心驿站1座，连续10年开展“情暖驿站”春节关爱务工人员公益活动，服务骑摩托车返乡人员。

【综合加能服务】 2022年，中石化平远公司每个加油站配备自助支付机，多个加油站配备自助发卡终端、自助圈存机等智能化设备，在每座加油站开辟智慧服务专区，自助支付比例超过60%，自助开票比例近50%。在2座加油站配备德国进口自动洗车机，提供APP线上购物、粤通卡充值、保险、手机积分兑换等便民服务。

【石油经营发展】 2022年，中石化平远公司投入资金对全县11座在营加油站实施防渗改造，完善油气回收系统、三级隔油池、环保沟等硬件设施。推进“油品供应商”向“综合能源服务商”转型发展，光伏发电、充电桩、换电柜项目实现突破，建设完成充电站项目1座，正在建设光伏发电项目1座。油品入库出库至少经过2次化验且检验100%合格；实行专车专罐专运，配备GPS（全球定位系统）、电子铅封等智能设备，防止人为调包、偷盗。在政府部门对加油机每半年“强制检验”基础上，实行每月自检，确保每把加油枪发油量准确。开展“百日安全无事故”专项行动，开展各层级队伍培训和演练，提升应急反应能力。

（中石化平远公司）

商贸市场

【概况】 2022年，平远县成功申报创建国家级县域商业体系建设示范县。全县有市场备案的酒店宾馆、民宿客栈305家（户），餐饮场所1982家（户），批发业商户735户，零售业商户4512户，快递企业16家，汽车销售企业23家，二手车交易企业51家，典当企业1家，其中城区正常经营的酒店宾馆、民宿客栈28家，餐饮场所409家，大型商场超市4家。据不完全统计，平远县2022年电子商务交易额28.45亿元，同比增长1.53%。

【重要商品流通体系建设】 2022年，平远县科工商务局谋划县域商业建设项目12个，包括商贸中心建设、电子商务进农村提质增效升级、物流配送中心建设、重点餐饮企业升级改造等项目，通过省商务厅审核，获得中央财政补助资金1000万元。培育梅州市时珍药业连锁有限公司、梅州市新博厦贸易有限公司2家商贸企业，平远县鸿图人力资源有限公司1家服务业企业纳入上限企业库。培育梅州锡从卤班食品有限公司成为“粤菜师傅”特色企业。

【消费提质升级】 2022年，平远县科工商务局依托县级电商公共服务中心，培育电商技能人才，引导县内电商企业和创业者对接淘宝、拼多多、抖音、快手和一亩田等平台开展直播带货，创建直播带货创新创业示范基地和跨境电商实操基地，组织开展电商培训2场，培训人数达100人次以上。组织飞龙超市、喜多多超市凯旋店、喜多多超市边贸店3家商场超市，林利酒店、客家上品饭店、清香饭店、豪享盛世牛排餐吧4家餐饮企业参与全市消费券促消费活动。自活动

2022年6月12日，主播在平远县跨境电商服务中心直播间推介平远农产品 （来源：掌上梅州）

开展以来，商超日均增加消费收入5000元以上。

【商贸流通行业监管】 2022年，平远县科工商务局继续加强行业监管，重点对民爆、商贸物流、酒店宾馆企业开展安全生产检查，排除隐患，全年出动检查64次，检查企业96家。督促餐饮企业安装可燃气体浓度报警装置，确保餐饮企业安全生产经营。通过强化监管财务报表、后台交易系统，规范行业经营，二手车交易市场、民爆、商贸流通等内贸行业风险整体可防可控。

（张灼娴 刘晓翔 王达）

涉外经济

【外经贸概况】 2022年，平远县实现贸易进出口总额7374.8万美元，同比下降42.1%。其中，外贸出口总额5575万美元，同比下降53.5%；外贸进口总额1799.8万美元，同比增长146.9%。

【外贸经营环境优化】 2022年，平远县科工商务局提升外贸外资便利化程度，累计帮助9家企业成功办理对外贸易经营者备案登记。开展暖企行动，召开政企沟通座谈会、政银企融资对接活动、木业企业座谈会等，宣传稳外资、稳外贸政策，加强与市县税务、海关、市场监督、金融、公安等部门联系，服务外贸进出口企业，畅通和扩大进出口业务渠道。

【稳外资、稳外贸政策落实】 2022年，平远县科工商务局引导企业主动应对外贸挑战，加快产线转型升级，达士通、方鼎环保、金小猴等企业实施技改项目，引进一批先进设备，扩大产品生产规模，提高生产效率和产品质量。组织外贸企业参加知名博览会，组织广东元宝时代家居有限公司参加2022年中国（出海网）跨境电商选品在线展览会，组织梅州市雷韵电子科技有限公司参加第六届深圳国际跨境电商贸易博览会，组织广东保灵医药有限公司、梅州市可其山电子商务有限公司、梅州市锡从餐饮管理有限公司参加第五届中国国际进口博览会，争取抢订单、多成交。跟踪服务盈华电子进口设备安装，贡献1293.8万美元进口额。

（张灼娴 王振胜）

旅游业

责任编辑：刘莹子

综　述

【概况】　2022年，平远县建成对外开放景区（景点）11处，其中国家AAAA级旅游景区1个、AAA级旅游景区6个；三星级酒店2家、按四星级标准建设的酒店3家；星级民宿8家；旅行社及分支机构14家；旅游驿站11座。全年全县接待游客32.44万人次，实现旅游综合收入2.08亿元。

【全域旅游】　2022年，平远县大河背景区成功申报国家AAA级旅游景区。差干镇加丰村获评“第三批广东省文化和旅游特色村”；岭东大酒店（现五指·悦梅汤泉度假酒店）被评为第一批广东省驿道酒店；大柘镇被评为市级休闲农业与乡村旅游示范镇；大柘镇黄沙村休闲农业观光园获评市级休闲农业与乡村旅游示范点。平远县休闲康养乡村游线路被评为第三批广东省乡村旅游精品线路。平远县北京国际山地徒步大会梅州·平远站成功入选2022中国体育旅游精品赛事，平远大佛船灯自然游线路被评为第一批梅州市非遗主题旅游线路。五指石、南台卧佛山、相思谷实现景区一体化经营，推动县内主要景区门票联动优惠，推出“南台遇相思”等多日游旅游线路。3—12月，相思谷景区接待人数同比增长78.15%。启动平远县全域旅游基础设施建设项目（一期），包括平远县全域旅游综合服务中心和旅游公路建设。

2022年平远县国家A级旅游景区一览表

表7

名　称	等　级	地　址
五指石景区	国家AAAA级旅游景区	平远县差干镇加丰村
上举相思谷景区	国家AAA级旅游景区	平远县上举镇畲脑村
松溪河景区	国家AAA级旅游景区	平远县差干镇加丰村
金穗休闲旅游区	国家AAA级旅游景区	平远县中行镇快湖村
曼佗山庄	国家AAA级旅游景区	平远县长田镇官仁村
南台卧佛山景区	国家AAA级旅游景区	平远县石正镇南台山
大河背景区	国家AAA级旅游景区	平远县中行镇仲石村

2022年平远县星级酒店一览表

表8

酒　店　名　称	地　　址
远南大酒店（三星级）	大柘镇平城中路49号
和园商务宾馆（三星级）	平远大道北与环北路交叉口

2022年平远县按四星级标准建设酒店一览表

表9

酒店名称	地址
富港大酒店	大柘镇平城中路
岭东大酒店	差干镇加丰村
维也纳国际酒店	大柘镇平城南路县汽车站侧

2022年平远县星级民宿一览表

表10

名　　称	联系人	地　　址
世外桃源休闲山庄（市四星级）	赖申桂	平远县泗水镇金田村鹧鸪角
客天下田园梅畲·文春山居（市四星级）	刘育杰	平远县泗水镇梅畲村
红豆人家（市三星级）	谢立群	平远县差干镇湍溪村
八珍娘民宿（市三星级）	韩垂财	平远县八尺镇肥田村
回又来民宿（市三星级）	谢剑芬	平远县差干镇加丰村
怡情园家庭农场（市三星级）	肖志强	平远县八尺镇肥田村
客天下田园梅畲·田园客栈（市三星级）	曾　汀	平远县泗水镇梅畲村
山里人民宿（市三星级）	刘　强	平远县泗水镇梅畲村

2022年平远县旅游驿站一览表

表11

名　称	地　点	备　注
仁居镇旅游驿站	仁居镇上远村一号生态农庄	为游客提供观景休憩、餐饮服务、特产销售、旅游厕所、交通指引、停车、无线上网等旅游服务
河头镇旅游驿站	河头镇圩镇口河头电商	
石正镇旅游驿站	浩缘民宿	
热柘镇旅游驿站	热柘镇热柘村村委会	
长田镇旅游驿站	长田镇圩镇庄园酒家	
上举镇旅游驿站	相思谷游客中心	
差干镇旅游驿站	差干镇嘉盛农家餐馆	
泗水镇旅游驿站	泗水镇镇新街30号	
东石镇旅游驿站	东石石雕厂	
中行镇旅游驿站	中行镇盐布潭文平饭店	
八尺镇旅游驿站	八尺镇酒业协会	

2022年平远县旅行社及分支机构一览表

表12

旅行社及其分支机构名称	地　址	联系人
平远县五指石旅行社有限公司	羊子甸桥头	谢球凤
梅州市国游旅行社	平城南路	林建云
爱游国际旅行社平远分公司	大柘镇广场路	谢碧芳
梅州市五指石旅游服务有限公司平远分公司	差干镇加丰村	谢汉林
梅县中旅平远营业部	平远大道海春大厦首层	谢荣扬
中国国旅（广东梅州）旅行社有限公司平远营业部	平城花园B区D栋1-4号	谢清霞
中国国旅（广东梅州）旅行社有限公司平远县五指石营业部	差干镇加丰村金星	谢钰锋
梅州市中国旅行社平远营业部	大柘镇河滨路	黄玉兰
梅州市五指石旅游服务有限公司平远营业部	大柘镇沿河路陶然居南区	谢汉林
盈科美辰国际旅行社梅州平远营业部	平远县大柘镇城西开发区十一号地(边贸二横街8号)	姚盛强

（续表 12）

旅行社及其分支机构名称	地　址	联系人
嘉能国际旅行社平远营业部	兴柘路羊子甸平远大道中 79-1 号	何　为
广东客航国际旅行社有限公司平远石正营业部	石正镇先锋村梅石路 98 号	余文科
深圳圆梦国际旅行社有限公司平远营业部	平远县大柘镇环城路 123 号	谢长江
湖北爱旅纷途国际旅游有限公司平远营业部	平远县大柘镇城西二横街 6-1 号	林德龙

旅游开发和行业管理

【概况】　2022 年，平远县文化广电旅游体育局（以下简称“平远县文广旅体局”）以创建国家级全域旅游示范区为重要目标，着力抓好项目建设，促进文旅融合，追求创新发展，力保惠及民生，切实推动平远旅游事业再上新台阶。通过整体谋划、深入挖掘特色、串点连线，将平远县红色文化、绿色美景、特色美食结合起来打造旅游线路，并申报精品线路，推动文化旅游融合发展。2022 年 1 月，平远县休闲康养乡村游精品线路（长田趣味乐园、体育公园→曼佗山庄→南台卧佛山景区→石正水打坝→梅州市南药梅片特色产业旅游区→大佛寺→石龙寨）被评为第三批广东省乡村旅游精品线路。平远县北京国际山地徒步大会梅州·平远站成功入选 2022 中国体育旅游精品赛事，是广东省唯一入选的精品赛事。

【旅游项目建设】　2022 年，平远县文广旅体局推动各类旅游项目建设工作。南台卧佛山景区项目年内完成投资 4000 万元，完成新西兰滑板车、彩虹滑道、小酒吧、中餐厅、候车长廊等节点建设并投入使用；完成大佛寺至合掌岩局部道路拓宽、嶂肚里水源点水塘、候车长廊、休息亭、观景台等配套基础设施建设；推进儿童乐园、民宿餐厅、合掌岩水景水系等项目建设。总投资 1859 万元的平远县“红色记忆”骑行道项目建设完成工程进度的 95%。

【旅游行业管理】　2022 年，平远县文广旅体局坚持日常检查和专项检查相结合，会同公安、消防、市场监管等部门开展文化旅游体育市场安全生产主体责任落实情况联合检查，履行行业安全监管职责，推进智慧旅游建设。A 级旅游景区新增计数摄像头 18 个，全县 A 级旅游景区和主要景区（点）实现全覆盖监控；做好景区文旅体高风险项目安全监管；开展行业安全生产专项整治三年行动、私设“景点”专项问题整治和“野景点”安全管理，摸排全县“野景点”4 处；年内出动检查执法人员 1356 人次，检查经营单位 519 家次，排查并完成整改隐患（问题）180 多起，办结执法案件 2 宗。重点打击“不合理低价游”欺行霸市、强买强卖等违法行为。全力推进对玻璃桥等景区高风险项目的安全监管，参照他市做法，邀请省建科院对景区玻璃桥项目进行现场检测，并编制养护指南，对检测报告和养护指南召开专家评审会。举办文旅体系统业务培训班 2 场，培训文旅体企业负责人、安全管理人员和文博单位负责人 116 人。全年受理旅游投诉 14 宗，全部按时办结，无重大旅游服务质量事件。

【民宿、农家乐品牌打造】　2022年，平远县文广旅体局坚持把民宿、农家乐当作小微旅游目的地来打造，引导民宿（乡村客栈）、农家乐规范化、特色化、品牌化发展。至年底，平远县有持证民宿12家（梅州市四星级民宿2家、梅州市三星级民宿6家），梅州市三星级农家乐1家。

【旅游宣传推介】　2022年，平远县文广旅体局做好各项旅游宣传推介工作。在“平远旅游”微信公众号推送推文600多篇；在“南方+”平台更新文章400多篇，屡次登上梅州“南方+”榜单；在“平远县全域旅游”小程序更新资讯200多篇，阅读量超10万次。再版《南台风物》3000册，再版《五指石与隆武帝》《五指美景，人间仙境》《五指石览胜》各1000册，编印《红四军纪念馆》宣传折页1万份，在平兴高速石正服务区、梅州机场设置宣传栏和广告牌，进一步宣传平远县旅游资源。1—2月，举办“精致小城·大美平远”短视频大赛，发动全民推介平远旅游、文化与美食。5月，结合第12个“中国旅游日”举办“精致小城·大美平远——网络达人带您云旅游”活动，依托网络平台推动旅游走上“云端”、进入“指尖”，以第一视角带领观众游览平远主要A级旅游景区和文旅场所，直播观看人数累计100万人次。

【旅游行业疫情防控】　2022年，平远县文广旅体局科学统筹旅游行业疫情防控，组织召开局党组（扩大）会议、领导小组专题会议20多次；组织歌舞娱乐场所、网吧、A级旅游景区等50多家文化旅游体育场所负责人召开行业疫情防控工作和安全生产相关会议、疫情防控知识和技能培训会7次。开通“平远全域旅游智慧预约平台”，将主要文体场馆、景区、KTV、网吧等纳入平台管理，督促企业严格落实“限量、预约、错峰”要求。陪同市文化广电旅游局、市体育局相关人员对主要景区景点、民宿、网吧、文体场所等开展实地检查8次31家次；会同公安、消防、市场监管等部门开展常态化疫情防控专项检查督查工作6轮。　　（韩好）

2022年8月10日，平远县政府副县长蓝常基带队参加“2022广东文化和旅游产业投融资对接会”
（县文广旅体局提供）

财税·金融

责任编辑：叶俊新

财 政

【财政收支】 2022年，平远县一般公共预算收入总计341195万元，对比上年减收8736万元，同比减少2.5%。其中，县级一般公共预算收入53478万元，对比上年增收721万元，同比增长1.37%，完成年度调整预算收入的91.73%；上级补助收入247134万元、一般债务转贷收入15155万元、调入资金18080万元、动用预算稳定调节基金257万元、上年结余7091万元。一般公共预算支出总计341195万元，对比上年减支8736万元，同比减少2.5%。其中，县级一般公共预算支出315987万元，对比上年增支25519万元，同比增长8.79%；上解支出8631万元、债券还本支出6858万元，年终结余9719万元。

【财源培植】 2022年，平远县财政局应对经济下行压力，加强形势研判和前瞻谋划，多措并举加大财源涵养培植力度，增强财政发展后劲。综合施策助企纾困，落实新的组合式税费支持政策和国有房产租金减免政策，加大融资担保力度，降低中小企业参与政府采购门槛，保障市场主体及早享受政策红利。落实加快实体经济振兴发展及各类惠企奖补措施，有效激发企业发展活力。运用涉财税源数据共享机制、税收共治联动机制，及时掌握税源增减动态，摸清影响因素，有针对性细化措施，做到依法征收、应收尽收。最大限度盘活政府资源资产，推进行政事业单位资产处置收入上缴，清理盘活国有企业存量资产，稳步推进土地、矿业权出让工作，拓宽收入来源。

【地方经济建设经费保障】 2022年，平远县财政局坚持集中财力办大事，统筹整合财政资金资源，争取上级专项资金12.46亿元、地方政府债券资金15.56亿元、国家政策性开发性金融工具0.85亿元，保障县重点领域和重大项目建设资金需要。支持实体经济为本、制造业当家，投入4.91亿元推进省级高新区配套基础设施建设，帮助企业入园落户，带动产业集聚集约发展。注重发挥财政的民生兜底保障作用，坚决兜牢“三保”（保基本民生、保工资、保运转）底线，办好省10件和县“10+2”件民生实事，全年用于教育、社会保障与就业、医疗卫生等民生支出27.09亿元，占一般公共预算支出的85.7%。推动城乡区域协调发展，投入10.85亿元，用于县城提质改造和美丽圩镇建设攻坚行动。统筹整合涉农资金，获省级涉农资金2.58亿元、驻镇帮镇扶村资金1.14亿元，保障农村人居环境整治、基础设施建设、应急救灾和农业产业发展。

【国有资产监督管理】 2022年，平远县财政局（平远县国有资产监督管理局）规范行政事业性国有资产全过程监管，严格执行资产配置标准，优化在用资产动态化、信息化管理，开展低效闲置土地、房屋及构筑物等国有资产清查处理工作，审批资产处置申请

119 宗，提升盘活利用效率。有序推进国企改革三年行动，围绕重点改革任务聚力攻坚，完成 8 家县属国有企业改革重组工作，帮助企业降本减负、扭亏为盈，全年实现营业收入 2225 万元，同比增长 124%，纳税总额 1656 万元，同比增长 48.92%。加强县属国有企业安全生产监督和保障房服务管理，常态化做好国有企业退休人员社会化管理工作，健全国有资本经营预算管理制度。　（林雨萍）

【住房公积金管理】　2022 年，梅州市住房公积金管理中心平远管理部业务指标平稳增长，纾困政策精准有效。归集公积金 24155.36 万元，同比增长 22.86%，完成年计划的 142.09%。干部职工提取公积金 19670.23 万元，同比增长 24.33%，完成年计划的 218.56%。受新型冠状病毒疫情影响，至 11 月底，发放住房公积金贷款 175 笔 3935.3 万元，完成年计划的 71.6%，住房公积金使用率 100.42%。至年底，年度业务收入 1466.1 万元、业务支出 1010.84 万元，上交县级财政廉租房补充资金 593 万元。10 月 17 日，梅州市住房公积金管理中心平远管理部窗口进驻县行政服务中心，对外办理住房公积金业务。

（梅州市住房公积金管理中心平远管理部）

税　务

【概况】　2022 年，国家税务总局平远县税务局（以下简称“平远县税务局”）落实退税减税降费政策，依法依规组织收入，呈现“稳中有增、稳中向好”态势。平远县税务局被评为“广东省文明单位”“广东省职工书屋”“梅州市先进基层党组织”“团市委五四红旗团（总）支部”。

【税务组织收入】　2022 年，平远县税务局扣除增值税留抵退税因素还原后，全县税务部门组织税费收入 150479 万元，同比增收 23345 万元，增长 18.36%。其中，组织税收收入 61325 万元，同比增收 2554 万元，增长 4.35%（县本级收入 24935 万元，同比增收 1053 万元，增长 4.41%，增速全市排名第一）；社会保险费收入 71521 万元，同比增收 5544 万元，增长 8.40%；非税收入 17171 万元，同比增收 15180 万元，增长 762.43%；工会经费 462 万元，同比增收 67 万元，增长 16.96%。

【法治税务】　2022 年，平远县税务局深化法治税务建设，规范落实税收执法制度，动态更新税务机关权责清单 20 多次。健全税费问题诉求解决机制，试行税务轻微违法“首违不罚”清单制度。落实普法责任，打造具有税务特色的普法阵地。促进税法遵从，主动对 29 户纳税人的轻微违法行为及时纠正。完善数据风险管理体系，完善纳税信用管理和涉税专业服务监管，探索纳税信用信息的互通共享和守信激励、失信惩戒措施。配合稽查部门打击虚开企业 14 户，查补收入 56.32 万元。通过风险应对、疑点分析等方式核查 359 户企业，补缴税费收入合计 597.3 万元，形成打击虚开骗税等涉税违法行为的持续高压态势。发挥双重领导体制优势，运用平远县税收共治协调联动机制，持续深化税纪合作、税警合作、银税互动等，在发票电子化改革、打击涉税违法等方面加强社会化协同，推进协税护税机制实体化、常态化。融入“数字政府”建设，持续强化涉财税源数据共享机制建设，推动打造更加全面、高效、安全的涉税数据共享交换体系。平远县 13 家数源单位 49 项数据全部实现挂接，助力 52 项重点项目推进，涉及税收 3800 多万元。

【纳税服务】　2022 年，平远县税务局围绕“智慧税务助发展 • 惠企利民稳增长”主题，开展“我为纳税人缴费人办实事暨便民办税春风行动”，进一步优化税收营商环境。推进“1+4 非接触式”税费服务［（“1”是指依托党群服务中心，推动“非接触式”税费服务延伸至镇、村（社区），打通税费服务的“最后一公里”；“4”是指电子税务局集中办税、V-tax远程可视化办税、综合税费宣传和专业化个性化税费服务）］试点工作，梳理135项高频业务事项，建成县级纳税服务运营中心，成功上线V-tax远程可视化办税系统，线下业务量同比下降63.5%，线上集约审批事项累计2.8万笔，同比增长150%。与供电部门研判协作，借助税村（社区）共建平台解决村民代开光伏发票难题。有效盘活自助办税终端资源，发票网上申领率同比增长77.72个百分点。2022年，全县村（居）民“足不出村”，就近办理4.2万笔涉税费业务。解答村民税费咨询超2.6万次，极大降低办税缴费成本。

【税费征管】 2022年，平远县税务局落实税费征管政策，发挥以税资政作用。推进新的组合式税费支持政策，实现退、减、缓税（费）约3亿元，力度历年最大，成为助力经济回稳向好的“强心针”。修订完善木材加工、竹制品加工等行业管理指引，加强成品油行业、矿产行业等风险行业和重点工程项目税收管理，多措并举强化税收风险管理。对大企业、总部经济、“税费皆重”格局等发展热点分析研判，6篇分析报告获得县领导批示肯定和研究采纳，提升应用税收大数据服务平远“1+N”产业体系质效，助推铜箔覆铜板、稀土新材料、钙基硅基三大先进材料百亿级主导产业落地。围绕本地管税治税热点形成7篇高质量专题论文，其中6篇被市税务学会采用。

【“税村共建”项目】 2022年，平远县税务局发扬基层首创精神，探索推进深化税收征管改革，“税村共建”项目获得省税务局肯定，并被《人民日报》报道。平远县作为广东省首批试点地区，在“粤智助”自助机上线57项目自助办税功能。平远县作为梅州市试点地区，率先推进“1+4非接触式”税费服务、数字化电子发票试点推广等改革试点工作，率先推行基层税务分局“撤厅设点”工作，打造全市首个“零窗口”智慧办税厅，电子工作平台准时办结率全市最高。

（刘毅恒　陈玲瑜）

中国人民银行平远县支行

【金融管理】 2022年，中国人民银行平远县支行强化货币政策落实，做好信贷投放调控指导。辖区金融机构严格执行稳健货币政策，存贷款增速实现两位数增长，各项贷款中，中短期经营贷款、中长期贷款增幅较大，为平远经济社会发展提供适宜的货币金融环境。12月末，全县金融机构各项存款余额118.70亿元，同比增长14.11%；各项贷款余额73.85亿元，同比增长15.02%，在梅州市各县区排名第二；存贷比62.22%，在梅州市各县区排名第五。加大普惠小微贷款支持工具实施力度，对法人金融机构普惠小微贷款余额增量提供资金激励。至12月末，提供激励金额合计242.32万元，撬动普惠小微贷款比年初增加15304万元，同比增长20.14%，高于各项贷款（剔除转贴现）增速16.98个百分点，惠及1046户市场主体，比年初增加116户。推进“粤信融”“中征平台”运用推广，至12月末，全县金融机构在“粤信融”平台完成融资78笔，融资金额30221万元。在中征应收账款融资服务平台实现融资51笔，融资金额4986.66万元，其中督促平远农商行帮助平远县仁居镇烟农综合服务专业合作社构建规模供应链1条，融资11笔，融资金额131万元。不动产登记金融服务系统办理登记簿1997笔。3月18日，梅州市金融支持乡村振兴现场会在差干镇召开，通过构建“政银企”合力体系，畅通金融支农、助农、富农、惠农政策渠道，加大支农、支小经济发展信贷投放力度。至 12 月末，向法人金融机构发放支农再贷款 5320 万元、支小再贷款 3136 万元；全县涉农贷款余额 517322 万元，比年初增加 67604 万元，增长 15.03%。加强农村信用体系建设，采取“整村建档、逐户评级、统一授信”方式，为有需求的农户和新型农业经营主体提供小额信用贷款。全年建立信用村 69 个、信用户 1534 户，累计给予“整镇授信”3.29 亿元、“整村授信”4.81 亿元，授信户数 1319 户，授信金额 21053 万元，贷款余额 14989 万元。

2022 年平远县四大行存、贷款情况统计表

表 13　　单位：万元

项目	各项贷款				各项存款				存贷比（%）
单位	余额		比年初		余额		比年初		2022 年
	本期	排名	本期	排名	本期	排名	本期	排名	
合计	348667	—	82914	—	441309	—	72653	—	79.01
工行	76464	2	2696	4	91223	3	3562	3	83.82
农行	186920	1	40457	1	190812	1	32902	2	97.96
中行	12506	4	5727	3	6288	4	774	4	198.89
建行	72777	3	34034	2	152986	2	35415	1	47.57

【金融服务】 2022 年，中国人民银行平远县支行指导全县金融机构先后推出“平橙贷”“农耕贷”“灵芝贷”等 20 多个适合平远县特色产业发展的贷款新品种，多渠道解决农业农村和小微企业融资抵（质）押物品不足问题。督促金融机构加强与县财政局、农业农村局、人社局等部门合作，以返乡农民工、大学生、退役军人、农村妇女四类群体为重点，从改变金融服务方式入手，参与农村创新创业带头人培育行动。引导地方法人金融机构大力支持农村人居环境整治、农房管控和乡村风貌提升行动。指导辖区金融机构选派业务骨干在 143 个村（居委会）任“金融村官”，聘任村民担任金融信息专员，为服务乡村振兴注入金融活水。派驻 1 名党员干部在差干镇驻镇帮镇扶村。规范落实减费让利政策，持续做好账户风险排查和开户服务暗访工作。成立专项工作小组督导银行网点减费让利工作，各商业银行在免除账户管理费等措施的基础上，实行 27 项各类账户减费降费措施，至年底，累计让利 1.41 万笔、金额 26.8 万元。通过“备案管理系统”对企业账户进行业务监测，每月核查指令均不低于 20%，至年底，发起核查指令 114 笔，均未发现问题。暗访工作小组采取电话暗访、现场暗访方式，密切监测并纠正各类“一刀切”式的账户管控措施，加强警银沟通，做好群众解释引导。针对大学生就业创业问题，指导辖区商业银行进一步做好工资卡开卡工作，避免出现“高校毕业生”开卡难等热点

投诉、负面舆情问题。履行经理国库职责，服务经济，惠及民生，全年平远支库办理预算收入6.69万笔、金额118426万元，拨款1.48万笔、金额544830万元，保证各项收入支出业务“零差错”。与县财政局、税务局建立协同工作机制，推动个人所得税、企业增值税留抵退税政策“红利”快速落地，确保国家退税减税“红包”及时落袋。全年平远支库办理个人所得税汇算清缴退库0.5万笔、金额187万元，增值税留抵退税业务65笔、金额22536万元，其中中电集团平远利天新能源电力有限公司办理留抵退税1320万元。

【金融发展】 2022年，中国人民银行平远县支行聚焦重点项目、实体经济，稳住经济社会发展基本盘。建立财政奖励机制，由财政拨款2000万元设立应急转贷基金，同时追加政府担保基金（助保贷）2000万元，解决小微企业实际困难，降低企业融资成本。加大对个体经济的支持力度，全年累计受理首贷需求申请171笔、金额10712万元，比年初增加9997万元，增长1398.18%。开展让利惠企行动，助力企业发展，全年金融机构支持辖区省、市、县重点项目贷款92笔、金额63304万元，比年初增加37680万元，增长147.05%；制造业贷款298笔、金额84226万元，比年初增加34316万元，增长68.76%；全县各金融机构贷款加权平均利率同比下降0.2%～1.33%。加大绿色信贷投放力度，支持生态经济发展，为广东华清园生物科技有限公司合作种植梅片树的种植户及育苗的合作社、个体户量身定做“梅片贷”信贷产品，发放梅片种植加工类贷款4289万元。将光伏屋顶电站作为绿色金融重点支持领域，创新推出“光伏贷”信贷产品，助力农户实现“阳光收入”，发放“光伏贷”7440万元。以林权抵押贷款方式创新绿色贷款产品，推动绿色项目发展，发放林权抵押贷款937万元。

（林晨晖）

中国工商银行股份有限公司平远支行

【业务数据】 2022年，中国工商银行股份有限公司平远支行（以下简称“工行平远支行”）各项存款期末余额91223万元，比年初增加11044万元。其中，储蓄存款期末余额58446万元，比年初增加10308万元；对公存款期末余额32777万元，比年初增加736万元。各项贷款期末余额76464万元，比年初增加2696万元。其中，公司贷款期末余额76464万元，比年初增加2112万元；个人贷款期末余额33583万元，比年初增加584万元。中间业务收入426万元。实现拨备前利润2875万元。

【工作措施】 2022年，工行平远支行深化大零售战略，将零售业务打造成最大经营优势，最稳固的发展基础。加强GBC联动（G端政务、B端产业、C端消费），提升客户的拓展和服务，个人客户方面增强线上线下全渠道获客能力，对公方面加大对政府部门的营销力度，抓住功能性国企、地方国企、重点项目、园区企业的营销机会，稳固头部客户既有优势，提升对政府策略的支持度和契合度。加大重点项目及中小微企业、涉农企业的信贷拓户力度，传导好货币政策，提升服务实体经济的质效，强化“不唯所有制、不唯期限、不唯大小、只唯优劣”信贷思想，把资产业务做大做强。强化“不做小微，工行就没有未来”理念，创新金融产品，以“结算贷”“用工贷”“用电贷”“技改贷”“粤农E贷”等产品为抓手，做好普惠金融转型升级，夯实基础。开展防范非法集资、严厉打击养老诈骗等普及金融知识宣传活动，提高识骗防骗能力，守护好钱袋子，守护好养老钱。

【风险防控】 2022年，工行平远支行聚焦案件和监控处罚风险管控，做好“一季度一主题”内控案防专项治理，抓典型、强震慑、建制度，严监督，推进反洗钱工作。加强信贷管理基础，树立正确的信贷经营观和全面风险观，增强忧患意识、风险意识和责任意识，强化精细化管理，通过多种渠道处置不良贷款，保持资产质量稳定，提升信贷管理水平。加强员工思想行为动态管理，增强风险意识，构筑合规机制，培育合规文化，增强全员依法合规经营意识，抓好队伍管理，对员工操守进行评价，掌握员工思想动态，特别是客户经理和青年员工。　（曹广先）

中国建设银行股份有限公司梅州平远支行

【业务数据】　至2022年年底，中国建设银行股份有限公司梅州平远支行（以下简称“建行平远支行”），一般性存款时点余额15.3亿元，余额在县四行中占比34.67%，比年初提高2.78%，时点比年初新增3.54亿元。其中，个人存款新增2亿元，完成数与完成率在梅州市各分行中排名第二，在县四行中占比37.35%；企业存款新增1.54亿元，在县四行中占比58.26%；存款时点余额4.68亿元，在县四行中占比35.44%。各项贷款余额7.28亿元，比年初新增3.41亿元。个人贷款发放金额5346万元，比年初增加3146万元。个人贷款余额2.75亿元，不良贷款率0.19%；实现拨备前考核利润2552万元。

【工作措施】　2022年，建行平远支行重视各项存款吸存工作。开展个人存款首季“兴建旺行”营销活动，实现“开门红”。深耕统代发、理财、私银、CTS（第三方保证金存管）等业务领域，稳住客户，拓展行外客户及行外资金。强化产品学习，要求所有员工熟知各项存款产品，提高营销技能。以大堂和柜面为营销主阵地，引导员工落实“要、留、少、回”四字营销法则。每月开展一次劳动竞赛，把存款工作贯穿到常态化营销工作中。2022年企业存款增长势头较好，紧盯政府专项债券资金，跟踪维护营销。至年底，累计承接政府专项债资金7.49亿元，占比接近平远专项债资金的54%，在全市建行各支行中排名第一。9月，开立瑞梅铁路平远段工程建设指挥部办公室账户，到账资金1.67亿元。通过建融慧学平台实现教育类学校账户“零的突破”，开立学校账户12户、校外培训机构账户13户。2022年对公账户比年初新增242户，在全市建行各支行中排名前列。开立建设施工企业账户88户，存款余额1.2亿元，账户和企业存款数量均有所提升。

【“合规平安年”创建】　2022年，建行平远支行围绕市分行“合规平安年”工作方案，层层签订“两防”（案件防控、预防腐败）与合规风险管理责任书。组织员工学习《中国建设银行员工违规处理办法》（2022年版）。利用晨会、周例会、员工大会组织开展“专题案件警示、监管处罚案例和公众教育”活动36场次，参加人员720人次。全年支行未发生重大违规事件。建行平远支行荣获2022年度建设银行广东省分行“服务创优”先进网点称号，张伟东荣获2022年度建设银行广东省分行优秀员工称号。

（建行平远支行）

中国农业银行股份有限公司平远县支行

【业务数据】　2022年，农业银行股份有限公司平远县支行（以下简称“农行平远支行”）各项贷款余额18.69亿元，比年初净增4.05亿元，同比增长27.66%，增量占全县贷款增量的41.98%，贷款余额市场占比25.31%，普惠类贷款比年初净增3456万元，有力支持平远县重点项目和实体经济发展。各项存款余额19.08亿元，比年初净增3.29亿元。全年贷款增量大于存款增量，存贷比97.96%，比2021年提升5.21个百分点，高出平远县金融机构平均水平35.29个百分点。

【业务发展】 2022年，农行平远支行增加融资供给，做好广东盈华电子材料有限公司一期、二期项目融资配套及梅州平远高新区内企业融资服务，新增贷款投放3.98亿元，推动一期项目于2022年12月6日正式投产。增加广东省富远稀土有限公司贷款授信1.05亿元、广东能源梅州新能源有限公司“银团”贷款授信3.9亿元，为加快推动富远稀土产能置换（中合稀土重组）、仁居镇光伏发电等项目建设提供资金保障。通过开辟信贷“绿色通道”，实现广东保灵健康科技产业有限公司综合授信2000万元。为多家高新区企业成功审批重点项目贷款，实现投放超4亿元。做好乡村振兴和“三农”金融服务，派驻各镇金融助理9名，围绕“产业兴旺”“生态宜居”“生活富裕”三条主线开展帮扶行动，发挥金融赋能作用，为驻地乡镇种养大户提供信贷支持约6000万元。走村入户，为各镇个体工商户、小微企业、农户等申请办理收款码约150户，实现村镇经营主体结算服务智能化和便捷化。与广东广天梵谷农业科技有限公司接洽合作，支持广藿香（南药）挥发油提炼项目建设，提供农业产业园实施主体贷款280万元。对接平远园山湖农业开发有限公司、广东大粤茗珠农业科技有限公司、广东长粮农业发展有限公司等多家龙头企业，全年新增涉农业普惠类贷款投放近2300万元。为政府部门、企业提供代发工资结算金额4.63亿元，代发工资金额在全市各县区农行中排名第一。

【助企纾困】 2022年，农行平远支行支持梅州平远高新区制造业企业发展，为梅州市达士通精密工业有限公司、梅州市恒盛宇科技电子有限公司、梅州市洪裕汽车配件制造有限公司、广东获赛尔机械铸造股份有限公司等企业近3年累计提供信贷6.07亿元。对接县各大楼盘（平远铜锣湾壹号、山水豪庭、优山美地三期绿泉花园、鸿禧中心城、奥园广场），为居民办理住房按揭提供服务，全年投放一手房贷款超9900万元。经营类和其他消费类贷款较年初增长近4300万元。缴纳税费430万元，比2021年增加61万元，同比增长16.53%，人均纳税突破10万元。 （凌婉）

中国邮政储蓄银行平远县支行

【业务数据】 2022年，中国邮政储蓄银行平远县支行（以下简称“邮储银行平远县支行”）各类存款余额25.03亿元，各类贷款余额16.66亿元，其中涉农贷款结余2.57亿元。建成信用村125个，进度104.17%，录入信用户2106户，进度102.96%，线上信用户贷款结余2349.18万元，惠农经营贷净增366.5万元，超额完成监管目标。

【普惠金融】 2022年，邮储银行平远县支行打造专业化农村服务体系，践行普惠金融，加强偏远农村地区金融基础服务，“三农”金融事业部负责小额贷款(含个人商务贷款）经营管理、涉农公司金融业务、农业农村项目贷款及涉农非贷类金融业务的营销组织工作。贯彻降低小微企业、个体工商户支付手续费政策，完善小微企业融资产品体系，推出个人产业链经营贷款，如粮油产业链贷款、烟草产业链贷款、物流产业链贷款、农副产品产业链贷款、预制菜产业链贷款等，2022年授信个人产业链经营贷款28笔1264万元。发放全市首笔粮油产业链贷款，贷款手续简便。调整产品贷款要素，按月付息，到期还本，期限由12个月调整至36个月。开展消费者权益保护工作，完善投诉处理流程，强化责任落实，确保投诉处理及时率、满意率均达 100%，未发生投诉升级重大舆情事件，未发生诉讼或仲裁情况。做好消费者权益保护金融知识宣传，在各网点设置独立的、公益性金融知识宣传专栏，常年摆放消保金融知识宣传资料，利用网点 LED 屏和多媒体播放器播放电子宣传资料。开展“3·15”金融消费者权益日、“守住钱袋子”“金融知识普及月 金融知识进万家”等宣传活动。

【合规建设】 2022 年，邮储银行平远县支行开展内部检查工作，按照案件操作风险防控工作方案，形成群防群治工作格局。每季度召开案防会议，每月召开风控会议，及时解决业务发展中存在的风险控制问题。落实整改内外检查发现的问题，剖析问题产生原因，举一反三，落实整改。坚持以问题为导向，开展自查自纠，实现“零案件”工作目标。 （张思红）

广东平远农村商业银行股份有限公司

【业务数据】 2022 年，广东平远农村商业银行股份有限公司（以下简称“平远农商行”）资产总额 542875.92 万元，比年初增加 57128.46 万元。其中，各项存款余额 466286.07 万元，比年初增加 49822.64 万元，增长 11.96%；各项贷款余额 305608.36 万元，比年初增加 10196.94 万元，增长 3.45%。存贷款余额和市场份额领先全县各金融机构。

【普惠金融】 2022 年，平远农商行辖属 17 个网点遍布县域全部乡镇，是平远县域内服务面最广、网点最多的金融机构。辖属网点布放有 4 台 BST（银行自助终端）设备、6 台即时发卡机、17 台 CRS（现金回收系统）存取款一体机、18 台移动营销设备、19 台智慧柜台、155 台“粤智助”政府服务自助机，搭建由自助设备、手机银行、网上银行、智慧柜员机等智能终端组成的多层次、全方位的服务平台。协助政府和人行等部门建成信用村 25 个、金融服务站 39 个，在农村地区设有“悦农 e 站”站点 11 个、“村居 E 支付”机具 153 台、POS 机 242 台，在 55 个助农取款服务点布放助农取款机 55 台。8 月 27 日，获得平远县公益义工协会颁发的“扶志助飞·爱心企业”牌匾。

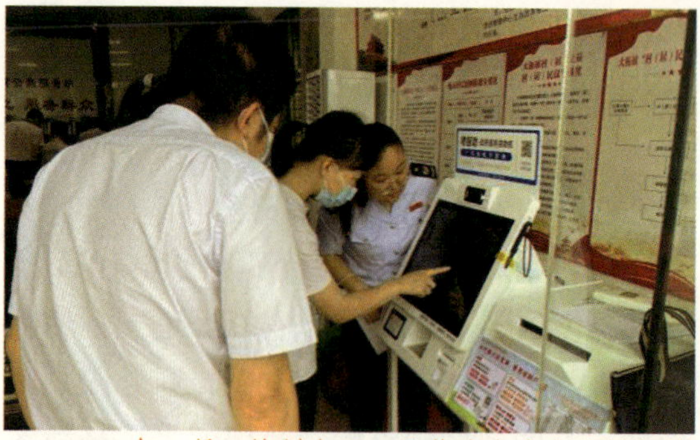

2022 年 6 月，梅州市平远县作为广东省首批投放“粤智助”政府服务自助机的试点地区，“政务+金融”服务向基层延伸 （平远农商行提供）

【乡村振兴助力】 2022 年，平远农商行支持本地特色农业发展，加大力度支持新型农业经济主体发展，培育壮大地方龙头农业产业企业。向全县 143 个村（居）委派驻金融特派员 45 名，给予 106 个行政村“整村授信”7.5 亿元。在巩固乡村振兴系列信贷产品的基础上，推出“梅片贷”“烟叶贷”“平橙贷”“灵芝贷”等信贷产品，满足多元化金融服务需求。 （平远农商行）

中国银行股份有限公司梅州平远支行

【业务数据】 2022 年，中国银行股份有限公司梅州平远支行（以下简称“中国银行平远支行”）各项存款折合人民币 4893 万元，较上年末增长 1400 万元。 办理贷款业务，全年累计发放 11488.87 万元。其中，对公贷款 8955.27 万元（含民营企业贷款 8955.27 万元），贷存比 237%，不良率为 0；个人消费贷款 2533.6 万元。新增企业客户 20 户，各项经营指标稳步增长。

【业务发展】 2022 年，中国银行平远支行开展个人客户新增、借记卡发卡、网上银行和手机银行办理、本外币存取款等业务。建立银行机构稳健经营的各项规章制度，具备较强的风险控制能力，实现安全运营。加大专精特新项目融资，支持当地中小企业，为高新技术企业提供金融服务。

（中国银行平远支行）

财　险

【概况】 2022 年，中国人民财产保险股份有限公司平远县支公司（以下简称“人保财险平远支公司”）实现年保费收入 7002 万元，同比增长 37%。赔款总支出 4467.3 万元，综合赔付率 63.8%，全年实现表结利润 524 万元。农业保险跨越 3000 万元，保费 3223 万元，同比增长 79%；车险首次跨越 2500 万元，保费 2529 万元，同比增长 12.8%，实现“双超双优”。

【农业保险业务】 2022 年，人保财险平远支公司通过“提标、扩面、增品”措施，推动农业保险高质量发展，提升农业保险保障能力。累计承担涉农（种植、养殖、林业）风险责任 200 多亿元，保障农户 5.3 万户次，办理理赔案件 4610 宗，支付赔款 2373 万元。

【“保尚保”业务】 2022 年，人保财险平远支公司发展“保尚保”业务，参保人数约 3 万人，赔付约 200 万元，在解决群众因病致贫因病返贫问题、助力乡村振兴、促进共同富裕方面初见成效。 （人保财险平远支公司）

寿　险

【概况】 2022 年，中国人寿保险股份有限公司平远县支公司（以下简称“中国人寿平远支公司”）实现总保费 6200 多万元，全年处理死亡给付、医疗给付赔款支出、伤残支出、满期给付、退保金、年金等支出 2226 万多元。

【银龄安康保险】 2022 年，中国人寿平远支公司推进银龄安康保险业务，与县卫健局到各镇推广，到各村派发凭证和办理自付费业务，全县派发凭证 37650 份，派发率 80%，自付费覆盖率 11%，实收保费 66.18 万元，比上年下降 4.28 万元，覆盖率在全市排名第三。

【妇女保险】 2022 年，中国人寿平远支公司与县妇联沟通，结合中国人寿广东省分公司的捐赠、县妇联配套捐赠，向全县 20 个省定贫困村 35～65 周岁妇女 6131 人捐赠保险，中国人寿梅州分公司出资向其他年龄段妇女 1 万人捐赠保险。480 人对捐赠保险升级，增收保费 6 万元，给付被保险人 8 人。 （姚文芳）

城乡建设·环保

责任编辑：潘梦志

城乡建设与改造

【城乡供水工程】 2022 年，平远县住房和城乡建设局（以下简称“平远县住建局”）投资 8698 万元，新建制水能力每天 2 万立方米的水厂 1 座，并改造原制水厂，县城制水能力达到每天 4 万立方米，项目建设完成并投入使用，惠及县城及城乡接合部范围 10 个村 1 万多人。建设城乡供水扩网工程，建成管道总长约 67 千米。其中，主管长度约 42 千米，村庄支管约 25 千米。主要分布在长田镇、石正镇、东石镇、城乡接合部，解决农村饮水问题。

【县城道路基础设施建设】 2022 年，平远县住建局编制设计方案，启动城区梅青路周边排水内涝及污水综合整治建设项目、柘东路周边排水内涝及污水综合整治建设项目。实施鸿禧中心城周边排水内涝及污水提质增效综合整治建设项目。完成城南新区雨污首期排水工程、平城中路辅道提升工程。

【污水处理项目建设】 2022 年，平远县住建局实施县城污水处理厂配套管网建设，工程投资 2817.06 万元，其中争取城市（县城）污水管网配套建设补助资金 386 万元；设计敷设管网 4665 米，至年底敷设管网 4165 米。投资 1398.84 万元，完成城南新区雨污分流管网敷设约 3.5 千米。实施教师村柘东路口至大柘河截污管口污水管网项目，完成投资 38.88 万元，完成柘东路至大柘河段污水管道铺设约 150 米。（镇、村污水处理项目建设参见“农业·水利·气象”类目之“乡村振兴”分目）

【城镇老旧小区改造】 2022 年，平远县住建局根据《梅州市平远县 2021—2025 年城镇老旧小区改造规划》，规划总投资 3.2 亿元，将 134 个老旧小区、284 栋 2683 户、建筑面积约 34 万平方米列入五年改造计划。2022 年改造小区 111 个。

【自建房安全隐患排查整治】 2022 年，平远县住建局落实自建房专项排查整治工作，完成排查图斑 100341 个，未排查图斑 169 个。其中，经营性自建房 4473 栋，非经营性自建房 52688 栋。初步判定存在安全隐患的经营性自建房 41 栋，均采取整治措施；存在安全隐患的其他自建房 1031 栋，采取整治措施 47 栋。

2022 年 2 月 11 日，改造后的大柘镇杞园村湖滨东路一角
（县住建局提供）

【农村削坡建房风险点整治】 2022年，平远县住建局落实农村削坡建房风险点整治工作，通过对房屋周围山体采取建排水沟、清表减载、削坡分级、筑挡土墙等措施，有效预防和减少滑坡、崩塌等地质灾害发生。2022年任务数1127户，均开工整治，至年底竣工962户。

【农村危房改造】 2022年，平远县住建局保障农村低收入群体住房安全，采取新建、加固、修缮等方式，完成农村危房改造17户，拨付补助资金49万元。

【燃气安全管理】 2022年，平远县住建局与液化石油气企业签订液化石油气行业安全生产责任书，督促企业推广使用液化石油气钢瓶二维码，建立气瓶充装、配送完整的供应信息网。加强瓶装液化石油气治理工作，落实全员安全生产责任制，建立危险源管理及事故隐患排查治理制度及台账。督促各燃气企业制订应急救援预案，每年至少组织应急演练1次。

【燃气管道更新改造工程】 2022年，平远县住建局实施燃气管道老旧更新改造工程，项目建设总投资1781.99万元。其中，工程建设费用1536.85万元，工程建设其他费用160.85万元，预备费84.29万元。2022年动工实施燃气管道老旧更新改造工程项目（一期），概算总投资508.3万元。其中，工程费用425.47万元，工程建设其他费用58.63万元，预备费用24.2万元。 （袁志文）

建筑行业监管

【建筑工程施工许可】 2022年，平远县住建局加强建筑工程质量管理，严把施工许可关，办理证照34宗，建筑面积43.29万平方米，总投资126832.87万元。

【建筑工程竣工验收备案管理】 2022年，平远县住建局加强建筑工程竣工验收备案管理，工程竣工验收备案前须提交五方责任主体质量终身承诺书、制作永久性标牌。全年办理竣工验收备案项目12项，竣工验收工程面积21.29万平方米，总造价35001.59万元。

【建筑行业安全生产监管】 2022年，平远县住建局落实建筑施工企业主体责任，与施工企业签订安全生产管理责任书。组织开展全县建筑工程质量、安全生产检查及专项检查6次，出动工作人员224人次，检查在建工程项目65项次，发出整改通知书65份，提出整改意见418条，发出动态扣分通知书77份，发出住房和城乡建设行政执法责令停止施工通知书2份。

【建筑行业招投标备案管理】 2022年，平远县住建局加强建筑行业招标投标过程的事前、事中和事后监管，有备案项目47宗，总投资102475万元。及时调查核实潜在投标人提出的投诉问题，公平、公正地维护各方利益，全年处理投诉问题3宗。

【房地产市场监督管理】 2022年，平远县住建局加强房地产监督管理工作，推进保交楼项目建设进度，加大执法力度，重点加大对商品房预售许可、商品房销售环节的监管。1—10月，核发商品房预售许可证4份，预

2022年1月13日，平远县住建局配合省住建厅到梅州平远高新区厂房1号楼、2号楼开展“回头看”督查 （县住建局提供）

售住宅楼房696套、商业楼房41套，预售面积8.64万平方米。完善商品房买卖合同网签备案制度，1—10月，完成商品房买卖合同网签备案953宗，商品房销售面积9.88万平方米，均价每平方米4224.1元。

【保障房管理】 2022年，平远县住建局向上级申报省级保障性安居工程主管专项资金，下达26万元全部用于公租房修缮。采用以购代建方式在宏泰花园购买商品房5套，按规定分割成公租房10套，至年底完成装修工程，待政府购房款到位后投入使用。

【物业企业管理】 2022年，平远县住建局加强对物业管理企业日常监督指导，要求经常性检查小区防火、防汛等各种设施，发现问题做好应急处理并及时上报。督促物业管理企业按创文测评标准做好各项工作，确保物业小区内环境卫生，车辆停放有序。协调7家物业管理企业提供小区养老服务用房。 （袁志文）

城市管理和综合执法

【概况】 2022年，平远县城市管理和综合执法局（以下简称“平远县城综局”）以创建全国县级文明城市为抓手，聚焦城市净化、美化、亮化、序化工作，为平远县经济社会发展创造良好的城市环境。经过日常管理和集中整治提升，平远大道、平城南路、平城中路、建设路、环城路等市容秩序得到进一步改善。

【城区市政建设】 2022年，平远县城综局抓好县城下水道、排污口日常巡查维护管理和消毒消杀工作，并实施市政零星修补工程，维修城区破损道路、人行道等市政设施，全年投入资金92.4万元，修补约60处。

【城市卫生管理】 2022年，平远县城综局落实对环卫服务第三方公司考核，组织开展督查54次，要求整改问题744处，督促环卫服务公司按招标服务内容完成清扫保洁任务。规范化运行生活垃圾填埋程序，促进生活垃圾无害化处理和资源化利用，城市生活垃圾无害化处理率100%。全年全县清运处理生活垃圾4.35万吨，日处理约120吨。其中，县城区清运生活垃圾2.3万吨，农村清运生活垃圾2.05万吨。通过“明察暗访+曝光通报+以奖代补”形式，对各乡镇生活垃圾中转站、生活垃圾收运情况等加强监督检查。推进垃圾分类工作，在公共机构推行垃圾分类的基础上，开展示范点创建，在城西城南社区、城东社区的各小区安装垃圾分类指示牌，在天顺小筑、金色华府二期、鸿禧中心城建成3个智能示范点，在新田花园、前景家园、安居小区等小区逐步推进普及点。

【城区园林绿化】 2022年，平远县城综局加强日常对绿化带修剪、除草清杂、垃圾清理、培土种植时花等工作，参与平远大道、鸿禧中心城周边提质改造项目中的绿化美化工作。全年种植樱花、红花荷等160株，新铺植台湾草3000平方米，剪割台湾草3.5万平方米，修剪绿篱带、除草清杂1.2万平方米，防治病虫害14次。

【城区路灯亮化】 2022年，平远县城综局做好城区照明设施巡查和维修工作，在管辖道路有照明灯5213盏，全年维护更换线路4143米，维护各类灯具986盏，确保路灯设施完好率100%、路灯亮灯率98.5%以上。

【农贸市场环境管理】 2022年，平远县城综局优化农贸市场布局，加强对市场管理人员和从业人员管理，开展市场环境治理，落实疫情防控常态化工作，落实市场清扫保洁制度，改善市场经营环境。完成县城集贸中心市场和北区市场的农贸市场升级改造，协助中行镇、仁居镇、东石镇、石正镇升级改造农贸市场。通过招标方式引进有运营资质的第三方公司（广州市嘉优

2022 年 9 月 21 日晚上 8 时，平远县环卫部门组织人员清洗县城集贸中心市场（杨文庆）

鲜市场经营管理有限公司），专业化运营管理城区 4 个农贸市场，改善农贸市场及周边环境秩序。

【城市管理服务】 2022 年平远县城综局提高服务水平，便利市民群众办事，受理行政审批申请登记 54 宗（审批备案 31 宗、审批许可 23 宗），受理建设工程及相关市政配套建设工程核实申请 14 宗。规范信访办理，解决群众合理诉求，全年接到群众来电来访、“12345”政府热线等城市管理信访案件 432 宗，均完成办结。

【城市综合执法】 2022 年，平远县城综局保持打击“两违”（违法用地和违法建设行为）高压态势，发出责令停止违法行为通知书 55 份，立案查处 1 宗，拆除各类违法建筑 5 宗，拆除面积 705 平方米。印发《关于进一步加强城市管理工作的通告》，利用广播电视台刊播、向城区商户发放通告、执法车辆播放、LED 显示屏滚动播放等形式强化宣传。网格员采用“皮卡+摩托+步巡”巡查方式，加大巡逻频次，提高上街见面率，依托城市数字化管理平台，加强城市“六乱”现象（乱搭乱建、乱摆乱卖、乱堆乱放、乱拉乱挂、乱贴乱画、乱停乱放）监管和集中整治。加强城区扬尘整治，责令县城施工单位清扫清洗工程车扬尘路面 6800 多平方米。针对县城提质扩容项目，加大城区路面洒水车清洗频次。针对柘东路、环北路、平远大道饮食排档伸缩棚乱设现象，责令业主限期自行清理，对拒不清理的进行强制拆除，发出整改通知书 10 份，整治拆除 26 处。在教育路、法院侧、微利房后停车场等重点路段、区域划定临时摆卖区，规定摆卖时间段，安排专人巡查，整治马路市场。牵头召集供电、广电、联通、移动、电信等通信运营单位，摸底排查和整治县城主次干道、商业大街、农贸市场、校园周边等“三线”（电力线、通信线、有线电视线）问题。加强和规范户外广告设施和店招标牌设置管理，在城区开展户外广告安全排查 4 次，排除各类广告安全隐患 3 宗，拆除横幅、大型布幔 198 条，清理乱摆放落地式广告牌（灯箱广告）53 个，清理店面橱窗张贴宣传画、门楣条幅 57 起，清理非法张贴小广告（牛皮癣）22 处。推进城区夜宵烧烤摊档集中整治行动，对卫生环境、油烟排放不达标或占道经营的摊贩，下发限期整改或搬迁通知书 17 份。

（陈文辉）

生态环境保护

【概况】 2022 年，梅州市生态环境局平远分局统筹污染治理和生态保护工作。2022 年平远城区环境空气质量达标率（AQI）100%（优 279 天、良 80 天），排名全市第一、全省第三；PM2.5（细颗粒物）平均浓度 14 微克/立方米，同比（16 微克/立方米）下降 12.5%，六项污染物指标浓度均符合国家二级标准。省考柚树河热柘断面、市考柚树河犁壁滩断面水质达标（Ⅱ类），县城集中式饮用水源水质达到或优于国家地表水Ⅲ类标准，全县农村饮用水源水质优良率 100%，水功能区黄田水库断面水质达标（Ⅱ类），达标率 100%，区域水质综合指数 4.27，同比有所提升。

【生态环境治理】 2022 年，梅州市生态环境局平远分局实施大气污染防治攻坚行动，推进广东荻赛尔机械铸造股份有限公司、平远县金鑫耐磨合金材料有限公司 2 家涉 VOCs（挥发性有机物）排放企业实施治理设备提升整改。强化移动源废气排放治理监管，联合县公安交警部门开展道路车辆执法检查 10 次，检测车辆 50 多辆次。帮扶指导重点涉废气企业，督促指导平远县长鑫环保煤灰砖厂投入 120 万元全面更新更换废气治理体系，推动广东荻赛尔机械铸造股份有限公司再投入 400 多万元实施废气治理第三次改造提升，实现熔炼和浇铸工艺废气负压车间收集治理。推进水质达标攻坚行动，对全县 3 条主要河流（地表水）7 个监测断面 26 个主要监测项目监测 80 多次，获得有效数据 1 万多个。对石正河羊耳陂断面水质超标问题进行分析研判、精准施策，落实部门整改任务，提升石正河水质。保障饮用水环境安全，完成 17 个镇级饮用水水源保护区规范化建设验收，对全县 7 个镇饮用水水源水质、八尺镇樟田村、上举镇畲脑村和中行镇黄坑村地表水开展季度监测。督促指导县城饮用水源黄田水库及上游周边区域 10 家企业完善污染防治措施，及时制止无关人员进入水源一级保护区 2 次。完成泗水镇文贵村增宝养殖场下游 600 米水体整治，完成 5 个入河排污口治理任务。实施土壤污染防治攻坚行动，抓好重点建设用地安全利用，督促县域内 5 宗“一住两公”地块（居住用地、公共管理与公共服务用地）完成土壤污染状况调查。推进受污染耕地安全利用，安全利用率 100%。完成 2 处农村黑臭水体治理、年度新增 7 个行政村农村环境整治目标任务。推动机修行业危险废物规范化管理，对平远佳通汽车服务有限公司存在危险废物贮存场所未采取防渗措施、未分类堆放的问题立案查处，责令改正。开展垃圾填埋场专项检查，督促指导平远县山布惊生活垃圾卫生填埋场完成整改填埋库区作业未按规范压实、应急池养鱼等问题。推动全县 85 家农药经销商落实农药包装废弃物回收工作。

【生态文明建设】 2022 年，梅州市生态环境局平远分局推进生态文明建设，顺利通过国家重点生态功能区环境质量考核，在全市排名第一，获得中央生态补偿金 1.96 亿元。组织编制《梅州市平远县国家生态文明建设示范县规划（2022—2030 年）》，为平远县生态文明建设提供重要依据和行动指南。向上级争取环保专项资金 1550 万元，用于八尺镇东江水系水环境综合整治、黄田水库饮用水源水质保护工程、污染天气应对等。

【生态环境项目管理】 2022 年，梅州市生态环境局平远分局提升项目环保审批服务水平，推进平远盈华科技电子铜箔、广东省富远稀土等重点项目建设。严把生态环境准入关，全面实行排污许可制，审批建设项目环境影响报告表 15 个，环评登记项目 43 个，核发排污许可证 15 家。深化污染物减排，全年实现区域削减 VOCs 排放量 500 多吨，为平远县经济发展腾出环境容量。开展生态环境保护监督帮扶专项执法行动，提升企业环保管理水平。

【生态环境安全管理】 2022 年，梅州市生态环境局平远分局做好广东“1·31”、梅州市“10·23”等疫情防控期间集中隔离场所、核酸检测点医疗废物收集处置工作，确保

2022年11月23日，梅州市平远生态环境监测站人员到差干镇五指石休闲山庄隔离酒店监测废水余氯含量　　（市生态环境局平远分局提供）

“日产日清”，做好隔离场所生活污水定期检测和一体化污水处理设施运营维护检查工作，确保污水处理设施正常运行。组织开展重要节日、汛前汛期、饮用水源等环境安全检查专项行动，督促指导排污主体加强环保管理。开展环境应急预案专项检查，督促30家企业新制订或修订完善环境应急预案。开展辐射源安全督导工作，对19家Ⅲ类医用射线装置使用单位、1家Ⅴ类放射源使用单位（木业）进行督导，对13家在用辐射源的医疗机构核发许可证。

【环境保护宣传】　2022年，梅州市生态环境局平远分局在“4·22”世界地球日、“5·22”国际生物性多样日、“6·5”世界环境日暨环保宣传周、“6·15”全国低碳日，结合文明城市创建工作，开展形式多样宣传教育活动9场次，发放宣传册及环保袋等宣传品3000多份。

【生态环境执法】　2022年，梅州市生态环境局平远分局增强环保执法威慑力，出动执法人员1000多人次，检查排污主体近450家次，向属地镇和相关部门发出生态环境保护提醒函19份，对广东获赛尔机械铸造股份有限公司等7家存在环保问题企业下达整改通知书，依法立案查处4宗，依法处罚3宗、罚款金额合计31.71万元，依法发出责令改正违法行为决定书4份。落实生态环境保护督察整改，至年底，全部办结第二轮中央生态环境保护督察期间交办案件70宗。全面排查审查县内持证企业排污许可执行报告提交情况，推动整改企业29家次，实现排污许可高质量管理。开展“绿色护考”行动，督促固定噪声源落实噪声管控措施、调整运行时间，第一时间制止考点周边临时性施工3起。

【生态环境信访】　2022年，梅州市生态环境局平远分局处理“12369”环境保护举报热线、广东省政府网站投诉举报平台等各类生态环境信访件154宗（来访6宗10人次，来电76宗，网络21宗，来信3宗）。部分信访人反映若干方面问题，反映水污染问题76件、大气污染问题68件、噪声污染问题6件、固体废物问题2件、其他问题5件，均得到有效办结，调处率100%。　（刘海莲）

综合经济管理

责任编辑：潘梦志

市场监督管理

【概况】 2022 年，平远县市场监督管理局统筹推进新型冠状病毒疫情防控和经济社会发展，守牢市场安全底线。新增各类市场主体 1618 户。企业年报公示率排名全市第一。

【食品药品监督管理】 2022 年，平远县市场监督管理局在食品安全监管中，开展“守底线、查隐患、保安全”系列专项行动，聚焦农村食品、保健食品、肉制品等，出动执法人员 2450 人次，检查各类食品生产经营单位 2938 家次，现场发现并责令整改问题 95 个，全部完成整改，查处食品相关违法案件 58 宗。防控食品安全风险，抽检食品 857 批次，合格率 97.43%；开展农贸市场食用农产品快速检测 12362 批次，合格率 99%；处理不合格产品数量 60 千克，把好群众“菜篮子”安全关口。对全县 1378 户有效持证食品销售经营户做好食品销售风险分级管理工作。开展“共创食安新发展 共享美好新生活”主题食品安全宣传周活动，发放食品安全宣传资料 4000 多份，接受市民咨询 200 多人次。在药品安全监管中，加强对重点企业、重点品种和重点环节监管力度，形成日常监督与专项整治相结合态势。组织开展药品专项整治，检查经营使用单位 612 家次，出动工作人员 1850 人次。完成抽检药品 20 批次、化妆品 5 批次、医疗器械 3 批次，均合格。办理“两品一械”（药品、化妆品、医疗器械）案件 31 宗。

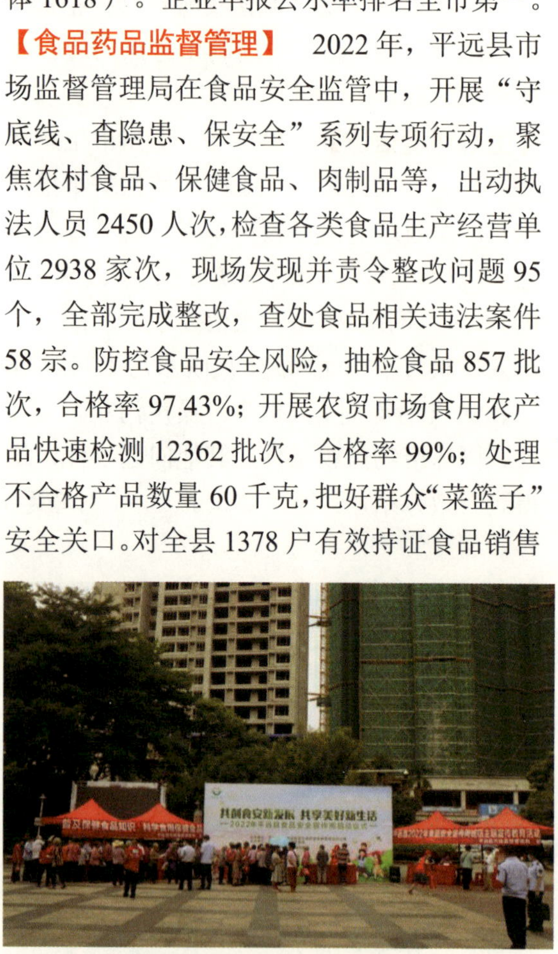

2022 年 9 月 6 日，平远县市场监督管理局在官田广场举办食品安全宣传活动（县市场监督管理局提供）

【特种设备安全监察】 2022 年，平远县市场监督管理局聚焦旅游景区、商场、超市、酒店、宾馆、医院等重点场所，围绕元旦、春节、“五一”、中秋、国庆和中共二十大会议等重要时间节点开展特种设备安全检查，及时排查消除安全隐患。全年出动执法人员 640 人次，检查企业 222 家次，检查设备 522 台（套），发现安全隐患 33 处，全部完成整改，发出特种设备安全监察指令书 23 份，立案 1 宗，保持全县特种设备安全形势持续稳定。

【产品质量监督管理】 2022 年，平远县市场监督管理局抽检车用汽油、柴油 14 批次，均合格。核查处置省市场监督管理局抽查不合格商品线索 4 条、快筛线索 16 条，做好线索“清零”工作。开展电动自行车及配件、电线电缆、燃气具、烟花爆竹、电池等 10 类产品专项整治行动，出动执法人员 282 人次，检查工业产品生产企业4家次，检查销售门店90家次，未发现相关违法违规行为。围绕"深入实施质量提升行动 大力推进质量强国建设"主题，开展质量月宣传活动，引导企业开展产品和服务质量提升行动，发放宣传资料1500份，张贴标语35条，接受问询88人次。

【企业监督管理】 2022年，平远县市场监督管理局围绕"食品""保健品"等领域涉诈问题，检查直销经营企业、养生馆、保健品店，出动执法人员38人次，检查相关市场主体55家次，未发现违法违规行为。开展"双随机、一公开"抽查监管工作，实现跨部门联合检查，做到"一次检查，全面体检"，减少企业检查次数，避免重复检查。全年通过梅州市商事主体综合信息平台开展"双随机、一公开"抽查工作56次，检查市场主体322户，其中开展部门联合抽查2次，检查市场主体23户，抽查事项覆盖率、检查结果录入率和对外公示率均达100%。落实"经营异常名录"制度，建立"僵尸企业"强制退出机制，开展查处取缔无证无照经营专项整治工作，惩戒失信企业，立案查处无证无照经营案2宗，罚没金额1.6万元，立案吊销名存实亡企业37家。做好企业年报公示工作，企业年报公示率98.51%，排名全市第一。

【价格监督管理】 2022年，平远县市场监督管理局维护市场监管领域价格秩序稳定，把控节日市场价格，加强对重点企业、重点环节、重点商品巡查，及时掌握旅游、交通、餐饮、住宿服务价格动态，查处哄抬物价、囤积居奇、价格欺诈、不按规定明码标价等违法行为。全年出动工作人员166人次，检查商场超市48家次、药店134家次、旅游景区4处、粮油米面日用品批发部40家次，发出平远县市场监督管理局节日期间市场价格行为提醒告诫书73份。

【计量监督管理】 2022年，平远县市场监督管理局抓好集贸市场、加油站、液化石油气充装站、商场、超市、医疗卫生领域、眼镜制配场所计量监督工作，出动执法人员869人次，检查企业217家，查处案件3宗。开展集贸市场和基层医疗卫生单位计量器具强制检定工作，检定计量器具4495台（件），受检率100%。新建"常用玻璃量器检定装置""卡尺量具检定装置"社会公用计量标准。

【商事制度改革】 2022年，平远县市场监督管理局深化"放管服"改革和"证照分离"改革，落实"双告知"（告知申请人需要办理的许可事项和相应的审批部门）工作，提高行政审批和政务服务效能。引导群众使用"企业开办一网通办"网站、"粤商通"APP、商事登记自助一体机、"银证通"一体机等平台，让商事登记实现"随办""立取"，实现企业开办0.5个小时办结，进一步优化营商环境。全年新增各类市场主体1618户。其中，企业477户、农民专业合作社18户、个体工商户1123户。全程电子化登记办理业务825笔，实现企业商事登记100%网上受理，100%网上办结。

【知识产权保护】 2022年，平远县市场监督管理局加大知识产权行政执法力度，组织开展知识产权执法检查行动12次，出动检查人员36人次，检查市场6个，门店40间，印刷厂6间，立案查处假冒专利侵权案2宗，其中利用抓娃娃机售卖北京2022年冬奥会吉祥物"冰墩墩"案件1宗。培育驰名商标和农产品地理标志商标，助推企业实施品牌化经营，有效注册商标358件，全县专利授权量224件，同比增长7.18%。其中，发明专利15件，实用新型专利147件，外观设计专利62件。在"4·26"世界知识产权日、知识产权宣传周开展知识产权保护进企业、进园区、进社区活动，派发知识产权宣传资料500多份，悬挂横幅2条，接受消费者咨询

50 多人次，利用 LED 显示屏播放宣传标语 60 条次。

【消费维权工作】 2022 年，平远县市场监督管理局处理消费者投诉举报 485 件，同比增长 43.6%，挽回消费者经济损失 43 万元。联合县消费者权益保护委员会各成员单位围绕“共促消费公平 提振广东消费”主题，开展“3·15”国际消费者权益日系列活动，发放宣传资料 5000 多份，张贴标语 120 条，播放公益广告 1000 多条次，制作宣传展板 56 块，接受消费者咨询 229 人次，发布消费提示、消费警示 2 篇。利用“平远通”APP、“平远发布”微信公众号、政府官网发布消费提示、警示、温馨提醒 9 篇。

【企业标准化工作】 2022 年，平远县市场监督管理局组织平远园山湖农业开发有限公司、梅州绿盛林业科技有限公司申报省级农业标准化试点（区）示范项目，并成功立项。指导 2 家新立项省级农业标准化试点承担单位完成“广东省标准化试点项目任务书及实施方案”制订。组织梅州市金宝树农业发展有限公司申报市级花生全程机械化种植技术规范标准，成功立项，并下达制订任务。指导企业在“企业标准信息公共服务平台”录入对外主动公开产品执行标准 32 个。

【市场监管领域执法】 2022 年，平远县市场监督管理局开展“双打”（打击侵犯知识产权、打击制售假冒伪劣产品）行动、民生领域“铁拳”行动、防范和处置非法集资及防范电信网络诈骗等专项行动、整治虚假宣传和违法广告、哄抬物价、计量“短斤缺两”行为，采取“日常监管+节点检查+专项行动”模式，打击整治市场监管领域违法违规行为。出动执法办案人员 1980 人次，检查生产、经营企业 2970 家次，办理市场监管领域案件 98 宗，涉及食品、药品、化妆品、知识产权、质量等领域，案值 368.33 万元，罚没款约 20 万元，移送公安机关案件 2 宗。

【市场监管领域新型冠状病毒疫情防控】 2022 年，平远县市场监督管理局按照职责分工，监督检查农贸市场、商超、冷库等重点场所，督促农贸市场开办者和入场销售者落实进口冷链食品疫情防控责任要求。核酸检测冷库场所和其他重点场所从业人员 3312 人、产品 2763 份、环境 2762 份，结果均为阴性。督促药店发挥疫情防控“哨点”作用，登记上报购买退热、咳嗽药品人员信息。

【广告监督管理】 2022 年，平远县市场监督管理局加强广告导向监管，开展专项行动，整治借中共二十大会议进行商业炒作的行为，清查全县户外广告。加强互联网广告监测，杜绝出现涉导向问题、具有社会不良影响的广告。

【农贸市场升级改造】 2022 年，平远县市场监督管理局按照“合力布局、改善环境、有序经营、方便消费”工作要求，推动农贸市场升级改造工作，全县纳入升级改造并验收合格农贸市场 6 家。 （王婷）

发展和改革

【概况】 2022 年，平远县发展和改革局（以下简称“平远县发改局”）以抓规划编制定方向、抓政策对接建平台、抓项目谋划促发展、抓资金争取增活力、抓服务提升强保障的工作举措，发挥发改职能作用，加强经济运行监测，经济运行总体呈恢复性增长，全年实现地区生产总值 86.57 亿元，同比增长 0.6%；地方一般公共预算收入 5.35 亿元，同比增长 1.4%；固定资产投资 43.28 亿元，同比增长 17.7%。完成规模以上工业增加值 9.19 亿元，外贸进出口总额 7374.8 万美元，社会消费品零售总额 33.25 亿元。

【经济和社会发展计划】 2022 年，平远县发改局注重发挥规划引领发展的重要作用，拟写《平远县2021年国民经济和社会发展计划执行情况与2022年计划草案》，总结分析2021年国民经济和社会发展计划执行情况，下达2022年度全县经济社会发展计划的目标任务。编制《平远县战略性新兴产业发展“十四五”规划》，起草《平远县政府投资项目工程建设领域超投资问题治理的指导意见（试行）》，编制印发《平远县公共卫生应急物资社会防疫政府储备指导目录（试行）》《平远县应急物资中转接驳站建设及运行管理工作方案》。完成相关单位“十四五”专项规划审查意见工作。

【重点项目管理和服务】 2022年，平远县发改局发挥重大项目指挥部和并联审批工作专班作用，破解项目推进过程中的难点、堵点和要素保障问题。全年省、市、县重点项目均超额完成年度投资计划，分别完成14.96亿元、33.55亿元、43.36亿元，占年度投资计划的106.86%、102.76%、101.78%。2022年全县重点项目52项，年度投资计划42.6亿元。其中，省重点项目3项，年度投资计划14亿元；市重点项目31项，年度投资计划32.65亿元（含省重点）。重点项目全部实现开工建设。其中，省道225线大柘至石正段改建、农村集中供水、城乡供水、小型水库除险加固和运行管护、富远稀土污水处理站5个项目完工，盈华电子高性能覆铜板建设一期、富远稀土产能置换、东良纺织纺织物自动化生产线、金小龙微电机自动化生产线、天业冷链物流、晨光牧业长田生态牧场、正大康地纯种猪7个项目竣工投产。

【专项资金争取】 2022年，平远县发改局成功争取中央预算内资金2060万元。其中，平远县“红色记忆”骑行道建设项目1000万元、平远大道周边排水内涝及污水提质增效综合整治建设项目660万元、平远县燃气管道老旧更新改造工程项目400万元。成功争取专项债券资金额度14.73亿元，发债14.73亿元，用于13个重点项目。指导做好项目前期工作，安排第一批前期工作经费680万元，用于瑞梅铁路平远站片区综合规划建设项目、城区排水内涝及污水提质增效综合整治建设项目（二期）、高新技术开发区基础设施建设（三期）等9个项目。牵头组织平远高新技术产业开发区基础设施建设（三期）项目，争取政策性开发性金融工具资金8500万元。

【营商环境优化和项目审批】 2022年，平远县发改局深化“放管服”改革，推进“互联网+政务服务”，落实市场准入负面清单制，推行“一网通办”和“一站式”服务，优化精简办事流程，推行容缺受理、告知承诺、并联审批等便利服务。企业投资全面执行“不见面审批”，全程在广东省在线监管平台统一办理。加强营商环境监督管理和考核评价，着力在审批、服务环节以及重大项目要素保障、集中重复投诉等方面加强监管。2022年度政府投资审批项目立项169个，立项金额约59.5亿元；企业投资项目备案157个，备案金额约96.8亿元。

【能耗“双控”目标落实】 2022年，平远县发改局落实能耗“双控”（总量控制和强度控制）工作，建立重点用能单位年度用能预算，对年用能100万千瓦时以上重点用能企业建立工作用能台账。遏制“两高”（高耗能、高排放）项目发展，督促企业完善用能手续。指导企业编制节能报告，其中东良纺织、广藿香、远思南药、园区标准厂房（三期）4个项目获市审批。配合市发改局对全县水泥企业专项监察能耗达标情况，均符合国家标准。联合相关部门打击虚拟货币“挖矿”行为，出动工作人员15人次。联合相关部门创建2022年度节约型机关21家。2020—2022年累计创建节约型机关36家，创建率72%，超额完成市下达任务。

【新能源项目建设】 2022年，平远县发改局发展新能源项目，促进全县能源结构的优

2022 年 4 月 19 日，位于上举镇小畲村的广东粤电泗水风电场项目建设现场　　（县发改局提供）

化调整。在建平远光伏复合项目（一区）累计完成投资 5.4 亿元。广东粤电泗水风电场项目累计投入资金 2.97 亿元，12 月底实现全容量并网发电。储备广东能源平远光伏复合项目二区至五区、明阳公司 100 兆瓦、大华山 120 兆瓦等项目。

【价格调控和认定】 2022 年，平远县发改局修订更新《平远县本级政府定价的经营服务性收费目录清单》，印发《平远县发展和改革局关于调整富石灌区农业供水价格的通知》，落实疾控机构新型冠状病毒核酸检测收费标准，会同县教育局制定平远县义务教育校内课后服务收费标准。加大市场价格巡查力度，强化市场预期管理，健全价格监测预测预警工作，做好保供稳价工作。重视成本监审工作，特别是关系民生的管道天然气、城镇自来水年度成本监审。做好价格认定工作，严把委托受理、现场勘验、市场调查、结论、归档五关，为行政、公安机关办理案件提供价格支撑，全年办理各类价格认定案件 49 宗，认定标的总额 400 多万元。

平远县本级政府定价的经营服务性收费清单一览表

表 14

类型	一级项目	二级项目	收费标准
公用事业服务收费	污水处理费	居民污水处理费	每立方米 0.85 元
		非居民污水处理费	每立方米 1.2 元
	生活垃圾处理收费	居民生活垃圾处理收费	每月每户 8.5 元
		非居民生活垃圾处理收费	每日每桶 6～7 元；每月每桶 180～210 元；每吨 70～80 元
其他特定服务收费	住宅物业服务收费		非电梯房：每月每平方米 0.55～0.8 元（上下浮动幅度 20%）；电梯房：每月每平方米 0.8～1.1 元（上下浮动幅度 20%）；自有产权或取得使用权的车库、车位：每月每位 15～25 元（上下浮动幅度 20%）

注：截止时间为 2022 年 3 月 15 日。

【社会信用建设】 2022 年，平远县发改局制订《2022 年平远县社会信用系统建设工作要点》、联合中国人民银行印发《平远县整治“征信修复”乱象行为促进社会诚信体系建设工作方案》。配合县绩效办对 27 个工作部门 2021 年度政务诚信情况进行评分。把拖欠农民工工资、荣誉表彰（法人）、地方性黑名单信息（自然人）等 13 项信用信息嵌入平远县“双公示”（行政许可、行政处罚上网公示）信用信息平台。至年底，进驻 33

个县直单位66个采集事项，累计录入数据15869条。其中，行政许可数据12617条，行政处罚数据3252条。协助信用查询17次、信用异议申诉1次、失信曝光2次。开展诚信宣传活动3场。

【物资储备管理】 2022年，平远县发改局对库存综合物资统一建立会计账和实物账，进一步规范综合物资管理。10月，平远县物资储备中心支援丰顺县抗击新型冠状病毒疫情，捐赠折叠床100张、棉被100床、毛巾被100张。12月，平远县物资储备中心调拨应急包100包、护目镜200个、测温器100个，给平远县卫生健康局用于新型冠状病毒疫情防控。

【国家农村产业融合发展示范园创建】 2022年，平远县发改局自被批准为国家农村产业融合发展示范园的创建单位以来，联合相关单位，引导相关企业，立足南药主导产业，重点推进南药种植与南药精深加工、电子商务、休闲旅游等产业融合，促进平远南药产业一、二、三产融合发展。5月，国家发展和改革委员会、农业农村部等五部委办公厅联合印发第三批国家农业产业融合发展示范园名单，“梅州市平远县国家农村产业融合发展示范园”成功入选。 （刘梅兰）

审　计

【概况】 2022年，平远县审计局组织实施审计项目19个，审计查出违规问题金额675.04万元，管理不规范金额165366万元，作出审计处理决定11宗。

【政策跟踪审计】 2022年，平远县审计局组织开展平远县支持市场主体应对疫情纾困发展、网络安全与信息化建设等政策落实情况专项审计，确保国家和省各项政策措施落实到位。

【预算执行审计】 2022年，平远县审计局全覆盖审计县级72个一级预算单位，审计2021年度预算执行情况和其他财政财务收支情况，发现预算编制不规范、未按规定纳入预算、资金滞留闲置、虚列支出等问题，查出违规资金 200.2万元，管理不规范资金124798万元。

2022年9月13日，平远县审计局抽查垃圾填埋场项目 （县审计局提供）

【经济责任审计】 2022年，平远县审计局组织开展9个单位领导干部经济责任审计项目，发现未实行政府采购、收入未及时上缴、违规出借财政资金、改变资金用途等问题，查出违规资金447.74万元，管理不规范资金35439.24万元，作出审计处理决定3份，提出意见建议25条。开展1个乡镇党政领导干部自然资源资产审计项目，查出主要问题金额14.72万元(违规金额4.4万元、管理不规范资金10.32万元)，审计发现非金额计量问题10个，作出审计处理决定1份，提出意见和建议3条。

【民生项目审计】 2022年，平远县审计局开展城南幼儿园装修和附属工程建设、老旧小区改造、体育场升级改造等政府投资项目审计，开展村庄风貌提升省级涉农专项资金审计，查出违规资金27.1万元，管理不规范资金5129.6万元。

【审计问题整改】 2022年，平远县审计局通过实行细化整改清单、落实整改责任、突出整改重点、强化督办跟踪、强化协调联动等机制，督促整改事项199个，完成审计问题整改146个，正在整改问题53个。 （余伟）

自然资源管理

【概况】 2022 年，平远县自然资源局做好土地管理基础支撑服务、土地节约集约、生态保护修复、确权登记、地质灾害防治等工作，为平远经济社会发展提供自然资源服务保障。

【自然资源规划】 2022 年，平远县自然资源局根据市下达的耕地保有量、基本农田任务数、城镇开发边界指标，划定永久基本农田 9813.87 公顷（147208 亩）、生态保护红线 39997.58 公顷（599964 亩）、城镇开发边界 2316 公顷（34740 亩）。调整位于大柘镇柘东路（工业大道）国道 206 线绕城段东侧、柘东路盛世豪庭南侧、平远大道南君庭汇北侧的县城控制性详细规划 PY04、PY05、PY06 管理单元局部地块 3 个，整合和开发利用土地，推动重点项目落地。编制《平远县 2022 年度土地征收成片开发方案》，将提前谋划且符合规划的项目用地纳入其中，做好项目用地报批前期基础工作，纳入项目 3 个，划定成片开发片区 3 个，总用地面积 110.23 公顷。

【耕地资源管理】 2022 年，平远县自然资源局编制《平远县 2022 年度耕地进出平衡总体方案》，针对因近年谋划的重点项目实施导致耕地减少现象，将同等数量的园地和林地整治为耕地，实现进出平衡，保障项目用地合法性。原地整改部分 2021 年度耕地流出图斑和 2021 年耕地卫片图斑，其余部分纳入 2022 年耕地流入任务落实总量管控。完成整改流入耕地 49.33 公顷（739.94 亩），超额完成市下达需要流入耕地 41.14 公顷(617.03 亩）任务。

【自然资源要素保障】 2022 年，平远县自然资源局完成处置批而未供土地面积 51.93 公顷（779 亩）。其中，属 2009—2018 年度批次 38.15 公顷（572.3 亩），属 2019—2022 年度批次 13.78 公顷（206.7 亩）。申请撤回批文面积 43.57 公顷（653.5 亩）。完成处置闲置土地 1 宗，面积 1.54 公顷（23.05 亩），实现闲置土地“应处尽处”。完成“三旧”（旧城镇、旧厂房、旧村居）改造面积 8.05 公顷（120.8 亩）：教师村、微利房、翠拥华庭，完成改造项目面积 4.21 公顷(63.14 亩)：县人民医院住院大楼、石正幼儿园。实施新一轮垦造水田项目，立项面积 57 公顷（855 亩），交地面积 39.73 公顷（596 亩），完成市、县验收水田面积 3.87 公顷（58 亩）。

【自然资源生态治理复绿】 2022 年，平远县自然资源局治理石正镇、东石镇、仁居镇、八尺镇、热柘镇的废弃煤矿点、废弃轻稀土矿点和废弃石场，完成复绿面积 21.33 公顷（市下达任务 20.43 公顷）。治理石正镇南台矿业银坑尾高岭土矿、石正镇神子下石场，完成复绿面积分别 1.66 公顷、2.66 公顷，100%完成市下达任务。实施山水林田湖草沙一体化修复和保护工程 9 个，市下达中央资金 9707.92 万元(含 2021 年下达资金 2844.36 万元），全年累计支出资金 7971.44 万元，资金支付进度达 80%以上。

【自然资源确权登记】 2022 年，平远县自然资源局完成 12 个镇 136 个行政村权籍调查工作，建立平远县农村权籍数据库，完成“房地一体”登记发证 2186 宗。推进“互联网+不动产”登记，开通“不动产+企业服务”和“不动产+金融服务”，逐步推行“交楼即交证”模式，实现全业务“一窗受理”，全年颁发不动产权证书约 4100 本，证明约 3500 份。

【自然资源违法用地整改】 2022 年，平远县自然资源局整治整改自然资源违法用地。2020 年全县存量违法图斑面积 56.23 公顷（843.46 亩），2022 年整改面积 33.06 公顷（495.93 亩），完成年度整改任务。2021 年全县新增违法图斑面积 49.18 公顷（737.68

亩），2022 年消除违法面积 43.59 公顷（653.78 亩），完成阶段性整改任务。2022 年国家下发平远县土地卫片违法图斑面积 155.81 公顷（2337.16 亩），完成整改 111.21 公顷（1668.18 亩）。

【地质灾害防治】 2022 年，平远县自然资源局强化地质灾害综合治理，完善地质灾害防治群测群防体系，加强网格化管理，及时发布预警信息，保障人民群众生命财产安全。在册地质灾害隐患点 238 处。其中，中小型隐患点 234 处、大型及以上隐患点 4 处。完成综合治理中小型地质灾害隐患点 194 处，完成综合治理大型及以上隐患点 3 处，剩余 1 处泗水镇区崩塌地质灾害治理工程，完成总工程进度的 62%。（县自然资源局）

统　计

【概况】 2022 年，平远县统计局建立农业统计、工业统计、固定资产投资统计、建筑业和房地产业统计、贸易业统计 5 个县级统计数据协调专班，确保应统尽统。

【统计业务调查】 2022 年，平远县统计局开展常规统计调查工作。2022 年前三季度全县地区生产总值为 63.97 亿元，同比增长 2.6%，比上半年增长 3.5 个百分点，增速在全市排第 1 位，2022 年全县生产总值 86.57 亿元，同比增长 0.6%。开展城乡一体化住户调查大样本轮换工作，完成 2 轮抽样框信息核实、抽样框小区合并、宣传动员、业务培训、摸底调查以及抽中调查户落实和开户工作。

【统计基层基础建设】 2022 年，平远县统计局完成全县 2/3 行政村统计基层基础和农业统计数据质量检查，确定八尺镇、石正镇作为平远县统计基层基础建设先进示范镇，并作进一步指导，推动基层统计规范化建设，解决基层统计工作中薄弱环节和突出问题，提高基层统计能力、统计数据质量和统计服务水平。

【统计业务培训】 2022 年，平远县统计局做好入库潜力企业和联网直报企业业务培训，统一统计口径与统计方法，及时互通情况，全年开展 18 场业务培训，累计培训 870 人次。

【统计法治建设】 2022 年 4—5 月，平远县统计局分别联合县市场监管局、配合市统计局开展“双随机、一公开”监督检查，检查企业 8 家、7 家。6 月，开展“双随机、一公开”执法检查企业 8 家，主要检查企业统计基础工作和上报的统计数据，查处统计违法行为，维护《中华人民共和国统计法》严肃性。

【统计服务】 2022 年，平远县统计局向县委、县政府提供各类统计分析报告 11 篇，发布统计信息 37 期，在政府网站和政务服务平台答复公众数据咨询 7 次。

【统计考评考核】 2022 年，平远县统计局牵头召开县高质量发展综合绩效评价工作会议，围绕 7 类 45 个指标，加强分析，逐项梳理汇总，向县政府汇报 2021 年平远县高质量发展综合绩效评价总体情况，并提出下一步工作建议。在市统计局发布的全市 2021 年高质量发展综合绩效评价考核中，平远县排名全市第 4，较上年上升 1 个名次。

（县统计局）

2022 年 8 月 27 日，平远县统计局局长姚清源（左二）带队到广东荻赛尔机械铸造股份有限公司（梅州平远高新区）生产车间了解生产情况 （县统计局提供）

教育·科技

责任编辑：叶俊新

教　育

【概况】　2022年，平远县有中小学校（含职业学校、特殊学校）34所、公办幼儿园9所。有在职教职工2481人。其中，幼儿园202人，小学978人，初中772人，高中415人，发展中心、开放大学、职校、特殊学校等114人。初中、高中专任教师本科率分别是90%、97.6%；中小学教师第一学历为本科及以上的有674人，占比33.59%；高中专任教师研究生学历占比5%。有名校长工作室5个（市级1个、县级4个），名师工作室32个（省级2个、市级3个、县级27个）。全县有学生34017人。其中，高中3906人、初中7827人、小学15490人、幼儿园6672人、特殊学校121人。自2021年9月以来，上课日的下午课后至18：00止，义务教育学校开展校内课后服务，由学生自愿参加，1个学时、2个学时的收费标准每人每学期分别为200元（每月40元）、400元（每月80元）。

【教育教学工作】　2022年，平远县有1384人报名参加夏季高考，有730人上本科线，占实际参加夏季高考考生数的52.7%。其中，高考总分600分以上6人，上特殊类型招生录取控制线153人（含地方专项49人），普通类605人、艺体类122人上本科线，“3+证书”（语文、数学、英语、专业技能课程证书）类统考本科录取3人。平远中学物理类考生官佳文总分656分，列居全市前10名，全省1323名，是十几年来平远县高考生获得全省排名最高的一次，荣获北京大学“筑梦计划”入选资格，最终被哈尔滨工业大学（深圳）录取；陈森坤荣获全省单科状元；体育类考生黄辉合成总分607分，名列全省第77名，被华南师范大学录取；美术类考生林文杰合成总分539分，被西南交通大学录取。有2261人参加中考。其中，被东山中学录取35人、被其他第一批录取学校录取6人、被平远中学录取549人。全县中考成绩排名的前100名，平远中学录取65人。2022年，平远中学获广东省粤韵操评比二等奖；实验中学获广东省啦啦操评比三等奖；实验小学获梅州市粤韵操评比一等奖；梅青中学获梅州市啦啦操自选动作项目一等奖；实验幼儿园获梅州市啦啦操规定花球项目二等奖；城南幼儿园、实验幼儿园获梅州市啦啦操自选动作项目三等奖。8月30日，平远县教育局成立校外培训机构监管股，实现校外培训机构审批、监管、处罚全闭环依法规范管理。2022年全县取得工商营业执照和办学许可证的非学科类培训机构8家，国家平台注册并取得工商营业执照的非学科类培训机构34家。

【教师队伍建设】　2022年，平远县教育局招聘中小学、幼儿园教师80名，调整中小学、幼儿园教师91人，交流城乡教师73人，交流幼儿园园长6名，完成首届全县中小学校长、幼儿园园长任职述职。制定《平远县中小学教师专业技术职称岗位等级晋升工作方案》，616 名教师晋升专业技术岗位等级，146 名教师被评为副高以上专业技术职称。创建成立平远中学教育集团、田家炳中学教育集团、实验小学教育集团、坝头学校教育集团、城南幼儿园教育集团 5 个教育集团。1 月 21 日，平远县教育局与南沙区教育局签订结对帮扶协议（2021—2025 年），支持提升办学水平，加强校长队伍建设，提升中小学教师综合素质，支持推进教研协作。开展全县中小学教师县级高质课堂评比活动，评定一等奖 37 名、二等奖 51 名。

【学生德育工作】 2022 年，平远县教育局开展学校领导干部特别是党组织书记、校长带头走进课堂讲思想政治课活动，围绕迎接中共二十大会议，开展“开学第一课”活动 38 课时；选送精品党建创新作品参加全市比赛，其中 2 份作品入围市决赛；组织师生参加县“喜迎二十大　奋进新征程”主题演讲比赛，获得一等奖 1 人、三等奖 1 人、优胜奖 1 人。举办“传承红色基因，弘扬红色文化”主题活动 5 场，举办“百年百课”党史宣传教育进校园活动 33 场，参加人数 1 万人。平远县实现县级文明校园全覆盖，有市级文明校园 20 所，各项文明校园指标走在全市前列。分别推选出市级、县级“新时代文明好少年”4 人、10 人，推选出县级“自强不息好少年”5 人。

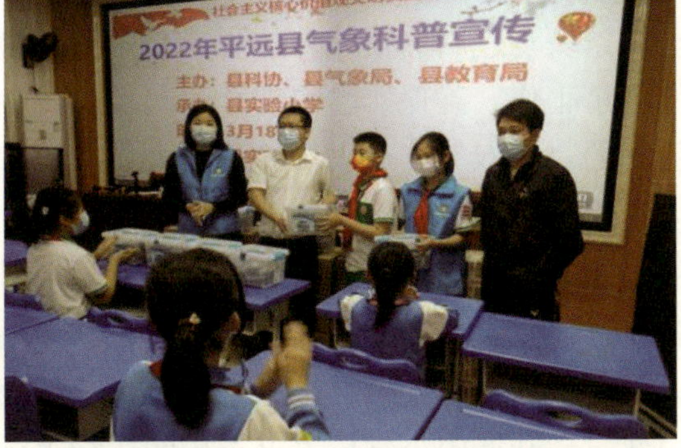

2022 年 3 月 18 日，平远县实验小学开展气象科普宣传活动 （吴文媚 摄）

【教育设施完善】 2022 年，石正实验幼儿园建设工程项目（一期）完工并交付使用，于 8 月 31 日开园。热柘华侨学校教学楼新建及运动场升级改造项目、大柘小学运动场建设项目，均完工并交付使用。在 6 所初中学校（城南中学、田家炳中学、仁居中学、铁民中学、石正中学、热柘华侨学校）稳步推进智慧教育考场建设。城南幼儿园通过市一级幼儿园评估，城南小学通过义务教育标准化学校市级评估，石正实验幼儿园通过规范化幼儿园和县一级幼儿园的督导评估。全县中小学、幼儿园推进“三通两平台”（宽带网络校校通、优质资源班班通、网络学习空间人人通，教育资源公共服务平台和教育管理公共服务平台）实现“校校通”“班班通”“人人通”，覆盖率、宽带网络接入率均达 100%。

【助学政策落实】 2022 年，平远县教育局全面落实资助政策，资助学前教育家庭经济困难儿童 777 人次，发放补助 38.85 万元；资助义务教育家庭经济困难学生 3188 人次，发放补助 104.49 万元；实施农村义务教育营养改善计划，资助学生 784 人次，发放补助 39.2 万元；发放普通高中国家助学金，资助学生 966 人次，发放补助 96.6 万元；实施普通高中免学费政策，惠及学生 207 人次，发放补助 26.21 万元；实施中等职业学校免学费政策，惠及学生 304 人，发放补助 53.24 万元；资助考入外省家庭经济困难大学新生 3 人，发放补助金额 1.6 万元。

【平安校园建设】 2022 年，平远县学校幼儿园（含民办）配备专职保安员 159 人，推进校园人防、物防、技防建设。实现学校专职保安员配备率 100%，学校实行封闭式管理 100%，学校一键式紧急报警、视频监控达标率 100%，学校“护学岗”设置率 100%。组织县公安、交通、教育等部门联合开展校园安全专项整治 16 场次，排查涉及学校及周边的治安、交通和校车、消防、溺水、意外伤害、食品卫生、校园暴力和欺凌等安全隐患 152 项，均得到整改。受理群众（师生）信访案件 26 件，接待群众（师生）来访 13 人次，及时受理率、按期办结率、群众满意率均达 100%。

【发展教育基金管理】 2022 年 10 月，梅州市平远县发展教育基金会经梅州市民政局评估，获梅州市社会组织评估 AAAA 等级。11 月 29 日，召开换届选举会议，杨柏平任理事长，林昭辉连任副理事长，黄思琼任秘书长，姚增兴、谢剑、黄辉庆、余永强连任理事。黄国新任第二届监事。全年接受捐赠资金 520 万元。其中，刘宪奖教奖学金捐赠 225 万元。实施高考奖、教学工作先进单位奖、县优秀教师奖等奖补项目 18 个，全年支出奖教奖学助困等金额 439.64 万元。

（平远县教育局）

教师发展中心工作

【概况】 2022 年，平远县教师发展中心以“服务教育科研，促进教师发展”为核心任务，创新实施全员教研员岗位责任制，不断强化主业意识，完成“教科研训”各项工作任务。被市教育局评为 2021 年度梅州市教育技术论文活动“优秀组织单位”。

【教学教研】 2022 年，平远县教师发展中心以教学教研为中心，提高教育教学质量。拓宽思路抓高考、中考备考，采取多层次多途径指导高考备考。2022 年高考成绩保持稳定，平远中学学生官佳文进入全市理科前十名。利用研训一体化活动及平时交流渗透备考策略，召开各学科中考备考研讨会，用一周时间集中对市模拟考情况分析研究，结合最新颁布的课标对冲刺阶段的复习备考进行讲座指导。2 月 17 日，在城南小学召开高质课堂活动的启动会；4 月 27 日，在实验小学召开高质课堂活动的推进会。5 月 16—27 日，教师发展中心四个督导组发现各学校开展评比展示活动中好的做法和存在的问题，收集意见建议。10 月 11—21 日，举行县级教学评比活动，规模大，参赛老师多，取得预期效果。10 月，对教育科研课题市级 37 项、县级 58 项分 4 组现场中期检查汇报，邀请专家对 4 个广东省“强师工程”课题结题。组织中小学幼儿园县级论文评比活动，择优上报市参评论文 150 篇。组织参加梅州市第四届青年教师能力大赛，其中小学语文老师张文姗荣获一等奖。组织各学科教师参加南粤大讲堂、梅州教研等线上教研活动。平远县第一小学、田家炳中学分别获得梅州市读书育人表扬单位。

【教师发展】 2022 年，平远县教师发展中心推动全县中小学各类培训工作，参加国家级培训和省级新强师工程培训 98 人次，全员培训 2382 人次，公需科目培训 2392 人次，校本培训等 2339 人次，新教师培训 214 人次。实施粤东粤西粤北地区教师全员轮训、新教师培训、信息技术应用能力提升工程 2.0（以教育信息化推动教育现代化，开启智能时代教育）项目培训，推动教师研训一体化。初步形成“比学赶帮、共同提高”良好研训局面，提升管理类和业务技术类人员从业岗位胜任力和业务技能。

【教学保障】 2022 年，平远县教师发展中心以信息装备为支撑，提升教学保障水平，着力提高装备均衡化发展水平。采取上下联动、条块责任制的模式，加强中小学校实验室消杀工作，确保实验室安全。落实危化品管理的“五双”（双人保管、双人领取、双人使用、双把锁、双本账）工作机制，强化对易制爆和易制毒化学药品的严格管理，对各校危险化学品全面摸底清理、汇总和定期上报，确保校园安全。推进学校图书馆的应用建设，开展中小学校“书香校园”线上读书系列“优秀读后感”活动，拓展学校阅读空间。组织全县物理实验管理员参加广东省中学物理和小学科学实验教师(实验管理员)实验操作与创新技能竞赛活动，其中，平远县仁居中学教师张国飞的《浮力大小的影响因素改进》荣获省三等奖。组织各学校开展教育技术应用论文评选活动，有11名老师分别获得省市创新奖、展示奖和入围奖。

（县教师发展中心）

平远开放大学

【概况】 2022年，平远开放大学设有国家开放大学教学点、广东开放大学教学点，发展学历教育及非学历教育，加大招生宣传力度，扩大春、秋两季招生规模，面向社会提供专科、本科学历提升、社区教育、老年教育、多行业岗前培训等教育服务。春、秋两季招生213人，同比增长31.5%。其中，国家开放大学教学点招生本科20人、专科19人，广东开放大学教学点招生本科44人、专科130人。完成审核国家开放大学教学点毕业班本科班8个、毕业生57人，专科班9个、毕业生81人，发放毕业证书138本。吴春伟被评为县优秀教育工作者，2名学生获得国家开放大学奖学金。

【平远开放大学教务考务】 2022年，平远开放大学增设广东开放大学教学点，配备专职老师，与国家开放大学教学点的业务各司其职、相互配合。4月，联合县委组织部、县财政局开展村（社区）“两委”干部及优秀后备干部学历提升工程。7月，举行在职硕士研究生（双证）报考政策宣讲推介会，全县各机关、企事业单位及社会各界人士98人参会。做好各类型考试的组织和管理工作，严抓考试期间疫情防控各项措施，确保各类型考试安全顺利。

【社区教育和老年教育】 2022年，平远开放大学加挂广东老年大学平远学院牌子，落实社区教育、老年教育规划建设。与平远县文联、平远县启航艺术中心等单位企业联系沟通，在启航艺术中心、平远县老年人学校、韵声汉乐团授牌设立社区教育教学点，开设硬笔画、简笔画、形体舞蹈等公益体验课，首次办班招收学生120人。（冯晓婷）

2022年4月25日，广东开放大学副校长宋波（左三）参加在平远开放大学举行的2022年平远县村(社区）“两委”干部学历提升班开班仪式（平远开放大学提供）

科学技术

【概况】 2022年，平远县有高新技术企业19家、省级工程技术研究开发中心11家、市级工程技术研究开发中心23家、科技型中小企业43家、省级新型研发机构1家、国家众创空间1家、省众创空间1家、省孵化器1家、省级专业镇7家、市级专业镇1家、省青少年科技教育基地3家、科技特派员工作站4家。

【科技创新服务】 2022年，平远县科工商务局实施“科技型中小企业培育工程”，发动并指导企业开展科技型中小企业认定，强化农业科技和装备支撑，43家企业通过2022年科技型中小企业认定，对比2021年新增21家。继续扩大高新技术企业存增量，重点培育推荐7家企业发展高新技术。其中，重新认定企业2家（梅州绿盛林业科技有限公司、梅州市高远科技有限公司），首次认定企业 5 家（广东平建建设集团有限公司、广东越科新材料有限公司、梅州市飞龙果业有限公司、梅州市瑞冠新材料科技有限公司、广东恩财水利工程有限公司）。

【科技创新平台建设】　2022 年，平远县科工商务局引导各类有条件的企业建设省级及以上企业技术中心、工程技术中心、重点实验室、新型研发机构、众创空间等创新平台。成功创建平远县广东省（脐橙）农业科技园区，推动平远县脐橙产业发展。推荐恒盛宇企业成功认定为省级工程技术研究中心，飞龙果业、彧园山仁、创丰建设 3 家企业成功认定为 2022 年度梅州市工程技术研究中心。全县企业设立研发机构总量 34 家，规模以上企业设立研发机构总量 19 家（占全县规模以上企业的 38.7%）。

【科技项目申报管理】　2022 年，平远县科工商务局帮助企业争取上级政策资金支持，进一步推动特色产业发展。推荐梅州绿盛林业科技有限公司申报“广东省农业科技成果集成示范与农业科技社会化服务体系支撑”项目，获得立项资金 100 万元；广东获赛尔机械铸造股份有限公司申报 2022 年省科技创新战略专项资金（“大专项+任务清单”）项目，获得奖补资金 129 万元；县生产力促进中心、富远稀土、华清园等 30 个项目进入 2023 年省科技创新战略专项资金（“大专项+任务清单”）项目库；平远县人民医院的“达格列净联合 β 受体阻滞剂治疗 EF＜40%的心力衰竭合并室性心律失常临床疗效观察”“切开复位微型钢板内固定术治疗掌指关节周围部位创伤骨折的临床观察研究”项目、平远县妇幼保健院的“尿碘在妊娠中的应用价值”项目，获得 2022 年度梅州市社会发展科技计划项目立项。

【广东省富远稀土有限公司项目获叶剑英基金科学技术进步奖一等奖】　2022 年，平远县科工商务局推荐广东省富远稀土有限公司的“一种全萃取分离生产高纯铕的方法”项目，申报 2022 年度叶剑英基金科学技术进步奖，荣获一等奖。该项目作为广东省科技计划重点项目，可有效解决铕萃取分离资源综合利用率低、矿物消耗过快、资源开发利用过程“三废”（废水、废气、废渣）过多等问题。

（张灼娴　姚文红）

2022 年 7 月 26 日，广东省富远稀土有限公司生产车间一角　（梅州平远高新区管委会提供）

社会科学

责任编辑：叶俊新

党史研究

【概况】 2022年，中共平远县委党史研究室（以下简称“平远县党史室”）做好党史资料征集、研究、宣传教育和编纂出版等工作，发挥党史以史鉴今、资政育人作用。

【党史编写和出版】 2022年，平远县党史室派员到县档案馆查找革命时期档案，翻阅大量史书、县志、回忆录及当年征集史料时访问笔录，整理出革命战争时期在平远（含蕉平寻县）广泛传唱的红色革命歌谣、传颂的诗歌等63首，出版《平远红色歌谣选编》1500本。做好《中国共产党平远县地方历史》第二卷（1949—1978年）审稿和修改工作，深入市、县档案馆，寻访亲历者挖掘史料，补充和完善大量史实。组织专家编辑《平远党史故事》，形成初稿，正在修改完善。翻印《寻乌调查》《中央九月来信》各4000份，入藏红四军纪念馆。翻印《平远解放战争资料集》1500本，满足党史资料存史要求及广大人民群众党史学习教育需求。

【党史宣传教育】 2022年，平远县党史室开展党史宣传，撰写党史专稿，在各媒体上宣传平远红色资源和地方党史，做好党史学习教育培训工作。4月，做好省委、省政府主要领导到平远县考察红四军纪念馆的讲解任务。开展党史宣讲“六进”活动，在全县中青年干部培训班、全县村（社区）干部培训班、学习贯彻中共广东省第十三次党代会精神宣讲报告会、中共二十大会议精神专题宣讲报告会、“强国复兴有我”“传承红色基因·弘扬红色文化进校园”等活动中，宣传中国共产党的政策并宣讲党史。累计宣讲党史19场次，听众1700多人次。撰写研究论文，参与新时代广东原中央苏区振兴发展学术论坛，在梅州党史网、《平远学习与实践》刊物上发表工作动态和研究性文章。参加梅州市党史研究室组织的“学党史、讲党史”喜迎二十大宣讲活动，获得优秀奖。向各镇各单位及党史爱好者赠阅党史刊物和书籍100多本、党史学习教育资料8000册，推动平远地方党史学习教育走深走实。

【党史资料征集挖掘】 2022年，平远县党史室发挥存史职能，征集挖掘史料，夯实党史研究基础。走访仁居镇凤仪村、古丁村、分水坳红色交通线、东石镇太阳村杨梅坑，征集蕉平县热水苏区及平远籍报名参加红四军人员史料，挖掘革命斗争历史。争取档案馆、图书馆、地方志部门的支持，进一步收集整理各个时期的史料图片，收集整理汇编过去五年来县委党代会报告、人大工作报告、政府工作报告、政协工作报告及相关文献，为党史研究、出版党史基本著作打好基础。回复群众有关党史方面的来信来访，帮助革命后代寻找父辈革命历史。

【红色资源保护利用】 2022年，平远县党史室加强红色遗址、革命文物和纪念设施保护开发利用。做好仁居镇、差干镇革命历史展陈、长征英雄林钦才故居布展等工作，丰富提升红四军纪念馆、平远地方党史陈列（毓秀书院）的展陈内容。协助推动仁居镇红四军旧址群、差干镇谢乐粤公祠、中央红色交通运输线等遗址修缮工作。为热柘镇、东石镇、仁居镇、中行镇、长田镇等革命旧址申报“2023 年广东省级红色革命遗址保护利用项目”，提供党史资料和开发利用意见建议。

【党史题材史实审核】　2022 年，平远县党史室履行党史题材审核把关职责，抵制和反对历史虚无主义，把好意识形态关口，维护党史严肃性。评审革命历史陈列布展大纲，审核差干镇、仁居镇、东石镇、大柘镇等革命旧址布展项目。先后审核修改《游学红色梅州》《广东省红色革命遗址精览》平远县内容。　（王建华）

地方志

【概况】　2022 年，平远县人民政府地方志办公室（以下简称“平远县地方志办”）做好志鉴编纂、地方志理论研究、地情宣传、图书数字化等工作。

【《平远年鉴》编纂出版】　2022 年，平远县地方志办如期完成 2022 年卷《平远年鉴》编辑出版任务。2021 年卷《平远年鉴》在广东省年鉴质量评价活动中获得三等年鉴，连续 8 年获省级表彰。年鉴副主编林绪远获聘梅州市地方志专家库专家。

【地方志资料年报】　2022 年，平远县地方志办收集到各单位上年度年报资料 67 份，为第三轮修志做好准备。同时，整理编印《地方志书编写知识汇编》等业务学习培训资料 500 份，发放至各镇各单位，供相关人员学习。

【地方志理论研究】　2022 年，平远县地方志办人员在《广东史志》《梅州社会科学》“南粤古驿道”等平台发表方志理论研究文章 14 篇。论文《“祠堂新卜筑 俎豆旧馨香”——客家人文始祖、南朝程旼（旼）墓及其相关典籍史料诠释》获 2022 年全省地方志理论研讨优秀论文三等奖，以“客家社祭文化与中华优秀传统文化”为主题的论文入选 2022 年中国地方志学术年会论文集。

【地方志宣传】　2022 年，平远县地方志办组织开展“多彩乡村 弘扬岭南文化”主题教育实践活动，择优上报微视频、摄影、国画、调研报告等各类作品 11 件。做好图书《广东乡村经典菜肴》的稿件编纂、校对，选定报送以热柘豆干、八尺娘酒鸡等菜肴为主题的稿件 13 篇。向各类省级宣传平台投稿，向“粤鉴话你知”“粤故事”“广东产业”“志说广东”等栏目报送稿件 12 份。值建县 460 周年之际编印《平远概览》小册子，宣传平远自然、历史、人物、民俗等地情内容。在平远县政府网站《方志平远》专栏中发布工作动态、鉴知平远等各类文章 13 篇。先后到仁居镇黄畲小学、平远县田家炳中学、大柘镇城东社区、上举镇畲脑村等，为广大群众、师生送去《平远年鉴》《平远县志》《志说平远》《全粤村情・平远卷》《平远古道风情》等书籍 200 多部。派员到县委党校给中青年干部班授课，介绍平远县情，派员到中行味真草庐，讲解饶氏家风家训。

2022 年 9 月 14 日，县地方志办向平远县田家炳中学初三年级同学赠书并发放“多彩乡村 弘扬岭南文化”主题宣传手册　（吴嘉业 摄）

【地方志数字化建设】 2022年，平远县地方志办把《平远年鉴（2021）》制作成数字化文档，上传至省情数据库，让读者可以在广东省情网上阅读。（潘梦志）

档案

【概况】 2022年，平远县档案局（馆）做好档案管理、档案资源建设、档案服务和宣传等工作。接收进馆档案318卷又10746件、专门档案3391件、资料255册、实物档案3件。馆藏档案总量43097卷又51930件，同比增长3.3%，馆藏资料8396册，同比增长3.1%。其中，专业档案23种14096卷22847件，民生档案38807卷40097件。组织档案法律法规知识专题学习研讨6次、档案安全消防实战演练1次，全年未发生档案安全事故。

【档案管理】 2022年，平远县档案局（馆）如期完成精准扶贫脱贫攻坚档案、党史学习教育档案的接收进馆工作，并规划建设两类档案专题数据库。协助各单位开展整理抗击新型冠状病毒疫情档案、精准扶贫脱贫攻坚档案、党史学习教育档案归档工作。协助各单位做好应归档文件资料的收集、整理、购买服务工作，有55个机关事业单位的建档工作外包给具有资质的社会专业机构，整理归档文件资料3.8万多件。

【档案利用服务】 2022年，平远县档案局（馆）提供档案利用服务，推行来电、来函查档和跨馆出证等便民措施，接待服务2356人次，查阅档案3769卷又1241件、资料253册，受理来电来函查档237人次。

【档案宣传】 2022年，平远县档案局（馆）在“6·9”国际档案日前集中开展“喜迎二十大·档案颂辉煌”主题系列宣传活动：布置主题宣传栏、制发档案文化法律宣传品、挂贴宣传标语、在红色景点开展主题宣传。5月，启动平远县国家综合档案馆爱国主义教育基地改陈布展项目，至年底，完成多功能厅、特藏室和楼梯走廊文化布展。

【档案信息化】 2022年，平远县档案局（馆）开展数字档案、电子档案目录整理工作，完善目录信息、调整索引方式、纠正错误条目字段、规范目录结构，提升数据质量、提高查阅效率。基本完成平远档案馆扫描任务，基本完成全馆纸质版档案数字化378.2万页（4.2万多卷）。（陈静）

文化·传媒

责任编辑：潘梦志

文 化

【概况】 2022年，平远县有图书馆1个（国家三级）、文化馆1个（国家一级）、博物馆1个、纪念馆2个、乡镇综合文化站12个（特级站2个、一级站4个、二级站6个）、农村文化俱乐部29个、基层综合性文化服务中心136个。有文化类企业46家。其中，书店31家、艺术品经营单位1家、歌舞娱乐场所5家、印刷企业6家、音像店2家、电影院1家。有非物质文化遗产保护项目25个（省级1个，市级15个，县级9个）。有不可移动文物名录170处（古建筑89处、古墓葬5处、古遗址16处、近现代重要史迹及代表性建筑49处、石窟寺及石刻11处），其中公布为文物保护单位49处（省级13处、市级16处、县级20处）。全县馆藏文物数据库系统登录报送1354件（套）。其中，平远县博物馆登录报送1319件（套），平远县程旼纪念馆登录报送14件（套），平远县红四军纪念馆登录报送21件（套）。

2022年平远县县级以上文物保护单位名录一览表

表15

名 称	时 代	类 别	所在地	级 别
凌风塔	清	古建筑	石正镇潭头村渐丰村民小组塔岃上山顶	广东省文物保护单位
邹坊文祠	清	古建筑	仁居镇邹坊村口	广东省文物保护单位
小树庐	民国	近现代重要史迹及代表性建筑	仁居镇飞龙村磷石下	广东省文物保护单位
井下吴屋	清	古建筑	仁居镇井下村	广东省文物保护单位
广东四大银行金库旧址	民国33年（1944）	近现代重要史迹及代表性建筑	仁居镇仁居村东门外青云桥旁	广东省文物保护单位
驾虹桥	明—清	古建筑	仁居镇仁居村东门外	广东省文物保护单位

（续表15）

名称	时代	类别	所在地	级别
仁居红四军第一纵队革命旧址	民国24年（1935）	近现代重要史迹及代表性建筑	仁居镇仁居村	广东省文物保护单位
松溪桥与古道	清	古建筑	差干镇加丰村与湍溪村交界	广东省文物保护单位
宝善居	民国2年（1913）	近现代重要史迹及代表性建筑	大柘镇丰光村新丰村民小组	广东省文物保护单位
姚子青故居	清宣统元年（1909）	近现代重要史迹及代表性建筑	大柘镇墩背村大墩背	广东省文物保护单位
黄梅兴故居	清光绪十二年（1886）	近现代重要史迹及代表性建筑	东石镇大屋村街尾	广东省文物保护单位
蕙楼	民国	近现代重要史迹及代表性建筑	东石镇锡水村洋楼下	广东省文物保护单位
平远石北乡苏维埃政府旧址	民国18年（1929）	近现代重要史迹及代表性建筑	东石镇灵水村	广东省文物保护单位
姚德胜旧居	清	古建筑	大柘镇杞园村高坎下	梅州市文物保护单位
素庐	民国	近现代重要史迹及代表性建筑	仁居镇仁居村南门岗	梅州市文物保护单位
凉庭丰泰堂	清	古建筑	东石镇凉庭村	梅州市文物保护单位
南台大夫第	清	古建筑	石正镇南台村长屋	梅州市文物保护单位
中行石拱桥	明	古建筑	中行镇中行村老圩的古道上	梅州市文物保护单位
凤头进士第	明	古建筑	八尺镇凤头村炉形	梅州市文物保护单位
仁居官塘唇李屋	清	古建筑	仁居村官塘唇	梅州市文物保护单位
仁居万五韩公祠	清	古建筑	仁居镇仁居村官塘唇	梅州市文物保护单位
恩世居	民国	近现代重要史迹及代表性建筑	热柘镇热水村仙水塘	梅州市文物保护单位

（续表 15）

名　称	时　代	类　别	所在地	级　别
儒第水口桥	明	古建筑	中行镇儒地村水口	梅州市文物保护单位
文贵村普滩桥	清	古建筑	泗水镇文贵村普滩	梅州市文物保护单位
仲石村万载桥	清	古建筑	中行镇仲石村大河背	梅州市文物保护单位
五指石摩崖石刻	清	石窟寺及石刻	差干镇差干村五指石景区	梅州市文物保护单位
梅平武工队旧址	民国	近现代重要史迹及代表性建筑	大柘镇黄沙村	梅州市文物保护单位
坝头奎文阁	清	古建筑	大柘镇坝头村和尚屴	梅州市文物保护单位
凌云塔	清乾隆三十二年	古建筑	大柘镇梅东村	梅州市文物保护单位
枫树岗摩崖石刻	清	石窟寺及石刻	中行镇仲石村枫树岗	平远县文物保护单位
青云桥	明	古建筑	仁居镇仁居村东门外	平远县文物保护单位
贤关文昌阁	清	古建筑	大柘镇贤关村车头坪山岗上	平远县文物保护单位
平远县革命烈士纪念陵园	中华人民共和国	近现代重要史迹及代表性建筑	大柘镇清河村	平远县文物保护单位
六吉村三济桥	明	古建筑	仁居镇六吉村水口	平远县文物保护单位
仁居红四军第一纵队政委驻地旧址	民国	近现代重要史迹及代表性建筑	仁居镇东门街 14 号	平远县文物保护单位
长兴寨遗址	（待考）	古遗址	仁居镇黄畲村九龙长兴寨顶	平远县文物保护单位
寨顶上遗址	新石器时代	古遗址	长田镇长安村龙颈屴寨顶上	平远县文物保护单位
志成桥	清	古建筑	上举镇文裕村	平远县文物保护单位

（续表15）

名　称	时　代	类　别	所在地	级　别
吴三立旧居	民国	近现代重要史迹及代表性建筑	上举镇畲脑村	平远县文物保护单位
梯云岭古道遗址	明	古遗址	仁居镇麻楼村梯云岭县道036线南面山腰	平远县文物保护单位
味真草庐	清	古建筑	中行镇中行村马坪	平远县文物保护单位
锡水石楣杆	清	石窟寺及石刻	东石镇锡水村农会	平远县文物保护单位
东湖笔摩崖石刻	明	石窟寺及石刻	仁居镇麻楼村东湖笔（又名小尖山）半山腰	平远县文物保护单位
陈学生故居	民国	近现代重要史迹及代表性建筑	河头镇向阳村下田心	平远县文物保护单位
曾养甫旧居	清	近现代重要史迹及代表性建筑	东石镇双石村圩上44号	平远县文物保护单位
淼通围	1949年	近现代重要史迹及代表性建筑	石正镇正和村步下27号	平远县文物保护单位
石下韩屋	清	古建筑	八尺镇南塘村石下村民小组	平远县文物保护单位
宝猷楼	民国	近现代重要史迹及代表性建筑	县城县委大院内	平远县文物保护单位
黎海如故居	民国	近现代重要史迹及代表性建筑	石正镇正和村下黎村民小组	平远县文物保护单位

【公共文化服务】 2022年，平远县文广旅体局推进图书馆评估定级工作，完成留声墙项目，完善亲子室、少儿室等功能室，使读者可以在平台录制个人朗读作品，阅读服务可覆盖老、中、幼读者群体。增加新型主题阅读空间，以宗祠文化和卧佛旅游文化为主题，新建成姚家祠“粤书吧”、南台卧佛山“粤书吧”。实施“高雅艺术进基层”项目，投入35.13万元，为12个乡镇文化站配送钢琴、民乐器，满足群众对高雅艺术的精神需求。投入50.87万元，为12个乡镇文化站采购配送办公电脑、文件柜等设施设备。建成图书馆分馆和文化馆分馆8个，村级服务点24个，促进优质公共文化服务资源向镇、村流动。为东石镇、长田镇等5个乡镇综合文化站配送公共文化一体机，12个乡镇文化站公共文化服务数字化初步建设完成。

【群众文化活动开展】 2022年，平远县文广旅体局指导组织开展各类线上线下群众文化活动121场，惠及群众19.02万人次。其中，全民阅读活动86场，惠及群众1.87万人次，其他群众文化活动35场（含线上文化惠民演出10场）。组织12个乡镇举办“连接现代生活　绽放迷人光彩”文化和自然遗产日非遗项目展演及巡游，为群众带来线上线下的视听盛宴，累计线上观看人数7.82万人次。开展社会主义核心价值观教育实践活动、“我们的节日”系列，包括义务送春联活动、平远县2022年青少年书画作品展等。开展“4·23”世界读书日系列，包括“书香致远　悦读同行”读书分享会、“我们的节日·清明节”诵读活动、“21天阅读打卡”活动，为打造“书香平远”营造浓厚氛围。

【文化遗产保护】　2022年，平远县文广旅体局做好文物工程修缮，完成宝善居二期修缮工程。保护和活化利用文化遗址，完成红色革命遗址林钦才故居修缮布展工作。做好非遗项目及传承人申报工作，“热柘豆干制作技艺”“扛仙师”获评梅州市第十批市级非物质文化遗产代表性项目；“平远船灯”项目非遗进校园案例获评梅州市非物质文化遗产代表性项目优秀实践案例；“平远木雕技艺”申报单位——瑞祥雕刻工艺公司获评第一批梅州市非物质文化遗产生产性保护示范基地；新增2022年平远县第六批县级非物质文化遗产项目代表性传承人肖文宇、刘礼祥、张文香。10月，协助梅州市广播电视台《梅州非遗》栏目拍摄录制市级非物质文化遗产项目《落地花鼓》。

2022年平远县县级以上非物质文化遗产一览表

表16

项目类别	项目名称	保护单位	批次	公布文件时间
传统舞蹈	平远船灯	县文化馆	省第一批	2006年
	落地金钱	县文化馆	市第一批	2007年
	龙舞（香火龙）	县文化馆	市第二批	2009年
	龙舞	县文化馆	市第三批	2011年
曲艺	落地花鼓	县文化馆	市第二批	2009年
传统音乐	平远上岃山歌	县文化馆	市第九批	2020年
	广东汉乐（平远）	县文化馆	县第七批	2019年
	平远客家山歌	县文化馆	县第七批	2019年
传统体育、游艺与杂技	黄氏头部拳	县文化馆	市第二批	2009年

（续表 16）

项目类别	项目名称	保护单位	批次	公布文件时间
民间文学	南台大佛的传说	县文化馆	县第二批	2009 年
传统技艺	平远黄粄	县文化馆	市第二批	2009 年
	平远红菌豆腐头	县文化馆	市第二批	2009 年
	手工榨油技艺	县文化馆	市第二批	2009 年
	平远八尺娘酒酿造技艺	梅州市八珍娘酒业有限公司	市第七批	2016 年
	平远木雕技艺	县文化馆	市第八批	2019 年
	平远客家娘酒鸡制作技艺	县旅游协会	市第九批	2020 年
	热柘豆干制作技艺	县文化馆	市第十批	2022 年
传统技艺	竹具编织	县文化馆	县第三批	2009 年
	石正煲钵制作技艺	县文化馆	县第五批	2016 年
	平远客家炒绿制作技艺	广东茗丰茶业有限公司	县第六批	2017 年
	平远仙人粄	平远县曹字仙人粄食品厂	县第六批	2017 年
	红焖红菌豆腐头	县旅游协会	县第八批	2019 年
民俗	六月六福祖公王节	县文化馆	市第二批	2009 年
	扛仙师	县文化馆	市第十批	2022 年
	祭江	县文化馆	县第五批	2016 年

【文化市场监管】　2022年，平远县文广旅体局组织“清源”“固边”“净网”专项行动，联合县委宣传部（新闻出版局）开展新闻出版企业出版物全环节专项清查工作，出动检查人员168人次，检查出版物经营企业56家次，印刷企业10家次，查处版权案件2宗，没收侵权出版物19本，侵权“冰墩墩”钥匙扣挂件2个。加强互联网上网服务营业场所管理，紧抓寒暑假等重点时期执法检查，查处网吧接纳未成年人、超时经营、登录含有色情、暴力、赌博、邪教的网页和网络游戏等违法行为。在县文化馆开展“绿色上网，健康成长——预防未成年人网络沉迷”安全教育宣讲活动，做好预防未成年人沉迷网络工作。配合市文广旅游局执法支队检查平远县广播电视行业，重点监听监看播出内容，严禁播放涉黄、涉非等内容，查处各类违规节目。联合石正镇拆除非法卫星接收设施5个，规范卫星电视广播传播秩序。

【平远石北乡苏维埃政府旧址被公布为省文物保护单位】　2022年7月28日，平远石北乡苏维埃政府旧址被广东省人民政府公布为第十批广东省文物保护单位，入选类别是近现代重要史迹及代表性建筑。平远石北乡苏维埃政府旧址位于东石镇灵水村毓秀书院，1928年5月，中共党员曾庆禄在毓秀书院秘密从事革命活动，成立石北乡农会和石北乡赤卫队，有40多人参加。同年8月，建立中共灵水支部；10月，中共平远县委成立后，县委机关设在毓秀书院。1929年3月17日，中共东石区委在毓秀书院成立；9月11日，在毓秀书院成立平远县第一个苏维埃政府——石北乡苏维埃政府。

【首场工人专题文艺晚会】　2022年5月26日晚，平远县文广旅体局联合梅州平远高新区管委会在县文化馆主办“喜迎二十大　科技促发展”文艺晚会，是平远县举办的首场工人专题文艺晚会。晚会采用线上线下以及直播、录播相结合形式，多机位呈现晚会精彩瞬间，在疫情防控期间让市民足不出户享受文化大餐。整场晚会内容丰富，舞蹈、小品、独唱、合唱等多种文艺节目轮番上演，并融入企业和工人元素。其中高新区工人表演舞蹈《繁花》，展现平远县工人群体的风采。

2022年12月14日，平远县舞蹈《金钱声声》在梅州市客家山歌传承保护中心举办的梅州首届群众文艺会演活动暨客家文化非遗艺术周决赛上获舞蹈类金奖　（县文广旅体局提供）

【《金钱声声》获首届梅州市群众艺术花会原创作品大赛舞蹈类金奖】　2022年12月，由平远县文广旅体局选送、由平远县文化馆组织、排练的舞蹈《金钱声声》获得首届梅州市群众艺术花会（音乐舞蹈）原创作品大赛舞蹈类金奖。《金钱声声》是在梅州市第一批非物质文化遗产保护项目《落地金钱》舞原有基础上改编创排，节奏明快，动作柔美，队形多变，舞动金钱棒时，金钱声清脆悦耳，舞姿轻摇慢曳，妙趣横生。　（韩好）

融　媒　体

【概况】　2022年，平远县融媒体中心立足党媒职责职能，巩固发展壮大意识形态阵地，实施“三好一正”（讲述平远好故事、传播平远好声音、树立平远好形象、传递平远正能量）工程。新闻宣传产品多次被市电视台采用，新闻视频、稿件条数及积分均位居全市第二名，为历史最好成绩。

【融媒体宣传报道】 2022年，平远县融媒体中心开设《学习宣传贯彻党的二十大精神》《常态化疫情防控》《全面推进乡村振兴》《全力推进重点工程项目建设》《创文在行动》等专栏、专题，开展各项舆论宣传和引导工作。全年采编播《平远新闻》1300多条、《橙乡纪事》50多期、专题片40多部、公益广告、宣传标语3万多条次，推送和转发新闻信息、图文资讯3900多条，制播各类短视频230多条，总阅读量195万多次。新闻宣传产品被“学习强国”学习平台采用50多条、省电视台采用42条、市电视台采用537条、市电台采用131条。

【融媒体安全播出】 2022年，平远县融媒体中心绷紧安全播出这根弦，落实落细“三审三校”“重播重审”等安全播出管理举措，优化完善软、硬件条件，确保全年意识形态（安全播出）工作“零事故”。中共二十大会议安全播出月和重要保障期间，组织隐患排查和应急演练，执行24小时领导带班值守制度。同步完整转播中共二十大会议直播节目。

【媒体融合】 2022年，平远县融媒体中心不断优化“平远通”APP版面设计、栏目设置，提高应节应时的图文、海报、动漫及短视频等新媒体产品数量和质量，提高“平远通”APP用户活跃度和下载量。利用“学习强国”学习平台、“南方+”“掌上梅州”APP和广东广播电视台，增强宣传合力，提升县融媒体矩阵宣传服务引导能力。

（刘广锋）

新闻报道

【概况】 2022年，中共平远县委办新闻室加大宣传报道力度，为加快建设“精致小城·大美平远”营造浓厚氛围。在2021年度“梅州市新闻奖”评选中，作品《优果卖优价 一个橙子卖22.6元——“平远脐橙”区域公共品牌得到消费者认可》获文字消息二等奖，《梅州平远：“荷”你相约夏日梅畲》获“上送作品奖”。

【平远故事讲述】 2022年，中共平远县委办新闻室聚焦学习贯彻中共二十大会议精神、实体经济发展、党建引领、乡村振兴、疫情防控、创建县级文明城市等方面，对重点工业项目集中开工投产、第十八届脐橙文化旅游节开采仪式等重大活动组织协调中央、省、市媒体开展报道，在中新网、《南方日报》“南方+”、南方网、《梅州日报》、梅州网等发布稿件1900多篇。

【融媒策划】 2022年，中共平远县委办新闻室把各级各部门喜迎中共二十大、学习贯彻二十大作为重点，精心策划、开设专栏，抓好系列报道，宣传县委、县政府重大决策部署，在《南方日报》主报刊发4个整版，《南方日报·梅州观察》刊发13.5个整版，《梅州日报》刊发24个版面，《品读平远》32期，宣传记录平远发展故事。加强《品读平远》策划工作，推出《激发内生动力·发展实体经济》《走进高新区·感受新发展》《奋斗者·正青春》等多个专栏，反映平远县各个时期工作重点、亮点，成为全县宣传报道重要平台。在报道形式中，既有传统版面刊登，又有网络图文报道、活动直播。

（中共平远县委办新闻室）

卫生健康·体育

责任编辑：刘莹子

卫生健康

【概况】　2022年，平远县各类医疗卫生机构202间（含村卫生站）。实有床位数947张，每千常住人口占有床位5张。在职卫生专业技术人员801人。其中，正高级职称15人，副高级职称110人，中级职称215人。每千人执业（助理）医师2.73人、注册护士3.38人。全县医疗卫生固定资产27737.51万元，业务用房面积46573.18平方米。2022年，卫生财政补助21362.74万元。全县医疗机构总诊疗人次数87.39万人次、出院1.53万人次；病床使用率48.15%；平均住院日6.3天。

【医药卫生体制改革】　2022年，平远县卫生健康局稳步推进紧密型县域医共体建设，建成以县人民医院、县中医医院为牵头单位的医共体，初步完成行政、质量、药械、财务、人员、信息“六个统一”。设立医共体联合门诊和联合病房，建立分级诊疗和双向转诊制度。统筹疫情防控和医疗业务双主线，医共体总院组建专家组开展基层分院疫情防控和医疗质量督导检查56次，举办临床业务知识培训19场，培训分院医务人员480人次。中山大学孙逸仙纪念医院、广州市中西医结合医院组团式帮扶医共体总院，带教手术113例，会诊疑难病例讨论741例。县中医医院医共体与梅州市中医院、平远县120急救指挥中心签订胸痛中心联盟协议并启动运行。全年医共体各成员单位总诊疗45.56万人次，同比增长4.56%；住院14398人次，同比增长10.84%；医共体总院门急诊31.82万人次，同比增长8.14%；住院13669人次，同比增长13.57%；完成手术3649台，同比增长21.47%，其中三、四级手术1123台，占比30.78%，同比增长7.46%。新增超声引导下甲状腺囊肿抽吸硬化治疗术、超声引导下浅表肿块穿刺活检术等10余项医疗新技术。

【医政管理】　2022年，平远县卫生健康局印发《关于进一步提升新冠感染救治能力工作的通知》，组建医疗救治团队，规范发现、报告、转运病例工作流程，做好急危重症患者、孕产妇、慢性病和血液透析等特殊患者的诊疗服务。新购置负压救护车2辆，全县ICU床位由4张增至14张，血透床位由28张增至53张，实现防控措施调整转段平稳有序。强化医院感染防控工作，全县各医疗机构医疗废物均严格按照要求统一移交处置公司（金川医疗废物集中处置有限公司）进行集中处置。持续推进“平安医院”建设，制定落实制度，配齐安保人员，配备必要的通信设备和防护器械，重点场所安装安全防护设施，医院周边设置实体防护设施，出入口、挂号处等人员密集处设置隔离疏导设施，重点诊疗场所设置安全监控，对本单位技防系统的安全信息统一管理，实现医院内公共区域、重点区域视频监控全覆盖，在醒目位置安装一键式报警装置。做好信访安全保障工作。全县全年卫生健康系统未发生医疗事故。

【卫生基础设施建设】 2022年，平远县卫生健康局加快推进卫生基础设施建设。平远县人民医院综合大楼建成使用。县妇计中心项目建设完成主体工程量的96%，周边道路等配套基础建设项目施工完成；外围供电及配电房内高低压电气设备项目完成通电试验；信息化系统工程完成80%；完成深化设计装修工程招投标工作并签订施工合同。

【健康宣教】 2022年，平远县卫生健康局做好健康教育宣传工作。利用全县各住宅小区8个点位的LED户外电子显示屏、各卫生健康单位电子显示屏、宣传栏、广播电视台、微信公众号、视频号和门户网站等载体和平台持续做好常态化疫情防控的宣传引导。开展新型冠状病毒肺炎疫情常态化防控和疫苗接种、公立医院综合改革、医疗服务能力提升、重点人群健康监测等重点中心工作宣传及健康宣教服务活动，普及卫生健康知识。结合党员干部进社区服务活动、“5·12”国际护士节、“8·19”中国医师节开展各类先进事迹宣传报道。通过门户网站发布卫生健康信息130多条，通过微信公众号、视频号发布短视频60多条。推进精神文明创建活动，发现、挖掘先进人物，报送“梅州好人”“平远好人”“道德模范”“文明家庭”先进人物推荐人选，4人分别获选。各卫生健康单位全面深入村、社区、企业、机关开展卫生健康知识宣传科普活动、送医送药义诊活动。推进教育培训，着力提升医疗队伍服务水平，报送18名医生（含中、西医）参与全科医生系列规范化培训。按照2022年省、市下达的招录任务，与8名本科、专科订单定向培养医学生签订协议书。

【中医药事业发展】 2022年，平远县卫生健康局持续推进中医药工作。推广治疗新型冠状病毒感染中医协定处方，动态储备中药饮片，提供煎煮袋装中药汤剂，发放中药包5000袋。推进中医师承“薪火工程”项目，完成1名中医主治医师带教师资培训，培训考核合格中医助理全科1名、中医助理全科转岗3名、中医助理全科岗位1名。成功申报国家基层名老中医药专家传承工作室建设项目，并在县中医医院建设，由梅州市名中医担任传承工作室专家，带教继承人8人。完成全县12间乡镇卫生院中医馆医技人员拔罐、艾灸、刮痧等6类中医药技术服务、所有行政村村医4类中医药技术服务培训工作，全县村医掌握4种常用中医适宜技术。

【爱国卫生运动】 2022年，平远县开展以省卫生镇创建与巩固、爱卫专项行动、爱卫月活动、无烟环境建设、病媒生物防制等行动为主的爱国卫生运动。仁居镇、中行镇创建省卫生镇工作顺利通过市级技术评估，差干镇、河头镇、上举镇、长田镇顺利通过创建省卫生镇复审验收。全县有33个县区级党政机关、42间学校、18间医疗卫生机构成功创建无烟单位，无烟党政机关、无烟医疗卫生机构和无烟学校建成率均达到100%。投入30多万元专项经费，用于开展城区病媒生物防制，县病媒生物防制工作达到国家C级标准。在梅州市消毒与病媒生物防制职业技能竞赛中，平远县参赛队伍获团体三等奖。

【卫生计生监督执法】 2022年，平远县卫生健康局监督检查医疗机构340间次，发出监督意见书200份，查处案件1宗，行政处罚1宗（简易程序）。监督检查精神卫生机构13次，出动执法人员52人次。监督检查集中留观点42次，出动执法人员210人次。依法开展打击非法行医工作和行政处罚工作，查处案件2宗，一般程序2宗（医疗卫生），罚款23000元，没收违法所得647元。加大打击非法行医的宣传力度，张贴告示600多张，发放打击非法行医彩色宣传画册5000份。对辖区内中小学校周边环境开展集中整治行动3次，出动执法人员51人次，全县各中小学校周边200米范围内未发现有非法行医或以人流、性病治疗业务为主的诊所。

【妇幼保健】 2022年，平远县卫生健康局做好妇幼保健工作。加强服务能力建设，稳步推进县级危重孕产妇和新生儿救治中心、出生缺陷综合干预中心等县级妇幼保健重点项目工程建设。全年全县活产数1423人，住院分娩活产数1423人，住院分娩率100%；产后访视1417人，产后访视率99.58%；全年无孕产妇死亡。全县0～6岁儿童总数11455人，健康管理10958人，健康管理率95.66%。5岁以下儿童死亡8人，死亡率5.62‰，婴幼儿死亡5人，死亡率3.51‰，新生儿死亡2人，死亡率1.41‰。全面完成免费出生缺陷筛查项目任务，完成夫妇地中海贫血筛查1421人，筛查率100.78%；为1180名孕妇免费进行唐氏产前筛查，筛查率92.33%，唐氏和染色体产前诊断40人，确诊唐氏儿3人，终止妊娠3人；为947名孕产妇免费进行严重致死致残结构畸形产前筛查，筛查率74.10%，结构畸形和心脏畸形诊断3人，确诊异常2人；为1361名新生儿进行遗传代谢病筛查，筛查率85.17%；为1365名新生儿进行听力筛查，筛查率85.42%（实际县内机构内分娩新生儿活产数1225人，均给予免费筛查）。把消除艾滋病、梅毒和乙肝母婴传播与日常妇幼保健工作紧密结合，实行首诊负责制。完成2022年城乡妇女“两癌”检查项目任务，提高妇女常见病筛查和早诊早治率。推进民生实事项目实施，为1263名2022年秋季新入学初一女生免费接种HPV疫苗，占全部初一女生的97.8%，辖区HPV疫苗免费接种知识及预防宫颈癌知晓率99.63%。

【疾病预防】 2022年，平远县卫生健康局做好疾控预防工作。全县报告乙丙类传染病1150例，死亡病例1例，发病数同比减少18.26%。全年未发生重大传染病暴发疫情。开展学生常见病和健康影响因素监测与干预工作，合计监测7所学校2405人次。全县碘缺乏病达到消除标准，8个饮水型地方性氟中毒病区村达到控制标准。每月开展城区居民饮用水（平远粤海水务有限公司供应）监测，每季度开展农村饮用水监测。持续做好严重精神障碍患者管理治疗，全县在册患者人数1474人，发病报告率7.74‰、规范管理率93.89%、服药率93.28%、规律服药率87.58%、精神分裂症服药率93.64%、精神分裂症规律服药率87.38%、面访率91.72%，均达到省目标值，全年未发生严重精神障碍患者肇事肇祸事件。全县管治肺结核患者41人，追踪到位率100%，达到管理要求。2022年9月26日，石正镇坪湖村发生一起食用自采野生蘑菇致食物中毒的突发事件。接到报告后，平远县卫生健康局立即组织开展患者救治、流调等工作，经过县人民医院抢救治疗，2名患者病情好转。

【慢性病防治】 2022年，平远县卫生健康局推进慢性病防治和国家基本公共卫生服务项目管理工作。至年底，全县高血压患者规范管理率68.75%，血压控制率95.56%，糖尿病患者规范管理率66.74%，血糖控制率87.56%。

【老龄健康与家庭发展】 2022年，平远县卫生健康局继续做好老龄健康与家庭发展工作。开展为期半年的打击整治养老诈骗专项行动，加大对全县14家公办、公建民营养老机构内或旁的医疗机构监管力度，将涉及卫生健康领域养老诈骗问题建立台账。对无资质医疗机构、无行医资质人员擅自为老年人开展诊疗活动的及时核实、及时处置。推进“银龄安康行动”，为60周岁以上户籍老人购买意外伤害综合保险，全县参保人数4.95万人，投保覆盖率100%，保费61.17万元。

联合中国人寿保险公司向村（社区）老年人开展“智能 e 时代，银龄新生活”智能技术应用培训，开展智能手机培训 10 场次，培训人数 1000 多人。为老年人提供医养结合服务，加强老年人健康管理，至年底，老年人健康管理率 55.69%、医养结合服务率 33.36%。接受健康评估的 65 岁及以上失能、半失能老年人 239 人，接受健康服务的 65 岁及以上失能老年人 239 人，65 岁及以上失能老年人健康评估与服务率 100%。联合中国人寿保险公司、河头镇政府和大柘镇卫生院在城西城南社区、河头镇开展“反诈防骗，敬老助老”活动，发放宣传手册 500 多份，入户慰问困难老人 3 户。重阳节期间全县各镇慰问百岁老人 21 名。推动全国示范性老年人友好型社区创建工作，长田镇官仁村入选国家卫生健康委、全国老龄办公布的 2022 年全国示范性老年友好型社区名单。

【无偿献血】 2022 年，平远县有 2168 人次成功献血，超额完成市下达 1752 人次目标任务，献血总量 433650 毫升，人均献血量 251.98 毫升，比 2021 年 242.62 毫升提高 9.51 毫升。加强临床用血管理，制定临床应急用血方案，推广合理用血新理念，规范用血标准，严格用血指征，2022 年全县临床用血总量悬浮红细胞 1093 单位、血小板 26 个治疗量、冷沉淀 60 单位、血浆 53600 毫升。

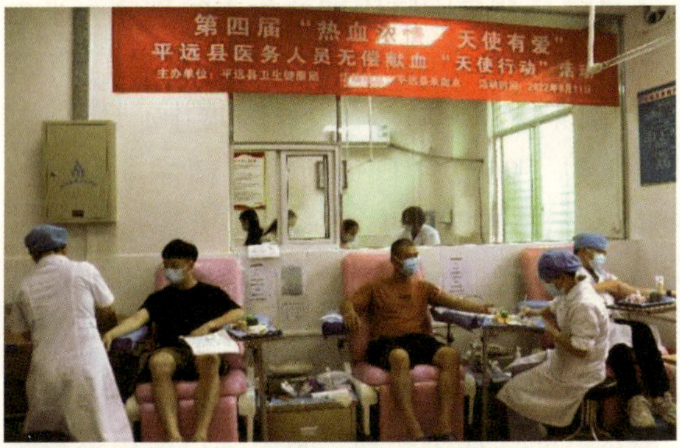

2022 年 8 月 11 日，平远县卫生健康局联合平远县人民医院举行第四届“热血浓情 天使有爱”平远县医务人员无偿献血“天使行动”活动 （县卫生健康局提供）

【职业卫生体检】 2022 年，平远县卫生健康局指导县中医医院对 19 家企业单位进行职业健康检查，检查人数 441 人。其中，检查粉尘作业员工 406 人次，检查噪声环境作业员工 296 人次。检查发现疑似尘肺 1 例，职业粉尘作业禁忌证 2 人，噪声作业禁忌证 25 人。检查还发现职工有高血压，血、尿常规异常，肝功能异常等其他疾病。

【新型冠状病毒疫情防控】 2022 年，平远县卫生健康局加强新型冠状病毒感染者居家隔离和自我防护知识宣传。实现发热门诊（诊室）“应设尽设、应开尽开”，累计接诊发热病人 1.8 万人次，平稳度过新型冠状病毒感染高峰期。设置核酸采样点 157 个，核酸采样台 376 个。储备核酸采样队伍 600 人、核酸检测队伍 59 人，培训机关事业单位和社会面核酸采样志愿者 600 人，全县核酸检测能力达到日检测 4000 管，全年累计核酸检测人数 389 万人次。支援外地流调溯源，核酸采样和检测、医疗救治转运 454 人，支持学校日常抽检、高速出口等便民采样点核酸采样 7856 人次。设置新冠疫苗接种点 15 个、上门接种小分队 12 个，最大限度为老年人接种提供便利服务。至年底，完成新冠病毒疫苗接种 45.03 万剂次，全人群疫苗接种覆盖率 87.65%、加强免疫覆盖率 60.97%。

（丘丽兰）

体　育

【概况】 2022 年，平远县文广旅体局推进全民健身战略，完善全民健身公共服务体系，广泛开展全民健身运动，加快体育强县建设步伐，以优化体育发展环境为重点，抓好群众体育、竞技体育、体育产业等各项工作。平远县有业余体育运动学校 1 间，负责业余训练和体育后备人才培养输送。现有专职教练员 8 名，其中，初级职称教练员 3 名，中级职称教练员 5 名，无高级职称教练员。全县有社会体育指导员 1127 名（国家级 3 人、一级 22 人、二级 97 人、三级 1005 人）。

【体育基础设施建设】 2022 年，平远县文广旅体局不断拓展和完善体育基础设施建设。完成平远县体育场升级改造，对外开放体育场的经验做法被全市推广。平远县文体中心新增客流统计系统，更换广场健身器材，完成户外篮球场地修缮项目，全年文体中心体育场馆为 10 个体育协会会员约 3000 人次提供公共体育服务。完善“15 分钟”健身圈，排查县城老旧社区，符合安装条件的社区实现全民健身器材应装尽装。投入 6.5 万元，维护和更换人民广场、平城花园广场、水体公园、翠拥华庭广场及文体中心户外篮球场的围网及健身器材。投入 14.3 万元，为 19 个行政村（社区）配备健身路径 25 套、乒乓球台 20 张、篮球架 5 个等。重点推进平远县“红色记忆”骑行道建设项目，全长约 17.4 千米、道宽 2 米，并建设骑行服务站点、雕塑小品等配套设施，完成进度 95%。

【群众体育】 2022 年，平远县文广旅体局持续推进群众体育工作，举办全民健身赛事活动 114 场次，总计参加人数近 2 万人次。举办 2022 年“迎新春”男女气排球友谊赛、平远县“全民健身日”启动仪式暨 2022 年“中国体育彩票杯”社区运动会、2022 年梅州市“中国体育彩票杯”战尊跆拳道联盟争霸赛、平远县“博风雅颂 · 公仆杯”篮球赛等，举办气排球赛 2 场，社区运动会 112 场（含足球赛、篮球赛、羽毛球赛、拔河比赛、趣味运动会、健身展演）。开展“美丽乡村健康跑”、迎新春红色古道徒行穿越等活动。举办“奋进新征程 舞动新生活”2022 年平远县第五届全民广场舞大赛，全县各镇及城区 18 支队伍参赛。

【竞技体育】 2022 年，平远县继续选送运动员参加各类竞技比赛。在全省中学生运动会上，实验中学林子清获女子乒乓球单打冠军。在省青少年乒乓球锦标赛中，林子清获甲组女子单打第五名、姚裕玲获乙组女子单打第二名。在省第十六届运动会跆拳道比赛中，刘翰林获男子乙组 68 公斤级铜牌，马清娜获女子乙组 46 公斤级铜牌。业余体校教练员主动下乡招生，选拔优秀运动员苗子，充实运动员队伍，业余体校足球、跆拳道、田径、篮球、乒乓球、羽毛球等项目常年在校学生 150 多人。在广东省第十六届运动会中，业余体育运动学校陈宏宇获得“体育道德风尚奖”（裁判员奖）。

【体育产业】 2022 年，平远县有体育彩票销售实体店 31 个，累计总销量 3118 万元。其中，乐透型销售 483 万元，即开票销售 273 万元，竞猜型销售 2362 万元。销量同比增长 27.24%，超额完成销售任务。

【助力创建全国足球发展重点城市】 2022 年，平远县助力梅州创建全国足球发展重点城市，做好第一届梅州市青少年足球联赛预选赛暨平远县青少年足球联赛前期筹备工作；向市体育局申报 92 万元，用于平远县足球青苗、青训“双青”工程；结合平远县“全民健身日”启动仪式暨 2022 年“中国体育彩票杯”社区运动会，举办青少年足球比赛 1 场。全县社会足球场地 17 个，全部免费对外开放。

【平远县北京国际山地徒步大会梅州 · 平远站入选 2022 中国体育旅游精品赛事】 2022 年，国家体育总局体育文化发展中心印发《关于入选“2022 中国体育旅游精品项目”的通告》，平远县北京国际山地徒步大会梅州 · 平远站成功入选 2022 中国体育旅游精品赛事，成为广东省唯一入选的精品赛事。北京国际山地徒步大会自 2016 年开始，在平远举办四届徒步活动，吸引来自海内外徒步爱好者和周边群众近万名参加，是平远举办的第一个国际性赛事。（韩好）

社会民生

责任编辑：潘梦志

人口和计划生育

【概况】 2022年，平远县常住人口186600人，年内户籍人口出生1892人，出生率6.85‰，总和生育率0.89，政策生育率98.63%，人口自然增长率0.1‰，政策外多孩率1.06%，性别比106.55。常住人口出生1239人，出生率5.82‰，总和生育率0.79，政策生育率98.79%，人口自然增长率-2.45‰，政策外多孩率0.89%，性别比105.81。免费孕前优生健康检查1777人，项目目标人群覆盖率为88.9%。

【计划生育协会工作情况】 2022年，全县各镇计划生育协会结合“5·29会员活动日”，开展“倡新型婚育文化促人口均衡发展——喜迎党的二十大”主题宣传服务活动，发放宣传资料500多份、小礼品100多份。开展“好家风·健康行”家庭健康活动、“健康家·味道”故事活动，推进家庭文明建设。5月，平远县计划生育协会、平远县卫生健康局、仁居镇计划生育协会联合中国人寿平远支公司到仁居镇凤仪村、邹坊村、井下村入户走访慰问计生特殊家庭、计生困难家庭3户，了解他们的诉求，为他们解决一些实际困难。平远县卫生健康局深化生育关怀，为5598户计划生育家庭17692人购买意外伤害保险，投保资金16.79万元。11月，平远县计划生育协会联合平远县妇幼保健院在平远县实验中学、平远县城南中学举办“性与生殖健康”知识宣传展览，组织师生3300多人次观看，增强防性侵意识，增强传染病防控能力。

【计划生育奖励扶助】 2022年，平远县卫生健康局继续实行计划生育政策调整前的奖励政策。2021年10月至2022年9月，发放城镇独生子女父母奖励21578人次，奖励金267.89万元；发放农村部分计划生育奖励23300次，奖励金279.60万元；发放农村计划生育纯女户奖励37078人次，奖励金175.74万元。建立计划生育特扶家庭联系人制度和签约家庭医生签约制度，发放特别扶助530人次46.90万元。配合医疗保障局做好农村纯生二女结扎夫妇双方及其年龄在14周岁以内女孩免费享受农村合作医疗保险的核实上报工作，经审核，2022年符合条件4624人，参保金额161.84万元。

【人口管理】 2022年，平远县卫生健康局抓好人口动态监测，加大镇、村（居）卫生健康专（兼）职人员对辖区全员人口基础信息的采集、录入、更新的工作力度，依托广东省全员人口信息系统和人口自然变动信息互联互通平台，按月分析比对公安、民政、医院等部门的出生入户、人口迁移变动、婚姻登记、死亡、出生医学证明办理、出生实名登记等数据，完善全员人口信息，提高覆盖率和准确率。强化广东省全员人口信息系统流动人口信息监控交互，推行流动人口计划生育证明电子化，做好定期信息采集、上报和平台接收、反馈、提交等工作。2022年流动人口协查信息反馈率、协查信息反馈及时率、通报信息接收率、通报信息接收及时率均100%。推进流动人口基本公共卫生计生服务均等化服务，创建流动人口健康促进场所，提高平远县流动人口健康素养水平。

【优生保健】 2022年，平远县卫生健康局完善出生缺陷三级预防措施。实施免费婚前、孕前优生健康检查项目，为待孕夫妇提供优生健康教育、病史询问、体格检查、实验室检查、妇科超声常规检查、风险评估、咨询指导及早孕和妊娠结局追踪随访等优生优育服务。实施增补叶酸预防神经管缺陷项目。全年登记结婚人数1730人，接受免费婚前检查1236人，检查率71.45%。全年免费孕前优生健康检查目标人数2000人，完成1777人，占年度目标任务的88.9%。“双途径”补助措施落实地贫防控项目，把筛查工作纳入婚检、孕前及产前检查常规内容，对筛查阳性孕产妇夫妻实行县、镇、村三级追踪干预，全年未有重型地贫患儿出生，地贫防控效果明显。落实广东省出生缺陷综合防控项目工作和需方补助政策，平远县出生缺陷干预中心全面开展孕产妇产前筛查和新生儿疾病、听力筛查服务。

【三孩生育政策落实】 2022年，平远县卫生健康局及时清理不利于三孩政策实施的相关文件，全面取消社会抚养费，清理和废止相关处罚规定，将个人生育情况与入户、入学、入职全面脱钩。取消生育审批，全面实施网上生育登记服务，简化登记手续，推行网办、跨省通办。提升优生优育服务水平，在平远县人民医院设立平远县危急重症孕产妇、新生儿救治中心，优化危重孕产妇、危重新生儿会诊救治流程。强化产科质量安全管理，落实母婴安全五项制度，促进安全舒适分娩，降低孕产妇、新生儿、婴儿和5岁以下儿童死亡率。按二级妇幼保健院评审标准新建平远县妇幼保健院，配置150张床位，新设儿科病房，提升儿童专科服务水平。0～6岁儿童健康管理率93.58%。向2386人发放叶酸9429瓶，完成年度目标人群服务率108.65%，同比上升16.55%。发展托育服务体系，出台《平远县促进3岁以下婴幼儿照护服务发展的实施意见》等系列支持政策。2022年上半年推动民办幼儿园开设托班，有2家幼儿园（华帅幼儿园、精英启航幼儿园）在托育机构备案系统备案。全县有5家托育机构在国家托育机构备案系统备案，托育位580个，每千人口拥有3岁以下婴幼儿托位数3.06个。 （丘丽兰）

人力资源和劳动管理

【概况】 2022年，平远县人力资源和社会保障局着力稳就业、惠民生、防风险、保稳定，各项工作稳中有进。城镇新增就业1496人，同比上升4.76%；城镇失业人员再就业879人，同比上升7.72%；就业困难人员再就业129人，同比上升20.56%；城镇登记失业率2.43%。开展补贴性职业技能培训966人，带动就业850人，培养“粤菜师傅”116名、妇婴护理员169名、家庭保洁员80名、居家养老照护员80名、企业新型学徒110名、乡村工匠90名。推进集中整治拖欠农民工工资问题专项行动，全县企业劳动合同签订率98%，劳动保障监察举报投诉案件结案率100%，劳动人事争议调解成功率97.24%，劳动人事争议仲裁结案率100%。

【公共人事管理】 2022年，平远县人力资源和社会保障局组织引进博士、硕士等急需紧缺人才考试1场，引进硕士1人。吸引2名博士、30名硕士进驻县级乡村振兴人才驿站。开展事业单位公开招聘考试7场，提供招考岗位185个，招聘137人。完成事业单位管理岗位职员等级晋升 61 人。建设博士科研工作站 3 家、省级“粤菜师傅”大师工作室 1 个、市级“乡村工匠”技能大师工作室 1 个、县级创业孵化示范基地 2 个、县级乡村振兴人才驿站 1 个、镇级乡村振兴人才驿站 12 个。服务群众查阅档案 919 人次，办理国有企业失业人员退休申请 380 份，接收 7 家国有企业退休人员人事档案 20 份、原国有企业失业人员档案 47 份，管理原国有企业失业人员档案 10509 份。全县企业退休人员 21921 人，其中纳入社区管理 21132 人，社会化管理服务率 96.4%。规范管理流动人员档案 18112 份，接收大中专院校毕业生档案 1493 份，转出 482 份。

【专业技术人员管理】 2022 年，平远县人力资源和社会保障局审核并上送专业技术资格职称评审、认定 268 人，新聘、续聘专业技术人员 691 人。至年底，全县有职称评审委员会 4 个，专业技术人员 3286 人。按专业技术类别分，有普教技术人员 2162 人、卫生技术人员 725 人、工程技术人员 168 人、农业技术人员 78 人、畜牧业技术人员 34 人、会计类技术人员 36 人、经济类技术人员 35 人、统计类技术人员 4 人、文博档案技术人员 27 人、其他技术人员 17 人。按职称等级分，有正高级职称 13 人、副高级职称 884 人、中级职称 1498 人、初级职称 891 人。

【工资福利】 2022 年，平远县人力资源和社会保障局做好事业单位绩效考核和资金发放工作，做好工资福利调整和发放工作。办理 243 名事业单位及机关工勤人员调动工资手续，核定发放 167 名新招聘事业单位工作人员工资，计发 1 名离休干部一次性抚恤金，审批发放 11 名遗属供养对象生活困难补助。

【劳动就业服务】 2022 年，平远县人力资源和社会保障局持续推动高质量就业创业，全县城镇新增就业 1496 人，城镇登记失业率 2.43%，就业形势保持总体稳定。帮扶高校毕业生、异地务工人员、就业困难人员等重点群体就业，全县城镇失业人员再就业 879 人，就业困难人员再就业 129 人，“零就业家庭”保持动态清零。开发公益性岗位 17 个，吸纳 8 名就业困难人员及脱贫家庭劳动力就业。提供就业见习岗位 46 个，应届毕业生 51 人就业见习。2022 届离校未就业高校毕业生 517 人、困难高校毕业生 6 人，均促成就业。筹集就业创业专项资金 399.61 万元，发放创业扶持资金 388.3 万元，帮扶 1204 人次，县财政补贴 53 家企业创业担保贷款贴息 55.76 万元。促进创业 251 人，建成创业孵化基地 2 个。加强就业失业动态监测，守牢规模性失业风险底线，全县有就业失业动态监测点 49 个。其中，就业失业动态监测企业 25 家，失业动态监测企业 12 家，就业失业监测行政村 11 个、产业转移园 1 个。举办“春暖平远”等网络招聘活动 22 场，为 72 家企业解决用工 685 人。加强劳务协作和政校企合作，与广州市南沙区达成劳务协作协议，助推多家企业与兴宁市技工学校达成招用工战略协议。解决梅州平远高新区企业用工需求，制订各镇招工计划，推荐 355 人到高新区就业。

【劳动维权】 2022 年，平远县人力资源和社会保障局推进集中整治拖欠农民工工资问题专项行动，落实工程款支付担保、用工实名制、工资保证金、工资分账管理等制度。全年检查用人单位 113 家次，为 597 名劳动者追回工资等待遇 651.5 万元。63 个工程项目缴纳工人工资支付保证金 5525.44 万元，15 个新开工项目落实工程款支付担保制度。强化劳动关系动态监测，成立新就业形态劳动者劳动权益保障协调领导小组，做好欠薪隐患排查预警，及时核查处理国家欠薪线索平台推送线索。全年接到线索 67 条，均完成处置。建立劳动保障监察窗口、国家欠薪线索反映平台、“12333”全国人力资源社会保障服务热线、“12345”政府热线等多渠道投诉举报机制，做好重点信访对象疏导。全年受理并办结投诉举报案件 27 宗、拖欠农民工工资举报投诉 21 宗、来信来访 37 宗。依法开展调解仲裁，稳步提高劳动仲裁案件结案率和服务水平。全年受理案外调解和仲裁案件 63 宗，涉及人数 63 人，涉案金额 131.48 万元，其中调解结案 45 宗，调解率 97.24%，结案率 100%。

【职业技能培训】 2022 年，平远县人力资源和社会保障局推进“粤菜师傅”工程，推进“一镇一品”平远特色名菜工程，确定 12 个乡镇特色菜，持续擦亮平远“客家菜”品牌。鼓励支持“平远鱼饼制作技艺”申报市、县两级“非遗”项目。推动平远南药膳食研发，打造“平远南药膳食一宴十二品”，创新“粤菜师傅+岭南饮食文化”模式。举办省级粤菜师傅大师工作室菜品研发推广活动 1 场，搭建厨艺交流平台。开展“粤菜师傅”培训 3 期，培训 116 人，带动就业 116 人。在梅州市“粤菜师傅”职业技能竞赛中，平远县 1 名选手获中式烹调师优秀奖，2 名选手获中式面点师优秀奖。实施“广东技工”工程，1 家企业获批为广东省第二批产教融合企业。2 家企业与梅州市技师学院达成企业新型学徒制校企培训合作，培训企业员工 110 人次。开展补贴性职业技能培训 966 人，带动就业 850 人。开展农村电商培训（创业培训）3 期，培训 90 人。开展“南粤家政”职业技能培训 8 期，培训 329 人，带动就业 514 人。搭建家政基层示范站 3 家，打造“15 分钟家政服务圈”。在市第二届“南粤家政”技能大赛中，平远县荣获优秀组织奖和优秀团体奖，派出参赛选手 12 名中，获一等奖 1 名、二等奖 1 名、三等奖 5 名、优胜奖 4 名。在省级第二届“南粤家政”技能大赛中，平远县荣获家政服务员优秀奖 1 名。

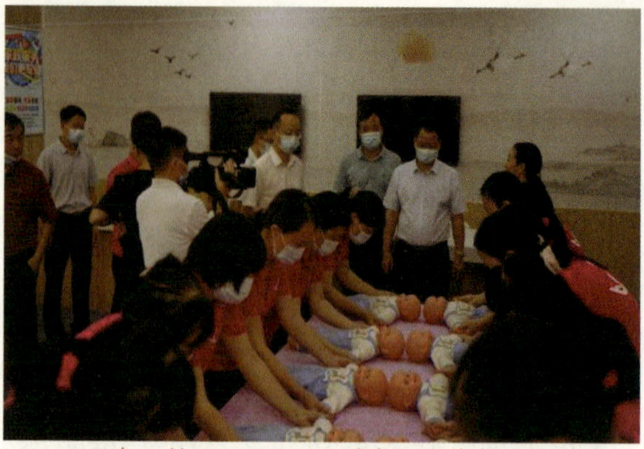

2022 年 7 月 20 日，平远县委书记廖茂忠（后排右一）率队调研县人力资源和社会保障局组织的“南粤家政”母婴生活照护培训情况（县人力资源和社会保障局提供）

【职业技能鉴定】 2022 年，平远县人力资源和社会保障局开展专项职业能力鉴定考核业务系统网上报考工作，组织开展客家风味菜烹饪、客家风味点心制作、母婴生活照护等专项职业能力考核鉴定 3 期，111 人次报考，99 人次参考，合格 99 人。新增平远县非凡职业培训学校“母婴生活照护”、平远县程乡职业培训学校“网商运营”“网店美工”、平远县科训职业培训学校“客家风味点心制作”4 个专项职业能力考核定点考场。开展职业技能等级认定 2 期，80 人获证。

【广东宇时代电子有限公司获自主开展职业技能等级认定资格】 2022 年，平远县人力资源和社会保障局宣传发动具备条件的企业参与企业职业技能等级认定申报备案，经市评估组评审，广东宇时代电子有限公司符合备案条件，获自主开展电工（3、4、5 级）和电子商务师（3、4、5 级）2 个工种的职业技能等级认定资格。（林苑）

社会保险

【概况】 2022 年，平远县人力资源和社会保障局抓好社会保险扩面征缴工作，做好各险种经办服务，按时足额发放各项社会保险待遇。企业职工养老保险基金实现全国统筹，失业保险基金实现省级统筹，发挥社会保险保民生功能。全县社会保险总参保人数17.55万人，累计征缴各项社会保险费总额2.69亿元，足额支付各项社保待遇2.56亿元。打击多领、冒领养老金，骗取死亡待遇和违规补缴养老保险等行为，追回各险种违规领取待遇204人15.52万元。

【城乡居民养老保险】 2022年，平远县人力资源和社会保障局征收城乡居民养老保险费2019万元，缴费人数2.11万人。2022年1月1日起，基础养老金标准提高至每人每月190元，按时足额发放到位，保障城乡居民养老保险参保人权益。发挥社会保险民生保障安全网作用，为被征地农民3393人落实城乡居民养老保险525.75万元，为重残、低保、特困人员、精神智力残疾人5212人代缴城乡居民养老保险费56.93万元。

【企业职工养老保险】 2022年，平远县人力资源和社会保障局征收企业职工养老保险费26004万元，参保人数2.7万人。2022年1月1日起，提高企业退休人员2.09万人基本养老金，每月人均调增106元，于7月底全面足额发放。落实企业职工基本养老保险全国统筹信息系统上线经办工作，将单位费率由15%调整至14%，暂缓调整2022年度社保缴费基数下限。

【机关事业单位人员养老保险】 2022年，平远县人力资源和社会保障局征收机关事业单位人员养老保险费15030万元、职业年金7515万元，参保人数0.67万人。全年发放机关事业单位人员养老保险待遇0.36万人25685.83万元。2022年1月1日起，提高机关事业单位退休人员3436人基本养老金，每月人均调增约213元，并全面足额补发到账。实施机关事业单位养老保险“中人”新办法计发待遇工作，涉及2014年10月至2017年12月退休“中人”519人，发放比例99.05%。7月起，对2018年1月至2022年6月退休“中人”821人的待遇，切分为基本养老金、职业年金进行发放。

【工伤保险】 2022年，平远县人力资源和社会保障局征收工伤保险费348万元，参保人数2.51万人。工伤保险伤残津贴、生活护理费、供养亲属抚恤金分别提高6.0%、9.0%、4.2%。全年发放工伤长期待遇、一次性伤残补助金、工亡补助金958人次593.7万元。

【失业保险】 2022年，平远县人力资源和社会保障局征收失业保险费499万元，参保人数1.88万人。全年发放失业金5230人次849.36万元，代缴医保费5249人次185.5万元。

【社会保险纾困惠企】 2022年，平远县人力资源和社会保障局执行餐饮、零售等22个特殊困难行业阶段性缓缴社会保险政策，简化困难企业申报流程，推行“网上办”不见面服务方式，全县49户企业确认缓缴。执行企业职工基本养老保险费基数和费率暂缓调整政策，将2022年1—8月单位部分多收的1%缴费退回单位账户，涉及1296户419.45万元。延续实施失业保险、工伤保险阶段性降低费率和浮动费率政策，助企业渡难关，为2652家企业减负1138.91万元。拓宽失业保险留工补助受益范围，利用大数据共享比对，采取企业免申即享方式，全年核实并发放988家企业一次性留工培训补助462.57万元，完成率居全市第一。执行失业保险扩围政策，优化经办流程，畅通线上线下申领渠道，全年发放失业补助金1756人次110.62万元。向631家企业发放失业保险稳岗返还补贴121.59万元。 （凌晶）

医疗保障

【概况】 2022年，平远县医疗保障局做好医疗保险征缴、医疗保险基金管理、医疗救助、规范上线采购等各项工作。全年全县职工医疗保险、生育保险参保人数2.45万人，城乡居民医疗保险参保人数18.44万人。

【医疗保险】 2022年，平远县医疗保障局制订基本医疗保险参保缴费工作计划，采取多形式、多渠道的宣传方式，推进应保尽保，巩固“全民医保”成果。全县城乡居民基本医疗保险参保缴费人数18.44万人，待遇结算支付16794.18万元。全县职工医保、生育保险参保人数2.45万人，待遇（含生育保险）结算支付5239.41万元。

【医疗保险基金管理】 2022年，平远县医疗保障局开展“织密基金监管网 共筑医保防护线”主题医保基金监管集中宣传月活动，提高群众正确认知和主动参与基金监管积极性，营造全社会关注并自觉维护医保基金安全的氛围。组织各定点医疗机构针对医疗保障基金监管领域突出问题开展专项整治，推动管好人民群众的“看病钱”“救命钱”。10月，排查冒用死亡人员参保信息骗取医保基金等违法违规行为，根据市医保中心提供的疑点数据，会同县定点医疗机构进行比对，核实涉及违规行为为11人次，违规金额489.8元，均已追回。推进2021年度医疗费用结算年度清算工作，核查第三方智能审核信息系统筛查的可疑数据，发现明细项目问题涉及17家医院，违规费用34.07万元，主单问题涉及5家医院，合计扣减分值4250.04分，违规费用和应扣减分值在医保基金年度清算工作中全部扣减。

【医疗救助】 2022年，平远县医疗保障局继续落实困难群体兜底保障工作，为16142人落实政府全额资助参保政策，资助金额516.5万元。重点监测对象及建档立卡脱贫人员医疗保险报销1040人次，支付各项医疗保险待遇582.66万元，办理建档立卡脱贫人员医疗救助1040人次，医疗救助支付124.55万元。

【规范医疗机构上线采购】 2022年，平远县医疗保障局监督各医疗机构做好国家组织药品集中带量采购报量工作，确保公立医疗机构药品、耗材按规定全部上线采购。全年全县药品采购总额4428.98万元，其中线上采购4424.57万元，占比99.9%。耗材采购总额2571.31万元，其中线上采购2541.46万元，占比98.83%。监督各医疗机构做好结算药品耗材货款和清理违规线下采购行为的工作，要求各医疗机构通过药品集中采购平台集中结算，做到30天内回款。（林晓）

民政工作

【概况】 2022年，平远县民政局不断提高民生保障水平，推进基层社会治理，加强养老服务体系建设，投入低保、特困人员供养、困境儿童保障、残疾人“两项补贴”、临时救助、失能半失能护理补贴、流浪乞讨人员救助、高龄津贴、惠民殡葬等惠民实事资金5503.01万元。

【社会救助】 2022年，平远县民政局提高城乡低保、特困人员供养保障水平。1月起，城市居民、农村居民低保标准分别提高至每人每月828元、580元，城市居民、农村居民特困人员供养标准分别提高至每人每月1325元、935元。全县有低保户2987户5658人，发放低保金2276.05万元。全县有特困人员678户685人，发放特困人员供养资金756.13万元、护理补贴367.21万元。实施应急临时救助643人次，发放临时救助金70.56万元。救助生活无着流浪乞讨人员40人，住院救治14人，帮助寻亲成功16人、返乡团圆12人，县福利院安置3人，累计使用救助资金20多万元。

【基层政治和社区建设】 2022年，平远县民政局开展村（居）议事协商创新实验工作，重点推进上举镇畲脑村创建全国村级议事协商创新实验试点和村规民约示范村试点工作，重点推行“积分制+红黑榜”相结合模式，选取东石镇汶水村为试点，提升乡村治理能力。抓好村（居）务公开工作，推进村（居）务监督委员会“九有”（有人员、有场所、有牌子、有章子、有制度、有经费、有奖惩、有培训、有作为）建设。开展“村（社区）万能章”治理工作，全面摸排基层群众性自治组织出具证明事项，形成正面清单（第一批）4 项，不应由基层群众性自治组织出具证明事项清单（第一批）26 项。完成全县新增离任村干部 188 人、离任社区干部 52 人信息采集工作。推进实施“双百工程”（社会工作服务站点 100%覆盖、困难群众和特殊群体社会工作服务 100%覆盖），新招聘 83 名社工，经培训，到各镇上岗开展工作。全县建成乡镇社工站 12 个、村（居）社工点 37 个，有社工 156 名，为 4584 户 8098 名困难群众建立服务档案，联系服务群众 14804 人次，协助 2154 名群众享受相应福利政策。发展村（居）民志愿者 1063 人，开展各类社区活动 150 多场，链接社会慈善资源，协同解决社区事务 230 多项。

【社会福利】 2022 年，平远县民政局进一步提高困境儿童保障标准，集中供养孤儿基本生活保障金从每人每月 1883 元提高到 1949 元，社会分散供养孤儿、事实无人抚养儿童基本生活保障金从每人每月 1227 元提高到 1313 元。全县有孤儿 19 人、在册事实无人抚养儿童 119 人，全年发放困境儿童基本生活保障金 186.56 万元。开展关爱留守儿童和困境儿童志愿服务 1 场，服务留守儿童和困境儿童 50 多人次。落实农村留守儿童动态管理机制，全县在册信息系统农村留守儿童和困境儿童 1419 人。落实残疾人“两项补贴”标准动态调整机制，困难残疾人生活补贴、重度残疾人护理补贴分别提高至每人每月 188 元、252 元。全年发放残疾人“两项补贴”1826.5 万元，惠及残疾人 6542 人。组织开展残疾人“两项补贴”年度资格认定工作，认定 4624 人，完成率 99.98%。

2022 年 5 月 31 日，平远县民政局在大柘中心小学开展“六一”关爱留守儿童和困境儿童志愿服务活动（县民政局提供）

【养老服务】 2022 年，平远县民政局收购大柘镇超竹村原皓鸿厂，实施平远县养老中心建设及周边基础设施配套工程项目，项目总投资 5797.89 万元，改建床位 287 张。利用县社会福利中心三楼至六楼，改造建设县居家养老服务指导中心和长者饭堂，总投资 391 万元。投入 115 万元，对部分乡镇敬老院设施设备、环境绿化进行升级改造。投入 40 万元，完成 100 户特殊困难老人家庭适老化改造任务。组织 15 家养老机构护理员参加线上线下培训 336 人次。发放 80 周岁以上老人高龄补（津）贴 298.8 万元，发放百岁老人“长寿保健金”6.96 万元、客家寿星奖 2.64 万元。为 1882 名 60 周岁以上低保、特困人员购买意外伤害保险。

【社会组织管理】 2022 年，平远县民政局登记注册社会组织 3 家。至年底，全县有社会组织 135 家（社会团体 88 家、民办非企业单位 47 家）。开展社会组织年检，发出年检催告函 120 份。开展社会组织法人治理专项整治工作，未发现违规情况。开展社会组织“双随机、一公开”执法检查，抽查平远县八尺镇酒业协会、平远县新田幼儿园、平远县电子商务协会、平远县爱丁堡幼儿园，发出整改通知书 4 份，存在问题均已整改。

【婚姻收养登记】 2022 年，平远县民政局办理婚姻登记 2027 对。其中，办理结婚登记

927对（含补办及涉外婚姻），受理离婚申请428对（实办296对），补领结婚证171对，补领离婚证27对，依法查阅婚姻档案178宗。推进婚姻登记“跨省通办、省内通办”试点工作，办理跨省登记1宗、跨市登记25宗。补录婚姻登记历史数据54474条，扫描历史档案99150份，完成率100%。搬迁改造县婚姻登记处，投入140多万元，按国家AAAAA级婚登机关标准打造，总建筑面积600多平方米。办理收养登记4宗，出具不符合收养登记意见10宗，协助解决无户口群众入户难题。

【地名管理】　2022年，平远县民政局组织学习宣传贯彻《地名管理条例》，规范地理实体命名、更名。完善全国地名信息库，新增平远县地名136条，完善地名信息5500多条。加强路街巷等地名标志牌设置、维护和管理，加大界线界桩管护宣传力度，完成赣粤线平远—寻乌段界线界桩联检。

【殡葬管理】　2022年，平远县民政局抓好土地卫片执法殡葬违法用地整改，开展联合执法，拆除使用自留地违规建造墓地1处。开展殡葬业价格秩序、安葬（放）设施建设经营专项整治行动。开展“移风易俗树新风”文明实践活动，倡导绿色、文明、简约的殡葬新风。推进公益性安葬（放）设施规划建设，完成差干镇、八尺镇公益性公墓项目征地。落实殡葬惠民政策，全年减免平远县户籍群众七项基本殡葬服务费用267.29万元，惠及逝者家属1806名，火化率100%。平远县殡仪馆投入250多万元，完成修缮改造殡仪悼念厅，升级垃圾焚烧炉、尾气处理设备，购置骨灰楼智能存放设备，完善消防设施。

【慈善捐助】　2022年，平远县慈善会接收216个单位（个人）捐赠款（物）410.58万元。完成慈善会换届选举，产生新一届县慈善会理事会，并参加社会组织等级评估，获得AAA评估等级。　（谢岳超）

消防救援

【概况】　2022年，平远县消防救援大队完成以防火、灭火和应急救援为中心的各项工作任务。完成上举镇、泗水镇、中行镇政府专职消防队建设。在市消防救援支队3月、4月、9月“客都铁军杯”中，取得大队团体总分第二名。

【实战练兵】　2022年，平远县消防救援大队突出灾害事故模拟的真实性与复杂性，从难从严创造贴近实战的环境。全年接警出动176起次，出动消防车476辆次，出动警力2706人次，开展“六熟悉”（熟悉辖区交通道路、消防水源情况，熟悉消防安全重点单位数量、分类和分布情况，熟悉消防安全重点单位建筑物结构和使用情况，熟悉消防安全重点单位重点部位情况，熟悉消防安全重点单位内部消防设施和消防组织情况，熟悉辖区主要灾害事故类型和处置对策、基本程序）工作127次，清查辖区消火栓421个。依托省消防救援总队、市消防救援支队，先后组织2人参加高空绳索救援培训，20人次参加舟艇培训，30人参加基础生命支持资质培训，10人参加综合专业技术、安全员培训。

【消防安全责任落实】　2022年，平远县消防救援大队以消防安全专项整治三年行动为主导，在全县范围内开展消防安全大检查工作、消防安全“扫雷”行动、高层建筑重大火灾风险专项整治、居民住宅小区消防安全大排查大整治等系列专项行动。检查单位总数282家，发现火灾隐患236处，督促整改火灾隐患224处，下发责令改正通知书169份，下发行政处罚决定书21份，责令“三停”（停止施工、停止使用、停止营业）5家，罚款55400元。走访住建、公安、供电等部门，推动职能部门落实监管责任。针对日常检查发现隐患问题，及时抄告属地镇街、相关职能部门，提醒加大隐患整改力度。

【消防风险场所整治】 2022年，平远县消防救援大队开展居民住宅小区大排查大整治，推动11个物业管理住宅小区开展消防安全评估，并将评估报告报县住建局备案。组织召开约谈会，推动10栋高层公共建筑聘请消防技术服务机构开展消防安全风险评估，督促高层建筑服务管理单位落实消防安全主体责任，落实隐患整改工作。对出租屋、批发市场、宗教场所、经营性自建房等场所开展联合检查10多次。市挂牌火灾高风险区域城东社区（新岭路、建设路）顺利摘牌，提请东石镇为市挂牌火灾高风险区域。推动“三小”场所（小档口、小作坊、小娱乐场所）安装无线智能火灾感烟探测器1628个，筑牢“小火亡人”安全防线。

【消防安全宣传】 2022年，平远县消防救援大队利用固定宣传平台投放消防宣传内容10多处，在主要道路悬挂消防安全宣传标语10多条，组织消防宣传车上街宣传50多次。在“掌上梅州”APP、“平远发布”微信公众号发布文稿60多篇、消防安全宣传教育短片10多期。利用各单位LED屏、县融媒体中心播放公益视频和宣传标语2万多条次，开展消防宣传“五进”活动80多场，对各中小学校幼儿园近6000人开展消防安全培训，举行消防体验场馆开放活动10多场，发动基层力量、消防志愿者队伍8000多人次开展进村入户、“敲门行动”等活动300多次，借助“防灾减灾宣传周”“创文”工作等开展消防知识宣传10多场。（潘锡欣）

2022年11月19日，平远县消防救援大队在县消防救援大队营区开展家庭亲子消防体验活动
（来源：平远发布）

退役军人事务

【概况】 2022年，平远县退役军人事务局做好“双拥”（拥军优属、拥政爱民）、退役军人优抚与褒扬纪念、移交安置与权益维护、烈士纪念设施管理维护等工作。9月，为首批退役军人和其他优抚对象发放优待证。

【双拥工作】 2022年，平远县退役军人事务局以争创“省双拥模范县城”为目标，开展常态化联系退役军人工作，加大走访慰问力度。组成拥军优属慰问团，走访慰问梅州军分区、驻平远县部队、县人民武装部、县武警中队、县消防救援大队，召开座谈会共叙“鱼水情”，赠送慰问品总价值30万元；在春节、八一期间，走访慰问军队退休干部、无军籍职工、六级以上在乡残疾军人、抗战老兵、企业军转干部、抗美援朝老战士、国家抚恤补助对象等，送去慰问金、慰问品共价值4万多元；常态化开展“情系边海防官兵”拥军优属活动；慰问抚恤补助对象，发给慰问金18.46万元；下拨经费14.3万元，各镇以村（居）委会为单位召开退役军人和其他优抚对象座谈会143场。开展烈士后裔助学助困活动，走访慰问烈士后裔10名，发放助学助困金额3.3万元。

【褒扬纪念】 2022年，平远县退役军人事务局开展清明节和“9·30”烈士纪念日祭奠活动，弘扬英烈精神，赓续红色血脉。开展爱国主义教育，引导群众爱党爱国，铭记光辉历史。筹集资金71万元，修缮县烈士纪念园、雪芬烈士纪念馆，迁移零散烈士墓13座。

【退役军人就业创业】 2022年2月，平远县退役军人事务局投入4万多元，与梅州市梅县区广润职业培训学校联合举办第二期退役军人职业技能（低压电工、高处安装、维护、拆除、熔化焊接与热切割）培训班，多名退役军人参加培训。举办退役军人招聘会1场，提供多个岗位，发放退役军人政策宣传资料，现场达成就业意向多人。

【优待证首发】 2022年，平远县退役军人事务局印制退役军人和其他优抚对象优待证宣传册6000份、公告500份，发放到每一位退役军人手中。9月，举行退役军人及其他优抚对象优待证首发仪式。（林秋霞）

公益义工工作

【概况】 2022年，平远县公益义工协会有正式在册会员250人，开展志愿活动168场次，出动志愿者1089人次，志愿服务时长4238小时。会员丘伟峰荣获“广东省五一劳动奖章”，会长林康华被评为“广东省最美志愿者”“梅州市热心消防事业先进个人”，党支部书记蔡晓辉被评为“梅州市最美志愿者”，理事肖泰清、会员吴运凤均被评为“平远县第九届道德模范”，理事李文亮被评为“平远县向上向善好青年”，理事赖济春被评为“平远县最美志愿者”荣誉称号。平远县公益义工协会获评“平远县最佳志愿服务组织”。

【义工社工共建公益】 2022年，平远县公益义工协会形成“社工+义工”服务模式，与政法、医院、学校、企业等对接业务，承担部门和企业社工专业工作，开展社矫、救助帮扶、调查走访和心理陪伴等活动500场次，“一对一”帮扶30多人。

【资助贫困大学生圆梦】 2022年，平远县公益义工协会发放奖学金30多万元，资助贫困在校大学生95人，每人获得资助3000元至1万元不等。

【寻失行动志愿服务】 2022年，平远县公益义工协会发动社会力量，利用互联网等平台发布寻人启事，协助家属寻找走失人，成功寻回走失者26人，其中外地走失者5人。寻失行动受到社会广泛关注，获得好评，被授予2022年度“梅州市最佳志愿服务项目”荣誉称号。

【农村留守儿童关爱活动】 2022年，平远县公益义工协会开展关爱农村留守儿童活动60多场次，服务留守儿童2000多人。活动项目设立专项资金，由佛山平远商会慈善基金会捐款30多万元。深入农村、社区、学校与留守儿童进行互动，使一批留守儿童得到社会关爱。

【爱心义剪志愿服务活动】 2022年，平远县志愿者在县人民医院、残疾人服务中心、社区等开展爱心义剪志愿服务活动50场，其中每周四下午上门为行动不方便的住院患者进行“床边免费剪发”，服务住院患者400多人。开展免费为群众剪发志愿服务活动6场，服务群众100多人。

【消防志愿服务站成立】 2022年4月2日，平远消防救援大队和团县委联合在县公益义工协会举行县消防志愿服务站挂牌仪式，进一步鼓励和规范消防志愿服务，有组织地开展以消防宣传教育为主、消防安全救助为辅的消防志愿公益行动。义工协会联合平远消防救援大队开展消防安全知识宣传及创文、创卫活动12场。（林康华）

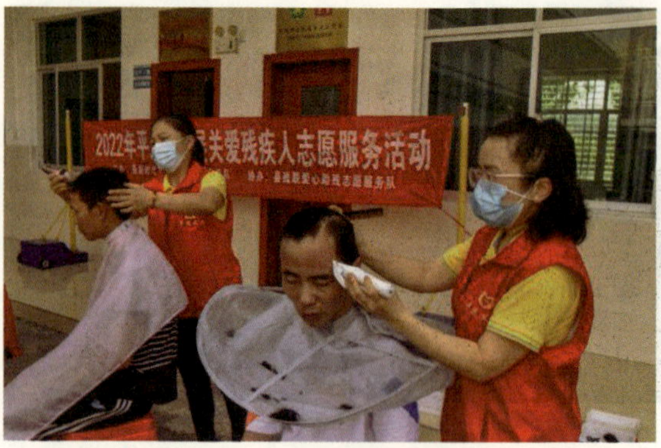

2022年4月22日，平远县志愿者在县残疾人服务中心开展义剪活动　（县公益义工协会提供）

各镇概况

责任编辑：刘莹子

差干镇

【概况】 差干镇位于平远县北部，距县城53千米，地处粤、闽、赣三省交界处，东邻福建省武平县下坝乡，西接江西省寻乌县项山乡，南与平远县仁居镇、上举镇接壤，北靠福建省武平县民主乡，总面积94.6平方千米。辖新岭、湖洋、三达、差干、文丰、加丰、湍溪7个村委会42个村民小组。2022年年末，全镇户籍人口2378户8349人。其中，农业人口7126人，非农人口1223人。2022年，差干镇实现农业总产值13094万元，同比增长32.2%；规模以上工业总产值3956万元，现价增速56.9%。

【基层党建】 2022年，差干镇全面贯彻新时代党的建设总要求。把意识形态工作纳入党委会重要议题，召开党委工作会议31场，专题研究意识形态工作2次。落实政务信息公开审校机制，健全敏感信息闭环反馈和报送机制，防范化解意识形态风险。深入开展中共二十大学习宣传工作，镇领导干部到村开展领学促学督学21场；镇党校开展各类培训宣讲23场次，累计培训2000多人次，实现党员干部全覆盖；组织学习习近平总书记重要讲话、重要指示批示精神137条；党委召开理论学习中心组会议13场。加强党风廉政建设，坚持“有提必谈”“有节必检”“有报必查”，严格落实中央八项规定及其实施细则精神，镇纪委处置问题线索6件，立案5宗，结案5宗；开展谈话提醒、批评教育等92人次，发布勤廉提醒通知6次。

【旅游发展】 2022年，差干镇旅游产业稳定发展，各方面逐步向好。支持配合卧佛山公司运营管理五指石景区，进一步盘活景区资源。加快长布半岛休闲度假区建设，与松溪河景区协同发展。推进与县域内南台卧佛山、相思谷、红四军纪念馆等景区联动运营，打造集上举“生态游”、仁居“红色游”、差干“景观游”于一体的精品旅游环线。打造文丰瀑布群、新岭“三省界碑”、古驿道红军路、上坊农会革命旧址等旅游地标，推进全域旅游、全景差干建设，形成辐射粤闽赣边及珠三角、潮汕揭、厦漳泉的旅游目的地。

【特色农业】 2022年，差干镇继续因地制宜发展特色高效农业。脐橙、仙草、林下灵芝等特色农业活力迸发，建设灵芝加工厂，种植面积和产值效益持续扩大，成功申报文丰仙草、三达灵芝省级“一村一品、一镇一业”专业村品牌。推进撂荒耕地复耕复种工作，完成撂荒耕地复耕面积65.2公顷（978.06亩），完成总撂荒数的73.76%，完成图斑任务数的76.22%，完成复种面积41.6公顷（624.04亩）。全年水稻参加保险面积347.42公顷（5211.27亩），果树参保面积52.73公顷（791亩），并为群众做好受灾农作物出险工作。

【新农村建设】　2022年，差干镇深入推进新农村建设。新建日转运量6吨的镇级垃圾中转站1个，实现垃圾日产日清；建成镇级生活污水处理设施1座，处理能力每日1000吨；完成户厕改造216户，新建标准化公厕1座；开展“三线”专项整治行动，基本完成圩镇私搭乱建、杂乱的电线管网整改。完成圩镇3.7千米道路黑底化和集中供水全覆盖提质提升工程，建成足球场2个、省特级文化站1个、生态停车场3个（82个车位）和5G基站3个。开展农村厕所问题摸排“回头看”，累计摸排1546户，完成问题厕所整改43户，新建公厕1座，农村卫生户厕普及率97.92%。

【乡村振兴】　2022年，差干镇推进乡村振兴工作。打造沿国道358线“红色记忆美丽乡村示范带”，推进沿线景观和环境整治提升，打造竹坝党建广场、金星口袋公园、湍溪省际廊道等项目，提升入镇大道和圩镇景观风貌。打造特色乡村，全方位展现广东乡村特色，重点打造湍溪村、新岭村、湖洋村3个省际交界村，推进湍溪—广平街立面改造、景观码头和广东地理标志等节点建设。建设新岭湿地公园、三省界碑打卡点。开展湖洋村环境提升行动，完善湖洋村牌等标识，呈现由“点上出彩”向“连片成景”的转变。镇、村干部和驻镇帮镇扶村工作队员组成联合防止返贫风险排查小组，全覆盖入户摸排原建档立卡脱贫户收入支出、“两不愁三保障”（不愁吃、不愁穿，义务教育、基本医疗、住房安全有保障）和饮水安全等情况。

【平安建设】　2022年，差干镇推进平安之乡创建，每周开展矛盾纠纷隐患排查工作，维护社会和谐稳定。受理各类信访矛盾纠纷32宗（上级交办5宗、直接受理27宗），化解30宗，网信占比12.5%，办结率93.8%。推动粤闽赣“三省十村”边界联防建设，强化湖洋村“边界联防治安队伍”建设，围绕治安、森林防火、交通安全等开展联防工作，发挥村民自治、基层协作效用，基层治安情况得到改善。做好扫黑除恶常态化工作，利用LED屏滚动播放扫黑除恶标语32条，利用短信宣传通知300条，主要街道、路口、景区和各自然村张贴通告50张，布置大型宣传栏2块、横幅10条，设立举报信箱1个。

【生态环境保护】　2022年，差干镇以“蓝天、碧水、净土”污染防治三大攻坚战为抓手，做好生态环境保护。完成湖洋三联、三达老屋、三达好田、差干黎坊、文丰中村和湍溪下坪等镇级污水处理设施建设，其中三达好田和差干黎坊污水处理设施完成验收。完成排查差干河38个排污入口，清理河道漂浮物约300千克，推进国道358线合溪峰落石点治理和河道治理修复。谋划山水林田湖草沙一体修复项目，开展农药包装废弃物回收专项整治，促进农业生态环境修复，加强辉绿岩矿山采矿区生态修复。建立健全水源巡查制度和长效管理机制，定期到水源地周边巡查、记录，在水源地边界设置围栏和警示标语，安装可通过手机24小时监控的设备。

【新型冠状病毒疫情防控】　2022年，差干镇开展常态化新型冠状病毒疫情防控工作。开展返乡人员自主摸排及防控管理，全年累计自主摸排1988人，大数据核查7445人次。设立湍溪便民核酸服务点及省界24小时防疫检查卡点。严控大规模聚集性活动，加强重点行业从业人员“一周两检”工作。应对“1·31”“4·13”“5·1”多轮疫情，做好岭东隔离酒店的后勤保障工作。“10·23”疫情防控期间，镇内岭东酒店、横龙酒店、红豆山庄及五指石山庄4个隔离酒店全部启用。

（差干镇党政办）

仁居镇

【概况】　仁居镇位于平远县西北部，东邻

差干镇、上举镇，西接八尺镇，南连东石镇、河头镇，北毗江西省吉潭镇、项山乡，距平远县城36千米。仁居镇区域面积191平方千米，辖1个社区居委会、15个村民委员会、192个村民小组。2022年年末，仁居镇户籍人口7234户23106人。其中，农业人口17386人，非农业人口5720人。2022年，全镇实现农业总产值34674万元，同比增长17.9%；规模以上工业总产值2120万元，现价增速5.6%。

【基层党建】 2022年，仁居镇召开党委（扩大）会议21次，举行专题学习会和中心组学习会12次，召开《习近平谈治国理政》第四卷和中共二十大精神宣讲会2次。坚持和完善党内生活制度，开展专题民主生活会2次。严把党员队伍“入口关”，发展党员9名，培养积极分子17名。开展党员慰问工作，为困难党员17人、老党员140多人排忧解难。推进廉洁教育，召开党风廉政建设专题教育4次，组织党员干部观看教育片4次，开展谈话提醒57人次。加大党员干部违纪案件查处力度，立案6宗6人，处分违纪党员6人（党内警告4人、严重警告2人）。接受县委巡察，研判巡察反馈的4个方面29个问题，完成全部整改，防止问题反弹。

【特色农业】 2022年，仁居镇构建特色农业产业体系。鼓励项山甑茶场、威华吉美园等发展农业休闲观光业。稳定烟叶规模化种植，全年烤烟生产量61.43万千克，收购烤烟总产值2300万元。持续扩大脐橙种植规模，种植面积增至381.33公顷（5720亩），进一步扩散“省级脐橙种植专业镇”品牌效应。完成全镇150.53公顷（2258亩）撂荒地复耕复种，累计建成高标准农田540.33公顷（8105亩），新建5.33公顷（80亩）高山红薯基地、66.67公顷（1000亩）丝苗米基地。推进“林+N”经济产业，村企共建1.33公顷（20亩）林下仿野生灵芝种植基地，联农带农发展林下灵芝种植深加工环节，集中力量培育预制菜产业，推动梅菜、竹笋等订单式种植基地建设。

【重点项目建设】 2022年，仁居镇实施重点项目1个。美丽圩镇攻坚行动项目（第一期）总投资5550万元，年内完成投资4000.47万元。仁居镇对面积1.69平方千米圩镇精准发力，推进农贸市场新建、文体活动中心提升改造、镇容镇貌改造、红四军第一纵队司令部旧址群环境提升、圩镇十字街道路标准化建设、垃圾收运建设、镇级污水处理提升等项目建设，着力补齐圩镇“短板”。

【乡村振兴】 2022年，仁居镇常态化开展防返贫监测，对190户原建档立卡脱贫户和4户重点关注困难户实施“一月一排查”制度，制定落实“一户一策”帮扶措施，为95户151人购买“保尚保”医疗补充保险，促成爱心企业家资助困难小学生2名，完成2户监测对象风险消除，及时修缮困难群众房屋4户。全域推进农村人居环境整治，持续抓好农房管控及风貌提升，深入实施厕所革命，全年外立面改造验收343户，户厕改造验收77户，开展“六乱”整治300多处，成功打造5个特色精品村、10个美丽宜居村。修订完善《仁居镇就业奖补“以奖代补”操作细则》，为46户64人发放就业奖补资金11.74万元，建设就业帮扶车间，让60名困难群众蜕变成产业工人，实现“务农、顾家、挣钱”三不误。

【驻镇帮镇扶村】 2022年，仁居镇驻镇帮镇扶村工作队立足现有优势资源及产业基础，抓产业、上项目、谋发展。创新性构建形成“1+9+15”［省军区机关与珠三角9个军分区（警备区）机关组团帮扶仁居镇，广州市天河区、深圳市福田区等15个经济发达区的人武部结对帮扶仁居镇下辖15个行政村（居），广东邮电职业技术学院帮扶1个行政村］跨域帮扶、结对共建长效机制。全年争取帮扶资金1310.8万元。其中，245万

2022 年 6 月 23 日，广东省军区开展“1+9+15”跨域帮扶、结对共建现场调研　（仁居镇提供）

元用于将仁居小学打造成“八一爱民学校”，480 万元用于建设“红色仁居”文旅服务中心，400 万元用于建设屋顶分布式光伏项目，169 万元用于 80 公顷（1200 亩）撂荒耕地复耕复种、5.8 千米水圳水坝修复、3 千米机耕路建设、11.9 千米村道“亮化”等民生工程。助推消费帮扶，争取县供销系统改革试点，成立仁居镇供销合作社，建成消费帮扶馆，开发网上商城小程序，集散、销售当地农特产品，全年推广销售农产品的订单金额 377 万元，为镇村增加集体收入 30 多万元。山泉水品牌设计融入当地红色元素，推出“胜利水”系列产品。

【旅游开发】　2022 年，仁居镇通过修缮及活化利用革命遗迹，进一步擦亮“红色古邑·故事小城”仁居品牌。投入 213 万元提升改造文体中心，投入 63 万元建设新时代文明实践站所，投入 470 万元修缮仁居村谢屋红军标语、官塘唇李屋、红四军第三纵队七支队旧址 3 处革命旧址，打造成党员教育示范基地，不断“串珠成线”，丰富红色文旅内涵，年内接待开展党日活动和参观旅游的游客 300 多批次 2 万多人。

【惠农政策落实】　2022 年，仁居镇落实落细耕地地力保护补贴、农机购置补贴、一次性种粮补贴和农业政策性保险等一系列惠农政策。制定《仁居镇耕地地力保护补贴专项督察工作实施方案》，开展情况摸底调查，核实补贴面积，依法依规公开补贴信息，确保补贴及时足额发放。发放耕地地力补贴 5695 户 183.54 万元，补贴面积 1422.78 公顷（21341.71 亩），资金落实率 100%。

【社会事业发展】　2022 年，仁居镇各项社会事业有序发展。开展“银龄安康”行动，落实老年人优待政策，为全镇 60 周岁以上户籍人口 4622 人购买老年人意外伤害保险，为 817 名高龄老人申请高龄津贴。开展生育关怀行动，为计划生育家庭 761 户 2510 人购买意外伤害保险。实施仁居镇敬老院修缮工程，投入 313 万多元修缮敬老院建筑、食堂，优化庭院周边环境，完善配套养老设施。推进社会救助服务，将低保户 565 人、特困供养人员 63 人、孤儿 1 人、事实无人抚养儿童 8 人、持证残疾人 535 人纳入政策性兜底保障。完善仁居镇综合文化站（素庐）和各行政村综合性文化服务中心功能场室，仁居镇综合文化站实行免费开放，全年接待各单位人员和群众约 1000 人。

【平安建设】　2022 年，仁居镇成立村民理事会 16 个，其中 8 个被县委政法委评为星级理事会，调动群众参与议事积极性。持续加大社会矛盾纠纷化解力度，对各种苗头性、倾向性问题早发现、早介入、早化解，全年受理矛盾纠纷 44 宗，调解成功 40 宗，调解成功率稳步提升。加强全域执法，全年开展土地、消防、建房、安全生产等巡查检查 900 多次，完成行政执法检查 67 宗、行政处罚 2 宗。突出安全专项整治行动，聚焦非煤矿山、消防安全、建筑施工、道路交通、水利防汛、森林防火灭火等重点行业领域，开展重点行业联合执法整治行动 85 次。

【生态环境建设】　2022 年，仁居镇争创“广东省卫生镇”，对环境卫生综合整治、病媒生物防治等八大模块逐一整改。不断完善生活垃圾、生活污水处理体系，新增垃圾密闭运输车辆 1 辆，铺设雨污分流管网 2.85 千米、给水管网 1.7 千米，投入 455 万元建设完善污水处理设施 8 处，生活污水集中处理率

80%以上。提升生态文明建设水平，清理河道长度30.25千米，清除水面漂浮物8.9吨，开展“千吨万人”（供水覆盖人口在1万人以上，或日供水规模达到1000吨）水源地环境问题排查整治，落实生态林管护、畜禽养殖监管和农业面污染治理等工作。

【新型冠状病毒疫情防控】 2022年，仁居镇做好常态化新型冠状病毒疫情防控工作。关注65周岁以上重点人群健康状况，建立随访制度并发放“健康包”180份。累计完成新型冠状病毒疫苗接种26437人次（第一针10996人次、第二针9344人次、第三针6069人次），总人群接种率95%以上。其中，60周岁以上人群第一针、第二针、第三针接种覆盖率分别为99.84%、94.10%、82.06%。

（仁居镇党政办）

八尺镇

【概况】 八尺镇地处平远县西北部，距县城24千米，东邻仁居镇、河头镇，南连中行镇，西北分别与江西省寻乌县留车镇、南桥镇接壤，国道206线、358线和济广高速公路贯穿其间，是广东省北大门之一。区域面积108平方千米，辖1个社区、11个行政村、5个居民小组、118个村民小组。2022年年末，八尺镇户籍人口4537户14538人。其中，农业人口11464人，非农人口3074人。全年实现农业总产值26477万元，同比增长13.8%；规模以上工业总产值2078万元，现价增速-12.5%。

【基层党建】 2022年，八尺镇召开党委班子会议27次，学习“第一议题”（习近平总书记的最新讲话、最新文章、最新指示、最新要求等）28个，党委理论学习中心组学习12次。推进中共二十大精神学习宣传贯彻工作，镇领导干部到挂点联系村开展领学促学督学30多次。镇党校组织开展党员教育培训15场次，培训党员干部1600多人次。党校角坑村分教点被市委组织部评选为“梅州市星级镇街党校分教点”。组建党员（党群）志愿者服务队17支426人。强化党风廉政建设，研究党风廉政建设工作16次。办结县、镇人大代表建议11件，办复率100%。

【美丽乡村建设】 2022年，八尺镇以美丽圩镇建设攻坚行动为契机，统筹专项债券、涉农等资金1000多万元，实施圩镇2.11千米排水和1.73千米排污工程，改造提升83间商店招牌、生态停车场和农贸市场，铺设沥青路面1.88千米，圩镇电力线、通信线、电视线等五种线缆实现落地和隐藏。投入200多万元，完成2.73千米圩镇交通道路建设项目征地，推进1.6千米河堤路和休闲步道建设及1千米金溪路扩建工程，打通连接国道206线与圩镇中路的进士路。实施凤头村土公堂至炉形3千米、笙竹村大塘尾至村委会3.7千米、南塘村樟坑至村委会5.2千米、石峰村主村道1.3千米、角坑村马栏铺等农村道路改扩建工程和黄沙村、楼前村、樟田村3.4千米河堤路建设项目。投入119万元，在国道358线仁八路口至威华茶场路段和各村新装路灯717盏。开展15.35千米瑞梅铁路八尺段征地拆迁工作。

【生态环境建设】 2022年，八尺镇推进林长制、河长制工作。开展巡山防火护林工作7000多人次。投入3600多万元，实施黄田水库饮用水源水质保护工程，推进镇级垃圾中转站、8座污水处理设施及12.5千米管网、稔田河南塘段和稔田段2座人工湿地等项目建设。投入2500多万元，实施稔田河楼前段生态清洁小流域治理，对4.2千米河道进行清淤和崩岗治理，完成2.2千米护岸整治。投入约400万元，完成东江水系水环境综合整治工程（二期），包括河道基质改善、边坡和水圳建设、污染防治等。全面完成鸭麻隆电站清理整改工作。对污水排放源头加强执法管控。

【旅游开发】　2022年，八尺镇发展集红色教育、观光旅游、健身运动于一体的乡村旅游产业。挖掘红四军在八尺开展革命斗争等红色历史，打造梅州岃古驿道精品路线，完成“八尺事件”旧址、角坑红军标语墙、金溪交通站等红色革命遗址和旧址修缮保护工作。投入40万元，修缮金溪红色交通站旧址。利用新时代文明实践所（站），开展“送科技下乡”“党的理论知识宣讲会”等文明实践活动。

【产业发展】　2022年，八尺镇坚持实体经济为本，完成调查并绘制八尺酒产业在梅城店面分布图和八尺镇酒厂分布图，逐步完善八尺酒线上销售小程序。对接广东中凤酒业、东鹏饮料等知名公司，搭建深度合作平台，发挥龙头酒企示范带动作用，研发更多不同产品，不断拓展销售渠道。做大做强石金钱龟、铁皮石斛、茶叶、桑葚、无花果等农特产品精深加工产业，研发茶、果、酒等延链产品。推广农业生产托管服务，不断巩固脐橙、甜玉米、水稻制种等传统农业优势，推进撂荒耕地复耕复种。烟叶种植面积206.8公顷（3102亩），产量434.3吨，总产值1400多万元。八尺村、角坑村共投入84万元，发展分布式光伏发电项目。

【社会事业发展】　2022年，八尺镇做好社会保障监测对象纳入和退出工作。城乡居民医疗保险参保9262人，城乡居民养老保险参保4392人，30人得到医疗救助。培训“粤菜师傅”48人。完成教育发展协会换届工作，发放奖教奖学金10.17万元，表彰和奖励先进集体4个、优秀师生52人。投入28万元，对八尺小学户外活动场所和舞蹈室进行改造。投入280多万元，实施农村集中供水全覆盖提质提升和后期维修养护工程，新建取水陂头1座、深水井2座，铺设管网10.3千米。完成总投资1300多万元的高桥水库、梅塘水库除险加固工程及叶畲水库标准化建设工程。投入25万元，完成肥田村曾田危桥修缮和角坑村崩岗片桥梁、陂头维修。

【平安建设】　2022年，八尺镇统筹发展和安全，落实“喜迎二十大·忠诚保平安”五大专项行动，常态化开展扫黑除恶斗争，开展禁毒宣传、防邪反邪和打击整治养老、电信网络诈骗等工作，受理群众来信来电来访77件，办结答复率100%。推进安全生产专项整治三年行动，做好自建房、酒业小作坊、安全生产、道路交通安全等重点行业领域安全隐患排查整治和森林防火灭火工作。完善应急管理体系，全面加强对自然灾害应急预警和防御工作。巩固推广“一带一法四参与”和“中心4+”社会治理模式，打造星级村民理事会11个，其中排下村坎下村民理事会被县委政法委评选为“三星级村民理事会”。完善基层群众自治制度，划分49个网格，配备76名网格员，通过“小网格”撬动“大治理”。

【驻镇帮镇扶村】　2022年，八尺镇驻镇帮镇扶村工作队由市委组织部牵头，联合市生态环境局、市烟草专卖局、市邮政储蓄银行等组成。组织八尺镇村党支部书记、企业负责人等到市农林科学院和先进乡镇考察学习，开拓乡村发展新思路。发挥市烟草专卖局烟叶种植、烤烟等方面的技术优势，帮助全镇新增烟田7.07公顷（106亩），新增收入约50万元。实施村级道路亮化工程，安装路灯483盏。完成角坑村寨子上至八斗岃的道路硬底化项目、凤头村小片组白泥径约500米机耕路硬底化改造项目、肥田村危桥改造项目。筹措资金，协助实施南塘村上坪村民小组机耕路硬底化工程、排下村道路硬底化工程、石峰村和笙竹村村道“单改双”硬底化工程。支持角坑村建设600平方米、装机容量82千瓦光伏项目，壮大村集体经济。

【新型冠状病毒疫情防控】 2022年，八尺镇因时因势调整优化新型冠状病毒疫情防控政策，调动党员干部、医务人员、村民小组长、志愿者、零售药店“哨点”监测等力量，落实省际检查站防疫排查、中高风险地区返乡人员排查、重点场所管控、区域核酸检测、疫苗接种、医疗救治、医疗物资供应及重点人群健康服务等工作。全年3周岁以上人群第一针疫苗接种覆盖率92.67%，发放N95口罩3970个、抗原检测试剂1985个、布洛芬2382片、消毒液397份。

（八尺镇党政办）

河头镇

【概况】 河头镇位于平远县中部，东邻东石镇，西接八尺镇、中行镇，南连大柘镇，北靠仁居镇，济广高速连接线直达圩镇，是县城饮用水水源地，区域面积82.42平方千米，辖9个村民委员会、81个村民小组。2022年年末，全镇户籍人口3015户10638人。其中，农业人口9271人，非农人口1367人。全年实现农业总产值18426万元，同比下降36.7%；规模以上工业总产值为0。

【基层党建】 2022年，河头镇通过理论中心组学习、专题宣讲、交流研讨等方式深化集中学习，引导镇村党员学习最新政策、习近平总书记重要讲话和指示批示精神等。推进党组织阵地建设，投入30万元修建樟坑村党群服务中心，投入160万元新建田心村党群服务中心并进驻办公，投入15万元修缮双溪村党群服务中心。联合团县委打造河头镇“青年之家”“河你一起·河头志愿服务驿站”，全年线上线下发布活动40多场，发动青年900多人参加疫情防控、环境整治、文明创建等活动。用好陈学生故居、珠坑南粤古驿道等红色资源，组织党员参观学习30多场。把好发展党员“入口关”，批准预备党员转正11人，吸收预备党员6人，培养发展对象4人。坚持正确用人导向，提任年轻股级干部2人，公务员职级晋升2批次6人。完成田心村支部书记和支委补选工作。

【产业发展】 2022年，河头镇发展农业产业。累计完成21.33公顷（320亩）撂荒耕地复耕，盘活沉睡土地资源。推进耕地“进出平衡”工作，完成0.87公顷（13.08亩）流出耕地的复耕。推进土地集中连片，鼓励农民采取转包、入股等形式进行土地流转，吸引涉农企业投资，双溪、河清一期流转土地约3.33公顷（50亩），探索发展订单农业。借平远三华李入选2022年第二批“全国名特优新农产品”名录的东风，坚持“技术培训+电商进驻+品牌培育”多措并举，形成“产供销一体”格局。依托梅州市农林科学院技术平台，邀请专家为农户提供专业技术培训，探索黄金柰李试点种植。抓好河清石斛“一村一品”项目实施的指导、监管工作，着力提高特色农产品的附加值。完成82.11公顷（1231.7亩）油茶低产低效林改造，推进油茶产量、品质双提升。紧跟现代电商营销模式，在“河你一起”微信便民小程序专设农特产品展销专区，扩宽销售渠道。

【乡村振兴】 2022年，河头镇投入250万元，完成圩镇体育公园、文化活动中心建设。投入700多万元，推进柚树河寨下桥上下游和圩镇周边环境整治项目。深入推行文明商户积分管理制度，引导经营者诚信经营、落实门前“三包”、规范车辆摆放。投入900多万元，推进集中供水全覆盖提质提升工程，涉及8个村28处供水点。投入400多万元，推进乡道135线双溪至河清“单改双”道路建设。投入20万元，升级改造黄田村黄田排至田隆里村道。推进农村厕所革命工作，全年新建农村公厕12座。抓好河清村供电网改工作，推进抄表结算到户。开展“五小”场所和周转房保障工作，投入60多万元，修缮小食堂1个，改造小厕所15间，小澡堂6间，改造、腾挪周转房24间。抓好瑞梅铁路河头段9.2千米的征地拆迁工作。打造亲水平台等景观工程,鱼鳞坝成为"网红打卡点"。

【生态环境建设】　2022年，河头镇推进林长制落地落实,开展过火迹地植树造林行动,累计种植乡土树种为主的苗木800株，实现造林0.4公顷（6亩）。对河头村、田心村33.33公顷（500亩）林地进行林分改造，完成树木补植。全面推行河长制，高标准完成黄田村、田心村污水处理管网建设；清理河流长度53千米，清理水域面积0.18平方千米，清理漂浮物54吨；借力柚树河寨下桥上下游环境整治项目,实施河堤改建加固工程;开展水务、生态保护巡查20批次。加强自然资源领域动态巡查，巡查上线率100%。持续开展土地卫片执法整改工作，完成核查整改卫片图斑25个。

【精神文明建设】　2022年，河头镇投入30多万元，深化新时代文明实践所、站提档升级，盘活现有场所资源，打造更加坚实的服务阵地。优化公共文化服务供给，开展农村电影下乡活动108场次，组织黄田村广场舞队参加2022年平远县第五届全民广场舞大赛，取得优异成绩。发挥河头镇奖教奖学协会作用，全年筹集捐款9万多元，发放5万多元。开展精神文明创建系列活动，开展河头"十大系列""五星级文明户"等评选表彰活动，擦亮"广东省文明镇"金字招牌。完成创文材料申报、实地考察等工作，为平远县创建全国县级文明城市贡献力量。

【民生服务】　2022年，河头镇推进社会保障体系建设，抓好养老保险、医疗保险的参保续保工作。低保户、分散特困户、低保边缘家庭100%完成入户核查，做好80周岁以上老人高龄津贴和百岁老人长寿金发放工作。完善社会工作服务体系，为222户困难群众和特殊群体建立服务档案。会同驻镇帮镇扶村工作队对6户边缘易致贫户和77户脱贫户加强返贫风险研判，因户施策落实帮扶救助措施；脱贫户符合低保、"五保"条件纳入最低生活保障的兜底率100%；完成1户边缘监测户退出工作；针对监测对象出台就业产业"以奖代补"实施细则。

【平安建设】　2022年，河头镇加强乡镇社会治安监控系统建设，新增视频监控设备11个。完成1户困难群众危房改造；推进削坡建房整治工作，完成中风险整治19户，高风险整治4户;完成4336户自建房安全排查整治工作；完成地质灾害隐患点治理11户，发放汛期避险明白卡95份。通过县、镇财政资金补贴，推动沿街店铺安装智慧烟感系统69个和燃气卫士7个。聚焦道路交通、建筑行业、燃气使用、消防火灾、烟花爆竹等重点行业和关键环节，对相关企业进行安全生产检查86次，发现安全隐患24处，全部限时完成整改。接待来访群众48批183人次，受理各类矛盾纠纷及上级交办信访案件69宗，成功调处68宗。打造河清村樟树潭、黄田村石牙头村民理事会示范点2个，其中河清村樟树潭获评县级"四星级村民理事会"。

【新型冠状病毒疫情防控】　2022年，河头镇持续推进新型冠状病毒疫情防控，强化重点区域、重点人员排查管控；开展疫苗接种工作；处置好向阳村"11·23"疫情；抽调多批次镇村干部到高速公路河头出口便民核酸检查点服务。　（河头镇党政办）

中行镇

【概况】　中行镇位于平远县西部，距县城14千米，国道206线贯穿其间。东邻河头镇，西接江西省寻乌县丹溪乡，南连大柘镇，北靠八尺镇，区域面积74平方千米，辖良畲、仲石、儒地、中行、官坑、快湖6个村民委员会，51个村民小组。中行镇是省级“优质稻种植与加工专业镇”。2022年年末，户籍人口2677户8775人。其中，农业人口6500人、非农业人口2275人。全年实现农业总产值13993万元，同比增长9.5%；规模以上工业总产值2050万元，现价增速-6.9%。

【基层党建】 2022年，中行镇实施基层党组织建设三年行动方案，加强挂村领导干部和挂村“第一书记”对各村的督促指导工作。镇党委以班子扩大会、专题学习会等形式带头学习中共二十大精神。强化村党组织书记抓党建促乡村振兴工作机制，发挥镇党委乡村振兴“一线指挥部”作用，带动镇党委发挥乡村振兴“前沿作战部”作用，村党组织发挥乡村振兴战斗堡垒作用。开展仲石村软弱涣散村党组织整顿，落实1名乡镇领导班子成员包村、1名第一书记驻村措施，制订仲石村软弱涣散党组织整治方案，加强集中整顿和培训，对已整改到位的督促巩固提升，防止“反弹”。党委书记履行第一责任人职责，对发现的问题苗头，及时敲打、帮助纠偏，不断凝聚干事创业合力。发挥党员先锋模范作用，着力让青年干部在乡村振兴、疫情防控、撂荒耕地复耕复种、维稳等“急难险重”任务中“墩苗淬火”。在关键时间节点开展廉政提醒，防止“四风”反弹。对接好驻镇帮镇扶村工作队，为乡村振兴任务重的良畲村、集体经济薄弱的仲石村配备驻村第一书记。组织村“两委”干部履职培训，提升村“两委”干部学历，培育村级后备干部14名。

【乡村振兴】 2022年，中行镇不断提升圩镇品质，推进美丽乡村建设，用好专项债券资金，谋划美丽乡村建设（一期）专项债项目，以圩镇改造项目为主推项目，推进各项目开工和实施建设。完成生态停车场建设、主干道道路黑底化和雨污分流管道铺设。加强各村村道、巷道、河道、圳道、房前屋后等的杂物、垃圾整治，完成环镇路至马屋村道建设及周边环境美化亮化工程。推进厕所革命工作，全镇整改完成问题厕所40户。组织志愿者活动16次，清理沿线建筑垃圾。加强环卫基础设施建设，发放150只垃圾桶至各村及圩镇。河长制相关工作有序进行，巡河过程中发现问题15个，均完成整改，清理水面漂浮物、清淤疏浚及清割杂草约3.3千米，清理水域面积约1.9万平方米。落实林长制工作，开展“猎火”等专项行动。加强养殖场污染治理，对禁养区内养殖场和限养区内排污未达标的养殖场发出限期整改通知书14份，处理完成养猪场污水直排问题投诉6起。做好企业环保管理工作，对5家环保备案企业实施系统化、标准化、精细化管理。加大对已停产整改的鑫和矿业、鸿运石场2家非煤矿山巡查监督，配合县自然资源局做好矿山整改复绿工作。

【基础设施建设】 2022年，中行镇不断夯实基础设施，为乡村振兴铺好“致富路”。完成县道966线中行梧良畲至�竹公路改建工程征地拆迁工作，全长6.9千米。推进县道042线大士宫至圩镇段落石整治工程。支持配合瑞梅铁路建设，中行段全长3.7千米，征地面积16.2公顷（243亩），完成丈量工作和搅拌站临时租地合同签约，确保无障碍施工，同步做好征地拆迁工作。完成高速公路出口亮化工程，安装8米中华灯22盏、12米广场灯1盏。保障群众日常饮用水的安全，实施农村集中供水全覆盖提质提升工程。加强水电管理所下属电站经营管理，降低运营成本，一次性清理偿还39户高息短期借款户，并交由第三方专业公司承包运营，避免集体资产流失，解决历史遗留问题。全面完成中行村独立供电区域农电体制改革，确保村民用上“安全电、放心电、满意电”。

【农业发展】 2022 年，中行镇完成连片 0.2 公顷（3 亩）以上撂荒耕地复耕复种任务 41.35 公顷（620.29 亩），均完成验收工作。对 1 公顷（15 亩）以上连片撂荒图斑，通过“托管+流转”方式盘活撂荒地，将土地托管给村经济合作社管理，由合作社引进第三方进行复耕复种，发展高禾米特色农业，壮大村集体经济。落实实际种粮农民一次性补贴面积的核查上报、耕地地力保护补贴的核查统计、各村政策性水稻保险面积统计上报工作。实施仲石村集体经济“稻渔”共生生态农业项目，以集体项目带动村民发展生态农业，项目集约闲置农田 1.4 公顷（21 亩），稻田放养稻香鲤鱼、鲫鱼等 4000 多条，带动村集体增收 2 万多元。利用镇政府屋顶发展光伏发电产业，打造“阳光工程”。成立平远县中行镇供销有限公司，推动发掘中行镇本地特色农优产品，利用广东省农科院水稻研究所科技特派员团队资源，发挥中行镇“一镇一品”优质稻品牌效应，设计印制包装袋包装稻鱼项目有机米，提高产品品质，进一步打响中行优质稻米品牌。

【民生事业】 2022 年，中行镇不断加强就业、医疗、社会保障等方面民生工作。落实低保、特困供养、残疾人等人员政策补助，开展困难家庭临时救助工作，救助家庭 10 户，发放救助金 21500 元。落实城乡最低生活保障制度，取消农村低保对象 19 人，新申请低保户 13 户，新增外特困供养户 1 户。做好老龄工作，适老化改造 1 户特困服务对象、2 户低保服务对象住所，发放 80 周岁以上老人 267 人每人每年 360 元高龄津贴补贴。加强对城乡劳动力创业指导和职业技能培训，落实各项就业扶持和社保补贴政策，及时了解梅州平远高新区用工需求和群众就业意愿，持续宣传推荐相关人员在高新区就业。围绕“只进一扇门，只跑一次路”便民服务理念，整合近 300 平方米的办公场所改造升级成办事大厅，将前台受理与后台办理融为一体，一窗受理一网通办，实现联系服务群众“零距离”。

2022 年 7 月 25 日，中行镇仲石村稻渔种养生态养殖模式迎来双丰收　（中行镇提供）

【平安建设】 2022 年，中行镇践行综治“中心 4+”工作模式，推进综治“中心+网格化+信息化”、综治中心规范化建设，办结上级交办信访案件 11 宗，成功调处矛盾纠纷 24 宗，处理“12345”政府热线 41 宗，全镇信访总体形势平稳。开展非煤矿山、旅游景区、工矿企业、道路交通安全、森林防火和消防安全等大检查，及时组织“回头看”行动，确保事故隐患整改落实到位，检查单位 151 家次，排查各类安全隐患 115 项，整改完成 113 项。完成房屋建筑安全风险排查 4893 宗。推动削坡建房整治和地质灾害隐患治理工作，保障群众生命财产安全。汛期地毯式巡查检查水库 1 个、万方山塘 3 个、水电站 14 间、地质灾害隐患点 36 处、削坡建房户隐患点 159 处。强降雨期间转移群众 6 户 16 人，未出现人员伤亡事件。

【新型冠状病毒疫情防控】 2022 年，中行镇有力有序进行新型冠状病毒疫情防控，做好重点人员排查管控；通过多种形式加强疫苗接种宣传，全力推进疫苗接种工作；督促做好重点行业从业人员落实“一周两检”、学校学生核酸检测抽检工作；开展全员核酸检测应急演练；做好“4·13”新型冠状病毒感染防控应急处置工作；抽调多名镇干部到高速公路五指石出口进行疫情防控值班值守，到丰顺县支援疫情防控；严格落实国家“二十条”“新十条”优化措施。

（中行镇党政办）

上举镇

【概况】 上举镇地处闽粤交界处，处于平远县东北部，东邻泗水镇，南接东石镇，西与差干镇、仁居镇相连，北与差干镇、福建省武平县下坝乡交界，距离县城33千米，是广东省森林小镇，区域面积98.6平方千米，耕地面积461.48公顷（6922.2亩），山林面积8748.25公顷（13万亩），下辖6个村民委员会，53个村民小组。2022年年末，全镇户籍人口2056户7337人。其中，农业人口5980人，非农业人口1357人。全年实现农业总产值16093万元，同比增长27.4%；规模以上工业总产值为0。

【基层党建】 2022年，上举镇落实“第一议题”制度，全年召开党委（扩大）会议23次，学习“第一议题”171个。加强政治教育、忠诚教育和形势政策教育，采取专题学习会、党课教育、外出培训等形式，组织各类宣讲活动、党校培训70多场次。选派驻镇帮镇扶村工作队员担任上举村、文裕村驻村第一书记，培养发展村级后备干部12名。优化党组织设置，将上举镇工供保邮电信党支部整合至机关党支部，并设立3个党小组。针对巡察反馈的四大方面15个问题，制定整改方案，推进问题整改高质量完成。推进党风廉政建设和反腐败斗争，排查处置问题线索7条，立案3宗，结案3宗，给予党纪处分3人，了结3条，开展党内谈话26人次。

【农业产业】 2022年，上举镇发展壮大优质稻、烟叶、梅菜、脐橙、仙草等传统产业，争取农业项目和产业发展资金发展优势特色产业、高效农业。全年实现水稻种植80公顷（1200亩）、冬种梅菜26.67公顷（400亩）、脐橙56.67公顷（850亩）、仙人草80公顷（1200亩），新增烟草种植10公顷（150亩），带动农户创收300多万元。依托良好的自然资源禀赋，发展林下灵芝、油茶、养蜂等特色产业。实施仿野生灵芝种植产业发展奖补方案，带动新增仿野生灵芝种植产业发展，新增林下灵芝种植133.33公顷（2000亩）。实施“以奖代补”政策，文裕梅菜加工设备完成升级改造，提升梅菜产品质量和竞争力。落实耕地保护责任，完成撂荒耕地图斑整改72块，实现复耕复种53.33公顷（800多亩）。统筹各类资金项目，完成冬修农田水圳2.6千米，其中新建圳道2.2千米，铺设引水管340米。

【乡村振兴】 2022年，上举镇成功申报美丽圩镇专项债建设子项目14个，投资金额819.15万元，完成美丽圩镇专项债项目征地面积1.6万平方米，完成圩镇双向电力线、通信线等4种线缆整治1.5千米，完善圩镇雨污分流、生态停车坪、河道堤坝加固和亲水步道建设等。完成上举村沿河道路亮化提升工程1.1千米，完成石角大桥至伯公潭亲水步道、符坑村村址周边村道、龙文村龙一至龙三核心村道、上举村中心至塘尾村道改造等工程，完成上举村中心至双门沿河村道硬底化改造2.5千米，推进上举村双门至文裕村“单改双”道路建设。实施农村集中供水提质提升工程建设，完成文裕村、八社村、上举村、畲脑村自来水扩网覆盖，实现全镇自来水普及率99%，水质合格率90%以上。推进小水电站生态建设和安全管护，完善6座小水电站的生态流量监测设施。保护森林资源，查处滥伐林木案件3宗。开展文化宣传活动，推进“五星级文明户”“最美家庭”评选活动，组织参加县非遗民俗表演活动、全民广场舞大赛。统筹各类资金，完成文裕村党群服务中心建设，推进符坑村文体广场建设。

【民生福祉】　2022 年，上举镇落实各项就业服务政策，不断扩大就业创业新渠道，完成新增就业 149 人。实施全民参保计划，全镇城乡居民医疗保险参保人数 3552 人。完善社会救助、优抚安置、残疾人补贴等制度，为 25 户暂时困难家庭给予临时救助。健全农村留守儿童、妇女和老年人关爱服务体系，落实“一老一小”关爱服务。

【平安建设】　2022 年，上举镇开展禁毒、扫黑除恶、反邪教、防诈骗等宣传，打击整治赌博、养老诈骗等违法犯罪行为，运用“一法一带四参与”社会治理模式，发挥村民理事会治理效能，提升基层社会治理水平。全年组织矛盾纠纷排查 257 次，成功化解群众来访问题和矛盾纠纷 35 宗。畲脑村成功创建省“民主法治示范村”。推进安全生产专项整治三年行动，持续加强食品药品、道路交通、燃气安全、自建房建筑、森林防火等重点行业和重点领域安全监管整治。完成中小型地质灾害隐患点综合治理工程 10 处、削坡建房治理 3 户。开展自建房安全隐患排查整治，完成自建房安全排查 3073 座。

【新型冠状病毒疫情防控】　2022 年，上举镇筑牢新型冠状病毒疫情防控底线，做好核酸检测、健康监测、疫苗接种等工作。年内完成各类重点人员摸排和管控 1874 人次，设置场所码 66 个，完成疫苗接种 1888 人次 2019 剂，常住人口接种覆盖率 98.47%。

（上举镇党政办）

泗水镇

【概况】　泗水镇位于平远县东北部山区，东邻蕉岭县，西接上举镇，南连东石镇，北毗福建省武平县。区域面积 133.8 平方千米，辖 8 个村、140 个村民小组，山林面积 1.13 万公顷（17 万亩），是平远县的重要林区。2022 年年末，全镇户籍人口 3159 户 10554 人。其中，农业人口 8382 人，非农业人口 2172 人。2022 年，全镇实现农业总产值 18091 万元，同比增长 44.7%；规模以上工业增加值 4355 万元，规模以上工业总产值 6826 万元。

【基层党建】　2022 年，泗水镇组建 138 人的党员、群众志愿者服务队，开展疫情防控、生态环境保护、政策宣传、党建等各类主题实践活动 49 场次。开展“忆党恩 学榜样”学习先锋事迹主题活动、新党员聆听革命故事等活动，举办村“两委”干部培训班等主题培训班 15 期，参加培训党员 456 人次。常态化检查各支部“三会一课”、党员教育、党务公开等工作，全年到村核查党建工作台账 19 次，核查农村党员档案 98 人次，督促各村党建主体责任落实到位。持续整顿软弱涣散村党组织，对木联村进行整顿，调整驻村第一书记，加大辅助力度。持续培养壮大村级后备干部队伍，培养村级后备干部 22 人。开展村“两委”干部学历提升工程。推进党建阵地常态化、制度化、规范化建设，对 8 个村党员活动室提质改造。

【特色农业】　2022 年，泗水镇水稻种植面积 620 公顷（9300 亩），产量 3680 吨。发放森林采伐证 231 份，采伐材积 10650 立方米，产值 870 万元。烤烟种植面积 14.33 公顷（215 亩），产值 90 万元；仙人草种植面积 27.47 公顷（412 亩），产值 199 万元；柑橘种植面积 21.33 公顷（320 亩），产值 492 万元；李子种植面积 30.8 公顷（462 亩），产值 340 万元；种植仿野生灵芝，产量 2.3 吨，产值 92 万元；蜜蜂养殖 3882 箱，产值 215.74 万元。

【重点项目建设】　2022 年，泗水镇确立总投资 2.2 亿元的道路建设项目，启动梅岭公路二期、县道 038 线东石至泗水至普滩公路、梅畲田园综合体道路（泗水至梅畲段）等升级改造工程，完成泗水村、梅畲村、金田村、木联村、大新村等“四好农村路”建设项目7段6.3千米。平远茅坪（泗水）风电项目28、29号风机并网实现全容量发电，预计每年上网电量1.9亿千瓦时、产值3864万元、缴税540万元。投资326.67万元，实现农村集中供水全覆盖目标，新建3处、改造提升21处，新增受益人口1011人，使农村自来水普及率达到99%、农村生活饮用水水质合格率达到90%以上。

【乡村振兴】 2022年，泗水镇完成农村厕所问题摸排整改“回头看”工作，常态化开展村庄清洁行动。基本完成泗水足球场配套设施建设、学子路环境提升改造、竹园村道建设、河堤路绿化美化黑化等项目，全面完成普滩移民广场、梅畲望梅亭公共服务设施建设项目。持续推进美丽圩镇建设，完成泗水市场内部空间环境提升建设，正在部署实施泗水镇垃圾中转站提升工程、美丽圩镇品质提升“三线”整治工程、圩镇范围改造提升合流制排水系统雨污分流工程。优化设置驻镇帮镇扶村工作队伍，由8人优化至5人。动态监测脱贫人员和监测对象，有7户收入水平、收入稳定性和生活条件均达到退出标准，退出监测户行列。

【旅游开发】 2022年，泗水镇持续推进特色旅游资源开发，为省文化和旅游厅举办的“大美广东系列宣传——古村落篇”活动供稿1篇。申报梅畲村乡村研学旅行特色村。梅畲村代表县、市参加广东省第三届“乡村振兴大擂台”探村直播活动，梅畲梯田秋景获得央视报道，田园梅畲再登国家和省级宣传平台。

【惠农政策落实】 2022年，泗水镇完成生态公益林补助发放41.26万元。加大农林业病虫害防治力度，发放各类红火蚁防治资料200多份、红火蚁饵料13箱。完成2022年耕地地力保护补贴清册制作、签名汇总工作，清册上传“粤财扶助”系统。完成撂荒耕地复耕复种72.40公顷（1085.96亩）。正在推进300公顷（4500亩）高标准农田建设。完成2022年度泗水镇垦造水田项目后期管护地力培肥项目。组织“烟稻鱼综合种养”“冬种菜绿色食品提升专题线上培训班”“农药相关标准线上培训”“农产品质量安全检测分析线上培训班”等线上线下培训，累计培训180人次。

【社会事业发展】 2022年，泗水镇发展教育事业，高中升学率73.7%。做好养老申请、一次性死亡待遇补贴、医疗救助、新生儿登记、城乡居民医保社保费征缴等日常工作。做好养老金领取资格认证工作，系统认证1729人。继续深入实施“粤菜师傅”“广东技工”“南粤家政”三项工程。持续深化推进乡镇体制机制改革，农村宅基地审批严格执行先批后建审批手续，完成农村建房审批10宗。

【生态环境建设】 2022年，泗水镇加大对农村黑臭水体和乱排乱放现象的排查力度，完成大新村刘某强养殖场排水口和文贵村增宝养殖场排水口2条市级农村黑臭水体的治理工作。做好饮用水源保护工作，定期监测水质，加强水源保护区违法行为排查。做

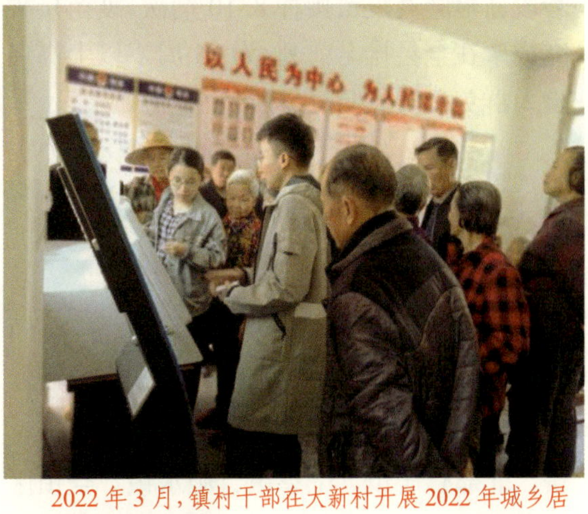

2022年3月，镇村干部在大新村开展2022年城乡居民养老保险认证工作 （丘秋梅 摄）

好大气污染、土壤污染、固体废物污染防治，持续推进禁养区、限养区养殖业整改工作。做好环境信访举报工作，全年接到信访举报案件 6 宗（“12345”市民举报 4 宗、环保信访投诉 1 宗、群众举报 1 宗），全部完成办结。

【平安建设】　2022 年，泗水镇运用“枫桥经验”，化解征地补偿、土地界址、山林权属等上访反映问题 13 件，解决网络信访反映问题 4 件，办理“12345”政府热线事项 48 件。启动镇区崩塌地质灾害隐患整治工程，保障镇政府 87 名干部职工和周边 40 多名群众的生命安全；加强道路交通运输源头治理，突出“两客一危一重货”监管；落实梅岭公路、县道 038 线等建筑施工项目风险源排查管控；开展对泗水学校、养老院等场所消防安全检查；开展对泗水学校饭堂食品安全检查。开展综合行政执法检查 12 次，行政处罚立案 9 宗，结案 8 宗。

【新型冠状病毒疫情防控】　2022 年，泗水镇落实新型冠状病毒疫情防控措施，打赢“1 • 31”等多场疫情防控歼灭战；完成大规模新冠病毒核酸检测应急演练 3 次；组织核酸志愿者个人防护、核酸采样技术、消杀培训 2 期；完成支援丰顺疫情防控工作；与河头镇做好高速公路出口值守工作；完成各年龄段新冠肺炎疫苗接种 8310 剂次，疫苗接种完成率在全县排名前列；为 65 周岁以上高风险人群免费发放防疫健康包 92 份。

（泗水镇党政办）

东石镇

【概况】　东石镇位于平远县中部，东邻蕉岭县，西接河头镇，南与大柘镇、热柘镇接壤，北靠仁居镇、上举镇、泗水镇。全镇区域面积 163.12 平方千米，耕地面积 1590.37 公顷（23900 亩），其中林业用地 12479.18 公顷，森林覆盖率 76.5%。辖 17 个村民委员会、1 个社区居委会、227 个村民小组，其中灵水、白岭、太阳村是革命老区。2022 年年末，全镇总户数 10216 户，总人口 33896 人。其中，农业人口 25067 人，非农人口 8829 人。2022 年，东石镇实现农业总产值 25309 万元，同比下降 8.8%；规模以上工业总产值 7668 万元，现价增速-63.9%。

【基层党建】　2022 年，东石镇组织党委理论学习中心组学习 13 期，学习“第一议题”25 个。批准预备党员转正 20 人，发展党员 14 人，涵盖机关事业人员、农村致富带头人等。及时配齐配强明洋村、大屋村党组织书记。落实党风廉政建设主体责任，处置问题线索 21 条，其中结案 6 条（党内警告 4 人，开除党籍 2 人），党纪立案尚在审查中 1 条，了结 11 条（其中失实了结 3 条），初核中 3 条，向县纪委监委案件监督管理部门移交问题线索 2 条（5 人）。配合县级专项巡察组对东石镇（茅坪、汶水）开展乡村振兴资金管理使用暨农村集体“三资”管理专项巡察、县对村（锡水、洋背、东石、明洋）巡察工作，采纳反馈意见，狠抓整改落实。

【特色农业】　2022 年，东石镇成功申报明洋村牧草项目、灵水村草鱼项目 2 个“一村一品一镇一业”项目；在凉庭村、灵水村打造农业产业共建基地，为村集体和村民增收提供新样板。东石花生全年种植面积 666.67 公顷（1 万亩），产量约 2500 吨，产值约 6500 万元；锅叾茶产量约 50 吨，产值约 2000 万元；金柚年产量约 800 吨，产值约 800 万元；洋背三华李、白岭油茶、烟叶等产业稳定发展。

【重点项目建设】　2022 年，东石镇围绕美丽圩镇建设攻坚行动（一期）项目，新建富东路、状元路、新大水坑路，扩建便民停车场、新能源停车场，改造提升平东路、环北路、新东街、农贸市场等，实施圩镇雨污分流、“三线”治理，基本完成沿街步道绿化亮化。与华润水泥控股有限公司紧密合作，保障凉庭村、太阳村矿区勘探工作顺利推进，将原国税东石分局办公大楼及时修缮为项目指挥部，抽调人员全部到岗到位，促进钙基项目尽早落地见效。推进“四好农村路”建设，新铺设县道038线至凉庭农会小组段、汶水村圩下村道等9条村组道路，完成麻塘排子上、凉庭村道、圩镇道路等一批道路亮化工程。

【乡村振兴】 2022年，东石镇规范农村宅基地管理，严守耕地保护红线，整改违法图斑25个2.35公顷（35.22亩）。守好粮食安全底线，完成最新国土三调图斑0.2公顷（3亩）以上撂荒耕地复耕面积99.53公顷（1492.96亩）。有序推进东石镇生态清洁小流域治理工程，完成河道清障4.34千米，河道清淤3.7千米，浆砌石护岸3.9千米，渠道140米。明洋村广场完成提质提升。加快污水处理设施建设，建设农村生活污水处理设施点25个，至年底建设完成20个。

【社会事业发展】 2022年，东石镇抓好社会事业，建立防止返贫动态监测帮扶机制，精准识别，认定脱贫不稳定户2户8人，边缘易致贫户5户21人，突发严重困难户1户2人，针对性落实好帮扶举措。不断完善社会保障体系，走访困难对象1359户，临时救助84人，支出临时救助金37200元。落实各类惠民政策，受理社会养老保险、医疗保险事项652件，为89人次办理社保补助、提供医疗救助。推进各类保障“应保尽保”，社保扩面征缴稳步推进，城乡居民医疗保险参保率92.55%。关心关爱退役军人，完成退役军人优待证申领及发放。推动残疾人事业健康发展，镇残疾人联合会顺利召开。东石镇奖教奖学协会成立。

【平安建设】 2022年，东石镇常态化开展扫黑除恶斗争，打掉黑恶势力团伙1个。持续推进综治“中心4+”工作模式，排查化解信访矛盾纠纷和涉众金融、非法集资等重大社会风险隐患，网格员上传事件1912宗，均完成办结。探索社会治理新路径，在全市率先建立汶水村村规民约“积分制+红黑榜”模式。抓好土地管理、环境保护、市场监管等方面行政执法工作，全年查处各类违法案件25多起，处罚3起，罚款总额7629元。

【新型冠状病毒疫情防控】 2022年，东石镇做好新型冠状病毒疫情防控工作，精准处置“1·31”等外地输入疫情；派出干部队伍48人次到畲江、丰顺支援并完成任务；向重点人群派发健康爱心包678份，维护人民群众生命安全和身体健康。 （东石镇党政办）

大柘镇

【概况】 大柘镇由原超竹镇、大柘镇、坝头镇三镇合一，是平远县城关镇。区域面积154.51平方千米，下辖25个村、3个社区、266个村（居）民小组。2022年年末，全镇户籍人口29664户84401人，常住人口约9.12万人。大柘镇现有基层党组织69个。其中，镇党委1个、机关党委1个、村（社区）党委5个、村级党总支部7个、党支部55个。有党员3013人，村（社区）干部160人。2022年，全镇实现农业总产值30047万元，同比增长4.3%；规模以上工业总产值107059万元，现价增速-70.6%。

【基层党建】 2022年，大柘镇强基固本，提升党建品质。持续扩容建设黄沙村“红色村”党建示范工程，黄沙村再添“市级爱国主义教育基地”荣誉。完成建设大柘镇中央红色交通线遗址修缮项目，正在推进闽粤赣边区人民解放军粤东支队革命根据地遗址群

（平远大柘）修缮和改陈布展项目。完成建设城东、城北、城西城南 3 个社区党群服务中心办公场所，并全面进驻办公。深化社区“支部建在网格上”精细化治理，平城花园、宜华小区、新田花园等相继设立党支部（网格）办公室。制定出台《大柘镇公务员平时考核实施方案（试行）》《大柘镇机关编外人员管理考评制度（试行）》等考核办法，坚定“党员干部必须冲锋在前”的用人导向。持续提升村级干部队伍学历。抓好发展党员工作，新发展党员 14 人。组建党员志愿者服务队 2 支、党群志愿者服务队 28 支，吸纳志愿者 884 人。

【重点项目建设】　2022 年，大柘镇抢抓机遇推进项目建设，大柘镇城乡融合发展示范带人居环境整治提升项目、平远县（粤东北苏区）乡村振兴大柘镇示范区建设项目、平远县（粤东北苏区）现代农业三产融合发展集中区暨大柘镇十村产业联动示范区项目 3 个项目获得 2022 年地方政府专项债资金 8.82 亿元，主要用于县城综合服务能力强化、县域城镇和村庄规划建设、产业发展等。推进瑞梅铁路 37 公顷（555 亩）用地征收。持续推动县城提质扩容，完成平远大道提质改造、鸿禧中心城侧市政路建设等重点项目征拆工作。保障梅州平远高新区用地需求，完成练坑塘储备项目 18.27 公顷(274 亩)土地、广东盈华电子材料有限公司配套工程项目 50 个塔位、东台生态园（一期）基础设施建设项目 3 公顷（45 亩）土地、高新区标准宿舍等建设项目 18.8 公顷（282 亩）土地等征收工作。

【乡村振兴】　2022 年，大柘镇推动脱贫攻坚工作与乡村振兴有效衔接，防止返贫监测对象 12 户 45 人针对性帮扶成效明显，完成风险消除 3 户 8 人。联系社会力量募集 17.9 万元，对 467 户困难家庭开展慰问活动。乔庄 100 公顷（1500 亩）生态现代农业园区、漳演 13.33 公顷（200 亩）罗汉果种植基地效益可观。飞龙果业、可其山、达诚农业、恒粮农业等农业龙头企业带动效应明显，其中飞龙果业、可其山 2 家企业在广东股权交易中心“广东乡村振兴板”挂牌。全镇七成村集体收入达 10 万元以上。完成撂荒耕地复耕复种面积 172.63 公顷（2589.47 亩），新建高标农田 208.8 公顷（3132 亩），完成垦造水田 6.93 公顷（104 亩）。加强农村基础设施建设，投入 580 万元完成农村公路“单改双”工程 5.9 千米。

【社会保障和社会治理】　2022 年，大柘镇完成 1 件县级、4 件镇级票决民生实事项目。落实生态保护，处理环保隐患点 26 个，全年全镇未发生重大火情。做好城乡低保、特困供养、医疗救助等工作。常态化开展扫黑除恶斗争，抓好矛盾纠纷排查化解工作，如期办理信访案件 290 多宗。开展打击养老、电信网络诈骗等专项行动。

【新型冠状病毒疫情防控】　2022 年，大柘镇落实“外防输入、内防反弹”工作要求，妥善处置“1·31”（鸿禧中心城）“4·13”“9·4”等新型冠状病毒疫情应急事件，全力推进疫苗接种工作，落实第九版防控方案和二十条优化措施等，维护人民群众生命安全和身体健康。　（大柘镇党政办）

石正镇

【概况】　石正镇位于平远县南部，距县城 11 千米，地处粤赣两省四县交界，与梅县区梅西镇、兴宁市黄槐镇、江西省寻乌县丹溪乡接壤，济广高速公路、梅平高速公路、省道 225 线横贯其中。区域面积 101 平方千米，辖 18 个村(居)委员会，177 个村（居）民小组，人口 33289 人(农业人口 20208 人、非农业人口 13081 人)。2022 年，实现农业总产值 28949 万元，同比增长14%；规模以上工业总产值302944万元，现价增速237.4%。

【基层党建】 2022年，石正镇加强党员干部政治教育和党性教育，组织开展集中学习30多场次，学习贯彻习近平新时代中国特色社会主义思想、中共二十大精神和习近平总书记重要讲话精神。执行基层党建工作“一月一研判”制度，掌握基层党组织运行动态。聚焦县委第三轮巡察发现问题，不定期对基层党支部开展督导检查。开展党务工作者实务培训2期，党务工作者责任意识和履职能力不断提升。加大年轻干部的培养力度，选拔培养优秀的年轻后备干部22人，“两委”班子结构和干部梯队建设不断完善。完成村“两委”干部县级轮训、集中培训15次，覆盖率100%。持续加强廉洁文化进办公场所活动，扩大廉洁文化宣传覆盖面，营造干部清正、政府清廉、政治清明的政治生态。

【特色农业】 2022年，石正镇完成粮食种植面积1360.93公顷（20414亩）。采取“企业+农户”“镇出资村负责”“发动农户自种”等方式开展撂荒耕地复耕复种工作，完成复耕复种面积131.78公顷（1976.69亩）。支持华清园通过研发新产品、优化营销线等方式，提升梅片优势产业的品牌影响力。鼓励园山湖、源丰、大粤茗珠3家茶企加大产品研发投入，提升农产品精深加工能力和产业链发展水平。培育蜜雪梨、甜橘、葡萄等有机水果田园采摘、金丝皇菊农旅观光等农旅模式，激发农业产业发展新动能。

【重点项目建设】 2022年，石正争取专项债资金5200多万元完成美丽圩镇项目（一期）建设，实施圩镇主街道风貌改造提升工程，完成街面黑底化4千米，完成老物业市场、冬青广场、先锋乐园改造提升，新增摊位40个、停车位60个。做好梅州平远高新区用地保障，完成编号G、F地块、人才公寓及标准厂房土地征收43.54公顷（653.03亩）。争取上级资金1500多万元持续推进“四好农村路”建设，新建或升级改造农村道路17.38千米，完成乡道136道路单改双、潭头村主村道路面黑底化等项目。启动省道225线至南台酒厂道路建设，投入390多万元基本完成征地工作。建成周正村党群服务中心并投入使用，实施东台村党群服务中心新址建设项目。

【乡村振兴】 2022年，石正镇新建正和村连祥、正和村下黎、潭头村岗子上等文体活动中心，不断满足群众日益增长的精神文化需求。完成农村集中供水全覆盖提质提升工程，供水保障水平进一步提升。着眼于党建引领、产业融合、人才培育，不断增强村集体经济内生动能，全镇15个村集体经济收入10万元以上。

【旅游开发】 2022年，石正镇发挥“南台山国家森林公园”金字招牌和“世界第一天然卧佛”特色旅游资源辐射带动作用，打造“一河两岸—华清园梅片基地—园山湖茶场—上丰金丝皇菊基地”田园农旅特色线路。全年南台卧佛山旅游景区接待游客11万多人次，带动周边住宿餐饮业蓬勃发展。

【驻镇帮镇扶村】 2022年，石正镇发挥驻镇帮镇扶村工作队作用，对脱贫不稳定户、边缘易致贫户、突发严重困难户三类监测对象186户550人开展常态化监测。原建档立卡脱贫户家庭子女适龄儿童就读率、无劳动能力贫困户兜底率均100%。探索“种植+加工+

2022年9月22日，县长周小勇（左四）到石正镇园山湖企业调研 （石正镇提供）

旅游”农业发展模式，引导村民利用撂荒地规模种植金丝皇菊，帮助种植户购置菊花烘干机，建成金丝皇菊烤房，助推农户持续增收。

【社会事业发展】 2022 年，石正镇开展农村低保、特困人员等各类弱势群体社会救助工作，提高优抚对象、城乡低保、农村五保等医疗救助保障水平。对接高新区用工需求，全镇 1000 多人实现“家门口就业”。抓好城乡居民养老保险征缴、待遇领取工作，累计参保人数 23280 人。保障石正实验幼儿园顺利开园，新增优质幼儿学位 300 个。累计发放奖教助教、奖学助学资金 27.25 万元。

【平安创建】 2022 年，石正镇开展常态化扫黑除恶、禁毒、防电信诈骗、整治养老诈骗等各类宣传活动 30 多次。强化严重精神病患者救治救助工作，做实做细人民调解和社区矫正工作，完成冬奥会、全国两会、中共二十大会议等重要时期工作任务，初信初访案件、“12345”政府热线办理满意度均 100%，获评“广东省 2021 年信访工作示范乡镇（街道）”。

【安全生产】 2022 年，石正镇开展安全生产监管工作，加强道路交通、非煤矿山、建筑施工、地质灾害、消防、食药品等领域风险隐患排查整治工作。完成自建房安全排查整治和承灾体调查工作，累计排查自建房 12350 座、完成房屋图斑调查 16027 个，查改各类隐患问题 200 多项，预防重特大安全事故发生。

【生态环境建设】 2022 年，石正镇完成户厕摸排整改“回头看”工作，排查户厕 7293 户、公厕 49 座，新建公厕 6 座，推进卫生户厕建设，实现厕所粪污无害化处理或资源化利用。做好巡河、巡林工作，有序推进石正河潭头段和先锋河治理，发放森林防火宣传资料 3 万多份，全年未发生重大山火。加大环境整治宣传力度，增强群众环境卫生意识。压实耕地保护责任，织牢耕地保护监管网，规范耕地占补平衡，强化土地流转用途监管，遏制“非粮化”“非农化”。

【新型冠状病毒疫情防控】 2022 年，石正镇筑牢新型冠状病毒疫情防控屏障，累计摸排摸查重点地区返乡人员 9000 多人次、大数据核查 8000 多人次；累计派出镇村干部 2000 多人次，在高速公路石正出口设置便民核酸检测点。推动疫苗接种，累计发动群众接种疫苗约 4.3 万剂次，接种率保持在全县前列。处置好先锋“11 • 30”、南台陂下“12 • 05”等多起突发疫情事件。强化老年人、慢性基础性疾病患者等重点群体健康服务，保障群众就医用药需求。（石正镇党政办）

长田镇

【概况】 长田镇位于平远县最南端，是平远县南大门，东、西、南面与梅县区石扇镇、梅西镇、大坪镇接壤，北与热柘镇、大柘镇相连，距平远县城 14 千米，国道 206 线和梅平高速南北贯穿全镇。全镇区域面积 69 平方千米，辖 7 个村委会、59 个村民小组。2022 年年末，户籍人口 2929 户 9338 人。全镇耕地面积 682.6 公顷（10239 亩）、林地面积 5386.2 公顷（80793 亩）。森林覆盖率 78.62%，境内长田水库蓄水 296 万立方米、灌溉水田 200 公顷（3000 亩）。2022 年，全镇实现农业总产值 17524 万元，同比下降 1.5%；规模以上工业总产值 19516 万元，现价增速-21.1%。

【基层党建】 2022 年，长田镇严把发展党员“入口关”，7 个村共发展党员 7 名。常态化开展谈心谈话活动和纪律教育活动，年内开展党内谈话 15 人次。持续增强党员干部的纪律意识和底线意识，开展各类监督工作 15 次，收到信访举报线索 2 条，镇纪委立案 2 宗 2 人。组织长江村党支部与晨光乳业奶源发展部党支部党建共建共享，常态化整顿长江村软弱涣散基层党组织。弘扬“勤快严实精细廉”作风，实行工作责任清单，把各项工作抓实抓细、抓出成效。

【特色农业】 2022年，长田镇在油茶、金柚、葛根、脐橙产业基础上，依托新大地科技有限公司，谋划粮油产业园项目。引进梅州和一生物科技有限公司成功试种黄精2公顷（30亩），利用晨光乳业奶源基地养殖奶牛产生的牛尿，经环保处理后用于黄精特色种植。和信达农牧有限公司获评“2022年度广东省生态农场”。

【重点项目建设】 2022年，长田镇紧抓政府专项债发债红利，推进圩镇老街生活污水管网铺设、长田村龙跃和马墩产业道路硬底化、牛角塘休闲节点打造和镇政府生态停车场等项目建设。完成高速公路长田出口至国道206线路灯安装工程，完成原石角小学修缮工程。有序推进110千伏变电站、瑞梅铁路项目征地、县县通天然气长田段项目土地征租工作。促成原市场监管所物业拍卖，推进高圩堆料场、老粮所的土地交易。

【乡村振兴】 2022年，长田镇不断完善基础设施建设，完成建设农村集中供水攻坚行动供水站点6个、提质提升项目供水站点5个，完成长安村和长田村9个村民小组污水处理主管网建设，完成杜屋段“单改双”、长安河龙颈段和油割段硬底化、省道239线至禾好老祖屋道路硬底化等工程建设。推进美丽圩镇项目建设，完成老街生活污水管网铺设和圩镇道路黑底化工程。建立防返贫监测和帮扶机制，动态管理脱贫户38户53人和边缘易致贫困户2户12人，化解返贫致贫风险。

【旅游开发】 2022年，长田镇优化发展现代服务业，发展全域旅游，创新推进长田“曼佗花海”品牌建设，打造有特色、有影响力的旅游项目，持续擦亮“花园小镇·花香长田”品牌。

【惠农政策落实】 2022年，长田镇完成耕地地力保护补贴核查、中央种粮农民一次性补贴面积核实上报工作，并根据2022年撂荒耕地新复耕复种面积，核实上报2023年耕地地力保护补贴汇总面积。协助威大地、新大地等企业和新型农业经营主体完成申报平远县特色高效现代农业奖补项目。3—4月，开展红火蚁危害情况摸底调查，发放宣传资料，发放红火蚁防治专用药100多箱380多千克。

【社会事业发展】 2022年，长田镇落实各项民生保障制度。办理残疾人证37人，办理“两项补贴”34人，完成残疾人“两项补贴”系统认证315人。做好51户51人特困供养对象、115户222人低保户（其中城市低保3户3人）、3名孤儿和6名事实无人抚养儿童的救助工作。发展社工志愿者80名。

【平安建设】 2022年，长田镇强化社会治理，处理矛盾纠纷信访案件61宗、排查调处信访隐患案件20宗。高南村瓜坪理事会被县委政法委评为“五星级理事会”。有序处理长田村长鑫砖厂上访事件、友邦木业欠薪事件和“5·28”交通事件，妥善处置“5·8”长田学校学生意外溺水事故。加强农村自建房安全隐患排查，排查房屋总数4753栋，完成进度100%，存在安全隐患房屋31栋，落实整改措施2户。“龙舟水”期间，转移安置群众4户9人，其中2户2栋房屋因山体滑坡遭到不同程度的破坏，及时成立工作专班协助农户开展灾后救助、削坡整治和保险理赔工作，恢复群众生产生活秩序。

【生态环境建设】 2022年，平远县长田镇着力加强环境保护，落实河长制、林长制、路长制，打击环境违法违规行为。办好中央生态环境保护督察组《关于第24批189号长田镇长田水库案件》，依法依规收回长田水库经营权。持续开展环境整治，参与“乡村振兴大擂台”“市长问政”活动，接受省乡村振兴年度实绩考核、人居环境省第三方评估和卫生强镇复审。

【新型冠状病毒疫情防控】　2022 年，长田镇落实新型冠状病毒疫情防控各项措施。坚持常态化开展中高风险地区返乡人员的自主摸查和大数据排查；迅速有效应对“4·13”疫情遭遇战中的官仁村密接人员处置；顺利完成三天三检区域全员核酸检测工作；由党委副书记带队 10 名镇干部支援丰顺县疫情防控；强力推广团体码、场所码、梅州市线上自主健康申报码等功能应用；做好重点场所管控和高速公路出口值守等工作；有序推进疫苗接种工作，按要求完成县下达任务。　（长田镇党政办）

热柘镇

【概况】　热柘镇位于平远县境东南部，东与蕉岭县新铺镇、梅县区石扇镇接壤，西与大柘镇为邻，南连长田镇，北接东石镇，距县城 13.9 千米，区域面积 108 平方千米，辖 8 个村民委员会、74 个村民小组。耕地面积 0.11 万公顷，粮食播种面积 0.07 万公顷，林地面积 0.88 万公顷，活立木蓄积量 23.43 万立方米。2022 年年末，全镇户籍人口 12841 人。其中，农业人口 9602 人，非农业人口 3239 人。2022 年，全镇实现农业总产值 12064 万元，同比下降 6.4%；规模以上工业总产值 3069 万元，现价增速 3.8%。

【基层党建】　2022 年，热柘镇召开党委会议 21 次，研究党建工作 42 次，党委理论学习中心组学习 12 次，组织开展习近平新时代中国特色社会主义思想专题培训 5 场 478 人次。结合市级交叉巡察，梳理党建工作短板和弱项，修订完善 12 项规章制度、7 项方案。做好党风廉政建设和反腐败工作，开展抓早抓小谈话人数 9 人次，谈话对象 24 人次（“咬耳扯袖” 21 人次、“红脸出汗” 3 人次），提醒内容 46 次（政治纪律 19 次、廉洁纪律 2 次、生活纪律 1 次、工作纪律 24 次），收到违纪问题线索 7 条，其中转立案 3 宗，全部结案。组建 142 人的党员、群众志愿者服务队，开展各类主题实践活动 33 场次，服务群众 9000 多人次。借助“学习强国”学习平台、广东省干部培训网络学院等平台，抓好党员干部日常学习教育。组织党员干部参观 2022 年平远县新时代廉洁文化作品展，开展传承弘扬好家教好家风行动，召开警示教育专题会。联合团委、妇联、民政等部门开展“喜迎二十大　奋进新征程”主题活动 5 次，向镇村干部和广大党员发放《中国共产党章程》《党的二十大文件汇编》《党的二十大报告学习辅导百问》等资料。

【产业发展】　2022 年，热柘镇深入开展违法用地、撂荒耕地整治工作，创新“1+8+N”撂荒耕地运营发展机制，完成撂荒耕地复耕复种 233.33 公顷（3500 亩）。启动热水村乡村产业社区建设，实施 86.67 公顷（1300 亩）广藿香—粮食种植基地宜机化改造，建成广藿香阳光晾晒大棚、2 公顷（30 亩）广藿香种苗培育基地、南药生物组织培养中心，打造农业全产业链发展样本。通过“入股分红+保底收益+劳务优先”机制，联结农户 945 户，增加劳务就业岗位 218 个，推动 8 个村集体经济收入达 15 万元以上，广藿香产业帮扶案例入选全省 50 例乡村振兴典型案例。继续支持下黄地村 46.67 公顷（700 亩）茶种改良，下黄地村“八星茶”获评梅州市“客家炒绿茶王”称号。推进热柘豆干小作坊集中加工园区建设，热柘豆干制作技艺被列入梅州市非物质文化遗产代表性项目保护名录。鼓励曹氏仙人粄推出即食型包装产品，加强绿叶水、热水温泉宣传推介和水泉腐竹规范化管理。做好全镇 260 户养殖户（其中规模生猪养殖户 16 户）养殖情况统计，落实生猪重大疫情非洲猪瘟防疫、圩镇市场生猪屠宰稽查、生猪检疫检验、区域养殖环境消毒消杀及春秋两季疫苗群接等工作。

【乡村振兴】 2022年，热柘镇投入130万元完成上山村至升平村农村公路路基建设，投入1500万元完成下黄地至八星茶叶基地道路工程建设，协调推动韩坑村鸭麻坑“单改双”项目实施。完成柚树老桥重建和亮化工程，打造2.7千米柚树河碧道，完成运福桥和高桥宫桥改造，确保柚树河圩镇段道路畅通。实施美丽乡村（一期）项目建设，完成圩镇道路黑底化工程，基本完成圩镇房屋外立面改造和招牌改造，建成热柘华侨学校人大法治长廊，着力提升柚树圩市场运营管理水平。推进农业基础设施建设，新增供电设施设备35套，配套灌溉设备15套，购买小型农机设备10套。实施粮食种植宜机化改造，完善田间道路和机耕道路，修缮排灌水渠，推进上山村、升平村、热柘村、下黄地村4个村建成高标准农田333.33公顷（5000亩）。投入225万元，建成小柘村、韩坑村污水处理设施，完善乡村污水管网建设。完成农村改厕问题摸排整改“回头看”工作，摸排户厕2718户、公厕35座。

2022年，热柘镇开通上升路，是上山村下村连接升平村大鱼塘的农村公路 （热柘镇提供）

【驻镇帮镇扶村】 2022年，热柘镇驻镇帮镇扶村工作队对接客都农创（梅州）产业发展有限公司，拓宽产品销售平台和销售渠道。进村入户宣传金融政策，办理贷款13笔，贷款金额187万元，发挥农行金融助理的作用。争取上级专项资金和党建建设经费13.5万元，加强热柘镇党校（新时代文明实践所）和升平村党建阵地建设。完善农村基础设施建设，在热柘村安装4米高太阳能路灯11盏，在升平村安装6米高太阳能路灯40盏。投资71.5万元，迁移改造热柘村半岗、五级站河道、省道225线兴柘路段、热柘镇道路等区域通信线路。建设10路云广播，实现所有行政村重点区域覆盖。向市级申请热柘镇礤上村革命老区建设经费20万元，修缮和布展革命烈士故居。举办专题讲座和戏曲进校园惠民演出。创作《乡村路上》原创乡村振兴音乐作品，在“农行杯”乡村音乐原创歌曲创作大赛中获得省级三等奖。

【惠农政策落实】 2022年，热柘镇落实好各项惠农政策。中央实际种粮农民一次性补贴面积913.27公顷（13699亩），上半年每亩补贴11.32元、下半年每亩补贴36.66元，全年发放补贴657278.02元。耕地地力保护补贴按核减撂荒耕地面积后的确权面积发放，全镇耕地面积384.38公顷(5765.73亩)，每亩补贴86元，发放补贴495852.78元。做好水稻参保工作，水稻早晚造参保面积511.13公顷（7666.88亩），单位保险金额每亩每造1000元，保费每亩每造40元（各级政府补贴每亩每造32元、农户自缴保费每亩每造8元）。全镇生态公益林面积3427.9公顷（51418.5亩），1200多户（含集体、国有），发放省级生态公益林补偿款150多万元。落实水产养殖、蔬菜种植农产品质量安全达标补助 4000 元。

【社会事业发展】　2022 年，热柘镇做好大病救助、临时救助和特困人员供养等救助保障，临时救助 26 户 40 人，持续为特殊困难群众 55 人购买“保尚保”，为无人抚养儿童、孤儿发放补助 17.06 万元，为特困人员 58 人报销门诊医疗费 11.03 万元。至年底，全镇有低保 176 户 320 人。完成持证残疾人 382 人基本状况调查，为重度残疾人 269 人、低保残疾人 111 人发放“两项补贴”；为热柘镇康园中心会员 21 人购买意外保险；为 80 周岁以上老人 514 人发放高龄补贴、百岁老人 3 人发放“长寿保健金”“客家寿星奖”补助。投入 370 多万元，实施农村集中供水提质提升工程；投入 60 多万元，升级改造镇村新时代文明实践所（站）和下黄地村、小柘村党校分教点、上山村党群服务中心；完善 8 个村远程教育设施，建成黄竹峰停车场，推动店岗驿站建设；筹资 700 多万元，新建热柘华侨学校刘宪教学楼，完成该校塑胶跑道、标准足球场、篮球场建设。

【平安建设】　2022 年，热柘镇打造星级村民理事会 6 个，成立治安联防队 73 个。推进“中心+网格化+信息化”工作，调处基层网格事件 493 件，办结率 100%，达到奖励标准累计人数 123 人，网格员用户活跃度 90% 以上。坚持每月分析评估全镇矛盾形势，将矛盾纠纷化解在萌芽状态。发放扫黑除恶斗争宣传资料 3000 多份，张贴扫黑除恶宣传标语、通告 2000 多张，悬挂横幅 30 多条，有宣传板块 10 块。发放禁毒宣传品 900 多份，接触群众 1600 多人次，排查易制毒重点场所 5 个。全镇排查精神障碍患者 89 人，其中在管患者 81 人，非在管患者 8 人，均落实精神障碍患者监护人。加强食品药品监管和市场整治，对 98 家各类单位开展安全检查，及时消除安全生产、消防安全风险隐患，全年无安全生产和食品安全事故发生。

【生态环境建设】　2022 年，热柘镇落实林长责任面积 8866.67 公顷（13.3 万亩），各级林长 23 人（村级管护责任人 8 人），占任务数 100%，更新完善责任公示牌 9 块。调处山林权属纠纷案件 2 宗，面积 10.6 公顷（159 亩）。配合县林业部门完成火烧迹地更新造林约 66.67 公顷（1000 亩）、组织镇村干部种植本地乡土树种 2000 多株，完成村庄绿化工程约 1.33 公顷（20 亩）。发放森林防火禁火令 7000 多份、宣传海报 200 多份、防火宣传品 200 多份，悬挂森林防火横幅宣传标语 80 多条；对全镇 28 名村级护林员和 15 名镇级森林消防扑火队员开展防火灭火安全知识等业务培训；新增防火头盔、防火阻燃服、手套各 90 套、高程车载灭火水泵 1 台、风力灭火机 2 台。投资 147 万元，新建小柘村、韩坑村、热水村 3 座农村生活污水处理设施。配合环保部门做好河流流域禁渔期、洗泥洗砂、河岸倾倒建筑垃圾等情况巡查，全年开展镇级河长巡河 206 次，村级河段长巡河 296 次。

【法治政府建设】　2022 年，热柘镇加快推进综合行政执法规范化建设，开展执法培训 12 次，参与培训 90 人次，全镇 24 人持有行政执法证。开展耕地核查和卫片图斑整治工作，下发卫片图斑 4 批，其中确认违法 30 宗。开展违法用地专项整治集中攻坚行动 1 次，规范热柘土地管理秩序。强化行政事项办理，上线全程电子化系统，全年办理行政检察案件 94 宗（其中行政处罚 2 宗），行政许可 88 宗。推进政务、财务公开，主动公开政府信息 382 条。自觉接受人大监督和法律监督，主动接受群众监督和言论监督，全年完成票决民生实事项目、办结人大议案建议 6 件。

（热柘镇党政办）

名　录

责任编辑：吴嘉业

2022 年平远县领导班子成员名录

中共平远县委

书　记：廖茂忠
副书记：周小勇
　　　　陈琼宏
常　委：廖茂忠
　　　　周小勇
　　　　陈琼宏
　　　　徐万宝（任至 7 月）
　　　　林忠云
　　　　蔡晓红（女）
　　　　王俊辉
　　　　余毅宗
　　　　郭育春
　　　　韩　旭
　　　　曾小芬（女）
　　　　彭勇栋
　　　　张锡洪（9 月起任）

平远县人大常委会

主　任：姚永波
副主任：肖桂华（女）
　　　　廖文香
　　　　马文生
　　　　李远林
　　　　陈永和
　　　　赖光亮

平远县人民政府

县　　长：周小勇
常务副县长：余毅宗（10 月起任）
　　　　　　徐万宝（任至 8 月）
副　县　长：王俊辉
　　　　　　韩　旭
　　　　　　李万年
　　　　　　陈　瑛（女）
　　　　　　蓝常基
　　　　　　王平梅（女）
　　　　　　李菲丹（10 月起任）
　　　　　　张锡洪（任至 10 月）

政协平远县委员会

主席、党组书记：凌声宏
党组副书记：林忠云（兼任）
　　　　　　刘志刚
副　主　席：刘志刚
　　　　　　姚小玲（女）
　　　　　　韩垂辉
　　　　　　罗益新
　　　　　　卢　斌（任至 7 月）
　　　　　　刘　胜
秘　书　长：林敦清

中共平远县纪律检查委员会

书　记：郭育春
副书记：冯　浪
　　　　谢增峰
常　委：郭育春
　　　　冯　浪
　　　　谢增峰
　　　　谢秋华（女）
　　　　邱　岳
　　　　肖兴安
　　　　杨子东（任至8月）
　　　　姚万鹏（11月起任）

平远县监察委员会

主　任：郭育春
副主任：冯　浪
　　　　谢增峰（1月起任）
委　员：谢增峰（任至1月）
　　　　谢秋华（女，任至1月）
　　　　邱　岳（1月起任）
　　　　肖兴安
　　　　姚万鹏（1月起任，任至12月）
　　　　徐加金（1月起任）

2022年平远县主要机构负责人名录

中共平远县委办公室

主　任：余毅宗（任至10月）
　　　　张锡洪（10月起任）
分管日常工作副主任：林伟才（5月起任）
县委保密委专职副主任：朱双玲（女，5月起任）
副主任：饶良栋（任至12月）
　　　　姚志粦（任至1月）
　　　　朱双玲（女，任至5月）
　　　　林伟才（1月起任，任至5月）
　　　　凌苑妮（女，5月起任）

平远县人大常委会机关各室（委）

办公室

主　任：林志坚（任至8月）
　　　　赖国华（8月起任）
副主任：陈云飞
　　　　张振鑫

选举联络任免工作委员会

主　任：张彩云（女）
副主任：杨　志

监察和司法工作委员会

主　任：沈登桂
副主任：韩桂琼（女）

财政经济工作委员会

主　任：卓　巩
副主任：丘菊兰（女）

农村农业工作委员会

主　任：刘立新
副主任：刘玉远

科教文卫华侨宗教工作委员会

主　任：凌来泉
副主任：张俊妮（女）

城乡建设环境资源保护工作委员会

主　任：吴乃荣
副主任：涂兰青（女）

社会建设工作委员会

主　任：林志红（任至8月）
　　　　吴文胜（8月起任）

副主任：吴均祥

平远县人民政府办公室

主　任：吴雨华（8 月起任）
　　　　王志平（任至 8 月）
副主任：姚康平
　　　　姚　坤（1 月起任）
　　　　黎　伟（8 月起任）
　　　　马志军（任至 8 月）

平远县信访局

局　长：马志军（任至 8 月）
　　　　黎　伟（9 月起任）

平远县政协机关各室（委）

办公室

主　任：林敦清
副主任：刘秀玲（女）
　　　　刘柏鹏

政协提案委员会

专职主任：吴荣浩
专职副主任：黎文友

政协文史学习和教科文卫体委员会

专职主任：冯　添
专职副主任：官碧红（女）

政协社会法制委员会

专职主任：王云飞
专职副主任：鲁燕玲（女）

政协经济和人口资源环境委员会

专职主任：黄文通
专职副主任：韩辉平

政协民族宗教和台港澳侨外事委员会

专职主任：陈倩兰（女）
专职副主任：赖婉红（女）

政协农业和农村委员会

专职主任：凌育彬
专职副主任：张　天

中共平远县纪委监委办公室

主　任：姚万鹏

平远县关心下一代工作委员会

主　任：凌小宏
常务副主任：吴秉浪
副主任：朱兴国
　　　　李汉生
　　　　黄云霞（女）

中共平远县非公有制经济组织和社会组织工作委员会

书　记：张　燕（女）

中共平远县社会组织委员会

书　记：颜德华
专职副书记、纪委书记：张永平

中共平远县非公有制经济组织系统委员会

书　记：王斌豪（5 月起任）
专职副书记、纪委书记：谢建生（任至 4 月）
　　　　钟玉惠（女，4 月起任）

中共平远县委组织部

部　长：蔡晓红（女）
分管日常工作副部长：谢　婷（女，5 月起任，6 月起任平远县公务员局局长）
副部长：张　燕（女，6 月起任中共平远县委老干部局局长）

林德志（任至 5 月）
谢中伟（5 月起任）

中共平远县委机构编制委员会办公室

主　任：刘岸青（任至 8 月）
严伟荣（11 月起任）
副主任：韩德云
陈国栋
谢鉴芬

中共平远县委统一战线工作部

部　　长：林忠云
分管日常工作副部长：张益均（8 月起任）
副 部 长：王斌豪（5 月起任，兼任平远县工商联党组书记）
凌育苑[兼任平远县台港澳工作办公室（县台港澳事务局）主任（局长）]
吴晓希（任至 1 月）
陈　銮（女，5 月起任；9 月起任平远县民族宗教事务局局长）

中共平远县直属机关工作委员会

书　记：余毅宗（任至 10 月）
张锡洪（10 月起任）
分管日常工作副书记：王斌豪（任至 5 月）
副书记：张丽丽（女）
张　友

中共平远县委党史研究室

主　任：杨旭辉
副主任：王建华（女）
赖　强（5 月起任）

平远县机关事务中心

主　任：李　洪
副主任：黎仁宗
林　莹（女）

平远县档案馆

馆　长：钟国平
副馆长：刘国贤
徐百渊

平远县总工会

主　席：赖光亮
副主席：李　梅（分管日常工作，1 月起任）
张伟英（女）
王元增

共青团平远县委员会

书　记：卢雄昌
副书记：凌航宇
凌　洁（女）

平远县妇女联合会

主　席：林菊莲（女）
副主席：姚映兰（女）
余春莲（女）

平远县科学技术协会

主　席：杨炳伟
副主席：谢燕霞（女，任至 4 月）
曾　戈（8 月起任）
沈意中（4 月起任）

平远县归国华侨联合会

书　记：林德志（5 月起任）
主　席：姚婷丹（女）
副主席：林桂凤（女）
谢　刚

平远县工商业联合会

党组书记、常务副主席：王斌豪（5 月起任）
主　　席：凌凤清
副 主 席：肖兰淼
林钢平

平远县文学艺术界联合会

主　席：李　梅（任至1月）
　　　　韩德志（1月起任）
副主席：谢广传　陈运广
秘书长：陈耀宗

平远县残疾人联合会

党组书记：李琼珍（女）
理 事 长：姚日升
副理事长：马百元
　　　　　陈连祺

平远县红十字会

常务副会长：林　强

平远县公益义工协会

会　长：林康华

中共平远县委党校（县行政学校）

校　　长：蔡晓红（女）
常务副校长：吴晓希（1月起任）
副 校 长：李忠明
　　　　　吴稀诺（任至1月）
　　　　　谢燕霞（女，5月起任）
教 育 长：刘淼平（任至6月）
　　　　　陈娟华（女，8月起任）

平远县政务服务数据管理局

局　长：徐国平（8月起任）
　　　　赖国华（任至8月）
副局长：李晓文
　　　　陈俊平

平远县财政局

局　　长：林　欣
副 局 长：赖钦宏（任至9月）
　　　　　林　盛（9月起任）
　　　　　谢　锐
　　　　　余永灵
　　　　　王碧芳（女，任至5月）
总会计师：谢文毅（任至8月）
　　　　　王　娜（女，9月起任）

平远县退役军人事务局

局　长：林岳胜（8月起任）
　　　　吴文胜（任至8月）
副局长：李剑文
　　　　陈雄英（6月起任）

平远县人民政府地方志办公室

主　任：姚志粦（1月起任）
副主任：林绪远
　　　　叶俊新

平远县发展和改革局

局　长：张教东
副局长：肖明曦（任至7月）
　　　　韩垂访
　　　　严伟荣（任至11月）
　　　　彭文辉（9月起任）
　　　　林文友（11月起任）

梅州市生态环境局平远分局

局　长：姚春尹
副局长：姚建国
　　　　林宜金
　　　　陈广林
　　　　陈启明（1月起任 挂职）

平远县人力资源和社会保障局

局　长：王　敏
副局长：张学远（3月起任）
　　　　陈以明
　　　　何远航
　　　　杨志强（任至3月）

平远县社会保险基金管理局

局　长：黎　耘

平远县人才就业服务中心

主　任：陈宗敏

平远县统计局

局　长：姚清源
副局长：陈运桢
　　　　张兆河
　　　　刘俊滔

平远县审计局

局　　长：林　波
副 局 长：曾祥源（任至2月）
　　　　　温海强
　　　　　韩启城
　　　　　杨志强（3月起任）
总审计师：李百良

平远县市场监督管理局

局　长：何维耀（任至8月）
　　　　刘岸青（8月起任）
副局长：杜永灵（县知识产权局局长）
　　　　谢永兴（任至4月）
　　　　李伟胜
　　　　杨建华
　　　　姚碧健（任至7月）

国家税务总局平远县税务局

副局长：朱贵旭（主持全面工作）
　　　　陈启东（任至7月）
　　　　张仕平（任至3月）
　　　　肖振城（9月起任）
　　　　赖铭学（3月起任）
　　　　林　强
　　　　谢玮炜

平远县民政局

局　长：颜德华
副局长：陈耀东
　　　　林依坚
　　　　姚卫华（女）

平远县住房和城乡建设局

局　　长：林金辉
副 局 长：杨子勋
　　　　　林南京
　　　　　曾　晓（12月起任）
总工程师：林恳华

平远县城市管理和综合执法局

局　长：曹巨锋（8月起任）
　　　　林岳胜（任至8月）
副局长：谢辉斌
　　　　张小明
　　　　杨志强

平远县文化广电旅游体育局

局　长：李　胜
副局长：徐东虹（女）
　　　　丘慧娟（女）
　　　　陈斌扬

平远县医疗保障局

局　长：韩世敬
副局长：刘冬芳（女）
　　　　沈福坚

平远县消防救援大队

大 队 长：朱浩义（任至3月）
　　　　　侯　令（3月起任）
教 导 员：钟广兴（任至3月）
　　　　　古键成（3月起任）
副大队长：张　标（任至7月）
　　　　　梁兴伟（7月起任）

中共平远县委政法委员会

书　　　记：陈琼宏
第一副书记：陈　瑛（女）
分管日常工作副书记：徐国平（任至8月）
　　　　　　　　　　马志军（8月起任）
副　书　记：谢沐军
　　　　　　林　敏
委　　　员：陈琼宏
　　　　　　陈　瑛（女）
　　　　　　赖昌仁
　　　　　　陈映蕾（女）
　　　　　　马志军（8月起任）
　　　　　　徐国平（任至8月）
　　　　　　谢沐军
　　　　　　林　敏
　　　　　　韩洵轩
　　　　　　马　洪
专 职 委 员：陈胜斌
　　　　　　王志锋
　　　　　　朱其悦
　　　　　　黄淼华

平远县公安局

局　长：陈　瑛（女）
政　委：林达宏
副局长：李　东（8月起任）
　　　　肖元奎（8月起任）
　　　　钟　理（8月起任）
　　　　陈　浩（8月起任）
　　　　谢杰俊（任至8月）
　　　　谢县奎（任至8月）
　　　　陈亚平（任至8月）
　　　　姚建军（任至8月）

平远县人民检察院

检 察 长：陈映蕾（女）
副检察长：郭频辉
　　　　　黄　珍

平远县人民法院

院　长：赖昌仁
副院长：谢　强
　　　　林玖昀

平远县司法局

局　长：韩洵轩
副局长：刘广海
　　　　余均权
　　　　曾伟红（女，任至5月）
　　　　涂　欢

中共平远县委宣传部

部　长：曾小芬（女）
分管日常工作副部长：陈超光（任至5月）
　　　　　　　　　　谢旭（女，5月起任）
副部长：谢　旭（女，任至5月）
　　　　杨　柳
　　　　郭玉峰（5月起任）

平远县精神文明建设委员会办公室

主　　　任：杨　柳（任至5月）
　　　　　　郭玉峰（5月起任）
专职副主任：郭玉峰（任至5月）
　　　　　　潘娜玲（女，8月起任）

平远县融媒体中心

主　任：刘冬梅（女）
副主任：陈伟文
　　　　姚文凯
　　　　陈　丽（女）

平远县卫生健康局

局　长：肖洪海
副局长：姚志勇

姚玉红（女）
陈任先

平远县卫生系统副科单位

平远县人民医院

党委书记：黄良君
院　　长：凌宏斌

平远县中医医院

党委书记：钟美华（女，5 月起任）
院　　长：张　龙（任至 6 月）
吴先良（11 月起任）

平远县妇幼保健院

院　长：林　通

平远县卫生监督所

所　长：黄剑军

平远县疾病预防控制中心

主　任：陈汉奕（任至 6 月）
林海防（6 月起任）

平远县教育局

局　长：李文锋（1 月起任）
副局长：林苑婷（女）
潘昌洪（任至 9 月）
凌征善
廖志鹏（9 月起任）

教师发展中心

主　任：余　平
副主任：黄志东
陈宏智
韩良逵

平远县教育系统副科以上学校

平远开放大学

校　长：姚东升
副校长：杨　雁（女）
赖伟强（6 月起任）

平远中学

校　长：刘　洪
副校长：张　友
朱文安
刘映红（女）
谢传海

梅青中学

校　长：杨　平
副校长：姚　伟
王汝辉
刘禄清

实验中学

校　长：曾令平
副校长：凌育浩
林淦东
沈春梅（女）

职业技术学校

校　长：吴佑政

田家炳中学

校　长：李育青

城南中学

校　长：凌育双

石正中学

校　长：张彩洪

铁民中学

校　长：凌宏文

平远县农业农村局

局　长：谢沐雄
副局长：杨劲松
　　　　张文萍（女）
　　　　张尧辉（8月起任）
　　　　曾　戈（任至8月）
　　　　黎常青（任至5月）
总农艺师：韩垂文（任至4月）
　　　　　黎常青（5月起任，任至9月）

平远县林业局

局　长：林志鹏
副局长：丘宝平
　　　　韩垂尚
　　　　陈健平

广东平远龙文—黄田省级自然保护区管理处

主　任：林志鹏
副主任：谢　远

平远县五指石省级风景名胜区管理处

主　任：刘剑辉
副主任：谢梅青
　　　　李晓琴（女，6月起任）

平远县水务局

局　长：王志平（8月起任）
　　　　黎志勇（任至8月）
副局长：凌　平
　　　　刘文芳
　　　　梁桂莲（女，11月起任）
　　　　林福平（任至5月）

平远县自然资源局

局　长：杜　斌
副局长：陈　宏（任至10月）
　　　　王兴健（1月起任）
　　　　谢旷为（1月起任）

平远县土地储备中心

主　任：杨群辉

平远县土地房屋征收安置中心

主　任：张文坚

平远县不动产登记中心

主　任：陈冠梅

平远县气象局

局　长：钟美英（女，任至12月）
　　　　肖春玲（女，12月起任）
副局长：李元辉

平远县科工商务局

局　长：吴远平
副局长：凌旺珍（任至5月）
　　　　吴易平
　　　　李利明（任至5月）
　　　　韩　立
　　　　沈意中（任至5月）
　　　　张远新
　　　　李樟生（挂职）

平远县招商和企业服务中心

主　任：赖家洪（8月起任）
　　　　张益均（任至8月）
副主任：韩梅招
　　　　姚秋文
　　　　刘秋莲（女，6月起任）

梅州平远高新技术产业开发区管理委员会

主　任：黄永华

副主任：钟旭东
　　　　刘伟东
　　　　刘　拔

平远县应急管理局

局　长：谢石海
副局长：吴英辉
　　　　谢崇浩（3月起任）
　　　　林申智

平远县交通运输局

局　长：刘淼祥
副局长：陈雪梅（女）
　　　　韩明松
　　　　罗　斌

平远县地方公路管理站

站　长：陈　毅（6月起任）

平远县公路事务中心

主　任：姚力强
副主任：杨　亮
　　　　林永友
　　　　卓新花（女，任至5月）
　　　　王足华

平远县供销合作社联合社

理事会主任：钟伟锋（3月起任）
理事会副主任：卓衍龙（3月起任）
　　　　曹巨锋（3月起任，任至8月）
　　　　杨子东（8月起任）
监事会主任：李　明（3月起任）

平远县烟草专卖局（分公司）

局长、经理：姚玉平
副 经 理：余永安
　　　　潘　钢

中国邮政集团公司广东省平远县分公司

副总经理：何永坚（主持全面工作）
　　　　杨万红（8月起任）
　　　　温永梅（女）

广东电网有限责任公司梅州平远供电局

党委书记、副总经理：庄苑忠
总经理、党委副书记：冯新龙
副总经理：王海亮
副总经理：李焕标
纪委书记：孙春梁

中国电信股份有限公司平远分公司

总 经 理：卓　广
副总经理：黄建华
　　　　蓝威昌

中国移动通信集团广东有限公司平远分公司

总 经 理：王志祥
副总经理：宋文欢
　　　　李文龙

中国联合网络通信有限公司平远县分公司

总经理：张　霞（女）

平远汽车运输有限公司

总经理、执行董事：钟荣浩
副 总 经 理：林敦永
　　　　黄　雄

中石化平远石油公司

经　理：林　峰

中国人民银行平远县支行

行　长：李伟东
副行长：石志勇
　　　　谢浪东（7月起任）

中国工商银行股份有限公司平远支行

行　长：钟闻海
副行长：刘奕涛
　　　　李　海（6月起任）
　　　　徐腾斌（任至6月）

中国建设银行股份有限公司梅州平远支行

行　长：张伟东
副行长：刘奎贤

中国农业银行股份有限公司平远县支行

行　　长：徐文浩
纪委书记：王　岩
副 行 长：凌俊雄（1月起任）
　　　　　叶宇科（任至1月）
　　　　　罗永都（1月起任）
　　　　　陈茂东（任至1月）

中国银行股份有限公司梅州平远支行

行　长：刘井源（任至7月）
　　　　陈广森（7月起任）
副行长：古伟光（任至2月）
　　　　刘伟君（2月起任）

中国邮政储蓄银行平远县支行

行　长：林海松
副行长：田文京

广东平远农村商业银行股份有限公司

党委书记、董事长：黄克胜
党委副书记、行长：郭晓丁（任至5月）
党委副书记：杨德怀(11月起任)
纪委书记、监事长：刘军
副行长：黎本君
副行长：巫忠乾

中国人民财产保险股份有限公司平远支公司

经　理：张伟中

中国人寿保险股份有限公司平远县支公司

总经理助理（主持工作）：陈智勇（任至3月）
副总经理（主持工作）：杜新泉（4月起任）

差干镇

党委书记：姚志坚（任至9月）
党委副书记：陈国忠
　　　　　　赖　炜（任至8月）
　　　　　　谢　婷（女，任至5月）
　　　　　　王正义（驻镇帮镇扶村工作队队长）
　　　　　　陈俊雄（8月起任）
　　　　　　凌　浩（11月起任）
党委委员：姚志坚（任至9月）
　　　　　陈国忠
　　　　　赖　炜（任至8月）
　　　　　谢　婷（女，任至5月）
　　　　　王正义（驻镇帮镇扶村工作队队长）
　　　　　陈俊雄（8月起任）
　　　　　凌　浩
　　　　　谢旷为（任至1月）
　　　　　郑　跃（11月起任）
　　　　　谢奕文（女）
　　　　　凌　娴（女）
　　　　　姚志鹏
　　　　　彭　云（5月起任）
镇人大主席：王永光
镇人大副主席：曾令权（任至8月）
镇　　长：陈国忠
副 镇 长：谢旷为（任至1月）
　　　　　凌　浩（10月起任，任至11月）
　　　　　林远辉（任至11月）
　　　　　赖宇健
综合行政执法队队长：黄　丽（女，12月起任）

仁居镇

党委书记：姚爱军
党委副书记：卓文峰
　　朱依依（女）
　　廖高平（驻镇帮镇扶村工作队队长）
　　陈志雄
党委委员：姚爱军
　　卓文峰
　　朱依依（女）
　　廖高平（驻镇帮镇扶村工作队队长）
　　陈志雄
　　陈雄英（任至 5 月）
　　黄金运（8 月起任）
　　李志玮
　　姚岸良
　　谢　颖（女）
　　刘汉清
镇人大主席：冯概福
镇人大副主席：黄利均
镇　　长：卓文峰
副 镇 长：陈雄英（任至 5 月）
　　黄金运
　　林　颖（女）
　　韩森华
　　曾令权（10 月起任）
　　王锦洲（任至 8 月）
综合行政执法队队长：李祺林

八尺镇

党委书记：林招军
党委副书记：黄建明
　　钟佛招（女）
　　张尧辉（任至 8 月）
　　姚柳娟（女，8 月起任）
　　钟塨凯（驻镇帮镇扶村工作队队长）
党委委员：林招军
　　黄建明
　　钟佛招（女）
　　张尧辉（任至 8 月）
　　姚柳娟（女，8 月起任）
　　钟塨凯（驻镇帮镇扶村工作队队长）
　　陈　毅（任至 5 月）
　　张　辉
　　陈　炜
　　张文林
　　杨泽平（任至 5 月）
　　刘志仁（6 月起任）
　　古慧君（女，11 月起任）
镇人大主席：沈燎原
镇人大副主席：肖　三
镇　　长：黄建明
副 镇 长：陈　毅（任至 5 月）
　　姚亮平
　　李志伟
综合行政执法队队长：蔡子鹏

河头镇

党委书记：李文锋（任至 1 月）
　　王云峰（9 月起任）
党委副书记：王云峰（任至 8 月）
　　李冬利（女）
　　黄立鑫
　　杨　志（驻镇帮镇扶村工作队队长）
党委委员：李文锋（任至 1 月）
　　王云峰
　　李冬利（女）
　　黄立鑫
　　杨　志（驻镇帮镇扶村工作队队长）
　　韩　琴（女，任至 11 月）
　　饶宏恩
　　林　盛（任至 8 月）
　　黄国淼（任至 8 月）
　　刘文龙
　　黎　赓（11 月起任）
　　黄琦桢（女，11 月起任）

曾　炼（11 月起任）
镇人大主席：陈　祺
镇人大副主席：谢岳耀
镇　　长：王云峰（任至 8 月）
副 镇 长：饶宏恩
罗　曦（任至 8 月）
颜奇真
综合行政执法队队长：李　镇

中行镇

党委书记：李超贤
党委副书记：肖　鸣
蓝国健
王仲基
黎仁宗（驻镇帮镇扶村工作队队长）
党委委员：李超贤
肖　鸣
蓝国健
王仲基
黎仁宗（驻镇帮镇扶村工作队队长）
吴安妮（女）
李国礼
张国权
李　萌
姚　浩（任至 11 月）
杨裕良（11 月起任）
镇人大主席：吴益华
镇人大副主席：陈云英（女）
镇　　长：肖　鸣
副 镇 长：吴安妮（女）
陈慧平（女）
杨裕良（任至 11 月）
综合行政执法队队长：凌宏晓（任至 11 月）

上举镇

党委书记：何志宏
党委副书记：何伟亮
李惠霞（女）
黄冠杰
王友兴（驻镇帮镇扶村工作队队长）
党委委员：何志宏
何伟亮
李惠霞（女）
黄冠杰
王友兴（驻镇帮镇扶村工作队队长）
张伟添
韩芳明
谢　磊
张展奎
何鸿辉（11 月起任）
黎　赓（任至 11 月）
镇人大主席：何东生
镇人大副主席：杨晓玲（女）
镇　　长：何伟亮
副 镇 长：张伟添
潘玉婷（女）
张　晟
综合行政执法队队长：林　瑜（女）

泗水镇

党委书记：蔡　平
党委副书记：谢伟杰
涂鹏峰
赖海彬
张志松（驻镇帮镇扶村工作队队长）
党委委员：蔡　平
谢伟杰
涂鹏峰
赖海彬
张志松（驻镇帮镇扶村工作队队长）
古兰标
韩荣辉
张　桂
李　洁（女）
林　谦
镇人大主席：邝文兵

镇人大副主席：凌　峰（任至5月）
镇　　长：谢伟杰
副 镇 长：古兰标
　　　　　姚志坚（任至11月）
　　　　　吴小强
综合行政执法队队长：林　灵

东石镇

党委书记：姚国强
党委副书记：赖家洪（任至8月）
　　　　　曾　杰
　　　　　王运奇
　　　　　朱炯辉（11月起任）
　　　　　乔　治（驻镇帮镇扶村工作队队长，任至3月）
　　　　　张立章（驻镇帮镇扶村工作队队长，5月起任）
党委委员：姚国强
　　　　　赖家洪（任至8月）
　　　　　曾　杰
　　　　　王运奇
　　　　　朱炯辉
　　　　　乔　治（驻镇帮镇扶村工作队队长，任至3月）
　　　　　张立章（驻镇帮镇扶村工作队队长，5月起任）
　　　　　刘维蓉（女）
　　　　　肖子龙
　　　　　刘梓杰
　　　　　张文广
镇人大主席：王传麟
镇人大副主席：余　赞
镇　　长：赖家洪（任至8月）
副 镇 长：朱炯辉（任至11月）
　　　　　林东亮
　　　　　陈华南
　　　　　谢　静（女）
　　　　　黄达宏
　　　　　饶　鑫
综合行政执法队队长：吴国鹏

大柘镇

党委书记：李菲丹
党委副书记：曾繁寿
　　　　　吴钦福
　　　　　钟　友
　　　　　高建辉（驻镇帮镇扶村工作队队长，任至10月）
　　　　　韦　维（驻镇帮镇扶村工作队队长，10月起任）
党委委员：李菲丹
　　　　　曾繁寿
　　　　　吴钦福
　　　　　钟　友
　　　　　高建辉（驻镇帮镇扶村工作队队长，任至10月）
　　　　　韦　维（驻镇帮镇扶村工作队队长，10月起任）
　　　　　王兴健（任至1月）
　　　　　熊　忠（5月起任）
　　　　　张　森（任至5月）
　　　　　郑　跃（任至11月）
　　　　　余文扬
　　　　　谢红燕（女）
　　　　　杨泽平（5月起任）
　　　　　姚　浩（11月起任）
镇人大主席：凌礼宏
镇人大副主席：姚　英（女，任至5月）
　　　　　张智华（9月起任）
镇　　长：曾繁寿
副 镇 长：王兴健（任至1月）
　　　　　熊　忠（9月起任）
　　　　　张智华（任至5月）
　　　　　陈伟雄
　　　　　丘春燕（女）
　　　　　林丽媛（女）

林文友（任至11月）
林　通
王　耀　（9月起任）
综合行政执法队队长：熊　忠（任至5月）
赖文杨（5月起任）

石正镇

党委书记：吴雨华（任至9月）
姚志坚（9月起任）
党委副书记：刘振忠
凌征聪
曹锋玫（女）
陈凌云（驻镇帮镇扶村工作队队长）
党委委员：吴雨华（任至9月）
姚志坚（9月起任）
刘振忠
凌征聪
曹锋玫（女）
陈凌云（驻镇帮镇扶村工作队队长）
刘汉章
吴永伟
曾　鹏
谢志敏
余文富
镇人大主席：温宇峰
镇人大副主席：凌云辉
镇　　长：刘振忠
副 镇 长：刘汉章
陈　林
王　耀（任至5月）
丘伟明
陈　欢（女）
综合行政执法队队长：姚志强

长田镇

党委书记：李新兰（女）
党委副书记：丘晓钦
彭海鹏（驻镇帮镇扶村工作队队长）
林伟才（任至1月）
王传文
林祯龙（5月起任）
党委委员：李新兰（女）
丘晓钦
彭海鹏（驻镇帮镇扶村工作队队长）
林伟才（任至1月）
王传文
林祯龙
林　峰
颜　强
李娜平（女）
丘　裕
刘钧强
镇人大主席：张任锋
镇人大副主席：丘均平
镇　　长：丘晓钦
副 镇 长：林祯龙（任至5月）
林　峰
陈文胜
李东立（11月起任）
综合行政执法队队长：陈利娟（女）

热柘镇

党委书记：郭　亿
党委副书记：丘俊龙
姚广海
郭婷婷（女）
乐建文（驻镇帮镇扶村工作队队长）
党委委员：郭　亿
丘俊龙
姚广海
郭婷婷（女）
乐建文（驻镇帮镇扶村工作队队长）
凌宏炬
张国栋
吴顺平
曹维颂

黄　思（女）
镇人大主席：黎崇赞
镇人大副主席：陈均定
镇　　长：丘俊龙

副 镇 长：凌宏炬
林　琳（女）
赖文军
综合行政执法队队长：王淦彬

光 荣 榜

责任编辑：吴嘉业

先进集体 先进个人名录

平远县荣获 2022 年度副厅级及以上单位表彰的先进集体一览表

表 17

单位名称	授称时间	授予单位	荣誉称号
平远县文化馆（补录）	2021 年 12 月	中华人民共和国文化和旅游部	国家一级文化馆（2021—2024 年度）
平远县	2022 年 2 月	广东省精神卫生中心	2021 年度广东省严重精神障碍管理治疗工作先进县（市、区）
平远县公安局疫情防控工作专班	2022 年 3 月	广东省公安厅	集体二等功
平远县实验幼儿园	2022 年 3 月	广东省妇女联合会	巾帼文明岗
平远县实验小学	2022 年 4 月	广东教育学会 广东省电化教育馆	广东省第十二届“小小科学家”中小学生科学实验活动成果展示交流活动区县级承办贡献奖
平远县实验小学	2022 年 4 月	广东教育学会 广东省电化教育馆	广东省第十二届“小小科学家”中小学生科学实验活动成果展示交流活动优秀组织奖
平远县实验小学	2022 年 4 月	广东教育学会 广东省电化教育馆	广东省第十二届“小小科学家”中小学生科学实验活动成果展示交流活动团体二等奖

（续表17）

单位名称	授称时间	授予单位	荣誉称号
平远县	2022年5月	广东省交通运输厅 广东省财政厅 广东省农业农村厅 广东省乡村振兴局	2021年“四好农村路”省级示范县
平远县图书馆	2022年6月	广东省立中山图书馆 广东省古籍保护中心 广东图书馆学会	广东省第三届“中华传统文化百部经典”知识大赛优秀组织奖
平远县城南中学	2022年7月	广东省公安厅 广东省精神文明建设委员会办公室 广东省教育厅 广东省司法厅 广东省交通运输厅	广东省交通安全文明示范学校
中国电信平远分公司仁居营销服务中心	2022年7月	中国电信股份有限公司广东分公司 中国电信集团工会广东省委员会	中国电信广东公司2021年度三星级家园式营销服务中心
中国电信平远分公司平城营销服务中心	2022年7月	中国电信股份有限公司广东分公司 中国电信集团工会广东省委员会	中国电信广东公司2021年度一星级家园式营销服务中心
梅州市金宝树农业有限公司	2022年8月	广东省妇女联合会 广东省农业农村厅	第十三批广东省巾帼创业基地
差干镇加丰村	2022年9月	中共广东省委全面依法治省委员会办公室 中共广东省委农村工作领导小组办公室 广东省司法厅 广东省民政厅	2022年广东省“民主法治示范村（社区）”创建单位
上举镇畲脑村	2022年9月	中共广东省委全面依法治省委员会办公室 中共广东省委农村工作领导小组办公室 广东省司法厅 广东省民政厅	2022年广东省“民主法治示范村（社区）”创建单位

（续表 17）

单位名称	授称时间	授予单位	荣誉称号
平远县红四军纪念馆	2022 年 9 月	广东省社会科学界联合会	广东省社会科学普及基地（标准型基地）
平远县东石中心小学	2022 年 10 月	广东省教育厅	广东省网络安全示范校
平远县乡村振兴局	2022 年 10 月	广东省乡村振兴局	在“振兴乡村 提档升级——广东 21 地市消费帮扶短视频大赛”中，作品《好山好水出好橙——广东梅州平远橙》获得产品组三等奖
平远县人民检察院	2022 年 11 月	广东省人民检察院	全省新时代“五好”基层检察院
平远县供销合作社联合社	2023 年 1 月	广东省供销合作联社	2022 年度全省供销合作社系统综合业绩考核县级二等奖
平远县科协	2023 年 1 月	广东省科学技术协会	2022 年度基层科协组织建设及提升基层科协组织力“3+1”工作先进单位
长田镇官仁村	2023 年 2 月	国家卫生健康委 全国老龄办	2022 年全国示范性老年友好型社区
长田镇	2023 年 2 月	广东省信访工作联席会议办公室 广东省信访局	广东省 2022 年信访工作示范乡镇
建设银行股份有限公司梅州平远支行	2023 年 2 月	中国建设银行股份有限公司广东省分行	广东省分行 2022 年度网点综合竞争力提升工作先进集体（服务创优先进网点）
平远县人民政府地方志办公室	2023 年 3 月	广东省人民政府地方志办公室	《平远年鉴（2021）》荣获广东省三等年鉴

平远县荣获2022年度副厅级及以上单位表彰的先进个人一览表

表18

姓名	授称时间	授予单位	荣誉称号
蓝　强	2021年12月	广东省人民政府	广东省粮食和物资储备工作先进个人
韩方颂	2022年1月	中共中央保密委员会办公室 国家保密局	从事保密工作三十年，为党的保密事业作出重要贡献
宋桂霞	2022年1月	广东省教育厅	2021年全省首届美育教师教学基本功比赛农村学校专项组美术类一等奖
林　慧	2022年1月	广东省教育厅	2021年全省首届美育教师教学基本功比赛幼儿园组美术类三等奖
韩义凤	2022年3月	广东省乡村振兴局 广东省妇女联合会	优秀巾帼队员
丘伟峰	2022年4月	广东省总工会	广东省“五一劳动奖章”
吴志勇	2022年4月	广东省总工会	广东省“五一劳动奖章”
刘　琦	2022年4月	广东省信访工作联席会议办公室	2022年第一季度争当“广东信访铁军标兵”活动表现突出人员
李　仙	2022年4月	广东省人民检察院	政法队伍教育整顿专项奖励个人三等功
刘金炜	2022年4月	中国电信股份有限公司 广东分公司	2021年度先进绩效个人
石庆玉	2022年4月	中国电信股份有限公司广东分公司	2021年度先进绩效个人
凌育坤	2022年6月	广东省精神文明建设委员会办公室	2022年第一季度助人为乐“广东好人”

（续表 18）

姓名	授称时间	授予单位	荣誉称号
张　芸	2022 年 7 月	广东省卫生健康委员会 广东省新闻工作者协会	作品《百年华诞同筑梦 医者担当践初心》（新媒体类）获广东省第八届卫生健康好新闻评选活动优秀奖
谢志勇	2022 年 9 月	广东省公安厅	个人三等功
陈　浩	2022 年 9 月	广东省公安厅	辅警三级嘉奖
张佛金	2022 年 9 月	中共林芝市委员会 林芝市人民政府	林芝市抗击新冠肺炎疫情先进个人
曾思平	2022 年 9 月	中共林芝市委员会 林芝市人民政府	林芝市抗击新冠肺炎疫情先进个人
余春梅	2022 年 10 月	广东省精神文明建设委员会办公室	2022 年第二季度孝老爱亲“广东好人”
毛敬麟	2022 年 10 月	广东省生态环境厅 广东省人力资源和社会保障厅 广东省市场监督管理局 广东省总工会 共青团广东省委员会 广东省妇女联合会	广东省第三届生态环境监测专业技术人员练兵比武（区县站）个人总分三等奖
姚利梅	2022 年 10 月	广东省文化和旅游厅	作品《孙悟空退休》荣获 2021 年度广东省群众文艺作品评选戏剧类二等奖
李思琪（指导教师：林荣政）	2022 年 11 月	广东省关心下一代工作委员会 广东省作家协会 广东省教育系统关心下一代工作委员会	作品《毓秀俊贤燃星火 乡村劳动筑幸福》荣获“劳动创造幸福”2022 年广东省少年儿童践行社会主义核心价值观主题征文活动高中组三等奖

（续表18）

姓名	授称时间	授予单位	荣誉称号
林荣政	2022年11月	广东省关心下一代工作委员会 广东省作家协会 广东省教育系统关心下一代工作委员会	在“劳动创造幸福”2022年广东省少年儿童践行社会主义核心价值观主题征文活动中荣获优秀指导教师奖（指导作品《毓秀俊贤燃星火 乡村劳动筑幸福》荣获高中组三等奖）
张芮扬（指导教师：钟惠玲）	2022年11月	广东省关心下一代工作委员会 广东省作家协会 广东省教育系统关心下一代工作委员会	作品《我想为他点赞》荣获“劳动创造幸福”2022年广东省少年儿童践行社会主义核心价值观主题征文活动初中组三等奖
钟惠玲	2022年11月	广东省关心下一代工作委员会 广东省作家协会 广东省教育系统关心下一代工作委员会	在“劳动创造幸福”2022年广东省少年儿童践行社会主义核心价值观主题征文活动中荣获优秀指导教师奖（指导作品《我想为他点赞》荣获初中组三等奖）
林慧娴（指导教师：丘涵）	2022年11月	广东省关心下一代工作委员会 广东省作家协会 广东省教育系统关心下一代工作委员会	作品《四季的“幸福”源自劳动》荣获“劳动创造幸福”2022年广东省少年儿童践行社会主义核心价值观主题征文活动小学组优秀奖
丘　涵	2022年11月	广东省关心下一代工作委员会 广东省作家协会 广东省教育系统关心下一代工作委员会	在“劳动创造幸福”2022年广东省少年儿童践行社会主义核心价值观主题征文活动中荣获优秀指导教师奖（指导作品《四季的“幸福”源自劳动》荣获小学组优秀奖）
杜永灵	2022年11月	广东省人力资源和社会保障厅 广东省市场监督管理局 广东省药品监督管理局	广东省市场监管（知识产权）系统先进工作者
刘俊滔	2022年12月	广东省人力资源和社会保障厅 广东省统计局	广东省统计系统先进工作者

（续表 18）

姓名	授称时间	授予单位	荣誉称号
韩海祥	2022 年 12 月	广东省人力资源和社会保障厅 广东省统计局	广东省统计系统先进工作者
叶俊新	2022 年 12 月	广东省人民政府地方志办公室 广东省地方志学会	2022 年全省地方志理论研讨优秀论文三等奖
彭勇栋	2023 年 1 月	梅州军分区	2022 年度人武部建设优秀个人
彭勇栋	2023 年 1 月	梅州军分区	嘉奖
何雪军	2023 年 1 月	梅州军分区	2022 年度机关服务基层优秀个人
何雪军	2023 年 1 月	梅州军分区	嘉奖
魏茂军	2023 年 1 月	广东省“扫黄打非”工作领导小组	2022 年广东省“扫黄打非”先进个人
林稼绪	2023 年 2 月	广东省个体劳动者私营企业协会	全省个私协会系统 2022 年度先进工作者
林康华	2023 年 3 月	广东省精神文明建设委员会	2022 年度广东省学雷锋志愿服务先进典型“广东省最美志愿者”
张伟东	2023 年 3 月	中国建设银行股份有限公司 广东省分行	省分行 2022 年度优秀员工

表彰通报

中共平远县委　平远县人民政府
关于表彰2022年平远县劳动模范、
先进工作者和先进集体的决定

（2023年4月24日）

近年来，全县广大劳动者深入学习贯彻习近平新时代中国特色社会主义思想，积极投身经济社会发展的生动实践，积极投身抗击新冠疫情的重大战场，在全面贯彻新发展理念，构建新发展格局，推动平远苏区加快振兴、共同富裕的新征程上，辛勤劳动、诚实劳动、创造性劳动，在平凡的岗位上作出了不平凡的贡献，各行各业涌现出一大批爱岗敬业、锐意创新、勇于担当、无私奉献的先进模范人物，他们以自身的模范行动和崇高品质，模范践行了伟大的劳模精神、劳动精神和工匠精神，充分彰显了以爱国主义为核心的民族精神和以改革创新为核心的时代精神。

为表彰先进，树立典型，在全社会营造劳动最光荣、劳动最崇高、劳动最伟大、劳动最美丽的社会风尚和精益求精的敬业风气，汇聚推动平远高质量发展的磅礴伟力，县委、县政府决定，授予刘洪等20人“平远县劳动模范”称号，授予王静等3人“平远县先进工作者”称号，授予广东盈华电子材料有限公司等16个单位“平远县先进集体”称号。希望受表彰的先进个人和先进集体不忘初心、牢记使命，珍惜荣誉、继续拼搏，用干劲、闯劲、钻劲鼓舞更多的人，激励广大劳动群众争做新时代的追梦人、奋斗者。

县委、县政府号召，全县人民要更加紧密地团结在以习近平同志为核心的党中央周围，高举习近平新时代中国特色社会主义思想伟大旗帜，深入学习贯彻中共二十大精神，坚定拥护“两个确立”、坚决做到“两个维护”，以劳动模范为榜样，以先进典型为标杆，坚定不移听党话、跟党走，当好主人翁，建功新时代，以一往无前的奋斗姿态、风雨无阻的精神状态，奋力谱写新时代平远改革发展新篇章，为推动平远苏区加快振兴、共同富裕而努力奋斗！

附件：2022年平远县劳动模范、先进工作者和先进集体名单

附件

2022年平远县劳动模范、先进工作者和先进集体名单

平远县劳动模范名单（20名）

刘　洪　　　　平远县平远中学校长
刘静娴（女）　平远县东石中心小学教导主任
刘春平（女）　平远县泗水中学教师
林冬芳（女）　平远县田家炳中学教师
张　婷（女）　平远县中行镇卫生院防疫组组长
张佛金　　　　平远县疾病预防控制中心计防科主任
林柏青　　　　平远县人民医院内一科副主任
刘燕清（女）　平远县中医医院门急诊科护士长
刘　畅　　　　广东八星客实业有限公司职工
姚燕飞（女）　广东华清园生物科技有限公司副总经理
吴文科　　　　梅州达士通精密工业有限公司职工
陈耀红　　　　广东省富远稀土有限公司机修车间主任
程华龙　　　　广东宇时代电子有限公司职工
张小明　　　　平远县农业农村服务中心高级农艺师
陈庆先　　　　广东佳之朋科技有限公司厂长
刘　琼（女）　梅州市金宝树农业有限公司总经理
杨伟良　　　　平远县盛世好田种植科技有限公司农村经济发展带头人
林　伟　　　　梅州和信达农牧有限公司场长
李展辉　　　　梅州市叁陆陆农业发展有限公司总经理
林　勇　　　　梅州平远高新技术产业开发区管理委员会规划建设部部长

平远县先进工作者名单（3名）

王　静（女）　平远县委巡察组组长
肖爱兰（女）　平远县大柘镇人民政府一级主任科员
曹伟球　　　　平远县公安局公共信息网络安全监察大队指导员

平远县先进集体名单（16个）

广东盈华电子材料有限公司
广东灿阳智能电力设备有限公司
平远雅玛西新能源科技有限公司
国家税务总局平远县税务局第一税务分局
平远县财政局国库股
广东卧佛山养生旅游发展股份有限公司
梅州市飞龙果业有限公司

广东新大地生物科技股份有限公司
平远县绿叶天然食品有限公司
梅州可其山种养专业合作社
平远县大柘镇卫生院
平远县中医医院二内科
平远县疾病预防控制中心
平远县平远中学物理教研组
平远县司法局八尺司法所
平远县仁居镇上远村民委员会

政协平远县委员会
关于表彰2022年度优秀政协委员、先进“委员工作室”、优秀提案及承办提案先进单位的决定

（2023年2月3日　平协发〔2023〕1号）

政协第十一届平远县委员会第二次会议以来，全体政协委员紧紧围绕县委、县政府中心工作和人民群众关注的社会热点难点问题，积极参与搞一次调查、献一个良策、写一份提案、反映一件社情民意、办一件实事（或引进一个项目）的“五个一”活动，把不断满足人民对美好生活的向往作为工作的落脚点，坚决响应党委、政府号召，积极投身各项建设事业，乐于回报社会，热心公益事业，以管用之言、务实之策、有效之招全力助推平远振兴发展，以优异的履职成绩，树立了新时代政协委员的良好形象。县政协委员工作室坚持自我管理、自我服务、自我教育、自我监督，认真组织开展政治学习、调研协商、扶贫济困、联情联谊等活动，在委员履行职责、提升队伍能力等方面进行了有效的探索创新，为助推我县政协事业发展作出了新的贡献。提案承办单位对委员提案规范办理程序，完善办理机制，创新办理方式，采取有效措施，积极抓好提案的办理落实，取得良好效果。

为激励先进、推广典型，根据县政协《关于在县政协委员中开展“五个一”活动的通知》和《政协平远县委员会关于评选表彰优秀提案、承办提案先进单位的暂行办法》的规定，经县政协主席会议审议决定，对刘志强等28位优秀政协委员、县政协提案委员会委员工作室等3个先进“委员工作室”、《整合资源、打造品牌，推动后疫情时代平远全域旅游高质量发展》等9件优秀提案、平远县城市管理和综合执法局等6个承办提案先进单位予以表彰，以资鼓励。

希望受表彰的优秀政协委员和先进单位珍惜荣誉、戒骄戒躁、再接再厉，各政协委员工作室、承办提案单位和全体委员，要以先进为榜样，全面贯彻习近平新时代中国特色社会主义思想，深入贯彻落实中共二十大精神，坚定信心、同心同德、奋勇争先，以高质量发展为引领，高水平推进现代化建设，积极参与赣闽粤原中央苏区对接融入粤港澳大湾区振兴发展先行区建设，推动平远苏区加快振兴、共同富裕。

附件：2022年度优秀政协委员、先进“委员工作室”、优秀提案及承办提案先进单位名单

附件：

2022年度优秀政协委员、先进“委员工作室”优秀提案及承办提案先进单位名单

一、优秀政协委员（共28人）

刘志强　刘忠平　刘秋莲　刘栢盛　李远平　吴永辉　吴晓希　邱召云　何海峰
余苑隆　余　铁　张子健　张伟中　林　浩　林　敏　林康华　卓芬芳　钟国平
钟燕娜　姚思尼　姚　强　凌宏斌　黄晓平　黄益斌　韩德志　曾祥东　谢　佐
黎文通

二、先进“委员工作室”（共3个）

1.县政协提案委员会委员工作室

2.县政协民族宗教和台港澳侨外事委员会委员工作室

3.县政协经济和人口资源环境委员会县外工商委员工作室

三、优秀提案（共9件）

1.《整合资源、打造品牌，推动后疫情时代平远全域旅游高质量发展》（提案人：钟燕娜）

2.《关于切实加强平远城区生猪肉食品市场管理的建议》（提案人：黄平）

3.《关于坚持建管并重，提升城市品位的建议》（提案者：文史学习和教科文卫体委员会）

4.《提高农民耕田积极性，遏制耕地撂荒势头》（提案人：刘志强）

5.《关于加强高层建筑二次供水监管的建议》（提案人：姚映兰）

6.《切实用好专项债项目资金，有力推动重点项目建设》（提案人：刘秋莲）

7.《用新型工业化理念、产业化思维谋划平远农业发展的建议》（提案人：吴永辉）

8.《加大疫情防控宣传与监管力度，提高群众公共场所自我防控意识》（提案人：谢佐）

9.《抢抓重大机遇，推动粤闽赣苏区改革试验区（平远片区）规划建设》（提案人：姚志粦）

四、承办提案先进单位（共6个）

平远县城市管理和综合执法局

平远县住房和城乡建设局

平远县农业农村局

平远县发展和改革局

平远县教育局

差干镇人民政府

附　录

责任编辑：林绪远

2022 年平远县国民经济和社会发展统计公报

2022 年，全县各级各部门认真贯彻落实上级各项决策部署，积极应对复杂形势和经济下行压力，全面落实“疫情要防住、经济要稳住、发展要安全”的重要要求，紧紧围绕县委“一个目标、四个重点、七大行动”发展思路，坚持稳中求进工作总基调，科学统筹疫情防控和经济社会发展，努力克服经济社会发展中遇到的各种困难和问题，推动高质量发展取得新成效。

一、综合

2022 年年末，全县常住人口 18.66 万人，比上年末减少 0.29 万人，其中城镇常住人口 9.53 万人，占常住人口比重（常住人口城镇化率）51.09%，比上年末提高 0.28 个百分点。全年出生人口 0.19 万人，出生率 6.85‰；死亡人口 0.19 万人，死亡率 6.76‰；自然增长率 0.09‰。年末全县户籍人口 25.7 万人，比上年末减少 0.17 万人。

经梅州市统计局统一核算，2022 年平远县实现地区生产总值（初步核算数）865729 万元，比上年增长 0.6%。其中，第一产业增加值 152398 万元，增长 3.8%，对地区生产总值增长的贡献率为 123.6%；第二产业增加值 237948 万元，下降 4.2%，对地区生产总值增长的贡献率为-205.6%；第三产业增加值 475383 万元，增长 1.9%，对地区生产总值增长的贡献率为 182.0%。三次产业结构比重为 17.60:27.49:54.91，第一产业所占比重比上年提高 0.04 个百分点，第二产业所占比重比上年降低 0.82 个百分点，第三产业所占比重比上年提高 0.78 个百分点。全年人均地区生产总值 46037 元，比上年增长 1.4%。

全年地方一般公共预算收入 53478 万元，比上年增长 1.4%；其中，税收收入 18828 万元，下降 19.8%。全年地方一般公共预算支出 315987 万元，增长 8.8%。其中，教育支出 50228 万元，增长 0.2%；卫生健康支出 34328 万元，增长 4.8%；社会保障和就业支出 58612 万元，增长 14.0%。民生支出 270868 万元，占一般公共预算支出比重 85.7%。

全年城镇新增就业 1496 人，就业困难人员实现再就业 129 人。年末城镇登记失业人员 534 人，年末城镇登记失业率 2.43%，比上年末提高 0.06 个百分点。

二、农业

全年粮食作物播种面积 21.93 万亩，比上年增长 4.8%；油料种植面积 1.48 万亩，增长 2.4%；蔬菜种植面积 6.52 万亩，增长 6.8%；中草药种植面积 2.02 万亩，增长 13.4%。

全年粮食产量80819吨，比上年增长3.6%；油料产量2632吨，增长12.3%；蔬菜产量74697吨，增长6.2%；水果产量94121吨，下降13.0%；茶叶产量1021吨，增长5.6%。

全年猪、牛、羊、禽肉产量14123.9吨，比上年增长6.5%。其中，猪肉产量10250.1吨，增长17.2%；禽肉产量3188.7吨，增长3.1%。年末生猪存栏11.08万头，增长38.7%；生猪出栏13.06万头，增长16.5%。

全年淡水产品产量9790吨，比上年增长5.4%。

当年造林面积233公顷，全民义务植树29.7万株，木材采伐量33600立方米。

三、工业和建筑业

全年全部工业增加值比上年下降7.2%。规模以上工业增加值下降19.5%，其中，国有控股企业增长11.7%，外商及港澳台投资企业下降43.8%，股份制企业下降20.4%。从轻重工业看，轻工业下降24.3%，重工业下降20.9%。从单位规模看，中型企业下降75.7%，小型企业下降2.0%，微型企业下降27.9%。从三大门类看，采矿业增加值增长5.5%，增速比上年提高13.6个百分点；制造业增加值下降19.6%，增速比上年回落32.7个百分点；电力、燃气及水的生产和供应业增加值下降18.3%，降幅比上年收窄0.9个百分点。

2022年平远县主要工业产品产量表

产品名称	计量单位	产量	比上年增减（%）
饮料	万吨	4.72	25.4
人造板	立方米	9268	−22.4
家具	万件	22.85	−67.0
水泥	万吨	43.55	−74.6
天然花岗石建筑板材	万平方米	99.71	4.0
电子元件	万只	1954.5	−18.6
发电量	万千瓦时	44159	97.6

全年实现建筑业总产值198915.4万元，比上年增长6.1%；建筑业增加值72406万元，比上年增长6.0%。商品房屋建筑施工面积652842平方米，比上年下降5.6%；商品房竣工面积51104平方米，比上年下降44.4%；商品房屋销售面积104347平方米，比上年下降28.8%。

四、服务业

全年批发和零售业增加值62791万元，比上年下降0.5%；交通运输、仓储和邮政业增加值18204万元，下降1.8%；住宿和餐饮业增加值14123万元，下降4.9%；金融业增加值56542万元，增长8.5%；房地产业增加值57807万元，下降4.3%。

全年规模以上服务业企业实现营业收入24778万元，比上年增长34.9%。

全年公路货物运输周转量66590.5万吨公里，比上年下降6.1%；公路旅客运输周转量2710.1万人公里，比上年下降32.1%。

年末全县民用汽车保有量3.12万辆，比上年末增长2.0%。其中，民用轿车保有量2.22万辆。

五、固定资产投资

全年固定资产投资（不含农户）比上年增长17.7%，其中房地产开发投资下降25.1%。从投资产业分布看，第一产业投资比上年增长20.6%，第二产业投资增长33.2%，第三产业投资增长8.0%。民间投资占固定资产投资的比重为48.8%。基础设施投资增长26.9%，占固定资产投资的比重为44.3%。

六、国内贸易

全年社会消费品零售总额332530.5万元，比上年下降0.1%。按经营地分，城镇消费品零售额253029.4万元，增长0.2%；乡村消费品零售额79501.1万元，下降1.3%。按消费类型分，商品零售297146.4万元，增长0.1%；餐饮收入35384.2万元，下降2.2%。

全年限额以上单位商品零售额中，粮油、食品、饮料、烟酒类比上年下降14.3%，服装、鞋帽、针纺织品类下降0.2%，日用品类下降1.4%，体育、娱乐用品类下降3.6%，家用电器和音像器材类增长2.5%，中西药品类增长58.0%。全县限额以上单位通过公共网络实现的商品零售增长386.5%，占限额以上单位商品零售比重11.1%。

七、对外经济和招商引资

全年货物进出口总额7374.8万美元，比上年下降42.1%。其中，进口1799.8万美元，增长146.9%；出口5575.0万美元，下降53.5%。

全年合同协议投资项目13宗，比上年增长18.2%；合同协议投资金额71.18亿元，比上年下降26.3%。

八、金融

年末全县金融机构本外币各项存款余额1186952万元，比上年末增长14.3%，其中住户存款余额960426万元，比上年末增长14.0%。年末全县金融机构本外币各项贷款余额738541万元，比上年末增长15.0%。

全年人民、人寿、平安保险业保费收入合计14306万元，比上年增长14.0%。全年人民、人寿、平安保险业赔付支出合计7295万元，比上年增长10.0%。

九、人民生活与社会保障

据定点抽样调查统计，全年全县居民人均可支配收入26793元，比上年增长（名义增长）5.4%。按常住地分，城镇居民人均可支配收入30991元，增长4.6%；农村居民人均可支配收入22456元，增长5.8%。

年末全县参加城镇职工基本养老保险3.37万人，参加城乡居民基本养老保险人数9.79万人。参加职工基本医疗保险2.45万人，参加城乡居民基本医疗保险18.44万人。参加工伤保险2.51万人，参加失业保险1.88万人。年末城镇居民低保人数354人，农村居民低保人数5304人。

年末全县敬老院12个，床位数445张，入院人数146人、外保人数539人。全年共发行销售福利彩票1406万元，筹集福利彩票公益金70.3万元。

十、教育和科学技术

年末全县共有各类学校83所。其中，普通高中3所，招生1342人，在校学生3906人，毕业生1265人，参加高考1050人，高中考入大专及以上1050人，其中考入本科710人、专科340人，高中毕业专、本升学率100%；中职学校1所，当年未招生，在校学生0人，毕业生307人；普通初中14所，招生2801人，在校学生7827人，毕业生2272人，初中毕业升学率100%；普通小学20所，招生2210人，在校学生15490人，毕业生2792人；幼儿园44所，招生1688人，在园幼儿6672人。全县各类学校教职工人数2861人，其中专任教师人数2634人。专任教师人数中，任教高中396人、任教职中6人、任教初中743人、任教小学991人、任教幼儿园474人。

全年全县专利授权量224件（其中，发明15件、实用新型147件、外观设计62件），比上年增长7.2%。

十一、文化、卫生和体育

年末全县共有文化馆1个、公共图书馆1个、博物馆1个、广播电台1座、电视台1座，公共图书馆藏书（含电子图书）37.07万册。

年末全县共有各类卫生机构202个。其中，医院3个、卫生院12个、妇幼保健机构1个、专科疾病防治机构1个、村卫生室153个。年末卫生专业技术人员1402人，其中执业医师和执业助理医师525人，注册护士580人。医疗卫生机构拥有医疗床位947张，其中医院646张，卫生院263张。

2022年，我县积极派员参加国内举办的体育赛事，在广东省青少年乒乓球锦标赛中，我县运动员林子清获得甲组女子单打第五名、姚裕玲获得乙组女子单打第二名；在广东省第十六届运动会跆拳道比赛中，我县运动员刘翰林获得男子乙组68公斤级铜牌，马清娜获得女子乙组46公斤级铜牌。

十二、能源与环境

全年规模以上工业综合能源消费量4.69万吨标准煤，比上年下降59.0%。单位工业增加值能耗下降50.8%。全年全社会用电量47299.1万千瓦时，比上年下降11.5%。其中，工业用电量17702.9万千瓦时，比上年下降29.7%。

年末全县共有环境监测站1个，生活污水处理厂1座，污水处理能力达到2.0万吨/日。当年全县空气质量达到一级标准，全年平均气温为20.7℃，全年灰霾天气日数0天。

附件：2022年平远县国民经济主要统计指标一览表

说明：

1. 该公报中统计数据均为初步统计数。
2. 部门统计数据来源于县直相关部门。
3. 能源消耗增速为调整口径。
4. 该公报由平远县统计局2023年4月提供。

2022 年平远县国民经济主要统计指标一览表

序号	指　标	单　位	数值
1	行政区域土地面积	平方千米	1381 （实际 1373.98）
2	年末户籍人口	人	257062
3	乡村人口	人	151830
4	城镇人口	人	105232
5	地区生产总值	万元	865729
6	第一产业（新口径）	万元	152398
7	第二产业（新口径）	万元	237948
8	第三产业（新口径）	万元	475383
9	农林牧渔业增加值	万元	158543
10	全部工业增加值	万元	165775
11	建筑业增加值	万元	72406
12	人均地区生产总值	元	46037
13	地区生产总值指数（上年=100）	%	100.6
14	第一产业（新口径）	%	103.8
15	第二产业（新口径）	%	95.8
16	第三产业（新口径）	%	101.9
17	农林牧渔业增加值	%	103.9
18	全部工业增加值	%	92.8
19	建筑业增加值	%	106

（续表）

序号	指　标	单　位	数值
20	人均地区生产总值指数	%	101.4
21	地方一般公共预算收入	万元	53478
22	地方一般公共预算支出	万元	315987
23	居民人均可支配收入	元	26793
24	城镇居民人均可支配收入	元	30991
25	农村居民人均可支配收入	元	22456
26	乡村就业人员	人	95431
27	农业总产值（新口径）	万元	256464
28	农业总产值指数（上年=100）	%	104.4
29	农作物播种面积	公顷	24073.1
30	粮食作物播种面积	公顷	14620.3
31	粮食产量	吨	80819
32	油料产量	吨	2632
33	肉类总产量	吨	14976.9
34	猪牛羊肉产量	吨	14123.9
35	水果产量	吨	94121
36	茶叶产量	吨	1021
37	工业总产值（新口径）	万元	681590
38	工业总产值指数（上年=100）	%	103.6
39	公路里程	千米	1993.7

（续表）

序号	指　标	单　位	数值
40	民用汽车拥有量	辆	31279
41	邮电业务总量	万元	15606.7
42	本地电话用户	万户	1.84
43	#乡村电话用户	万户	0.86
44	移动电话用户	万户	18.31
45	社会消费品零售总额	万元	332530.5
46	出口（海关口径）	万美元	5575
47	实际利用外资	万美元	0
48	金融机构本外币各项存款余额	万元	1186952
49	#住户存款余额	万元	960426
50	金融机构本外币各项贷款余额	万元	738541
51	幼儿园学校数	所	44
52	幼儿园在校学生数	人	6672
53	小学在校学生数	人	15490
54	普通中学学校数	所	17
55	普通中学在校学生数	人	11733
56	中职学校数	所	1
57	中职学校在校学生数	人	0
58	卫生技术人员人数	人	1402

说明：该指标由平远县统计局于2023年4月提供，其中“#”表示上一项指标的其中数。

文献选录

县委工作报告

——在中国共产党平远县第十四届委员会第二次全体会议上

（2022 年 1 月 19 日）

中共平远县委书记　廖茂忠

一、2021 年工作回顾

2021 年，是党和国家历史上具有里程碑意义、必将载入史册的一年，也是平远发展历程中具有重要意义的一年。县委深入学习贯彻习近平新时代中国特色社会主义思想和习近平总书记对广东重要讲话、重要指示批示精神，按照省委、市委工作部署，全面建设“精致小城·大美平远”，同全国一道胜利打赢脱贫攻坚战，如期全面建成小康社会，实现“十四五”良好开局。这一年，平远县喜迎中国共产党的百年华诞，圆满举办庆祝中国共产党成立 100 周年系列活动，深入开展党史学习教育，“学党史、悟思想、办实事、开新局”取得扎实成效。这一年，平远县召开县第十四次党代会，选出新一届县委，科学谋划“十四五”经济社会发展，明确今后五年“一个目标、四个重点、七大行动”工作思路，开启向第二个百年奋斗目标进军的新征程。这一年，平远县统筹发展与安全，扎实开展维护政治安全专项行动，毫不松懈抓好常态化疫情防控，举全县之力实施工业兴县，推动经济社会高质量发展。主要工作成效体现在以下五个方面。

（一）党的建设巩固深化。县委把方向、管大局、作决策、保落实，以党的政治建设为统领，严格执行省委坚决落实“两个维护”十项制度机制。全年召开县党代会 1 次、县委全会 6 次、县委常委会会议 48 次（学习“第一议题”187 个）、县委理论学习中心组学习会 20 次，举办 4 期科级干部专题研讨班，实现村（社区）党组织书记轮训全覆盖，深入学习贯彻习近平新时代中国特色社会主义思想和习近平总书记重要讲话、重要指示批示精神，学懂弄通做实党的十九届六中全会精神，进一步增强“四个意识”、坚定“四个自信”、做到“两个维护”。深入推进党史学习教育，举办各类文艺展演活动 52 场次、专题学习会 1108 场次、专题党课 711 场次，召开专题组织生活会 524 场次，实现各类参学对象全覆盖。圆满完成县镇村换届工作，落实新一轮基层党建三年行动计划，进一步展现干部队伍、人才队伍和基层组织建设新气象。落实意识形态工作责任制，守好守牢意识形态主阵地。全面推进党风廉政建设和反腐败斗争，完成十三届县委巡察全覆盖，持续巩固肃清李嘉、万庆良恶劣影响成果，抓好政法队伍教育整顿，进一步营造风清气正的良好政治生态。加强党对各项工作的领导，支持人大、政府、政协和监委、法院、检察院履职尽责，巩固壮大爱国统一战线，扎实做好民族宗教工作，充分发挥工会、共青团、妇联、工商联等作用，强化党管武装，进一步巩固团结奋进的大好局面。

（二）实体经济平稳发展。预计全县生产总值84亿元，同比增长5.8%；地方一般公共预算收入5.28亿元，同比增长1.8%；规模以上工业增加值12.3亿元，同比增长11.1%；居民人均可支配收入为24565元，同比增长6.3%。在南沙区对口帮扶下，平远高新区加快发展，累计建成8.5万平方米标准厂房，水、电、路、讯、气等基础设施日益完善，预计实现规模以上工业增加值8.67亿元，同比增长15%，占全县70.5%。产业集群加快构建，36个重大项目集中签约开工竣工系列活动、平远招商交流会成功举办，总投资36亿元的广东盈华年产3600万张高性能覆铜板和35亿元的广东能源光伏复合项目动工建设，总投资50亿元的华润绿色钙基产业园项目达成框架协议并全力推进，富远稀土产能置换项目通过环评。推动鸿达电力、宇时代、元宝时代等认定高新技术企业，金宝树、华清园等认定科技型中小企业。全年新培育上规企业9家，总数达53家。新登记市场主体1769户，总量达1.7万户，同比增长11.6%。

（三）城镇建设扎实推进。有序开展国土空间总体规划编制工作。县城建成区面积扩容至14.36平方千米，城镇化率提高到50%以上。成功争取地方政府专项债券2.9亿元，加快工业园区基础设施、城乡供水工程等项目建设。获得保障性安居工程中央预算内资金2900万元，完成首批14个老旧小区改造。瑞梅铁路获国家发改委批复，平武高速列入国家、省近期建设计划，国道206线绕城段、国道358线改建工程建成通车，省道225线大柘至石正段改建工程加快建设，省级“四好农村路”示范县创建通过复核。创建全国县级文明城市系列活动稳步推进。城南小学（一期）、城乡供水提质工程、红四军纪念馆改陈布展等项目建成使用。加快镇域规划编制，稳步推进美丽圩镇建设。

（四）乡村振兴成效显著。巩固拓展脱贫攻坚成果同乡村振兴有效衔接，12个驻镇帮镇扶村工作队全面进驻，加快补齐农村基础设施和公共服务“短板”，突出抓好农村集中饮水工程、污水处理设施建设，打造长田长安、八尺排下等美丽乡村示范点，农房风貌提升工作经验在全省推广，获评全国村庄清洁行动先进县、省推进乡村振兴战略实绩考核“优秀”等次，县委获评广东省乡村振兴先进集体。深入实施“万企兴万村”行动，制定壮大村集体经济三年行动方案，通过服务创收、集中投入、投资入股、资产经营等模式，全面消除年收益5万元以下薄弱村，55个村年收益超过10万元。

（五）民生福祉持续提升。全县民生支出19.73亿元，约占一般公共预算支出的八成。县领导牵头办理58项“我为群众办实事”项目，示范推动解决1911件民生实事。深入实施“粤菜师傅”“广东技工”“南粤家政”三项工程，新增城镇就业1428人。完成县体育场升级改造、城区临时停车场、老城区路灯亮化等6件人大代表票决民生实事项目，办好县10件民生实事，提高低保、特困人员、孤儿基本生活补贴和残疾人“两项补贴”保障水平。完成第二轮“县管校聘”工作，新增义务教育阶段公办学位3300个、普惠性幼儿园学位200个。稳步推进紧密型县域医共体建设。持续打好污染防治攻坚战，全面落实河（湖）长制、林长制，空气质量综合指数、水质达标率等指标稳居全市前列。收到中央生态环保督察交办案件70宗，立行立改，真改实改，已办结64宗，阶段性办结6宗。扎实做好常态化疫情防控，接种新冠病毒疫苗约36.1万剂次，位居全市前列。创新推出政法系统“五朵金花进校园”组团法治教育、社区“支部建在网格上”精细化治理模式，常态化制度化开展扫黑除恶斗争，严格落实安全生产责任制，全县社会大局保持和谐稳定。

这些成绩的取得，根本在于习近平总书记举旗定向、掌舵领航，在于习近平新时代中国特色社会主义思想科学指引，在于党中央、省委、市委坚强领导，得益于社会各界大力支持，得益于全县各级党组织和广大党员干部群众共同努力。在此，我代表县委，表示衷心的感谢和崇高的敬意！

二、深入学习贯彻中共十九届六中全会精神

中共十九届六中全会是中国共产党历史上具有里程碑意义的重要会议。全会通过的《中共中央关于党的百年奋斗重大成就和历史经验的决议》（以下简称《决议》），是实现中华民族伟大复兴的行动指南。省委召开十二届十五次全会，审议通过《中共广东省委关于深入学习贯彻党的十九届六中全会精神的决定》，对全省的学习贯彻工作作了全面部署。市委在八届二次全会中，从思想上、行动上、效果上，指明学懂弄通做实中共十九届六中全会精神的方向和路径。近段时间以来，县委对中共十九届六中全会精神和《决议》进行广泛宣传宣讲，组织专题培训研讨，在全县上下掀起学习宣传贯彻热潮。下一步，平远要深入开展“大学习、深调研、真落实”，切实用中央全会精神统一思想、凝聚共识、坚定信心、增强斗志，为实现第二个百年奋斗目标不懈奋斗。

一要立足政治维度，深刻认识以习近平同志为核心的党中央坚强领导是我们战胜一切艰难险阻、风险挑战的根本保证，深刻把握“两个确立”的决定性意义，自觉增强“四个意识”、坚定“四个自信”、做到“两个维护”。要胸怀“国之大者”，从政治上把党中央精神领会好、领会透，时时事事处处向总书记、党中央看齐，严格按照总书记、党中央指明的方向、确定的路线开展工作。

二要立足历史维度，深刻认识把握中国共产党的百年奋斗的重大成就、历史意义和历史经验，汲取智慧力量，锚定奋斗目标，以更加昂扬的姿态奋进新征程、建功新时代。要增强历史定力，发扬历史主动精神，全面深化县情认识，既看到经济发展不平衡不充分、在区域协调发展中处于落后的问题，又看到当前多种政策叠加带来的发展机遇，平远正处于加快振兴发展的最好时期，务必要真学真懂真信真用习近平新时代中国特色社会主义思想，形成切合实际接地气的具体措施，坚定不移办好我们平远自己的事。

三要立足实践维度，响应伟大号召，践行初心使命，涵养“功成不必在我”的精神境界和“功成必定有我”的责任担当。要认真学习贯彻习近平总书记关于广州大规模迁移砍伐城市树木、严重破坏城市自然生态和历史文化风貌的重要批示精神，决不做自以为领导满意却让群众失望的蠢事，决不搞劳民伤财的“形象工程”“政绩工程”。要充分认识实现共同富裕的长期性和紧迫性，坚决摒弃“等靠要”思想，全面激发内生动力，弘扬敢闯敢试、敢为人先精神，积极探索实现共同富裕的路径，加强对经济工作的领导，共同努力把平远经济“蛋糕”做大，让发展成果更多更公平地惠及全县人民。

三、2022 年工作安排

中共二十大将于今年下半年召开，这是党和国家政治生活中的一件大事。全县工作都要紧紧围绕这个大局来展开，着力营造平稳健康的经济环境、国泰民安的社会环境、风清气正的政治环境。平远今后发展面临的挑战和机遇，县第十四次党代会作了系统分析和全面研究。我们要准确把握、担当作为，抢抓政策机遇，沉着应对困难挑战，在新征程中把平远高质量发展的路子走对走实走好。

今年工作的总体要求是：以习近平新时代中国特色社会主义思想为指导，全面贯彻落实中共十九大和中共十九届历次全会及中央经济工作会议精神，深入贯彻习近平总书记对广东系列重要讲话和重要指示批示精神，按照习近平总书记赋予广东的使命任务要求，弘扬伟大建党精神，加强党的全面领导和党的建设，坚持稳中求进工作总基调，完整、准确、全面贯彻新发展理念，积极参与打造新发展格局战略支点，全面深化改革开放，坚持创新驱动发展，推动高质量发展，认真落实省委十二届十五次全会、市第八次党代会、市委八届二次全会工作部署，围绕建设“精致小城•大美平远”一个目标，突出党建引领、工业兴县、城镇提升、生态文明建设“四个重点”，全面实施园区提质增效、美丽城镇建设、乡村全面振兴、发展环境优化、民生福祉改善、平安平远建设、党建品质提升“七大行动”，统筹发展和安全，继续做好“六稳”“六保”工作，推动经济稳健提升，保持社会大局稳定，以优异成绩迎接中共二十大胜利召开。

今年全县的发展目标是：地区生产总值同比增长6%，一般公共预算收入同比增长6%，全体居民人均可支配收入增速与经济增速基本同步。这些指标经县委常委会研究，认为符合中央经济工作会议“推动经济实现质的稳步提升和量的合理增长”的精神，更是平远苏区加快振兴、共同富裕的现实需要，有利于引导发展预期。我们要鼓足干劲、确保完成，力争完成得更好。重点做好以下五个方面工作。

（一）主攻工业倍增升级。集中发展要素，举全县之力实施工业兴县，实施主导产业培育提升和产值倍增计划，切实壮大实体经济。

一要抓产业促集群。重点围绕铜箔、钙基、稀土新材料三大产业，致力打造1个百亿级先进材料主导产业集群，创新发展N个新兴和优势产业集群，促进工业产值、税收成倍增长。铜箔产业方面，加快推进广东盈华年产3600万张、产值80亿元的高性能覆铜板项目建设，力争今年底一期项目实现投产；全力推动威华集团10万吨铜箔项目落地，打造年产值超百亿的高性能铜箔产业基地，助力全市打造“铜箔之都”。钙基产业方面，坚持矿地统筹发展，与华润水泥紧密合作，以东石镇为矿产开采区，探明资源储量，做实做细前期工作，规划配套相应的火车货运专线及堆场等设施，促进总投资50亿元、年产值70亿元的绿色钙基产业园尽早动工建设，推动东石镇打造矿山生态修复治理示范镇。稀土产业方面，加强与中国稀土集团、广晟有色对接，加大行业招商引资力度，加快建设稀土应用产品特色产业园；力促富远公司新建年产2000吨（首期）稀土金属加工项目；依托金雁磁电、瑞冠新材料、玖诚新材料，延长稀土产业链条，发展稀土永磁、储氢等功能性材料。N个新兴和优势产业方面，抢抓碳达峰碳中和机遇，力促广东能源光伏复合、仁居五福野湖农光互补等项目早日建成投产，打造百万千瓦新能源基地，为发展先进材料产业提供用能保障；创新发展装备制造、家居建材、电子信息、生物医药、酒水饮品等优势产业，引导鼓励木业企业采取整合、重组方式抱团转型；积极发展电子商务、冷链物流、服务外贸、金融等现代服务业，挖掘和培育更多经济增长点。

二要抓园区促提质。高起点、高标准做好县工业园区控制性详细规划修编工作，优化省级高新区产业发展布局，着力打造先进材料、高新技术产业集聚平台。健全园区土地节约集约利用和项目退出机制，盘活低效闲置产业用地，提高项目亩均效益，争取年内新征收土地46.67公顷（700亩）、平整土地46.67公顷（700亩）。高效率使用债券资金，加快推进道路、标准厂房、污水管网等基础设施建设，完善生活配套功能，不断提升服务效能，进一步增强园区承载能力。汇聚部门合力，用好用足政策，积极解决入园企业用工、用能、环评、资金等方面问题。培优扶强园区企业，狠抓增资扩产、技改升级，培育一批行业细分领域“单项冠军”、专精特新、“小巨人”企业。

三要抓招商促落地。聚焦“1+N”绿色产业集群，瞄准央企、省属国企、上市公司、头部企业等，发挥驻外专业招商队作用，用好商会、乡贤、南沙·平远国际经贸合作中心等资源，深入实施“乡贤回归投资兴业”工程，提供“母亲式”服务，积极引进税收大、就业多、成长性好的企业，确保年度引进项目计划投资额60亿元以上，完成实际投入12亿元以上，其中引进10亿元以上项目1个。

四要抓创新促融合。落实国家科技体制改革三年行动方案，深化产教融合、校企合作，支持龙头企业设立新型研发机构和重点实验室，加快专利转化运用，推进“广东省南方离子型稀土开发及应用技术创新中心”建设，力争全县高新技术企业达到16家以上，新增规模以上企业6家以上，规模以上工业企业设立研发机构比例达到44%。出台更具吸引力、竞争力的人才政策，创新人才“引、育、留、用”机制，完善人才住房、家属就业、子女入学等政策。创新整合土地、能耗、矿产资源、水资源、污染物排放总量等生产要素，严格审批，强化监管，保障优质产业未来发展空间。

（二）夯实振兴发展基础。坚持解放思想、开拓思路，向改革要动力、向开放要活力，主动争取上级更多政策、项目、资金支持，全力创建粤闽赣苏区改革试验区示范县。

一要谋划合作平台。落实市委部署要求，吃透用好原中央苏区、特殊类型地区、北部生态发展区、省际交界区等政策，加强与寻乌、武平等相邻县的沟通合作，整合资源、产业、区位等优势，科学规划、分期探索建设粤闽赣苏区改革试验区平远片区。重点以先进材料产业为抓手，近期全力规划建设大柘镇长坑径水库周边3.5平方千米起步园区，中期深入开发21.9平方千米的县工业园区，牵引带动“三省三县”的资源要素和市场加快向平远集聚。抢抓“双区”“两个合作区”建设机遇，巩固深化与南沙区合作，争取更多“打粮食”的项目落户平远。实施国企改革三年行动计划，做强做大平远国有控股集团，探索设立政府产业引导基金，选准企业项目进行参股投资，巩固壮大县级财力。

二要促进互联互通。主动融入赣南苏区、海西经济区、粤港澳大湾区交通“大网络”，动工建设瑞梅铁路，推进平武高速、平蕉大高速等项目前期工作，打造成为三省重要交通节点。加快省道225线县城至石正段、县道038线东石汶水至泗水普滩等交通基础设施建设，逐步实施农村道路“单改双”，致力打造成旅游路、资源路、产业路、致富路。深化与省际交界县常态化、制度化合作，创新体制机制，形成优势互补、资源共享、联动发展的良好格局。

三要狠抓重点项目。牢牢把握国家“适度超前开展基础设施投资”窗口期，坚持把项目谋划、落地、建成摆在关键位置，每年拿出不少于2000万元用于重大项目前期工作，强力推进“十四五”已谋划的200多个总投资800多亿元的重大项目，形成更多有效投资。强化部门联动配合，做好前期工作，加强督查考核，推动2022年度中央预算内和地方政府专项债券项目落地见效，统筹谋划更多重点正式项目，确保完成年度投资超40亿元目标任务。

四要优化营商环境。全面对标大湾区，持续深化“放管服”改革，落实县领导挂钩企业制度，践行“常联系、马上办、主动帮”服务理念，健全“周工作研判”工作机制，打造懂企业、懂市场的阳光政府。开展营商环境提升行动，强化用地、用工、资金等要素保障，推行“拿地即开工”等审批模式，确保签约项目以最快速度落地动工、投产见效。推进政策“瘦身”，实现行政许可事项100%网上受理、100%网上办结。完善减税降费落实工作机制，及时兑现惠企政策。加强政银企合作，加快培育上市后备企业。构建“亲”“清”政商关系，积极探索涉企行政执法监管的新方法、新举措，严肃查处破坏营商环境的违纪违法行为。

（三）建设精致美丽城镇。高质量编制实施国土空间总体规划，坚持以人为核心、城镇互动、产城融合，推动“精致小城”建设取得新成效。

一要提升县城品质。坚持“精心规划、精致建设、精细管理、精美呈现”理念，加快县城市政设施、公共服务、环境卫生提档升级，积极创建全国县级文明城市。高标准完成瑞梅铁路平远站场规划设计方案，分步推进黄沙、梅东片区土地连片储备，盘活国有土地资源，拉开县城架构。加快推进平远大道、环北路、柘东路等改造提升工程，尽早打通梅青路、建设西路等断头路，进一步完善“三横四纵”城市路网架构。加快城市更新步伐，促进平远高新区加快融入县城发展圈，持续推进城南新区建设和老旧小区改造，新建一批停车场、便民市场、口袋公园、小广场和公厕，建设公园城市。加强县城人文历史传承保护，提升城市人文魅力。加大城市管理执法力度，加快智慧城市建设，推进数字化、智能化治理。

二要建设美丽圩镇。坚持规划引领，统筹整合资金，实施美丽圩镇建设攻坚行动，深入开展“三线”治理，提升垃圾、污水治理水平，完善圩镇道路、农贸市场和农产品集散中心、物流服务站、文体、医疗等基础设施，不断提升公共服务能力，增强圩镇集聚辐射能力，推动东石、河头建成示范圩镇，其他镇建成达标圩镇。完善餐饮、民宿等配套设施，把圩镇周边的龙头景区、红色教育培训基地、旅游特色村、田园综合体等串点成线、连线成面，促进镇域经济不断发展壮大。

（四）推进乡村全面振兴。紧紧围绕农业高质高效、乡村宜居宜业、农民富裕富足的目标，压紧压实县镇村三级书记责任，推动乡村振兴持续走在全省前列。

一要建设客家特色乡村。深入开展农村人居环境整治提升五年行动，以农村厕所革命、生活污水治理、村容村貌提升为重点，全域推进农房管控和乡村风貌带建设，创建全省乡村风貌提升示范区。充分调动干部、农民、乡贤力量，结合交通公路、万里碧道、产业发展等项目建设，争取更多涉农资金，推动每个镇每年打造1～2个美丽乡村示范点。培育文明乡风，维护乡村田园风貌，不拆传统民居、不砍老树、不盖高楼，延续乡村历史文脉，让人们记得住乡愁。

二要突出抓好产业振兴。深入实施“千企帮千镇·万企兴万村”行动，发挥驻镇帮镇扶村工作队作用，促进扶贫项目资产保值增值，鼓励村集体创新方式方法，进一步壮大经济实力和盈余分红能力，力争到今年年底70%以上村集体年收益达10万元以上，持续巩固拓展脱贫攻坚成果同乡村振兴有效衔接。以工业化理念发展农业，加快推动脐橙、南药省级现代农业产业园扩容提质增效，做优做强“一镇一业、一村一品”，探索建设1～2个乡村产业社区，实施品种、品质、品牌和标准化生产“三品一标”行动，建设平远特色农业产业集群。落实粮食安全党政同责，实施种业振兴工程。深化农村综合改革，盘活土地资源，抓好撂荒耕地复耕复种、水田垦造和高标准农田建设，培育新型农业经营主体，创建省公共型农业社会化服务体系改革试点县。

三要厚植绿色生态优势。全面贯彻习近平生态文明思想，严格实施“三线一单”生态环境分区管控，持续打好蓝天、碧水、净土保卫战，落实河（湖）长制、林长制，全面实施“绿美平远”大行动，标本兼治抓好中央生态环保督察问题整改，推进山水林田湖草沙一体化保护和修复工程。落实领导干部自然资源资产离任审计。积极探索开展碳汇交易等生态产品的价值实现形式和机制，推广绿色低碳生活方式。

（五）持续保障改善民生。坚持公共财力向民生倾斜，办好民生实事，全力解决群众“急难愁盼”问题，不断满足人民日益增长的美好生活需要。

一要优化公共服务供给。千方百计稳定和扩大就业，高质量推进“粤菜师傅”“广东技工”“南粤家政”三项工程，做好高校毕业生、农民工、退役军人等重点群体就业工作，确保全年新增城镇就业1400人以上、城镇登记失业率控制在3.5%以内。巩固提升“双减”成果，着力消除大班额，统筹办好学前教育、义务教育、普通高中教育和特殊教育。启动教育集团化办学模式，建设高素质专业化师资队伍，推动教育整体水平在全市提档升级。建立和完善公共卫生体系，落实常态化疫情防控措施，全力守住不发生本土病例的底线。创新发展中医药事业，抓好县人民医院“二甲”复审、妇计中心“二甲”评审工作，提高医疗服务水平，全面建成优质高效紧密型县域医共体。用好新时代文明实践中心，保护利用革命遗址、名人故居、古民居、古道古树等资源，弘扬传承红色文化、非物质文化遗产和传统艺术，深入实施文化惠民工程，积极参与“东亚文化之都”当选年系列活动。加快体育强县建设，广泛开展全民健身活动。

二要完善社会保障体系。深入实施全民参保计划，做好养老、医疗、工伤、失业、生育保险扩面征缴工作，稳步推进基本养老保险全国统筹、基本医疗保险省级统筹。进一步做好社会救助、儿童保障、社会福利、慈善事业、退役军人、优抚安置等工作，完善儿童、妇女、老人、残疾人关爱服务体系。积极应对人口老龄化，落实好三孩生育政策及其配套支持措施，完善养老、托育服务体系。

三要提升社会治理水平。全面贯彻总体国家安全观，以做好中共二十大安保维稳工作为主线，深入推进平安平远、法治平远建设。持续开展维护政治安全8个专项行动，有效防范化解各类政治安全风险隐患。坚持和发展新时代“枫桥经验”，深入推进社会矛盾纠纷排查化解，做到“小事不出村，大事不出镇，矛盾不上交”。巩固深化政法队伍教育整顿成果，常态化开展扫黑除恶斗争，强化社会治安防控体系建设，全链条打击电信网络诈骗和盗抢骗、黄赌毒、食药环等违法犯罪。加强应急管理和安全生产工作，深化实施安全生产专项整治三年行动，扎实做好消防、燃气安全管理、森林防灭火、防旱防汛防台风等工作。扎实推进“八五”普法工作，持续提升基层社会治理法治化水平。抓好国防动员、兵役征集、民兵后备力量建设。

四、加强党的全面领导和党的建设

推动平远苏区加快振兴、共同富裕，关键在党，关键在各级党员领导干部。我们要弘扬伟大建党精神，坚持“打铁还须自身硬”，全面贯彻新时代党的建设总要求和新时代党的组织路线，大力实施党建品质提升行动，以高质量党建推动高质量发展。

（一）强化思想政治建设。始终把党的政治建设摆在首位，坚持用习近平新时代中国特色社会主义思想武装头脑、指导实践、推动工作，自觉增强“四个意识”、坚定“四个自信”、做到“两个维护”。严明政治纪律，严格执行省委坚决落实“两个维护”十项制度机制，持续巩固肃清李嘉、万庆良恶劣影响成果，切实把习近平总书记、党中央的决策部署落到实处。巩固深化党史学习教育成果，弘扬苏区精神，深化对党忠诚教育，不断提高政治判断力、政治领悟力、政治执行力，增强斗争精神，提高斗争本领。

（二）强化意识形态建设。今年是中共二十大召开之年，时间节点非常敏感，易产生突发舆情，必须落实落细意识形态工作责任制，守好守牢各类意识形态阵地，突出加强思想理论、新闻媒体、互联网、文化、宗教、社会组织等领域的舆论引导和舆情监测，健全敏感信息闭环反馈机制，有力有效防范化解各种意识形态风险。

（三）强化基层组织建设。全面落实新一轮基层党建三年行动计划，扎实开展“整镇推进、整县提升”示范县镇创建工作，推动“强镇带村、强村带组”，努力把各层级各领域党组织锻造得更加坚强有力。抓实基层党建工作责任制，持续整顿软弱涣散基层党组织，大力实施“头雁工程”“南粤党员先锋工程”，深化机关干部“双报到双服务”和“回乡联村”等工作，创建抓党建促乡村振兴示范县镇，探索建立将村集体经济发展与村干部奖励报酬相挂钩的工作机制，不断壮大村集体经济。

（四）强化干部队伍建设。健全“一把手抓第一资源”工作机制，坚持新时代好干部标准，着重从发展实体经济、项目建设、乡村振兴、基层治理等一线岗位中锻炼干部、考察干部、选拔干部，不断选优配强各级领导班子。充分发挥县镇党校主体作用，深入细致做好思想政治工作，引导党员干部进一步解放思想、爱岗敬业、用心奉献，提高领导经济工作的专业能力。健全容错免责机制，激发和保护干部干事创业的激情活力，营造务实担当、狠抓发展、善于作为的良好氛围。

（五）强化党风廉政建设。聚焦责任落实，推动党委（党组）主体责任融于日常、纪委监委监督责任落实落细。聚焦作风建设，锲而不舍落实中央八项规定精神，健全基层减负长效机制，坚持纠“四风”与树新风并举。聚焦监督执纪，用好“四种形态”，加强对“一把手”和领导班子的监督，推进“四项监督”统筹衔接，开展十四届县委巡察工作，严肃查处腐败问题，一体推进不敢腐、不能腐、不想腐。聚焦制度建设，把正风肃纪反腐与深化改革、促进治理、推动发展贯通起来，努力取得更多制度性成果和更大治理成效。

同志们，让我们更加紧密地团结在以习近平同志为核心的党中央周围，在市委的坚强领导下，团结带领全县党员干部群众，狠抓发展第一要务，全面激发内生动力，踔厉奋发、笃行不怠，团结奋斗、攻坚克难，以优异成绩迎接中共二十大胜利召开！

政府工作报告

——在平远县第十六届人民代表大会第三次会议上

（2023 年 2 月 23 日）

平远县县长　周小勇

一、2022 年工作回顾

2022 年，是中国共产党和国家历史上极为重要的一年，也是平远发展史上极不平凡的一年。一年来，面对新冠疫情多轮冲击和经济下行多重压力，县政府坚持以习近平新时代中国特色社会主义思想为指导，深入学习贯彻中共二十大精神，全面贯彻落实“疫情要防住、经济要稳住、发展要安全”重要要求，在省委、省政府、市委、市政府和县委的坚强领导下，坚持稳字当头、稳中求进，高效统筹疫情防控和经济社会发展，推动各项事业取得新成效，平远苏区加快振兴、共同富裕跑出新的“加速度”。

这一年，平远稳中有进，发展势头更加强劲。全面落实国家、省、市稳经济系列政策措施，强化每月研判调度，主要经济指标基本实现由负转正、逆势上扬、排名靠前，增速在全市排名有 2 个第一（固定资产投资 43.28 亿元、同比增长 17.7%，房地产开发投资 6.11 亿元）、3 个第二（一般公共预算收入 5.35 亿元、同比增长 1.4%，工业投资 17.98 亿元、同比增长 33.2%，居民人均可支配收入 26793 元、同比增长 5.4%）、3 个第三（地区生产总值 86.57 亿元、同比增长 0.6%，技改投资 2.37 亿元、同比增长 8.6%，社会消费品零售总额 33.25 亿元）、1 个第四（项目投资 37.17 亿元、比增 29.9%），规模以上工业增加值 9.19 亿元。累计帮助企业融资 1.75 亿元，新增减税降费及退税缓税缓费超 3 亿元，落实信贷风险补偿资金 2100 万元，金融机构存贷比 62.4%。

这一年，平远阔步前进，实体经济更加亮眼。坚持以项目促产业、以产业壮实体，成功举办总投资超百亿元的重点工业项目集中开工投产活动。先进材料主导产业培育成效凸显，盈华覆铜板一期 1200 万张生产项目投产、二期动工，高端铜箔一期 2.5 万吨生产项目开工；富远稀土 5000 吨分离和金雁磁电项目顺利投产，省离子型稀土开发创新中心加快建设，稀土产业产值、税收分别同比增长 40%、148%；绿色钙基产业园项目前期工作加速推进。52 项重点项目完成投资 43.36 亿元，超额完成年度投资计划。总投资 10 亿元的工业园基础设施项目加快建设。广东能源光伏复合（一区）首期并网发电，粤电泗水风电场全容量并网发电。坚持招大引强，全年新引进项目 7 个、计划总投资 50 亿元，其中超亿元项目 6 个、超 10 亿元项目 1 个。实施技改项目 13 个，新增规模以上工业企业 9 家。全年共申报发行债券资金 15.56 亿元、同比增长 427%。谋划储备 2023 年债券项目 18 个、申报资金 22 亿元，获政策性开发性金融工具 8500 万元。获评第一批国家县域商业建设行动示范县。

这一年，平远循序渐进，县城面貌更加精致。科学划定“三区三线”，完成县城控制性详细规划局部调整。扎实推进 8 项总投资 6.75 亿元的县城提质改造项目建设，111 个老旧小区、6 个农贸市场、8 个停车场、11 处城中小公园、25 条背街小巷完成改造，城市精细化管理水平有效提升，群众家门口幸福感不断增强。平远大道、平城中路、平城南路、关柘路、新建路等市政道路基本完成改造，道路服务功能实现提升。建设路西段、子青路和杞凤路升级改造稳步推进，城南中学门口等多个交通信号枢纽得到优化，县城“血脉”更加畅通。瑞梅铁路平远段、天然气“县县通”工程平远段、燃气管道老旧更新改造工程开工建设。省道225线大柘至石正段全线通车。持续推动县城污水处理厂配套管网和城乡供水扩网工程建设，完成原制水厂升级改造，新建制水厂1座，改扩建供水管网67千米、污水管网12.7千米。县城生活垃圾无害化处理率达100%。

这一年，平远励精图治，乡村振兴更加出彩。超额完成粮食生产任务，完成撂荒耕地复耕复种1400公顷（2.1万亩）、垦造水田40公顷（600亩），新建成高标准农田933.33公顷（1.4万亩），新增水田指标3.6公顷（54亩）。成功获批国家农村产业融合发展示范园、南药省级现代农业产业园（扩容提质）、省级农业科技园区、省级中药材（林业）特色产业发展基地，平远三华李列入全国名特优新农产品名录，新增粤港澳大湾区“菜篮子”生产基地1个，全县农林牧渔业总产值同比增长4.4%。广东供销（平远）天业冷链物流产业园投入使用，11个农产品产地冷藏设施完成建设。供销社公共型农业社会化服务体系改革初见成效，县供销社获省供销系统综合业绩考核二等奖。驻镇帮镇扶村工作扎实推进，73%行政村集体经济收入超10万元。八尺、热柘产业社区试点建设扎实有效。统筹4.1亿元推进美丽乡村建设和美丽圩镇攻坚行动，圩镇风貌显著提升，功能配套更加完善，全县所有圩镇达到宜居标准，差干、河头达到示范标准。红色记忆美丽乡村示范带获评“省十大美丽乡村风貌提升示范带”。所有行政村达到县级以上文明村标准，加丰村、畲脑村成功创建“全省民主法治示范村”。投入2.5亿元提升改造县乡道路，完成48.8千米通建制村“单改双”工程，获评省级“四好农村路”示范县。

这一年，平远克难奋进，疫情防控更加有效。全面贯彻“三个坚定不移”，因时因势调整优化疫情防控政策。面对严峻复杂的疫情考验，我们众志成城、尽锐出战，打赢了“1·31”“4·13”等多场疫情歼灭战，数百名医务工作者白衣执甲、逆行出征，圆满完成支援深圳、广州、丰顺等地疫情处置任务。防控政策优化后，我们把防疫重心从防控感染转向医疗救治，突出“保健康、防重症”，抓好“一老一小”等重点机构疫情防控，应设尽设发热门诊（诊室）17家，ICU、血透床位分别增至14张、53张，全力保障人民群众生命健康。

这一年，平远与时俱进，发展活力更加充沛。推动实施行政审批事项“双百工程”，纵深推进“放管服”改革，行政服务事项进驻政务服务中心比例达99.5%，基本实现群众业务“一站式”办结。全面推广“粤系列”应用，“粤智助”政务服务设备实现镇村全覆盖。在全省首创“税村共建”服务乡村振兴新模式，与江西寻乌和福建武平实现“跨省通办”，100项高频政务服务事项实现“省内通办”。“数字财政”系统预算动态监控和闭环管理进一步强化，资金来源去向更加透明。深入实施国企改革三年行动，32家县属国企重组改革任务有序推进。持续深化农村综合改革，促进农村土地经营权流转，全县流转承包地5420公顷（8.13万亩）、占承包地总面积的50.9%。

这一年，平远倍道而进，生态环境更加优化。全面完成中央环保督察反馈问题整改。顺利通过国家生态质量考核，获中央生态补偿金1.96亿元。全年城区环境空气质量优良率连续七年排名全市第一。县域水环境质量持续提升，主要河流省控断面达到Ⅱ类标准，优良率达100%。县城集中式饮用水源水质达到Ⅱ类标准，全县农村饮用水源水质优良率达100%。完成东石、八尺稔田河生态清洁流域治理及7宗病险水库除险加固。完成高质量水源林建设

233.33 公顷（3500 亩）、森林抚育 3000 公顷（4.5 万亩）、新造林抚育 498.47 公顷（7477 亩），成为全省唯一入选国务院全面推行林长制工作成效明显拟激励名单的县。重点实施 8 个山水林田湖草沙生态系统一体化保护和修复工程，完成矿山石场治理复绿 4.32 公顷、历史遗留矿山治理 21.33 公顷。

这一年，平远同心共进，人民生活更加幸福。坚持八成以上财力用于民生领域，基本完成年度“10+2”民生实事。完成“三项工程”培训任务，全县城镇新增就业 1496 人，城镇登记失业率为 2.43%。城乡低保、特困供养、残疾人“两项补贴”和孤儿养育标准持续提高。镇、村（居）社会工作服务站点和困难群众、特殊群体社会工作服务实现 100%全覆盖。县慈善会通过 3A 等级认定，获得捐赠税前扣除资格。成功纳入全省基础教育高质量发展实验区。9 所民办幼儿园转为公办幼儿园，新增公办幼儿学位 570 个。县教师发展中心、开放大学改造项目和石正幼儿园投入使用，县实验小学、大柘中心小学运动场完成升级改造。紧密型县域医共体“六统一”建设基本完成，县人民医院综合大楼投入使用。县中医医院通过二甲复审。与中山二院、广州市中西医结合医院建立新一轮组团式帮扶关系，在超声诊疗科、骨科等领域取得突破。大河背景区获评国家 AAA 级旅游景区，北京国际山地徒步大会平远站入选中国体育旅游精品赛事。立项建设全域旅游基础设施项目，南台卧佛山、相思谷、五指石景区实现一体化运营。丰富提升红四军纪念馆展陈内容，完成林钦才故居、陈学生故居等革命遗址保护修缮，毓秀书院获批省级文物保护单位。县体育场对外开放经验做法获全市推广。荣获全市安全生产责任制及消防工作考核、信访工作考核“优秀”等次。以中共二十大安保维稳为主线，深入开展扫黑除恶斗争和打击整治养老诈骗专项行动，破获涉恶案件 5 宗、打掉恶势力团伙 1 个，侦破涉养老诈骗案件 10 宗，社会治安大局平安稳定。

这一年，平远砥砺奋进，自身建设更加扎实。坚持和加强中国共产党的全面领导，严明政治纪律和政治规矩，政治生态持续净化优化。弘扬伟大建党精神，推动党史学习教育常态化长效化。锲而不舍落实中央八项规定及其实施细则精神。“八五”普法扎实开展。严格执行民主集中制和“三重一大”事项决策机制，自觉接受县人大及其常委会法律监督和工作监督，主动接受县政协民主监督，高效办理人大代表建议 66 件、政协委员提案 55 件，办复率达 100%。

同时，国防动员、民宗外侨、双拥共建、食品药品、工商联、文联、科协、方志、档案、工会、青年、妇女儿童、残联、供电、烟草、气象等各项工作均取得新进步。

各位代表！成绩殊为不易，根本在于以习近平同志为核心的党中央坚强领导，根本在于习近平新时代中国特色社会主义思想的科学指引，是省委、省政府、市委、市政府和县委正确领导的结果，是县人大、县政协有力监督、大力支持的结果，更是全县干群、社会各界凝心聚力、团结奋斗的结果。在此，我代表县人民政府，向所有关心支持参与平远改革、发展、稳定的同志们、朋友们，致以最崇高的敬意和最衷心的感谢！

在看到成绩的同时，我们也清醒认识到发展过程中存在的困难和不足：一是经济发展体量小、基础弱。GDP 增速虽然全市排名第三，但总量仅占全市的 6.6%、排全市第八；一般公共预算收入、规模以上工业增加值均排全市第七。二是工业产业链条短、层次低。主导产业产能还未充分释放，新兴产业体量尚小，传统产业质效不优。规模以上工业总产值、增加值下滑明显；受木业涉税案件、宁江水泥停产等影响，水泥、家具等规模以上工业企业产量大幅下滑，分别同比下降74.6%、65.9%。三是绿色发展任务重、难度大。平远属北部生态发展区，实体经济发展受用地、用林、用能、环保容量、交通区位等要素制约大，同时矿产、森林、农产品等资源开发利用不足。四是财政收支矛盾大、压力重。主体税源缺乏，受大规模留抵退税影响，县本级财政税收仅1.88亿元、减收4642万元。地方一般公共预算支出31.6亿元，“三保”支出20.27亿元、占比高达64%，可统筹财力少，还债压力重。五是服务效能不够高、有差距。政府工作效能有待提高，闭环抓落实尚有不足，干部服务意识和履职担当能力还需加强，营商环境仍需改善。针对这些问题，我们已采取一系列措施加以解决，今后将进一步加大工作力度，以实干实绩回报人民群众的殷切期望。

二、2023年工作安排

2023年是全面贯彻落实中共二十大精神的开局之年，是全方位推动高质量发展的关键之年，做好今年政府工作，我们比以往更有信心、更有底气、更有动力。更有信心，是因为中共二十大胜利召开，擘画了全面建设社会主义现代化国家、以中国式现代化全面推进中华民族伟大复兴的宏伟蓝图和实践路径，为我们吹响了奋进新征程的时代号角。更有底气，是因为习近平总书记和党中央、国务院高度重视革命老区苏区振兴发展，从国家层面支持梅州对接融入粤港澳大湾区；省委、省政府大力支持梅州全域建设赣闽粤原中央苏区对接融入粤港澳大湾区振兴发展先行区，推动北部生态发展区高质量发展和产业有序转移，深入实施“百县千镇万村高质量发展工程”，在安排革命老区苏区转移支付、中央预算内投资、企业和个人所得税、省直单位对口支援等方面赋予一系列政策利好，为我们县域发展提供了坚实支撑。更有动力，是因为省委十三届二次全会、省两会以及市委八届六次全会、市两会特别是县委十四届三次全会等一系列会议确定的目标任务，使得全县发展思路更加清晰、合力更加凝聚、氛围更加浓厚，为我们鼓足了发展干劲、增添了强劲动力。只要我们牢牢抓住历史机遇，坚决扛起使命担当，坚定做好自己的事，就一定能够跑出更快的平远“加速度”、展现更好的平远新形象，奋力谱写高质量发展的平远新篇章！

今年政府工作的总体思路是：坚持以习近平新时代中国特色社会主义思想为指导，全面贯彻落实党的二十大精神，深入贯彻习近平总书记对广东系列重要讲话和重要指示批示精神，按照省、市部署要求和县委工作安排，坚持稳中求进工作总基调，完整、准确、全面贯彻新发展理念，构建新发展格局，着力推动高质量发展，更好统筹疫情防控和经济社会发展，更好统筹发展和安全，围绕“一个目标、四个重点、七大行动”发展思路，坚定不移狠抓发展第一要务，全面激发内生动力，全力推进先行区平远片区建设，扎实做好实体经济、城乡发展、绿美平远、重点民生等工作，保持社会大局稳定，力促经济实现质的有效提升和量的合理增长，推动平远苏区加快振兴、共同富裕，为平远全面建设社会主义现代化开好局、起好步。

今年平远县经济社会的主要预期目标是：地区生产总值力争同比增长6%，规模以上工业增加值同比增长10%，固定资产投资同比增长13.5%，社会消费品零售总额同比增长5%，进出口总额同比增长5%，一般公共预算收入同比增长5%；全体居民人均可支配收入增速与经济增速基本同步。

围绕上述目标，我们将重点抓好以下九方面工作。

（一）突出制造业当家，着力筑牢实体经济根基。锚定高质量发展首要任务，全面落实制造业当家“一把手”工程，加快实施工业倍增升级计划，切实壮大实体经济，全年实现工业投资同比增长10%以上。

做大先进材料产业。全力推动盈华高性能覆铜板项目一期达产满产、二期投产；加快推动高端铜箔项目建设。力促富远年产2000吨稀土金属冶炼项目上半年落地建设，推动金雁磁电上规达产、富远稀土分离生产线达产达效，推动玖诚科技、越科新材料增资扩产；探索政企联合招商模式，重点引进钕铁硼电机等稀土深加工应用企业，打造稀土新材料特色产业园。坚持矿地统筹、整体开发，加速绿色钙基产业园茅坪、长窝里矿区采矿权挂牌出让，力促年内投产；推动正远实业年产1万吨高纯石英砂项目尽快竣工投产。

做优新兴优势产业。加快生物医药、电子信息等新兴产业发展，推动华清园、广东保灵、长岃药业等药企创新发展，加快远思南药、兴珠科技、广天梵谷等项目建设，扶持雅玛西新能源、宇时代等企业加大技改投入。提升装备制造、酒水饮品等传统优势产业效能，加快推动获赛尔年产6万吨智能生产项目落地建设、飞龙果业果汁加工项目达产增效，引导扶持南台酒业、一抹禾香等酒企发展壮大。

做强企业创新主体。加大规模以上企业培育力度，健全完善"小微企业""小升规"名录库，力争全年新增规模以上工业企业10家、产值亿元企业4家以上、产值超10亿元企业1家以上。鼓励支持重点企业与科研院校开展产学研合作，加快建成省离子型稀土开发创新中心，提升洪裕智能制造研究院等省级新型研发机构研发能力。实施高新技术企业树标提质行动，力争新培育认定高新技术企业2家以上、科技型中小企业6家以上。积极争取科技项目资金扶持，引导金融机构投资向科技型企业倾斜。

做活各类消费业态。加快国家县域商业建设行动示范县建设，大力提升传统消费、扩大服务消费、拓展农村消费，支持房地产、新能源汽车、家电、零售等消费。鼓励电商企业拓宽工业、农业产品销售渠道，推动名优特产入驻电商平台。以创建国家全域旅游示范区为抓手，加快推进全域旅游综合服务中心和仁居红色文旅项目建设，谋划打造城区文旅消费聚集区，支持南台卧佛山创建AAAA级旅游景区、南药梅片特色产业旅游区创建AAA级旅游景区，申报1家以上四星级旅游饭店。放大主要景区一体化运营效应，打造差异化旅游品牌，吸引更多游客来平远消费。持续丰富旅游产业链条，办好脐橙文化旅游节和旅游促消费宣传推广活动，精心推出休闲农业、特色民宿等旅游产品，大力发展工业游、研学游等消费业态，以"旅游+"推动多产业融合发展。

（二）突出提质增效，着力建强产业发展平台。坚持以平台建设为基础，聚力放大园区聚集、支撑和引领效应，持续提升园区承载力和吸引力。

狠抓基础设施。稳步推进园区扩园，将钙基产业发展区等纳入扩园范围。加快高新区控制性详细规划及环评修编，全力推进总投资12.5亿元的基础设施项目建设，大力实施管网改造、道路提升、电力扩容，加快标准宿舍、标准厂房、"智慧工业"管理等项目建设，完成平整土地500亩以上。完善医疗站、警务室、法律服务站、公园、超市、文体娱乐设施等公共服务配套。

狠抓招商引资。坚持"筑巢""引凤"相结合，把园区作为项目落地主战场，落实"一把手"带头招商，制定招商引资工作方案，压实各镇各单位和县级驻外招商队招商责任，将任务指标与年度绩效考核、工作经费等相挂钩。主动对接市级6个招商队，聚焦重点区域、重点产业、重点企业开展产业链精准招商、驻点招商、商会招商、中介招商，推动全员招商。

深入实施“乡贤回归投资兴业工程”，建好乡贤经济回归服务平台，及时兑现各项惠企政策，推动更多平远籍人才回乡、项目回归、总部回迁、资源回流。注重“外招内扩”相结合，推动达士通、雅玛西新能源、灿阳电力等现有企业增资扩产。实现全年引进亿元项目5个以上、10亿元项目1个以上，到位资金10亿元以上。

狠抓精细管理。认真做好高新区复评工作。坚持向管理要效益，有序推进土地调规报批，强化供地管理和工业项目准入评估，探索推进“亩均论英雄”改革，加强入园项目亩均效益、投资强度等刚性约束，建立健全企业综合评价体系和淘汰企业清理退出机制。按照“先易后难、一企一策、分批推进”原则，年内清理盘活低效闲置用地5宗以上，推动“腾笼换鸟”。

（三）突出项目为王，着力夯实高质量发展支撑。坚持把扩大有效投资作为发展实体经济、提升产业能级的重要抓手，集中资源要素加快推动重点项目建设。

精准发力谋项目。提高项目谋划精准度和成熟度，用足用好用活地方政府债券、中央预算内投资、政策性开发性金融工具等支持，围绕融湾振兴发展、重大平台建设、新基建等谋划储备2024年重大项目，争取纳入国家和省市规划、方案“盘子”。深化16项总投资272亿元的重点预备项目前期工作，推动5个以上项目转为正式项目。做好产业发展规划，制定出台促进民间投资发展产业指引和相关扶持政策，鼓励社会资本参与基础设施和社会事业等领域建设，积极扩大民间投资。

凝心聚力建项目。制定重点项目建设责任制实施方案，认真梳理解决项目存在问题，全力推进年度计划投资50.51亿元的48项县重点项目建设，力争6月底前全部动工。推动已入库的18个债券项目加快建设，重点要推动学前教育、乡村振兴大柘镇示范区等9个提前批项目建设。做好平远火车站综合客运枢纽、站场物流产业园等项目前期工作。推动大坑头水库年底前动工建设。加快推进天然气“县县通”工程平远段、国道206线牛挨石至径门口段、国道206线超竹至梅平径段等工程建设，全面完成县道966线吾良畲至�竹段、县道038线东石至泗水至普滩段改建工程。

集中精力管项目。强化项目立项、可研、初设、招标、施工、验收等全流程监管，严格项目审批和资金审核，切实增强投资项目的科学性、合理性。强化项目执行情况分析，严格控制资金拨付比例和进度，定期跟踪评审工程质量。加大对政府投资重点项目审计和监督力度，充分发挥代建中心作用，严防投资项目领域违规违法和腐败行为发生。

竭尽全力优服务。强化项目要素支撑，积极争取用地、用林、用能、环境容量等指标，把资源要素优先用到“打粮食”项目上。严格落实县领导挂钩联系重点项目责任制，充分发挥重大项目指挥部、并联审批工作专班作用，持续推行分阶段并联审批、“容缺—承诺”受理等审批模式，全面推进工业项目“拿地即开工”，力促未开工项目早动工、在建项目早投产。

（四）突出内外兼修，着力提升精致小城品质。坚持人民城市人民建、人民城市为人民，提高城市规划、建设、治理水平，用心用情打造美丽幸福家园，全力创建全国县级文明城市。

加强规划引领。牢固树立“经营城市”理念，高标准做好主城区控制性详细规划、重点地段详细城市设计，确保各项规划更加适应县城发展，更好引领新旧城区高质量均衡发展。坚持系统思维，统筹调配土地资源，科学完善用地规划，优化空间布局、产业功能，进一步明确县城各片区功能定位。坚持以人为本，聚焦群众期盼，合理布局公共基础设施，不断提升群众获得感和满意度。

加快城市更新。高质量推进县城提质改造工程，大力推进环北路、平岗路、柘东路、人民医院周边等道路改造建设，逐步打通与主干道相连的鸿禧路、莲花路、梅青路、车上至城南小学道路、梅东村委至法谦水体公园道路等断头路，扩建子青路、杞凤路、贵宾旅社至环北路等道路，优化提升平远大道通行能力。逐步推进县城主街道风貌提升。建设城北体育公园，改造提升法谦、宜华等水体公园。完成县革命烈士陵园提质改造。持续开展老旧小区、供水污水管网等改造工程。新增一批公共停车场和充电桩。加快推动铜锣湾壹号、奥园广场、盛世豪庭、优山美地等小区建设。积极谋划申报 10 个 2023 年县城提质改造拟建项目，科学谋划老城核心区改造项目和工业园二期至鸭麻桥连接线道路，做好“引水进城”前期工作。

加大管理力度。切实发挥城市管理委员会职能作用，积极构建“大城管”体系，打造综合信息化网络平台，推进智慧社区和智慧交管建设，优化县城道路交通疏导。坚持执法服务并举，提高上街见面率、管事率和服务率，常态化开展县城环境综合整治行动，加大“两违”“六乱”整治力度。结合人文、乡土特色，因地制宜打造富有平远特色的景观照明、园林绿化，进一步提升城市形象。

（五）突出产业兴旺，着力推动乡村全面振兴。深入实施“百县千镇万村”高质量发展工程，推动农业农村现代化，促进农业高质高效、乡村宜居宜业、农民富裕富足。

发展现代农业。优化完善特色高效现代农业奖补机制，集中有限资源为本地种植、精深加工、销售等全产业链服务，打造县域“产供销一体”格局。谋划对接粤港澳大湾区现代农业发展平台，加快推进现代农业“三产”融合集中区规划建设。持续推进国家农村产业融合发展示范园、省农业科技园区和脐橙、南药省级现代农业产业园扩容提质建设，打响“平远橙”“平远南药”“客家炒绿”等品牌，推动农业“接二连三”。深化驻镇帮镇扶村，整合盘活农村闲置资源资产，实现 100%村集体收入超 10 万元。加快推进冷链物流、仓储等配套设施建设，建成广东供销农产品直供配送平远服务中心。新增省级示范农民专业合作社 2 家、示范家庭农场 2 家，培育一批乡村产业振兴带头人、乡土专家。加快农业产业用地流转，大力发展农业社会化服务，完成生产托管服务面积 1333.33 公顷（2 万亩）。推动 2 个乡村产业社区试点建设取得新成效。新增高标准农田提质改造 700 公顷（1.05 万亩）、高效节水灌溉 33.33 公顷（500 亩），坚决遏制新增撂荒耕地，稳定粮食生产。

提升镇村品质。突出“一镇一特色”，充分发挥省际边界、特色产业、“红古绿”三色资源等镇域优势，着力打造工业重镇、商贸旺镇、文旅名镇、农业强镇、特色小镇。探索高新区与石正圩一体化规划建设，加快推进石正镇市级美丽小城镇试点建设，打造成县域副中心。深入开展美丽圩镇攻坚行动，仁居、东石达到示范标准。接续实施农村人居环境整治提升五年行动，强化农房管控和乡村风貌提升，扎实推进宜居宜业和美乡村建设。加快仁居—差干乡村振兴示范带建设。进一步改造提升县乡道路，完成 50 千米“单改双”等“四好农村路”建设。加快农村供水“三同五化”改造，推进高坝、屋顶山塘综合整治和柚树河、差干河等治理工程，实现全县农村污水治理率达 83%以上。

加强乡村治理。推动巩固拓展脱贫攻坚成果同乡村振兴有效衔接，完善防止返贫动态监测帮扶机制。加强农村建房审批管理，推动拆旧复垦、垦造水田、撂荒耕地治理等政策相互衔接，探索推进农村土地综合整治和宅基地集中建房点建设。活化利用程旼“以德化人”思想理念，大力推广新时代“枫桥经验”“一带一法四参与”“中心 4+”等社会治理模式，深入推进信访矛盾源头治理，完善乡村公共法律服务体系，健全“五治”融合乡村治理体系，涵养文明乡风。

（六）突出绿美引领，着力擦亮生态文明底色。坚持生态优先、绿色发展，坚定不移推进绿美平远生态建设，持续抓好污染防治，推动绿色低碳发展。

打好生态保护攻坚战。加快创建国家生态文明示范县。充分发挥全省林长制试点县示范带动作用，高标准推进绿美平远生态建设八大工程，持续优化林分、优美林相，完成林分优化提升 1113.33 公顷（1.67 万亩）、森林抚育提升 1500 公顷（2.25 万亩），建设国家储备林 3133.33 公顷（4.7 万亩）。深入推进松材线虫病防控治理攻坚行动，确保取得实质性成效。加强矿山生态环境保护治理，全力做好 2023 年山水林田湖草沙一体化保护和修复工作。

打好污染防治持久战。推进“无废城市”建设，扎实开展重点区域和重点行业污染治理，严格执行“三线一单”分区管控，巩固中央环保督察反馈问题整改成效。深入开展断面水质达标攻坚行动，统筹推进农村生活污水治理，有序推进入河排污口治理。加大受污染耕地安全利用和风险管控力度，强化固体废物全过程管理。持续推进生态环境保护执法工作，开展环境应急预案专项检查，增加重点河流断面、饮用水源地监测频次。

打好绿色转型主动战。积极稳妥推进碳达峰碳中和，严格落实能源消耗总量和强度“双控”制度，完成市下达节能减排降碳约束性指标任务。探索生态产品价值实现路径，推动碳排放权交易、林业碳汇试点。开展自然资源资产梳理行动，着力在稀土、石料、矿泉水等领域实现资源资产价值最大化。整合资源开发利用新能源，全面推进全县公共机构分布式光伏项目建设，加快推进广东能源光伏复合、仁居五福野湖农光互补等项目建设。重点发展脐橙、油茶、梅片树、铁皮石斛、林下灵芝等特色产业，大力发展森林旅游、森林康养等新业态。

（七）突出蓄势赋能，着力激发改革开放活力。坚持以更深层次改革打造高效政府，以更宽领域融湾引领发展突围，以更高水平开放抢占发展先机。

深化重点领域改革。深入推进“放管服”改革和数字政府建设，大力实施营商环境建设短板弱项提升行动，探索推进“极简审批”改革，开展“一照通行”涉企审批服务改革，实现企业开办“一窗通办”和行政审批事项“100%网上受理、100%网上办结”。坚持“两个毫不动摇”，完成林业、粮储等国资国企重组整合，盘活迎宾馆等物业资产，实现国企改革三年行动高质量收官。持续推进预算编制改革，提高预算科学性和精准度。深化农村土地、集体产权、供销社等制度改革，探索集体经营性建设用地入市，扎实推进农村承包地“三权分置”改革，引导土地经营权规范有序流转。

加快融湾入海步伐。落实落细《梅州方案》，迅速制订我县具体行动方案，科学编制先行区平远片区规划，高标准谋划建设平远片区，推动“苏区+湾区”政策叠加共享。主动衔接大湾区规则机制，推动“老区思维”向“湾区思维”转变，积极承接珠三角产业有序转移，在产业发展、科技创新、农产品供给等领域谋求更大发展。用好用足省文旅厅、南方航空、广东电信对口支援以及广州市对口帮扶资源，加快推动与广州市南沙区建设“飞地园区”“反向飞地”，引导两地主导产业、乡贤企业飞地发展，实现双向赋能、双向利好。主动对接“双区”“两个合作区”和海西区，深化与寻乌、武平等周边县联动合作，整合资源、产业、区位等优势，科学规划、探索建设跨域合作园区。

提高对外开放水平。打好“五外联动”组合拳，深化与“一带一路”沿线国家和地区经贸文化交流合作，用好“客”“侨”资源，培育壮大跨境电商等新业态新模式。全力推进瑞梅铁路平远段建设，加快平武高速前期工作，系统推进国省道升级改造，优化公路干线布局，打造“三纵三横一环”国省干线骨架，构建外联内畅的立体交通体系。

（八）突出为民惠民，着力提升民生保障水平。坚持在发展中保障和改善民生，采取更多惠民生、暖民心举措，解决好人民群众“急难愁盼”问题，扎实推进共同富裕。

建设健康平远。认真落实新阶段疫情防控各项举措，以“保健康、防重症”为重点，做好老年人、儿童等重点人群防护和救治。深化医药卫生体制改革，加快推进紧密型县域医共体建设，建成使用新妇保院并创建“二甲”专科医院，推动普惠托育发展和县中医医院医养结合项目建设。加强县级公立医院中医科建设，推进区域化中医“治未病”服务体系建设。选拔和引进一批医学领军人才和名医、中青年医学人才。持续提升医疗服务质量和能力，推动公立医院经济效益和社会效益双提升。

推进教育现代化。抢抓全省基础教育高质量发展实验区建设机遇，深化教育领域综合改革，加快推进义务教育优质均衡发展和城乡一体化，推动创建学前教育普及普惠县。完善优化校园长选聘、后备干部培养、教师职级晋升和绩效评价机制，加强“三风”建设。优化提升备考策略，争取高考取得新突破。优化城区学校布局，推进城北实验幼儿园、石正实验幼儿园（二期）、东石实验幼儿园项目建设，推动县一小、县三小、梅青中学校园升级改造。积极探索跨区域校际合作模式，做大做强中小学教育集团化办学试点，探索创建教育联盟，办好开放教育、特殊教育和全民终身教育，提升教育整体水平。

加强社会保障。全面落实就业优先政策，扎实推进“三项工程”，抓好高校毕业生、就业困难人员等重点群体就业。严厉打击欠薪等违法行为，让农民工劳有所得。持续深化社保领域改革，提高社保覆盖面。持续加强城乡居民基本医疗保险扩面征缴，推动职工医保普通门诊和个账改革，完善大病保险和医疗救助制度。健全完善退役军人服务保障体系和分层分类社会救助体系，建设 2 家镇级综合养老服务机构（中心），建成县社会福利中心、县居家养老服务指导中心和长者饭堂，探索实施区域养老服务机制。

发展文体事业。深入实施文化惠民工程，加快推进公共文化场馆数字化建设，开展群众性文化活动，推出一批文艺精品力作。举办平远船灯、落地金钱、落地花鼓等非遗传统民俗活动，培育保护非遗代表性传承人。修缮保护南粤古驿道、姚子青故居，活化利用中央红色交通线等红色革命遗址。大力实施“双青”工程，加快建设全民健身中心，筹办好足球联赛、徒步大会等赛事活动，广泛开展全民健身活动，促进群众体育和竞技体育协同发展。

建设平安平远。落实总体国家安全观，完善安全隐患常态化排查整治机制，抓好意识形态和网络安全。深入推进扫黑除恶常态化，严厉打击整治电信诈骗等各类突出违法犯罪。防范化解地方政府债务风险，精准防控企业债务违约、非法集资、房地产市场等突出风险。扎实开展第五次全国经济普查。严格落实安全生产责任制，加强应急管理体系建设，扎实推进森林防火、防汛防旱防风、综合防灾减灾等工作，常态化开展道路交通、消防、建筑工地、危爆危化品、非煤矿山、城镇燃气、食品药品等领域整治行动。抓好国防动员、国防教育、民兵建设和兵役征集工作。

办好民生实事。坚持民生实事“代表定、政府办”，在完成省、市 10 件民生实事基础上，结合平远实际，我们拟订了 2023 年人大代表票决制民生实事候选项目，包括大柘镇杞园村人居环境整治提升工程等3项，请大家审议。我们将坚持量力而行、尽力而为，把更多财力用于保障民生和基本公共服务，以小切口推动大变化。

（九）突出担当作为，着力强化政府自身建设。始终坚持“三个务必”，加快政府职能优化、作风提升，深入推进政府治理体系和治理能力现代化，建设人民满意、高效清廉政府。

坚持忠诚干事。坚持以习近平新时代中国特色社会主义思想为指导，全面贯彻中共二十大精神，深刻领悟“两个确立”的决定性意义，增强“四个意识”、坚定“四个自信”、做到“两个维护”，不断提高政治判断力、政治领悟力、政治执行力，以实际行动践行对党绝对忠诚，确保中央、省、市和县委决策部署一贯到底、落地见效。

坚持秉公干事。深入贯彻习近平法治思想，严格依照法定权限和程序履行职责。抓好“八五”普法。严格落实“三重一大”事项决策机制，健全重大行政决策程序和法律顾问制度，加强政府合同、规范性文件审查和执行监督，切实提升政府决策科学化、民主化和法治化水平。落实全过程人民民主，主动接受人大及其常委会依法监督、政协民主监督，创新联动机制，高质高效办好建议提案。

坚持担当干事。牢固树立正确政绩观，扎实开展“竞标争先”和作风建设行动，大力推行一线工作法，用好“三定一督一通报”、经济运行调度和各部门协同工作机制，提升干部执行力、抓落实能力。自觉对标湾区标准、树牢湾区思维，破除小成即满、因循守旧、坐等靠要思想，持续强化服务意识、服务质量、服务效率，大力营造市场化、法治化、国际化一流营商环境。坚持严管厚爱并重，坚决破除“中梗阻”“股梗阻”现象，健全绩效考核制度，用好正向激励和市委容错纠错机制，为担当者担当、让实干者踏实。

坚持廉洁干事。深入推进政府系统党风廉政建设和反腐败斗争，强化审计监督和统计监督。严格落实中央八项规定及其实施细则精神，深入整治形式主义、官僚主义，切实减轻基层负担。坚持政府过“紧日子”“苦日子”，强化资金绩效管理，严控“三公”经费和一般性支出，最大限度压减支出、节用裕民。

各位代表！初心如磐，使命在肩；任重道远，实干为先。让我们更加紧密地团结在以习近平同志为核心的党中央周围，在省委、省政府、市委、市政府和县委的坚强领导下，坚定信心、奋起直追、竞标争先，为奋力谱写平远苏区加快振兴、共同富裕新篇章而努力奋斗！

名词解释

1.“三区三线”：“三区”是指城镇空间、农业空间、生态空间三种类型的国土空间；“三线”分别对应在城镇空间、农业空间、生态空间划定的城镇开发边界、永久基本农田、生态保护红线三条控制线。

2.“三项工程”：“粤菜师傅”“广东技工”“南粤家政”三项工程。

3.县域医共体“六统一”建设：紧密型县域医共体内行政、质量、药械、财务、人员、信息统一管理。

4.县体育场对外开放经验做法：全县体育事业发展“一张蓝图”；功能分区、整体布局“双兼顾”；开放时间、场地管理、维护经费“三个保障”；领导带动、民生互动、部门联动、督查推动“四轮驱动”。

5.“三保”：保基本民生、保工资、保运转支出。

6.“引水进城”：对黄田水库增效扩容，通过高峰滩灌区引入县城岭下河，补充县城河水，达到净化美化河道的目的。

7.“三同五化”：城乡供水同标准、同质量、同服务，农村供水规模化发展、标准化建设、一体化管理、专业化运作、智慧化服务。

8.“一带一法四参与”：“一带”即党建带动；“一法”即活化利用程旼以德化人工作法；“四参与”即广泛发动村民自主参与议事、参与调解、参与建设、参与治理。

9.“中心 4+”：“中心+网格化+信息化+村民议事日+干部直联日”。

10.“五治”：政治、法治、德治、自治、智治。

11.绿美平远生态建设八大工程：指绿美森林提质工程、绿美城乡建设工程、绿美保护地提升工程、绿美资源管护工程、绿美经济增量工程、绿美生态增益工程、绿美文化发掘工程、绿美成果共享工程。

12.“三线一单”：生态保护红线、环境质量底线、资源利用上线和环境准入负面清单。

13.“三权分置”：实行农村土地所有权、承包权、经营权“三权分置”。

14.“反向飞地”：“飞地经济”的一种，但与传统飞地相反，它是欠发达地区主动到发达地区设立“飞地”，利用欠发达地区的低成本等优势，通过建立飞地快速获取发达地区的人才、区位、资金优势，实现跨越式发展。

15.“五外联动”组合拳：外贸、外资、外包、外经、外智。

16.“三纵三横一环”：“三纵”即纵一线（G206 线牛挨石至大柘段、G206 线超竹至梅平径段）、纵二线（S334、S239）、纵三线（S239、X959、S332、X038）。“三横”即横一线（G358 线湍溪至八尺段）、横二线（X966、X042、X041、X038）、横三线（S225）。“一环”即 G206 线绕城段。

17.“三风”建设：干部作风、师德师风和学校学风建设。

18.“双青工程”：足球青苗青训工程。

19.“三定一督一通报”：按照县政府“主要领导负总责，抓分管领导，分管领导抓”的要求，在工作部署时“定事定人定时”，量化工作任务，确定工作责任人，细化时间节点，对工作完成情况进行有效督促，并及时向各镇各单位通报，定期向县委报告，促进政府工作高效、有序推进。

中共平远县委 平远县人民政府关于印发《平远县贯彻落实〈中共广东省委 广东省人民政府关于新时代支持革命老区和原中央苏区振兴发展的实施意见〉的行动方案》的通知

平委发〔2022〕4号

各镇党委和人民政府，县委各部门，县直和省、市属驻平各单位：

现将《平远县贯彻落实〈中共广东省委 广东省人民政府关于新时代支持革命老区和原中央苏区振兴发展的实施意见〉的行动方案》印发给你们，请结合实际认真贯彻落实。

中共平远县委

平远县人民政府

2022年10月14日

平远县贯彻落实《中共广东省委 广东省人民政府关于新时代支持革命老区和原中央苏区振兴发展的实施意见》的行动方案

为深入贯彻落实《国务院关于新时代支持革命老区振兴发展的意见》和《中共广东省委 广东省人民政府关于新时代支持革命老区和原中央苏区振兴发展的实施意见》，全面贯彻落实《梅州市贯彻落实〈中共广东省委 广东省人民政府关于新时代支持革命老区和原中央苏区振兴发展的实施意见〉的行动方案》，加快推动平远苏区全面振兴发展，特制定本方案。

一、总体目标要求

以习近平新时代中国特色社会主义思想为指导，深入贯彻习近平总书记关于老区苏区工作重要论述和重要指示批示精神，立足新发展阶段，完整、准确、全面贯彻新发展理念，服务融入新发展格局，紧紧围绕县第十四次党代会确定的“一个目标、四个重点、七大行动”工作思路，狠抓发展第一要务，全面激发内生动力，推动平远苏区加快振兴、共同富裕。到2025年，全县脱贫攻坚成果全面巩固拓展，基础设施明显改善，基本公共服务均等化水平进一步提升，居民收入增长幅度高于全省平均水平，红色文化影响力显著增强，生态环境质量持续改善。到2035年，与全国同步基本实现社会主义现代化，综合经济实力显著提升，形成红色文化繁荣、生态环境优美、基础设施完善、产业发展兴旺、居民生活幸福、社会和谐稳定的发展新局面。

二、重点工作任务

（一）发展壮大实体经济，激发振兴发展新动力

1. 加快发展先进制造业。坚持工业兴县，实施主导产业培育提升和产值倍增计划，推动先进制造业高质量发展。做大做强以覆铜板与铜箔、钙基、硅基、稀土新材料为核心的先进材料首位产业，做精做优装备制造、家居建材、电子信息、生物医药、酒水饮品等N个新兴和优势产业，构建“1+N”绿色产业体系。积极融入粤港澳大湾区产业体系，充分发挥“链主”企业引导与带动作用，促进延链补链强链，致力打造1个百亿级先进材料主导产业集群。拓展铜箔产业体系，积极参与打造梅州“铜箔之都”建设。加快绿色钙基新材料产业园建设，创建国家绿色矿业发展示范区。引进稀土精深加工及应用项目，打造稀土应用产品特色产业园。

2. 全力建强高新区。修编完善工业园区控制性规划，科学编制高新区产业发展规划，着力打造先进材料、高新技术产业聚集平台。加大土地收储力度，稳步推进园区扩容。高效率使用债券资金，加快实施污水处理厂升级改造、标准厂房、园区路网等基础设施建设，推进教育、医疗、交通等资源向高新区延伸配套，不断提升产业承载能力。谋划建设融湾园区，与粤港澳大湾区地市和企业共建集群式产业链合作园区，为粤港澳大湾区外溢产业量身打造一批专业化产业承接基地。探索“园区专业化托管运营”模式，提升共建园区经营管理市场化和专业化水平。推广高新区建设项目“拿地即开工”审批新模式，力促项目早落地、早投产、早见效。

3. 发展生态绿色低碳产业。顺应碳达峰、碳中和要求，发展节能环保和清洁能源产业。培育发展以中医药为重点的生物医药产业，扩大南药种植，引进中成药、化学药、生物制药和保健品等生物医药企业，打造道地药材和岭南特色中药材原料产业基地。加快发展食品饮料和农产品深加工业。壮大文旅产业，完善旅游配套设施，创建国家级全域旅游示范区。培育壮大互联网和数字经济产业，发展平台经济、共享经济，与电商企业共建农林产业链加工、物流和交易平台。

4. 提升创新驱动发展能力。围绕铜箔、钙基、稀土新材料、装备制造、生物医药等领域，实施高新技术企业培育工程，增强企业自主创新能力，打造高新技术产业集群。强化区域平台合作，加强与粤港澳大湾区的科技创新合作，推进平远与广州南沙改革创新协同发展，共建创新平台、产业技术创新联盟。支持龙头企业、高校、科研机构等牵头组建创新平台，推进广东省南方离子型稀土开发及应用技术创新中心建设，推动洪裕智能制造研究院等省级新型研发机构提质增效，支持重点企业创建国家级创新平台。加快推进智慧园区、农业科技园和星创天地建设。

5. 加大招商引资力度。紧密对接“双城”“双区”和“两个合作区”，强化产业链招商、驻点招商和以商引商。聚焦“1+N”绿色产业集群，瞄准央企、省属国企、上市公司、头部企业，编制产业对接需求清单，重点对接招商引资产业清单、行业协会清单、招商引资主要目标企业清单及相关配套支持政策。建立常态化招商引资对接机制。深入实施“乡贤回归投资兴业”工程，用好商会、乡贤、南沙·平远国际经贸合作中心等资源，举办高层次招商推介活动，力促一批能“打粮食”的大项目签约落地。

（二）加快基础设施建设，筑牢振兴发展新支撑

1. 加快构建综合交通网络。构建“三纵一横”快速综合交通运输体系，加快建设瑞金至梅州铁路，推进平远至武平、平远—蕉岭—大埔高速公路前期工作，争取上级支持开展梅州至长赣高铁连接线规划研究工作。加快国省道升级改造，优化公路干线布局，打造“三纵三横一环”国省干线骨架，形成内联外通的立体交通体系。优化高速公路出入口布局，畅通县城到高速公路出入口、工业园区、景点景区的交通线路。推进“四好农村路”建设，提升农村道路等级及路网结构。建设瑞梅铁路平远站客运枢纽、平远综合物流产业园等一批客货运枢纽站场，开展通用机场前期研究工作。

2. 提高能源保障供应能力。加强能源产供储销体系建设，完善优化城乡电网规划配套，满足日益增长的工业及生活用电需要。调整优化能源结构，大力发展“农光互补”复合式发

电项目，适度开发风电项目，扎实推进整县屋顶分布式光伏开发试点工作，推动新型储能发展，创建绿色能源示范县。推动天然气主干管网“县县通工程”梅州—蕉岭—平远项目建设。推进“互联网+”智能电网建设，规划建设新能源汽车充换电网络，推进公共充电桩等设施建设。

3. 完善水利基础设施建设。推动凤池水库、大坑头水库立项建设，推进现有水库除险加固，提高水旱灾害防治能力。推进县城排涝工程、防洪达标加固工程、水闸升级改造工程建设，完善城市排涝设施。实施中小河流治理、重点山洪沟治理工程。加快平远县城乡供水提质工程进度，规划建设应急备用饮用水源，确保供水安全保障。巩固提升农村饮水安全工程，确保按省、市要求完成自然村集中供水全覆盖任务。加强农田水利设施建设，改造提升现有灌区供水能力。

（三）统筹城乡协调发展，打造美丽平远新环境

1. 建设精致小城。实施城市更新和品质提升行动，加快县城市政设施、公共服务、环境卫生提档升级，积极创建全国县级文明城市。高质量规划建设火车站片区，打造复合智慧物流、创新产业、电商服务、旅游公共服务等多元业态的产城融合新区。分步推进黄沙、梅东片区土地连片储备，拉开县城架构。着力推进平远大道、环北路、柘东路等改造提升工程，打通梅青路、建设西路等断头路，构建“三横四纵”高效城市路网。实施供水管网扩网工程、完善雨污分流、排水防涝、管线廊道等市政设施。加快城市更新步伐，持续推进城南新区建设和老旧小区改造，推进城中村人居环境整治。新建一批停车场、农贸市场、口袋公园、小广场和公厕，建设城市公园。加强人文历史传承保护，提升城市人文魅力。加快智慧城市建设，加大5G网络、千兆光网建设力度，推进数字化、智能化治理。

2. 推进乡村全面振兴。健全防止返贫动态监测和帮扶机制，推动巩固拓展脱贫攻坚成果同乡村振兴有效衔接。加大对农村低收入群体技能培训和外出务工扶持力度，组织实施“以工代赈”项目。继续实施农村人居环境整治提升五年行动，全域推进农房管控和乡村风貌建设，打造具有客家特色的乡村振兴示范带。大力推进驻镇帮镇扶村工作，深入开展“千企帮千镇、万企兴万村”行动，做优做强“一镇一业、一村一品”，建设乡村产业社区，加快优势产业发展。扎实推进脐橙、南药省级现代农业产业园扩容提质，推进国家农村产业融合发展示范园建设。大力发展客家预制菜产业，完善农产品深加工、农村电商和冷链物流等配套设施，加快推进“互联网+农业”，推动一、二、三产业融合发展。

3. 推动城乡融合发展。坚持规划引领，统筹整合资金，实施美丽圩镇建设攻坚行动，推进城镇基础设施向村延伸、公共服务和社会事业向村覆盖，带动农村人口就近就地城镇化。做强中心镇、做优特色专业镇，集中力量打造一批产业特色鲜明、产城人文融合、宜业宜居宜游的美丽小城镇。加快建立健全城乡融合发展体制机制，推动城乡要素双向自由流动，促进城乡公共资源合理配置，抓好农村土地制度和产权制度改革、发展要素有效供给，提升县域承载能力。

（四）增进民生福祉，营造共建共治共享社会治理新格局

1. 加快推进教育现代化。全面深化教育领域改革，巩固提升“双减”成果，深化教师“县管校聘”、新时代教育评价改革，推动“智慧校园”建设。完善幼儿园和中小学校布局，新改扩建一批幼儿园和中小学校，着力解决城镇大班额和公办学前教育资源不足问题，创建全国义务教育优质均衡县。全面开展中小学研学实践活动。支持平远中学提质促优，推动梅青中学、实验中学建成特色示范高中。大力引进、培育教育人才，建设高素质专业化师资队伍，推动教育整体水平提档升级。

2. 提高医疗卫生养老服务能力。实施“健康梅州”专项行动，加强公共卫生防控救治能力建设和卫生应急监测预警体系建设。持续完善医疗卫生服务体系，推进县妇幼保健院“二甲”专科医院创建工作，推动县人民医院、县中医医院成为较高水平医院和区域性医疗中心，全力打造国家“紧密型县域医共体试点”样板。实施中医临床优势培育工程和中医康复服务能力提升工程。加强县、镇、村三级医疗卫生服务网络建设，升级改造县级公立医院、镇卫生院和村卫生站，提升基层医疗机构服务能力。提升养老托育服务能力，完善实施三孩生育配套措施，促进人口长期均衡发展。

3. 提升公共文化体育服务水平。创建全国县级文明城市，积极参与“东亚文化之都”系列活动。进一步推动公共文化体育设施免费开放，大力实施全民体育健身工程，打造城区“15分钟健身圈”。建设“粤书吧”，推进建设文化馆、图书馆分馆、村级图书通借通还服务示范点。完善县、镇、村三级公共文化服务体系，深入实施文化惠民工程，促进基本公共文化服务均等化。办好“脐橙文化旅游节”“酒香节”等文化节庆活动，不断提升文化品牌影响力。大力弘扬中华优秀传统文化、客家文化和红色文化。活化利用红色资源、南粤古驿道，分批对名人故居（旧居）进行修缮，保护利用名人故居、古民居、古道古树等资源。

（五）推动红色基因传承，打造精神文明建设新高地

1. 加强红色资源保护和开发利用。深入实施《梅州市红色资源保护条例》，将革命遗址保护纳入国土空间规划体系。加强对全县已列入省红色革命遗址名录的革命旧址遗迹的抢救、整理、保护和修葺。充分挖掘红色革命遗址资源，打造一批红色旅游景区和精品线路。整合平远红四军纪念馆党员干部教育基地及红色村文化资源，完善游客服务中心、停车场等接待服务设施，打造红色旅游景点。加大红色文化和旅游宣传推介力度，组织特色文旅项目参加广东旅博会等展会活动。

2. 强化红色资源教育功能。加强红色文化研究，全面挖掘苏区重要人物、重要事件，利用革命遗址和英雄人物事迹创作更多红色文艺精品。编撰出版《中国共产党平远历史》第二卷（1949—1978年），挖掘编撰出版《平远英烈事迹》。推进平远红四军纪念馆党员干部教育基地、毓秀书院等红色教育基地建设。加强青少年红色文化传统教育，推动红色文化进课堂、进教材。

（六）厚植绿色发展优势，推动生态文明新发展

1. 提升生态环境质量。统筹推进山水林田湖草沙一体化保护和修复工程项目。全面落实河（湖）长制，加强流域综合治理。加大饮用水源保护，完成饮用水源地规范化建设任务。加强东江源头保护。开展“绿美平远”大行动，全面推行林长制。创建国家生态文明建设示范县和“绿水青山就是金山银山”实践创新基地。申报促进生态保护修复的产权激励机制试点。

2. 加强环境综合治理。严守生态保护红线，严把产业准入环保门槛。继续开展污染防治行动，打好蓝天、碧水、净土保卫战。加快建立覆盖全县的环保基础设施体系，推进生活污水处理设施及配套管网建设，提升产业园区环保处理能力。创建“无废城市”，实施固体废物污染防治工程。推动绿色矿业发展，加强历史遗留矿山生态修复，开展尾矿库综合治理。

3. 促进绿色低碳发展。稳妥制定实施碳排放达峰行动方案，严格能耗“双控”，以“双碳”目标倒逼产业升级、环境升值，推动城乡建设绿色发展。明晰生态资源产权，建立生态产品价值实现机制，积极申报生态产品价值实现机制试点。大力发展低碳经济、循环经济，支持园区开展循环化、绿色化改造，推动绿色低碳技术创新、产业转型升级和清洁生产。

（七）坚持双向开放合作，拓展内外循环新空间

1. 建设高水平融湾合作发展平台。以资源为依托、产业为核心、园区为载体、创新为动力，谋划建设赣闽粤原中央苏区对接融入粤港澳大湾区振兴发展先行区平远片区。紧扣“融湾”主题，着力在体制机制上大胆创新，争取“苏区+湾区”政策叠加，强化与粤港澳大湾区基础设施互通、产业互补、市场融合、资源共享，积极承接粤港澳大湾区产业延伸和功能拓展，联动粤港澳大湾区共同实现高质量发展，打造粤港澳大湾区拓展经济腹地的桥头堡。

2. 深化对外开放。主动对接融入“双区”“双城”和“两个合作区”建设，深化与南沙区合作共建，积极承接“双区”产业梯度转移，着力打造“双区”产业转移承接地、产业链延伸区、产业集群配套基地。拓宽与“双区”科技资源共享渠道，打造粤港澳大湾区科技成果转移转化基地。推动发展“飞地经济”，探索“反向飞地”建设。高水平建设“双区”的“菜篮子”“果盘子”“米袋子”“油瓶子”“茶罐子”“水缸子”，形成紧密协作的产业链供应链，强化跨地区合作联动发展。

3. 全面优化营商环境。全面对标粤港澳大湾区，持续深化“放管服”改革和数字政府建设，打造市场化、法治化、国际化营商环境。推进“证照分离”改革全覆盖和“证照联办”“一照通行”改革。深化审批制度改革，推进行政审批标准化和审批服务便民化。深化“暖企”行动，提高政务服务水平。建立健全资金、土地、能耗、服务等跟着项目走的要素保障体制机制，开通用地、用林、用能、立项等方面的“快速通道”，压缩项目审批时间。

三、强化实施保障

（一）加强政策转化运用

充分发挥县老区苏区振兴发展领导小组统筹协调作用，完善落实机制，明确责任分工，对接落实财政、投资、金融、用地、人才以及对口支援等政策。把准政策指向和资金投向，加强项目谋划储备，县财政每年统筹2000万元资金专项支持政府重大投资项目开展前期工作，保障项目实施，把政策红利转化为发展动力。积极主动作为，争取把事关民生和发展的重大事项纳入国家支持赣南等原中央苏区振兴发展部际联席会议或省老区苏区振兴发展领导小组会议议题，获得更大支持。

（二）优化土地资源配置

开展城镇低效用地再开发，争取国家支持对损毁的建设用地和零星分散的未利用地开发整理成耕地的，经认定可用于占补平衡。将符合要求的地块纳入垦造水田计划并组织实施。争取更多项目纳入省重点建设项目计划，争取用地、用林专项指标倾斜支持，土地资源优先支持实体经济特别是工业发展。

（三）加强人才培养和引进

完善创新人才政策和激励机制，全方位做好“引育用留”工作。继续实施急需紧缺人才引进计划，加大博士等高层次人才引进力度，对接省“粤东粤西粤北地区人才发展帮扶计划”和“三支一扶”计划。深入实施“粤菜师傅”“广东技工”“南粤家政”三项工程。争取省内高校加大定向培养教师、医生、农业技术等专业人才力度。与省有关部门、省内高校、珠三角地区开展干部双向交流挂职。

附件：重点任务分工清单（略）

新闻选载

狠抓重点项目　壮大实体经济
梅州平远县举行重大项目集中动工活动，培育发展新动能

时值冬季，空气中透着寒意。然而在梅州市平远县，一批项目动工、开工，热闹、喜庆的氛围让冬日显得不那么寒冷。

12月26日，平远县举行重点工业项目集中开工投产活动，12个项目总投资108亿元。既有以梅州市盈华铜箔科技有限公司年产10万吨高端铜箔为代表的总投资87.3亿元的6个项目实现开工建设，又有以广东盈华电子材料有限公司年产3600万张高性能覆铜板（首期1200万张）为代表的总投资20.7亿元的6个项目实现竣工投产。

重大项目投产、动工的背后，是平远县全力实施工业兴县，突出制造业当家的生动体现。

近年来，平远县落实省委、市委的相关部署，围绕县委“一个目标、四个重点、七大行动”的发展思路，全力以赴抓经济、促生产，建设更有支撑力的发展平台，着力壮大更具影响力的先进制造业，挖掘更多的经济增长点，努力壮大实体经济，力争“十四五”时期在全市率先实现工业总产值倍增的目标。

2022年，在广东盈华电子材料有限公司生产车间内，一张张覆铜板从机器中“吐”出来　（袁志鹏　摄）

搭建好平台

创新“园中园”发展模式

铺开梅州平远高新技术产业开发区（以下简称“高新区”）的地图，产业规划轮廓清晰，位于地图一角的远岭科技工业园格外显眼。

走进远岭科技工业园，一栋栋标准厂房映入眼帘。厂房内，生产线开足马力，现代化机器快速运转，工人们目不转睛地盯着设备，双手快速操作，一批批原始布料堆叠在机器一侧。

“这可省了我们太多事情了！”说起远岭科技工业园提供的服务，来自苏州的广东东良纺织公司董事长钱志良赞不绝口，“建厂房、安装消防基础设施、排水管道设计等，工业园都帮我们提前做好了，让我们能够在最短时间内投产。”

企业要发展，离不开一个好的平台。2020年年底，钱志良在辗转走访广东多地工业园后，最终被远岭科技工业园高标准建设的厂房和至多5年免租金的惠企政策

吸引，选择在此落户。“高质量、优服务的标准厂房，不仅为我们节省超过3000万元的资金，还省去了2～3的建设时间成本。”钱志良说。

“园区已建设了6栋标准厂房，还有1栋办公科研楼，厂房内的基本设施都已设置完毕，企业只要设备到位就能够迅速投产。”在办公室内，梅州远岭投资实业有限公司负责人林广洪指着地图，跟笔者介绍起项目的情况。

据了解，远岭科技工业园项目总投资2亿元，建设占地面积68亩、建筑面积约7.5万平方米。该项目是平远乡贤、欧派家居集团董事长姚良松情系乡梓、回报家乡、个人投资的“义工式”产业共建项目。

2018年年底，平远县政府与欧派集团董事长姚良松个人独资公司——梅州远岭投资实业有限公司正式签订合作协议，在高新区内共同打造“园中园”——广东平远东台生态园，专门注册成立了梅州远岭投资实业有限公司，负责招商和对接生态园建设，先后无偿出资400多万元，聘请专业团队完成了广东平远东台生态园控制性规划编制。

“之后，我们将着力点放在招商引资上，近期将前往珠三角、赣南等地区，围绕铜箔和覆铜板、钙基、稀土等先进材料主导产业，让更多企业入驻，把园区做大做强。”林广洪说。

善用平台思维，以平台聚产业、聚人才。近年来，平远稳步推进平台建设，持续抓好平远省级高新区建设，强化要素保障，加快推动道路、标准厂房建设，不断提高园区基础设施和公共服务配套水平，为更多“打粮食”项目落户平远提供坚实的用地保障。

做强平台，将不同需求的主体汇聚在一个平台上，集成科技、资金、人才、政策等要素，最终围绕壮大产业这个目标，结出硕果。接下来，平远县将紧抓建设赣闽粤原中央苏区对接融入粤港澳大湾区振兴发展先行区的机遇，用好平台，全面激发县域经济发展新活力。

壮大主产业

发力百亿级先进材料主导产业

走进广东盈华电子材料有限公司的生产车间，在机器作业的轰鸣声中，工人们忙碌穿梭。“调胶、上胶、压合、回流、裁切包装等各设备系统运行正常。”“生产运作正常，数据显示，单线日产量可达1.2万张，产品良率达99.2%以上。”交流声此起彼伏，一派繁忙景象。

12月7日上午，广东盈华电子材料有限公司年产3600万张高性能覆铜板项目一期第一条生产线正式投产并达产。

“我们现在首条试运行的是第一期的第一条线，年产能是400万张。一期产能是年产1200万张高性能覆铜板，预计到明年会全部投产。”广东盈华电子材料有限公司副总经理黄小平告诉笔者，为了保证产品的生产率和优良率，公司采用了智能化设备，并引入工业互联网，对产品进行全流程追溯。

“工业互联网能够实现产品的全流程追溯，通过扫码记录产品生产的过程，若产品出现质量问题，则能通过互联网回顾生产环节，降低生产误差。”黄小平说。

通过扫描仪实时扫描、大数据及时上传，有效地保证了覆铜板在生产过程中的精准。“我们可以通过实时监测，若某块、某批次覆铜板不合格，可通过大数据精确追溯到具体的生产工序。”黄小平说。

工业兴则经济兴，工业强则经济强。工业是支撑实体经济发展的基石，是富民强县、推动高质量发展的重要支撑。近年来，平远县积极实施工业兴县战略，大力发展铜箔和覆铜板、钙基、稀土等为主的百亿级先进材料主导产业，不断延链、强链、补链，建好发展平台，努力培育龙头企业，推动实体经济稳步发展。

作为欠发达地区，平远深知，工业企业规模小、产业链不完整、传统产业占比偏大等现状，因此亟须着力招大引强、强化创新成果转化、培育壮大工业企业，让工业经济发展提质增效。

因此，平远提前谋划，围绕先进材料主导产业，积极招引产值大、税收贡献大、经济社会效益高、环境友好的项目落地，打造一批百亿级产业，加大政策扶持力度，全面促进产业发展。

去年 7 月，广东盈华年产 3600 万张高性能覆铜板项目正式落户平远高新技术产业开发区。

“建设工程真正到动土的阶段，需要通过交通影响评价、环境影响评价、能源技术评价，这三个评价就像三张通行证，只有同时具备的企业才能够动土。”广东盈华电子材料有限公司总经理吴茂彬说。

为了保障项目能早日动工，平远县创新举措，在广东盈华项目试点推行工业园区建设项目“拿地即开工”改革实施方案，即在部分审批文件缺少的情况下，为作出承诺的企业出具规划预审、施工登记等相关函件，允许一批投资规模大、成长性好、引领作用强的优质项目提前开工，以最快速度建成投产。

“县委、县政府的好政策，为我们开工节约了时间，让我们对后续的发展充满了信心。”吴茂彬说。

挖掘新产业

引进冷链助力农产品销售

走进广东天柘冷链物流基地的冷链一楼仓库，随着仓库门缓缓打开，一阵寒气袭来。仓库内满满当当地码放了许多来自北方的苹果。广东天柘冷链物流有限公司（以下简称“天冷链”）基地负责人钟扬帆介绍，这些苹果即将被制作成苹果汁。

“这是飞龙果业采购的苹果。有了冷链运输，不仅远方的农产品能够保持新鲜来到平远，供食品加工公司使用，本地的绿色、生态、优质、新鲜农产品也能顺利走到珠三角居民的餐桌。”钟扬帆说。

在钟扬帆的带领下，笔者来到了二楼的仓库。与一楼的仓库不同的是，该仓库温度更低些。“这个仓库温度为零下 18℃，像我们经常吃的冰冻榴莲，就可以存放在这个仓库。”钟扬帆说。整座基地共有 6 个冷库，可以放 2 万吨货物。

在平远，鲜活农产品的销售对当地农民而言曾是一个难题。以辣椒、桑葚等为代表的鲜活农产品含水量高、保鲜期短，极易腐烂变质，几乎只能在原产地销售。

随着天柘冷链的建成，产地预冷、冷藏保鲜、冷链物流、集货仓储等配套仓储物流基础设施一应俱全，冷

2022 年，广东天柘冷链物流有限公司仓库内，来自北方的苹果堆满了货架　（袁志鹏 摄）

链物流已经作为实现农产品价值的"催化剂"和"生命线"，为农产品保温保鲜、运输及配送全程"保驾护航"。

据了解，这是平远县引进的首个农产品冷链物流项目。该项目总投资1.4亿元，占地55亩，旨在打造以冷链物流为核心、配套综合服务为基础的专业型、多功能、现代化农产品冷链物流基地，建设形成集生产加工、冷链仓储配送、商务办公、信息服务等农产品供应链服务于一体的生鲜产品绿色冷链物流产业园。

"接下来，我们将为平远县农产品保鲜和流通提供重要支撑，切实提升农产品供应和储存能力，补齐城乡冷链物流"短板"，让优质农产品搭乘冷链专列投入粤港澳大湾区市场。"钟扬帆表示。

在平远，越来越多的新兴企业落户，为平远发展多元化产业奠定了基础。

在发展好铜箔和覆铜板、钙基、稀土等为主的百亿级先进材料主导产业之外，近年来，平远县创新发展新能源、装备制造、电子信息、生物医药等新兴和优势产业，培育更多经济增长点，挖掘经济新动能。

在重点工业项目集中开工投产的项目中，不难发现新兴产业。例如，广东兴珠生物科技有限公司在广州南沙（平远）产业转移工业园投资1.2亿元建设年产5000吨高附加值茶叶、水果、灵芝等提取物及相关产品的开发、生产建设项目，项目将进一步对平远县的农产品进行深加工，提升农产品的附加值，助力乡村振兴。

又如，广东东良纺织科技有限公司在广州南沙（平远）产业转移工业园投资1.2亿元，建设年产10000万米棉混纺织物系列产品生产项目。

项目动工和投产，给平远发展增添了信心。"我们将持续优化营商环境，开展暖企服务，落实惠企政策，支持盈华、富远等公司做大做强，培育更多10亿元级工业企业。"平远县委书记廖茂忠表示。

平远县重点工业项目集中开工投产名单

动工项目

一、年产10万吨高端铜箔生产项目

梅州市盈华铜箔科技有限公司在广州南沙（平远）产业转移工业园投资70亿元，建设年产10万吨高端铜箔生产项目，规划用地600亩，分两期建设。主要生产高端电子电路铜箔及锂电铜箔，产品对标国际高端铜箔产品，可实现国产替代进口，解决国家提出的"卡脖子"技术问题。达产后可实现年产值100亿元、税收4亿元，提供就业岗位2500个。

二、年产3600万张高性能覆铜板（二期1200万张）生产项目

广东盈华电子材料有限公司在广州南沙（平远）产业转移工业园投资11.5亿元建设年产3600万张高性能覆铜板（二期1200万张）生产项目，规划用地60亩，建设年产高性能覆铜板1200万张，新建2号主厂房、辅助车间等建筑，配置12台上胶机、4套真空压机、4条回流线等设备。主要生产各类高稳定高性能FR-4覆铜板和商品黏结片（PP片），产品覆盖中高Tg无铅、无卤、高频高速及高密度封装覆铜板（载板覆铜板）等。达产后可实现年产值26亿元、税收约1亿元，提供就

业岗位 350 个。

三、年产 5000 吨高附加值茶叶、水果、灵芝等提取物及相关产品的开发、生产建设项目

广东兴珠生物科技有限公司在广州南沙（平远）产业转移工业园投资 1.2 亿元建设年产 5000 吨高附加值茶叶、水果、灵芝等提取物及相关产品的开发、生产建设项目，规划用地 20 亩，建设年产 5000 吨果汁原浆生产项目，主要生产天然提取物（脐橙、茶叶、油茶、沙田柚、三华李、百香果、赤灵芝、铁皮石斛等）。建成达产后可实现年产值 1.5 亿元、税收 450 万元，提供就业岗位 100 个。

四、广藿香（南药）挥发油提炼建设项目

广东广天梵谷农业科技有限公司在广州南沙(平远)产业转移工业园投资 1.02 亿元建设 5000 亩标准化广藿香（南药）种植基地及生产加工项目，主要生产广藿香精油。建成达产后可实现年产值 1 亿元，税收 320 万元，提供就业岗位 100 个。

五、年产 4 万立方米新型预制构件生产线和 100 万吨建筑集料生产线建设项目

广东金森盛智能构件研发有限公司在长田镇投资 2.28 亿元建设年产 4 万立方米新型预制构件生产线和 100 万吨建筑集料生产线建设项目，规划用地 94.08 亩，主要生产新型预制构件、高标号混凝土集料、高端机制砂、高速公路微表层集料、各等级公路、桥梁、机场跑道所需集料。建成达产后可实现年产值 4 亿元，税收 2600 万元，提供就业岗位 150 个。

六、年产 10000 万米棉混纺织物系列产品自动化生产线建设项目

广东东良纺织科技有限公司在广州南沙（平远）产业转移工业园投资 1.2 亿元，建设年产 10000 万米棉混纺织物系列产品生产项目，规划用地 41.17 亩，主要生产棉混纺、化纤、针织等系列产品。建成达产后可实现年产值 5 亿元，税收 1800 万元，提供就业岗位 200 个。

投产项目

一、年产 3600 万张高性能覆铜板（首期 1200 万张）项目

广东盈华电子材料有限公司在广州南沙（平远）产业转移工业园投资 12.5 亿元，建设年产 1200 万张高性能覆铜板建设项目，用地约 100 亩，建筑面积为 5.738 万平方米，新建 1 号主厂房、综合楼、研发车间、1 号甲类仓库、1 号危废仓库等，配套建设辅助车间等设施，购置一批生产设备，新上高性能覆铜板生产线 3 条。主要生产各类高稳定高性能 FR-4 覆铜板和商品黏结片（PP 片），产品覆盖中高 Tg 无铅、无卤、高频高速及高密度封装覆铜板（载板覆铜板）。项目达产后可实现年产值约 26 亿元、税收约 1 亿元，提供就业岗位约 450 个。

二、改性工程材料产学研一体化综合项目

广东恒宝缘新材料有限公司在广州南沙（平远）产业转移工业园投资 3 亿元，建设改性工程材料产学研一体化综合项目，用地约 61.5 亩，总建筑面积为 19500 平方米，主要建设钢结构厂房 4 栋，办公楼 1 栋，宿舍楼 1 栋及购置生产线设备。主要生产防弹衣、精密陶瓷及改性涂料产品，项目达产后可实现年产值 6 亿元、税收 6000 万元，提供就业岗位 50 个。

三、年产 360 台套绿色智能环保设备制造项目

广东永扩科技有限公司在广州南沙（平远）产业转移工业园投资 5500 万元，建设年产 360 台套绿色智能环保设备制造项目，用地 11.27 亩，其中固定资产投资 3500 万元，主要建设厂房、仓库、综合大楼等基础设施及购置生产线设备。项目投产后主要制造除尘设备、催化燃烧

系统、水喷淋系统等环保设备。项目达产年可实现产值6500万元、税收260万元，提供就业岗位50个。

四、食品生产和仓储中心建设项目

广东保灵健康科技产业有限公司在广州南沙（平远）产业转移工业园投资1.12亿元建设食品生产和仓储中心，项目总用地40亩，分三期进行：一期建设办公研发综合楼一栋和食品生产厂房一栋；二期建设物流中心一栋；三期建设食品生产厂房一栋。食品生产从药食同源目录里选取原材料，进行精加工，生产代用茶、汤料等食品。项目达产后可实现年产值1.65亿元、税收1000万元，提供就业岗位90个。

五、广东供销（平远）天业冷链物流产业园

广东供销（平远）天业冷链物流产业园位于广州南沙（平远）产业转移工业园，项目总投资1.4亿元，用地约55亩，总建筑面积约28000平方米。主要建设冷藏冷冻综合冷库、农产品加工车间、农产品展示交易结算中心、水池泵房，购置冷链物流设施设备等。项目建成后可冷藏保鲜各类农产品2万吨，年农产品加工能力可达5万吨，提供就业岗位20个。

六、远岭科技工业园建设项目

梅州远岭投资实业有限公司（远岭科技工业园）标准厂房建设项目是重要乡贤、欧派家居集团大股东姚良松个人投资的“义工式”产业共建项目，该项目总投资2亿元，建设占地面积68亩、建筑面积约7.5万平方米，其中标准厂房6栋，办公科研楼1栋。预计可容纳可以引进10～20家企业。项目建成后交由高新区管委会统一管理。入驻企业可享受县招商普惠性政策外，还可获得远岭公司提供的“拎包入住”的便捷服务以及五年免租等优惠政策。

《南方日报》2022年12月26日

撰文：梁时禹　朱双玲　袁志鹏　吴辉燕

美丽乡村连片建　处处风景处处画
平远县拆改建并举，以点带面推动乡村振兴

初夏傍晚，走进平远县仁居镇上远村，平整的村道两旁绿植相随，花朵相迎，外表统一的客家民居坐落在道路两旁，仿佛一块白色屏风，点缀着这片绿水青山，村内的文体广场上，忙碌了一天的群众纷纷聚集到广场上锻炼、唠家常。从空中俯瞰，整个村庄如一幅灵动的山水画卷。

近年来，平远县全面推进农房管控和乡村风貌提升工作，建设了以八尺、仁居、差干三镇为核心的示范带，昔日“脏乱差”村蝶变成了现在的特色精品村。

拆出新空间，改出新面貌，建出新成效。通过党员干部带头拆、出台奖补政策促民改、村民理事会带头管，平远县着力推动示范带建设工作。数据显示，截至目前，示范带已实现农房微改造4689多户，完成率达93%。与此同时，示范带的乡村产业、市政设施、村容村貌、文化活动等各方面都得到提升。

今年2月，平远荣获“广东十大美丽乡村”风貌提升示范带奖。近日，平远县从市级考评中脱颖而出，代表梅州市参加全省“乡村振兴大擂台”决赛。

拆出新空间 党员带头推动人居环境整治

“来来来，坐下来喝一杯茶，欣赏一下我们村的美景。”笔者刚步入平远县八尺镇排下村，老党员韩宜德便迫不及待地招呼笔者坐下，泡上一壶茶，讲述村里因农村人居环境整治而发生的变化。

“你看看，这是之前的村容村貌，废弃的猪圈、破烂的屋子多影响美观。再看现在，平坦的道路、崭新的小广场，是不是差别非常大？”说起如今的排下村，韩宜德打趣道，“往前再走一点就到了江西省寻乌县南桥镇，排下村可以称得上是梅州的‘门面’了。”滑动着手机展示对比图的他告诉笔者，如今这个省际交界的小村落已经变成了诗意家园。

建设乡村振兴示范带，“拆”是基础。拆掉影响村容村貌的破败建筑，才能为新农村建设腾出更多的空间。

在排下村党支部书记肖剑锋看来，农村人居环境整治工作，难点在充分动员群众参与。“转变村民思想，让‘要我改’变成‘我要改’，是工作难点。”肖剑锋说，如何把群众的力量汇聚起来，成为整治的推动力，是必须破解的一大难题。

在开始推进“三清三拆三整治”过程中，群众都存在“不想拆、不愿拆”的思想，“怎么拆”成了群众心里的顾虑。“老屋是老祖宗留下的，能不碰就不碰。”村民肖阿姨告诉笔者，虽然老房子因破败不堪无法使用，影响村容村貌，但是拆了之后也不能够干吗，干脆就留在原地。

针对群众顾虑，平远县坚持做到“两精”，即清拆标准精细化、清拆政策精准化，紧紧围绕“达不到安全居住等级、达不到环保排污治理等级”两大标准，明确“三拆除”的界定标准和奖补标准。

此外，平远县充分引导群众利用“三清三拆三整治”后的空闲土地、村头巷尾和房前屋后的空闲土地，因地制宜打造成小菜园、小果园、小花园、小公园等生态景观，盘活农村闲置土地，刷新乡村“颜值”。

这样一来，“拆什么、怎么拆、如何利用”便一目了然，让群众心里有了底。

同时，平远县充分发挥党员干部的表率作用，带头清拆、带头配合，带头整治自家门前环境，并带动家人、身边村民积极参与环境整治。

自开展人居环境整治以来，韩宜德入户做群众工作的脚步从未停歇，这位年近70岁的老党员依然热衷于村里的公益事业。

八尺镇凤头村有一名群众，因对拆迁政策不理解，不肯拆除杂房，致使农村公路的修建不能顺利推进。韩宜德了解了相关情况后，先后5次上门做群众思想工作，主动化解拆迁矛盾，帮助解决实际困难，最终得到群众的理解和支持，顺利拆除杂房。“做群众工作，关键是要站在群众的角度去思考、处理问题。相信真情务实、持之以恒的工作，一定会得到广大群众的信任。”韩宜德说，在推进农村人居环境整治过程中，遇到难题是难免的，但干群同心就会令不少问题迎刃而解。

村里的环境好了，路也通了，以往寂静的村庄变得热闹起来。截至目前，全县已基本完成“三清三拆三整治”任务，拆除危房、露天旱厕等构筑物63804座，175.03万平方米。

改出新面貌 出台奖补政策激活内生动力

白砖黄柱，窗户四周镶嵌着米色花岗岩，屋顶用灰瓦砌成了斜坡式，大门旁的两个红灯笼高高挂，给房子增添了喜庆。看着装修后的房子，上举镇畲脑村村民吴特参脸上露出笑容。“多亏了好政策，让我们花点小本钱就把房屋外表重新装修一番，你看漂亮吧？”吴特参说。

变化的不只是吴特参一家。行走在畲脑村的乡间小道上，村道两旁，一排排、一栋栋灰瓦白墙的精致小楼交错掩映，远远望去，宛如一幅恬静秀美的山水画。

整齐划一、错落有致、特色鲜明的客家民居是平远县乡村振兴示范带的特点。建设乡村振兴示范带，关键在于“改”。平远县通过政策引导，改出乡村新面貌。

针对“三清三拆三整治”工作后出现的农村建房规划滞后、风貌不一、杂乱无章等问题，平远县制定出台《平远县农村客家风格建筑指引》《平远县2020年深化农村人居环境整治工作实施方案》等政策文件，编制10多套美丽乡村住宅改建方案示范图集供群众选择。

“听到有支持改造的政策，我便跟书记报了名，参与村子第一批房屋外立面改造，一来让房子变得更美观，亲朋好友到访更有面子，二来自己住得也舒适。”吴特参说。

推进村庄美化，进行外立面改造，资金是保障。平远县明确外立面改造的奖励标准。“总的来说，分为瓦面和墙体，均以总价的40%给予奖补，其中瓦面改造每栋最高不超过2万元，外墙改造每栋最高不超过1万元。”平远县农业农村局相关负责人表示，只要群众按照要求进行改造，验收合格后便会马上发放补贴。

吴特参花费3万多元建好的新房一度成为村里的景点，村民纷纷上门询问改造的条件。

“大家看到了改造示范点的成效，积极性一下就调动起来了，工作开展十分顺利。”畲脑村党支部书记杨玉华说。

一场客家民居的蝶变正在平远上演。截至目前，全县已完成农房改造2万多座，形成20多个适合乡村旅游的精品村。通过对旧房外立面进行客家风格改造，农家屋舍穿上漂亮“衣裳”，乡村风貌整体得到有效提升。同时，平远县按照“点上出彩、面上美丽”的工作思路，打破行政区域界限，开展“五个示范片”创建，将美丽乡村串联起来。

步入河头镇向阳村，只见河道如玉带蜿蜒穿村而过，连接起向阳村与黄田村，河岸两边的客家民居错落有致，房前屋后可以看到用旧石磨、废瓦片砌成的矮墙。

“我们按照县委、县政府部署，依托水乡风貌和田园风光，将河头镇黄田、向阳等村打造成‘十里花海·梦里水乡’示范片。”河头镇宣传委员韩琴介绍。

除此之外，还有以康养产业、人文石正为主题，将石正镇坪湖、中东等村打造成“烟雨南台·石泉石美”示范片；以古香古韵、绿色农业为主题，将东石镇白岭、泗水镇梅畲等村打造成“钟灵毓秀·田园农庄”示范片；以酒乡古镇为主题，将八尺镇黄沙、仁居镇井下等村打造成“酒茶果香·红色故乡”示范片；以生态旅游为主题，将差干镇加丰、上举镇畲脑等村打造成“五指相思·游客向往”示范片。

示范片以点带面，有效辐射带动全县农村人居环境整治工作，成为周边镇村学习的榜样。

建出新气象
红色旅游赋能
乡村产业发展

漫步在平远县仁居镇的红军街，厚重的历史感扑面而来。

街上的房屋有些建于20世纪，土砖和木门保留得十分完整，一些墙面上还留着当年打土豪、斗地主的标语。红四军第一纵队政委驻地旧址、平远县革命委员会旧址、民国广东四大银行金库旧址……一个个景点接二连三映入眼帘。

红色是仁居镇最鲜明的底色。1929年至1930年间，朱德、陈毅等带领红四军三次进入平远，其中两次来到仁居镇开展革命斗争，建立红色政权。红军街系红四军进驻平远留下的革命遗址，拥有丰富的革命史迹和红色资源，有9处已被列入省、市、县重点文物保护单位。红四军纪念馆是全国唯一以纪念中国工农红军第四军为主题的纪念馆。

红色资源是弘扬革命传统、传承中华文化的重要载体。平远县作为原中央苏区县，拥有悠久的革命历史，埋藏着众多“红色宝藏”。

如何用好这些宝藏，为乡村振兴赋能？平远的答案是：对红色资源进行适度开发，发展乡村旅游，以多元化业态壮大产业发展新动能，为乡村振兴示范带建设提供产业支撑。

“这是我第二次来到仁居镇，再一次被保存完好的红军标语震撼到。”漫步在仁居镇的红四军纪念馆内，来自广州的游客陈女士感叹道。去年7月12日，红四军纪念馆以新面貌向游客开放，让游人眼前一亮。新的红四军纪念馆引入人工智能控制系统、VR技术、弧幕投影技术、触摸屏、全息影像等多媒体技术，可以为游客提供沉浸式体验。

去年以来，平远县对辖区内红色资源进行了全面摸排，按照属地原则，县、镇、村三级联动，排查辖区内的红色资源，对红色资源进行重新修缮，并加大力度挖掘红色革命遗址背后的文化内涵。

将红色资源融入经济社会发展之中，平远大力发展红色旅游，以省定“红色村”仁居镇仁居村为中心，把红色文化旅游和观光旅游、乡村旅游等其他旅游产品相结合，推出“平远红色记忆景观廊道”旅游线路，将国道358沿途的八尺镇角坑村、差干镇五指石景区、差干镇松溪河景区等景点串珠成链，给乡村带来人气。

“老板，等一下帮我们留一张桌，大概十个人。”在八尺镇角坑村，农家乐的生意红火，古驿道资源盘活后吸引源源不断的游客到来。“村里的环境好了，很多人周末都来这里走走，带动了村里的农家乐发展，我就是受益者之一。”正在准备食材的农家乐经营者韩春兰说。旅游线路带动了农家乐、民宿等行业发展火热。仅仅在角坑村，富有特色的农家乐就有5间，民宿3间。

久久为功，持续发力。红色记忆乡村振兴示范带成效初显，平远不断加大乡村振兴示范带的建设力度。“下一步，我们还将打造大柘—石正—长田—热柘生态康养乡村振兴示范带、东石—泗水—上举农耕文化乡村振兴示范带，为全面实现乡村振兴贡献平远力量。”平远县农业农村局相关负责人表示。

一线实践

八尺镇黄沙村：引进电商企业 助力产业振兴

步入八尺镇黄沙村，梅州市叁陆陆电商农业产业生态园内生机勃勃。左边种植着高禾米，1.3米高的禾苗长势喜人；右边则是桑葚基地，桑叶在雨水的冲刷下变得格外油亮。在基地中央，还建了几个蔬菜大棚，棚内的无花果树正在飞速生长。“产业扎了根，基地就像一个聚宝盆，收入来源稳稳的。”黄沙村党支部书记黎崇永说。

产业兴旺，是解决农村一切问题的前提。乡村振兴，关键是产业要振兴。有了高质量发展的产业，农民才会成为有奔头的职业，乡村才能留得住人，美丽乡村建设才会加快速度。如何挑选适合的产业，是每个乡村都需要思考的问题。

八尺镇黄沙村位于国道358旁，村内地势平坦，土地肥沃，可耕种面积达530亩，适合发展蔬果种植。“单纯发展蔬果种植可能会面临两种问题：一是种植标准不一导致蔬果卖不出好价钱，打不出品牌；二是冷链物流的高昂费用使蔬果的销售范围仅限于本土。”黎崇永说。

思维转个弯，产业有新前景。2019年，该村与梅州市叁陆陆贸易有限公司（以下简称“叁陆陆公司”）达成电商合作协议，流转296亩土地，设立果蔬种植基地，并在村内建起直播销售中心。

“要想实现村民富裕、村集体经济富足，就要依靠产业稳定。”在黎崇永看来，产业是稳定脱贫的关键。“有了产业园，部分村民可以稳定就业，村集体收入有稳定来源，村内其他种植户也可以通过电商平台实现盈利，这是一个多方受益的模式。”

通过与农户签订购销合同、保底价收购，让农户“零风险”种植，免除后顾之忧，确保稳定增收。在基地的示范带动下，含21户脱贫户在内的周边农户也种起了共40亩桑葚。同时，几十户当地村民得到就业机会。“从基地建设起，我就过来打零工，去年成为固定员工。”正在桑田务工的脱贫户肖焕英说，在基地务工一年能增收2.4万元。

示范带（片）亮点

● “十里花海·梦里水乡”示范片
覆盖区域：河头镇黄田村、向阳村

● “烟雨南台·石泉石美”示范片
覆盖区域：石正镇坪湖村、中东村

● “钟灵毓秀·田园农庄”示范片
覆盖区域：东石镇白岭村、泗水镇梅畲村

● “酒茶果香·红色故乡”示范片
覆盖区域：八尺镇黄沙村、仁居镇井下村

● “五指相思·游客向往”示范片
覆盖区域：差干镇加丰村、上举镇畲脑村

《南方日报》2022年6月22日
南方日报记者 梁时禹
通讯员 朱双玲 朱维佳 袁志鹏

主题索引

☆☆☆☆☆☆☆☆☆☆☆☆☆☆☆☆☆☆☆☆☆☆☆☆☆☆☆☆☆☆☆☆☆☆☆☆☆

说明

一、本索引采用主题分析方法，款目按汉语拼音字母（同音字按声调）顺序排列。

二、索引款目后的数字表示内容所在的页码，数字后面的拉丁字母（a、b）表示栏别（即版面的左右栏）。

三、同一主题的内容在文中多次出现的，在其款目后用不同的页码标明。

四、本索引对“年度关注”“大事记”“名录”“光荣榜”及“附录”等篇不做内容主题分析。

☆☆☆☆☆☆☆☆☆☆☆☆☆☆☆☆☆☆☆☆☆☆☆☆☆☆☆☆☆☆☆☆☆☆☆☆☆

A

B

C

D

F

G

H

J

K

L

M

T

W

X

Y

Z